青海师范大学中国史重点学科建设项目资助

中国中外关系史论丛第25辑

中外关系史视野下的丝绸之路与西北民族

万明　杜常顺 ◎主编

中国社会科学出版社

图书在版编目（CIP）数据

中外关系史视野下的丝绸之路与西北民族／万明，杜常顺主编. —北京：
中国社会科学出版社，2018.9

ISBN 978 - 7 - 5203 - 2534 - 9

Ⅰ.①中…　Ⅱ.①万…②杜…　Ⅲ.①中外关系—国际关系史—研究
Ⅳ.①D829

中国版本图书馆 CIP 数据核字（2018）第 119619 号

出 版 人	赵剑英
责任编辑	宋燕鹏　巴　哲
责任校对	石春梅
责任印制	李寡寡

出　　　版	中国社会科学出版社
社　　　址	北京鼓楼西大街甲 158 号
邮　　　编	100720
网　　　址	http://www.csspw.cn
发 行 部	010 - 84083685
门 市 部	010 - 84029450
经　　　销	新华书店及其他书店

印刷装订	环球东方（北京）印务有限公司
版　　　次	2018 年 9 月第 1 版
印　　　次	2018 年 9 月第 1 次印刷

开　　　本	710×1000　1/16
印　　　张	20
插　　　页	2
字　　　数	318 千字
定　　　价	85.00 元

凡购买中国社会科学出版社图书，如有质量问题请与本社营销中心联系调换
电话:010 - 84083683

目　录

前　言

万　明　杜常顺

2013 年习近平主席提出了"一带一路"倡议，"一带一路"建设对推进我国新一轮对外开放和沿线国家共同发展意义重大。丝绸之路研究进入新的历史发展时期，西北地区在丝绸之路的发展历史上具有特别重要的意义，凭借独特的区位优势、资源禀赋和悠久的丝路历史与文化，必将为"一带一路"建设添上浓墨重彩的一笔。为了深入探讨丝绸之路的开辟对西北民族的历史影响，总结和探讨以往研究的成就与经验，促进西北各省区融入和对接"一带一路"建设，由中国中外关系史学会、青海省丝绸之路经济带研究院共同主办，青海师范大学人文学院承办的"丝绸之路与西北民族国际学术研讨会"，于 2017 年 6 月在美丽的高原古城西宁召开了。

会议规定了以下主要议题：

1. 西北地区丝绸之路开辟与发展
2. 丝绸之路对西北各民族的历史影响
3. "一带一路"建设中的民族宗教因素
4. 西北地区在"一带一路"建设中的优势与不足
5. 西北民族与中外关系史诸研究领域

会议召开的十分成功，研究西北丝绸之路的热情持续高涨，讲好中国的故事，是我们责无旁贷的历史使命。这次会议的论文提出了新问题，发掘了新资料，发表了新观点，包括以整体丝绸之路视野下对古史提出的质疑，利用考古文物解决丝绸之路问题，并发挥多种语言优势进行研究，关注学术前沿等等。我们从近 60 篇论文中选出 22 篇收入论文集，希望对于认识我们的时代，总结西北丝绸之路研究发展的历史经验与问题，并进一步开展整体丝绸之路的研究，具有推动作用。

青海道干线及其交通网络述略

李健胜[*]

摘要： 河南道是丝路青海道向南的干线，共有东、中、西三条支线。三条支线间有丝道相连，支线内也有不同的岔路。羌中道有南、北两条支线，每条支线在东西两端有不同的走向，二者间也有丝道相连。湟中道的干线基本与湟水流向一致，有乐都—武威、西宁—张掖等支线。

关键词： 青海道；河南道；羌中道；湟中道

根据丝绸之路青海道的相关历史文化信息及学术界的相关研究成果，青海道的三大干线可分别命名为羌中道、湟中道和河南道。① 本文拟在前贤研究基础上，梳理青海道三大干线的主要支线，借此来考察这些支线在青海道交通网络中的地位与作用。

一 河南道的三条支线

河南道是丝路青海道向南的干线，其内部又有几条支线与青海北部丝道、甘肃及四川地区丝道相连接，从而发挥区域内通道及国际通道的

---

* 李健胜（1975—），男，青海贵南人，青海师范大学黄河文化研究院教授，博士研究生导师。研究方向：先秦及思想文化史。

① 张得祖：《古玉石之路与丝绸之路青海道》，《青海师范大学学报》（哲学社会科学版）2008 年第 5 期。

作用。学术界对河南道的支线组合已有较翔实的研究，除部分线路描述不符事实外，基本能揭示河南道内部的交通网络构架。

青海省内学者对河南道支线的考察以张得祖、崔永红等人为代表，张得祖先生认为，河南道有两条支线：一条是吐谷浑早期牙帐所在地莫贺川（今青海贵南县茫拉河流域）沿黄河南东达洮河上游，经龙涸再沿岷江南下至益洲；另一条是经洪和城（今甘肃临潭县）沿嘉陵江或汉江入长江，然后自长江而下抵达建康的道路，即是河南道东段的主要线路。① 毕艳君、崔永红合著《古道驿传》所述河南道支线为：

> 河南道东段起自龙涸（今四川松潘），然后有北中南三条支线。北线经洪和（今甘肃临潭），西至今甘南合作，抵夏河，经甘家滩，入今青海黄南州境的同仁瓜什则，至保安，西行经兰采（今同仁县兰采乡）、周屯（今贵德县东沟乡）抵浇河（今贵德河阴），然后从龙羊峡过黄河，从共和县切吉草原西去吐谷浑城或伏俟城。中线经今四川若尔盖、青海河南、泽库，到贵南县茫拉川，即达吐谷浑早期的总部（都城）沙州慕贺川（今贵南穆格塘沙碛一带），由慕贺川西行，从尕马羊曲西渡黄河，经曼头城（今兴海县河卡乡东南），至吐谷浑城（今都兰）。南线是从今四川若尔盖西北行，循阿尼玛卿山北麓，过今同德县并在曲什安河口一带过黄河，经今兴海县大河坝河流域，越扎梭拉山口至吐谷浑城或伏俟城。这三条支线互相并行，但又不是互不相连的，根据需要串行的情况较为多见。②

上述关于河南道三条支线的描述虽较翔实，但与事实多不相符。文中所谓"河南道北线"东面还有一条支线未涵括于内，有关"北线""中线"的描述中忽略了河南道经贵南穆格滩草原从拉乙亥黄河渡口至共和曲沟再北上切吉草原通往伏俟城的一条线路。

最能清楚地描述河南道交通网络架构的是陈良伟先生，他不仅利用

---

① 张得祖：《古玉石之路与丝绸之路青海道》，《青海师范大学学报》（哲学社会科学版）2008 年第 5 期。

② 毕艳君、崔永红：《古道驿传》，青海人民出版社 2007 年版，第 42—43 页。

文献资料考察了河南道支线的具体状况，还通过实地考古调查充实了相关认识，较清晰地勾勒出河南道的支线网络。陈先生所定义的河南道基本包括了青海道的全部，就青海黄河以南的丝道而言，陈先生认为自东向西可分为洮河支道、隆务河支道和河源支道①，它们自南向北，从西蜀丝道至岷江、白龙江上游，经今甘肃迭部县卡坝乡等地向北、向西贯穿甘南草原、青海海东、黄南、海南等地，越黄河北上与其他丝道相连接。陈先生从广义上的"河南道"理解、命名各支线，其概念的涵括和指涉已超出了具体的河南道，比如，从白龙江流域向西北行至青海海东地区的丝道，所经区域基本上不在洮河流域，因此以"洮河支道"命名这条丝道是不合理的。

笔者拟在上述研究基础上，以东、中、西三条支线命名河南道支线，以这三条支线自南向北的方向概述其路线与走向，重点探析沿途古道、古城、渡口、关隘等与三条支线的关系，以确定支线形成的时间及其兴衰历程。

（一）东线概述

这条支线在白龙江流域南接西蜀丝道向北经甘肃卓尼、合作、临夏，进入青海循化县境，经化隆群科镇北上至平安，向西到达西宁，或向西进入隆务河流域与中线相交。

东线进入青海境内，首先与循化道帏乡起台堡古城相遇。起台堡由三座小城组成，呈品字形，其中东城和南城称为东关、南关。据《循化志》卷二《城池》载，该城"周围长一百九十二丈，高四丈，明时建"。这座古城与起台堡黑城和张沙古城皆相距 1 千米左右，其中，起台堡黑城子"内出土四系罐等唃厮啰遗物"②，它们分别是宋代的循化古城和明清时期的起台堡城。从起台堡城中出土的板瓦和筒瓦残件看，该城可能始筑于吐谷浑时期。③

从起台堡城往北至循化白庄乡张尕村起台河与科哇河交汇处，即是

① 陈良伟：《丝绸之路河南道》，中国社会科学出版社 2002 年版，第 11 页。
② 李智信：《青海古城考辨》，西北大学出版社 1995 年版，第 168 页。
③ 陈良伟：《丝绸之路河南道》，中国社会科学出版社 2002 年版，第 171 页。

著名的张尕塌城,该城"周长约一千米,呈不规则形,基宽约 6 米,残高约 8 米。开东门。城内曾出土刻有'大唐贞观××年'纪年的门限、宋代'大观通宝'钱和唐宋时期的砖、瓦、陶片等遗物"①。该城筑于何时,甚难确定,据李智信先生考辨,该城应当是唐米川日县故城,宋代沿用。南北朝至隋唐间,由张尕塌城古城经起台堡、双城和麻当古城前往洮河流域的卓尼、临潭,道路比较畅通。

张尕塌城北有黄河,因河面甚宽不宜过渡,因此,古代交通主要由张尕古城西向至文都古城。文都古城"位于文都河西岸的山坡上,高于文都河河床约 25 米,在文都乡政府西北 500 米处,距黄河约 10 千米。城分内外二城。外城呈长方形,南北长 480 米,东西宽 350 米,高约 13 米,基宽 11 米,顶 1.3 米。用沙石与泥土混筑而成,夯土层厚 6—10 厘米……从此城建制、建材等情况分析,内、外二城应建于不同时期。外城的建筑年代早于内城,可能早至东晋南北朝时期,至迟在宋代时期已被使用,至于为哪座古城,因史料关系无法考订,疑是北周绥远郡或郡下属县之一。内城应是元明积石州城"②。该城地理位置险要,为金积石军驻地,元明以来为积石州,是南下临夏、北至化隆的重要交通据点。

从文都古城向西至群科古城。群科古城位于化隆县群科乡内,城垣周长 2000 米,南距黄河不足 0.5 千米。该古城实为群科下城,城址范围大于清代金钢城,是东晋时期的河湟城和唐代廓州故城。在黄河和昂斯多河的冲击下,此处形成良好的河谷地,地势宽阔,交通便利,是西接河南道中线,北上至湟水流域的交通要道。

从群科古城北上须渡黄河,这里有著名的廓州渡。《水经注》卷二云:"河水又东北径黄河城南,西北去西平二百一十七里。"《水经注疏》引董佑诚曰,黄河城"在当今西宁县东南,巴燕戎格厅西境"。可知廓州渡即在今化隆群科镇,这一渡口当是群科古城北上至昂斯多古城的必经之地。据刘满先生实地考察,廓州渡在今群科村南。③

过黄河即至昂斯多古城。该城位于今化隆昂斯多镇,近代已毁。该

---

① 李智信:《青海古城考辨》,西北大学出版社 1995 年版,第 164—165 页。
② 同上书,第 178—179 页。
③ 刘满:《西北黄河古渡考(一)》,《敦煌学辑刊》2005 年第 1 期。

城交通条件十分便利，"由此向南经廓州可西通贵德，南通同仁，东南通卓尼；由此北行，经平安、西宁、刚察可通伏俟城；由此东南行，经化隆、甘都、循化可往河州"①。

化隆境内还有邙川城渡。《水经注》卷二云："河水又东径邙川城南，城之左右，历谷有二水，导自北山，南径邙亭，注于河。"邙亭，是汉代东、西邙，为屯田之地，今化隆甘都镇。邙川渡出现较早，它是南下的重要通道，也是甘肃河州地区与湟水流域沟通的要冲。这一渡口连接了河南道东线的另一条支线，即从此处东行经河州至今甘肃临潭，沿嘉陵江或汉江入长江，而后自长江而下抵达建康的丝路。

据《旧唐书·吐蕃传》，唐玄宗开元二十六年（738），鄯州都督杜希望"从鄯州发兵夺吐蕃河桥，于河左筑盐泉城"，《循化志》卷二《古迹》记载："盐泉城亦号镇西军……河岸皆出盐，回民以为生业。"据上述史料判断，盐泉城在今循化县城西甘都镇一带，此处河面宽阔，水流平缓，适宜摆渡。此外，《西夏书事》卷四十一记载，西夏于1222年攻打金朝的大通城，在大通城北架起浮桥过兵，占领了大通城，但很快被金攻夺，后被焚毁。大通城的位置在今循化县查汗大寺一带，对岸是化隆县甘都镇阿河滩村。

河南道东线当是湟水流域马家窑人群和西羌南下时经常使用的一条通道，吐谷浑全盛时期，这条通道是当时国际贸易、使团往来的主要通道，青唐吐蕃政权也曾维护、使用过该道，明清时期，这条通道是西北茶马贸易的重要线路之一。

（二）中线述略

从白龙江流域卡坝古城北上，经今甘肃迭部、卓尼、临潭、合作，从青海同仁、贵德越黄河北上的丝路，即是河南道中线。

中线从甘肃合作进入青海同仁，沿隆务河谷北上首先要经过位于该县年都乎乡的向阳古城。这座古城位于向阳村南1千米处，"城东、南、北三面依地形弯曲构筑，不太规整。就总体外观而言，略呈长方形……

---

① 陈良伟：《丝绸之路河南道》，中国社会科学出版社2002年版，第175页。

隆务河从东侧流过"①。该城始筑于何时已无考,《新唐书·地理志四》载:"廓州宁塞郡……南二百里黑峡川有曜武军。"宁塞郡之南即为隆务河流域,年都乎至保安一带共有古城7处,向阳古城是其中面积较大的一个,可能唐代曜武军即设于该城内。

从向阳古城北上至隆务镇。该镇系同仁县城所在地,有吾屯等古寨堡。吾屯堡位于隆务镇上吾屯村,当地人称"大城"。洪武八年(1375),明朝在元代贵德州地方设置归德守御千户所。永乐九年(1411),归德所下属10屯,保安有4屯,吴屯堡是明代在此屯田时修筑的堡寨之一。

从隆务镇北上即至保安。保安有古铁城山、保安古城两座。据《循化志》卷二《城池》,清代保安城是在保安堡基础上扩修而成,保安堡不知建于何时,"闻其初乃脱屯之堡也……周围长三百四十二丈,与今异,其后当又增筑"。

从保安古城东北向经隆务峡即至隆务河与黄河交汇处,此处有广违古城,附近有广违渡。《水经注》卷二:"河水又东北径广违城北,右合乌头川水,水发远川,引纳支津,北径城东而北流,注于河。"乌头川水即隆务河,从南向北注入黄河,其入河口是今尖扎、化隆、循化三县交界,广违城在隆务河口西,隆务河大桥处当是广违渡。河南道中线至此渡黄河向东接群科下城与东线交汇。

由保安西北向经群吾、黄乃亥、塘拉卡,进入今贵德县境,从曲马塘、马格塘向西即至藏盖古城。藏盖古城位于贵德县新街乡藏盖村北约二社,北距黄河约40千米。李智信先生根据出土遗物及相关史料记载,认为该城是西夏的祈安城,元时为归德州治所。②从藏盖古城西行,穿越今贵南县穆格滩沙地即可到达黄河南岸,此处为贵南县原拉乙亥乡所在地,现为龙羊峡水库,经拉乙亥渡口渡黄河至共和曲沟;从藏盖古城西北行,沿沙沟河即可到达龙羊峡,越黄河即至共和盆地东端。从藏盖古城北行约40千米即至今贵德县城,从此处过黄河,经贵德尕让地区亦可与其他丝道相连。

---

① 李智信:《青海古城考辨》,西北大学出版社1995年版,第270—271页。
② 同上书,第233—236页。

从藏盖古城西行经穆格滩沙地至黄河南岸的丝道是河南道中线的主干道。吐谷浑初兴之时,曾以慕贺川为牙帐,驻牧于今贵南茫拉河流域。当时,吐谷浑也控制着贵南县境内黄河南北岸地区,原拉乙亥乡尕马台一带是其活动的重要区域。从藏盖古城经穆格滩草原即可到达尕马台。南北朝时期,此处称为"沙州"。穆格滩沙地东南起沙沟河西岸,西北至黄河南岸台地,北起唐乃亥南至贵南县城北,大致包括了贵南穆格滩、哇什滩和巴洛滩,范围与段国《沙州记》所述大致相同。这片沙地的主要分布带在茫拉河和黄河东岸台地上,整体上是一个沙漠与绿地交互存在的区域。拉乙亥渡口是连通河南道中线与共和曲沟至伏俟城的重要渡口,直到现代仍是黄河东南岸前往共和曲沟及以北地区的必经之地,现被龙羊峡水库淹没。

从藏盖古城西北行至龙羊峡的丝道也是中线的重要组成部分,具体走向当是先从藏盖西行至今贵南过马营一带,再经沙沟河西北行至沙沟河与黄河交汇处,龙羊峡在河口偏西处。龙羊峡位于贵南县、贵德县和共和县三县交界处,两岸高山耸立,峡谷十分狭窄。贯友率兵攻迷唐时,可能架浮桥于峡口偏西之地。吐谷浑在此处修河厉桥,唐时修洪济桥,《元和郡县图志》卷三十九《陇右上》记有"积石军,州(廓州)西南一百五十里","金天军,在积石军西南一百四十里洪济桥"。积石军在今贵德县城,与龙羊峡相距 70 千米左右,可知洪济桥即在龙羊峡口。

从藏盖古城北行至今贵德县城亦是河南道中线的一条支线。此处是后梁浇河郡所在地,南凉、西秦、后周、北魏、隋皆在此设浇河郡。唐"武德二年置廓州,天宝元年改为宁塞郡"①,浇河郡不再复置。《西宁府新志》卷九《建置·城池》载,清代贵德城"南去府治二百二十里……周回三里八分。长六百三十八丈五尺,高三丈五尺,根宽二丈八尺,顶宽一丈二尺。设南北二门"。这座城池在今贵德河阴镇,从此处渡河后北向经贵德尕让乡可与其他丝道相连接。

---

① (宋)乐史撰,王文楚等点校:《太平寰宇记》卷一五五《陇右道六·廓州》,中华书局2007年版,第2983页。

（三）西线概略

从白龙江流域北上，经甘肃迭部进入青海河南县，过泽库、贵南两县，从尕毛羊曲渡河北上的丝道是河南道的西线。

从迭部进入河南县北上，经河南县南部草原地带，可抵达拉干木塘古城，该城位于河南县北部的优干宁镇。据考察，该城"略呈正方形，东西长 230 米，南北宽 220 米，残高 1.5 米，基宽 7 米，开东门"①。

从拉干木塘古城北上到达智合罗合古城。该城位于泽库县南约 2 千米处，从该古城向北到达恰日如来古城，该城位于今泽库县东北约 3.5 千米处，向北即是夏日德滩，此处有数处古城遗址，从此向东北可进入隆务河流域，与河南道中线相通。

从恰日如来古城西北行，在泽库县城西北约 50 千米处有和日古城，该城位于和日乡境内，其西南方向的宁秀乡有宁秀古城。这些古城位于泽库县和同德县的交界处。

从和日古城西行可到达贵南县的森多乡，此处是茫拉河的上源，自东南向西北坐落着卡加、青科羊、拉才恰龙尕脱、合豆贡么、多江堂和肉仓尕吐海六座古城，它们多处于茫拉河岸附近，当是吐谷浑驻牧慕贺川时修筑的，这些古城"分别坐落在贵南前往泽库的通道沿线以及贵南通往贵德和曲沟的通道沿线上"②，支撑着该丝道的运行。

从肉仓尕吐海西北往，即至今贵南茫拉乡塔吐古城、上堡子古城和多果滩古城，沿茫拉河至白刺滩，沿黄河南岸经原拉乙亥乡沙拉、昂索等地可至拉乙亥渡口处，与河南道中线相连。

从肉仓尕吐海西行经贵南塔秀乡，即与冬次多古城相遇。该城位于塔秀乡技校西约 4 千米处，"城呈长方形，南北长 360 米，东西宽 260 米，墙残高约 1.5 米，基宽约 7 米，城内有四排房址"③。这座古城靠近贵南至共和的公路，是河南道西线的重要支撑。

由冬次多古城西北行，约 30 千米处是尕毛羊曲，从此处渡河即可与

---

① 李智信：《青海古城考辨》，西北大学出版社 1995 年版，第 275 页。
② 陈良伟：《丝绸之路河南道》，中国社会科学出版社 2002 年版，第 125 页。
③ 李智信：《青海古城考辨》，西北大学出版社 1995 年版，第 243 页。

黄河北岸的丝道相连。吐谷浑在此处架大母桥。《资治通鉴》卷一百二十四"元嘉二十一年条"记载,北魏派晋王伏罗率大军间道袭击吐谷浑,"引兵从间道袭吐谷浑,至大母桥。吐谷浑王慕利延大惊,逃奔白兰,慕利延兄子拾寅奔河西;魏军斩首五千余级,慕利延从弟伏念等帅万三千落降于魏"。从伏罗间道袭击吐谷浑的路线来看,大母桥当在浇河上游(今兴海县与贵南县相夹的尕马羊曲一带),这是吐谷浑在黄河上建造的第二座桥。① 唐景龙四年(710),杨矩任鄯州都督、上表奏请将河西九曲之地作为金城公主汤沐邑,唐与吐蕃以黄河为界,吐蕃也在此建桥。唐玄宗开元十六年(728),鄯州都督张志亮,战于青海西,破吐蕃大莫门城,焚毁骆驼桥,该桥可能也在今尕马羊曲一带。

陈良伟先生认为,由泽库和日古城出发,西行,有两条丝道,一条即是笔者上述的河南道西线,另一条经同德、兴海可往茶卡,与河南道西线相汇于共和县支冬加拉古城附近。②

河南道西线是青海湖地区、共和盆地西部与河曲地区相联系的主要通道。商周以来,居于环湖及大允谷一带的羌人南下占据大、小榆谷,必定会从此道越黄河进入茫拉河流域,从此处东进与榆谷一带的羌人争夺黄河河谷。吐谷浑时期,河南道沿线是其统治的北部与南部地区的衔接地带。东晋至唐代中期,中原王朝与吐谷浑、吐蕃在此沿线时常发生大的战争,该通道往往成为调兵遣将的交通要冲。

二 羌中道的支线网络

羌中道所历经的柴达木盆地基本为荒漠地区,盆地北端与南端自东向西分布着很多绿洲,其核心区内也有数处绿洲,这种自然地理条件决定了人们只能利用柴达木盆地南北两边开辟通道,通过核心区内的绿洲完成南北两线的连接。羌中道以南北两条干线为主要通道,以格尔木至敦煌的支线等为主,构成其基本交通网络。南北二线皆从青海湖西岸出发,以吐谷浑伏俟城为东起点,向西北、西南方向延伸。南线经阿尔金

---

① 毕艳君、崔永红:《古道驿传》,青海人民出版社2007年版,第48页。
② 陈良伟:《丝绸之路河南道》,中国社会科学出版社2002年版,第120页。

山口与新疆境内丝道相接，北线越过赛什腾山与甘肃境内丝道相接。

（一）羌中道北线

羌中道北线东起伏俟城，溯布哈河西北行，经天峻、德令哈、怀头他拉和大柴旦，越赛什腾山、当金山口，至敦煌，再西出阳关，与西域北道相接。羌中道北线又称"伊吾道"，曾是青海湖西布哈河至伊吾（哈密）的通道。①

伏俟城又称铁卜恰古城，位于共和县石乃亥乡铁卜恰大队西南，南距石乃亥乡驻地约 2.5 千米。切吉河绕行城北，向北为布哈河，东距青海湖边约 7.5 千米。这座古城城墙保存完好，东西长 220 米，南北宽 200 米，城高 12 米左右，城墙基宽 17 米。只开东门，门宽 10 米，门外有一折角形遮墙。城内布局非常整齐紧凑，自城门向西有一中轴大道，大道两旁各有长约 50、宽 30 米相连的房屋基址遗迹。② 吐谷浑全盛时期，伏俟城东西南北皆有丝道相通，是名副其实的交通中枢。

从此城沿布哈河谷西北行，沿途经过天峻县天棚乡鲁芒沟，该处有古代岩画，据汤惠生先生研究，天峻天棚岩画最早可追溯至公元前 1000 年至前 500 年，是游牧民族所为，刻制方法包括凿刻和磨制。③

从天棚乡西北行经今天峻县城至其西北面的快尔玛乡，此处有金泉古城。

金泉古城距快尔玛乡政府东南约 2 千米，"城址平面呈圆形，稍不规则，直径约 100 米。城垣夯筑，宽 3.5、残高 0.3—1 米。因破残严重，无从判断城内布局和城门所在"④。

从金泉古城向西傍布果特山，经生格、依格隆和野马滩及汗德尔森草原，至德令哈。陈良伟先生考察此道时在德令哈市西约 5 千米的宗务隆乡马察汗村北侧发现了一处烽燧，称其为马察汗村烽燧。马察汗村烽隧位于巴音河北岸的台地上，基座平面呈正方形，边长约 8 米、残高 6.6

① ［日］佐藤长：《隋炀帝征讨吐谷浑的路线》，《青海社会科学》1982 年第 1 期。
② 青海省文物考古队：《青海湖环湖考古调查》，《考古》1984 年第 3 期。
③ 汤惠生、高志伟：《岩画断代技术、方法及其应用——兼论青海岩画的微腐蚀断代》，《文物科技研究》2004 年。
④ 陈良伟：《丝绸之路河南道》，中国社会科学出版社 2002 年版，第 220 页。

米。烽燧台基夯筑而成，顶部遭到明显破坏。这处烽燧和金泉古城一样，同为明代经营柴达木北支道的证据。①

从德令哈西行至怀头他拉，在距 40 千米处的宗务隆山南麓也有岩画。岩画主要分布在哈其布切沟内，汤惠生先生认为这处岩画是公元 7—9 世纪出现的，在青藏高原岩画史中属于第四期，带有明显的佛教因素。②从怀头他拉西行至大柴旦。大柴旦以盐湖资源闻名于世，1984 年夏，青海省盐湖研究所和中国科学院古脊椎动物研究所在大柴旦镇小柴旦湖南岸发现了一处旧石器时代遗址，出土各种打制石器 100 余件，其中有石核、石片、砍砸器，刮削器、尖状器、雕刻器等。石器制作精良，器形规整。这是当时青海省发现的唯一一处旧石器时代晚期遗址。③

从大柴旦向南可至格尔木，说明羌中道北线与南线之间可在大柴旦相汇。从大柴旦向北经大鱼难、鱼卡、努力克、花海子、加仁普里、萨豆江，穿过当金山口，抵达敦煌。

（二）羌中道南线

从伏俟城出发，经黑马河至茶卡，过香日德、格尔木，再向西越阿尔金山口的丝道称为羌中道南线。

今茶卡镇属海西州乌兰县，以产盐而闻名。远古时期，当地羌人即已开始盐业贸易④，据《汉书》卷二十八《地理志下》，新莽时期称此地的羌人为"盐羌"。魏晋时期，当地主要居民为白兰羌。吐谷浑控制此地后，茶卡成为沟通四方的交通要道。

从茶卡西行至乌兰希里沟镇。此处是柴达木南缘重要的青铜遗址分布区，该镇河东村有南北朝至唐代遗址，希里沟镇有佛教塔基遗址。从希里沟镇西向至都兰夏日哈，进入一个较大的绿洲区域，此地也有青铜时代文化遗址分布，皆属诺木洪文化系统。

从夏日哈西行至都兰县，其东南约 10 千米处即是著名的热水吐蕃墓

① 陈良伟：《丝绸之路河南道》，中国社会科学出版社 2002 年版，第 221 页。
② 汤惠生、高志伟：《青藏高原岩画年代分析》，《青海社会科学》1996 年第 1 期。
③ 白万荣：《青海古代文化分布概述》，《青海社会科学》1991 年第 2 期。
④ 靳润成：《青海古代农牧业的历史变迁》，《青海师范大学学报》（哲学社会科学版）1988 年第 1 期。

葬区。1982 年，青海省文物考古研究所考古队在都兰县热水乡血渭草场发现了一个庞大的唐代吐蕃陵墓群，发掘工作已持续进行了 19 年之久。1985 年，青海省文物局的考古工作队发掘了 2 座吐蕃古墓，其中一座命名为"都兰一号大墓"，被国家文物局学术委员会评选为"1996 年全国十大考古新发现"之一。① 这一墓群的发现说明在吐谷浑及吐蕃时代，热水乡一带的商贸活动十分繁盛。

从热水乡西行至都兰香日德。该地是柴达木盆地南缘最大的绿洲，也是重要的农产品出产地。香日德地区是诺木洪青铜文化集中出土的区域之一，也是西羌东向传播青铜冶炼技术的中转站。得益于当地相对温润的气候条件，成为柴达木地区难得的人口聚居区。此地有一处规模较大的古城遗址，该古城"东西长 320 米左右，墙基宽约 7 米，夯土层厚4、5、6、7 厘米不等，系用黄土夯筑而成"②。据学者研究，香日德古城是前期吐谷浑人活动的政治军事中心，也是吐谷浑拾寅时代的牙帐所在地。③

香日德是羌中道南线的重要支点。陈良伟先生对这一地区在古代道路交通上的重要地位有过描述：

> 由香日德出发，通往境外共有五条道路：（1）由香口德出发东行，经三道河湾、上西台、都兰、夏日哈、南谷、乌龙滩、沙柳湾、旺日尕、茶卡、石乃亥和大水桥，而后可以分别前往伏俟城和曼头城；（2）由香日德出发西行，经下柴开、巴隆、宗加房子、诺木洪、哈燕、大格勒、尕牙台和格尔木，而后可以分别前往当金山口和阿尔金山口；（3）由香日德出发西北行，经铁卜卡古城、德令哈、怀头它拉、绿草山和小柴旦镇，而后可以分别前往诺羌和敦煌；（4）由香日德出发，正东行，沿着鄂那山南缘谷地，可以直接进入沙珠玉河流域和河卡地区；（5）由香日德出发，正南行，溯香日卡河和

---

① 北京大学考古文博学院、青海省文物考古研究所编：《都兰吐蕃墓》，科学出版社 2005 年版，第 1 页。

② 尚民杰、贾鸿健：《宋云西行与吐谷浑国》，《青海社会科学》1992 年第 3 期。

③ 朱世奎、程起骏：《吐谷浑白兰地望新考》，《青海社会科学》2008 年第 2 期。

冬给措纳湖，模穿大山，可以分别前往花石峡和玛多。①

可见，从香日德至少有两条支线向北接羌中道北线。香日德也可连接河南道、唐蕃古道，说明它的交通位置十分重要。

从香日德向西行至格尔木。格尔木是座化工城市，也是重要的交通枢纽。

考古工作者在格尔木市西偏北约 20 千米的郭勒木德乡野牛沟四道梁东南坡上发现了一些岩画，以垂直打击法为主制作，画面清晰，保存较好，可能制作于唐代，这说明该地区较早已有人类活动。

从格尔木出发西北行，经乌图美仁、茫崖、曼特里克，越过阿尔金山尕斯山口至若羌，是羌中道南线西端的主干道。由格尔木西北，略偏北，经托拉海、大灶火，约 170 千米至乌图美仁乡。乌图美仁乡境内曾发现了三组元代墓葬。一组称为"乌图美仁东北墓葬"，位于乌图美仁乡东北约 2 里，因风蚀，墓葬已毁，无法确知古墓数量，面积也难判断，地面散布有人骨和铜器等遗物。第二组位于乌图美仁乡东北约 20 千米的沙台上，墓已残，采集到铜饰、箭杆等元代遗物。第三组位于乌图美仁乡西北约 45 千米处，推测原是个墓葬群，后因风蚀严重而墓群遭到破坏，故而其面积和内涵均不清。目前仅清理出两具干尸，以及随出的皮制服装和 6 枚箭镞。② 从乌图美仁乡西北至青海省最西陲的茫崖行政委员会尕斯乡，在其西约 19 千米处有那仁萨拉古城。该城城内布局不详，仅存部分北垣，东西残长 18 米、残高 1.5 米。夯层厚 5—10 厘米③，此处是唐黄头回纥部落居处，宋时，黄头回纥曾遣使往汴梁。元时，黄头回纥称撒里维吾尔。从那仁萨拉古城越过尕斯山口即与西域南道相连。

从格尔木出发北行，经过小柴旦、大柴旦，与羌中道北线相汇合，可达敦煌，这就是格尔木—敦煌丝道，它是羌中道两条支线间的主要分道。陈良传先生认为，从格尔木出发，正西行，先溯铁木里克河而上，

① 陈良伟：《丝绸之路河南道》，中国社会科学出版社 2002 年版，第 202 页。
② 同上书，第 205—206 页。
③ 同上书，第 206、208 页。

而后跳跃至若羌河上游，并由此地径直西行往于阗，也是一条通道。①

三　湟中道的支线

湟中道是丝路青海道的东段，它东接秦陇南道，向西、向南与羌中道、河南道连接，是中原通往西域、西藏的重要丝道。湟中道的干线自东向西分布于湟水谷地，又称"河湟道""河谷路"，它的主要支线是乐都—武威路和西宁—张掖路。

（一）湟中道干线

湟中道干线的走向与湟水的流向是一致的。湟水河发源于海晏县包忽图山，在青海境内先后流经海晏、湟源、湟中、西宁、互助、平安、乐都、民和，最后在兰州红古区达川汇入黄河。从今甘肃临夏越黄河西北行，沿湟水向西从民和至西宁再到海晏即形成一条借助河谷的天然丝道。然而，从湟水中游至海晏、刚察一带，有西石、巴燕二峡阻于道路间，来往交通殊多不便。② 自然地理条件影响了湟中道的走向，从而形成西宁向西至湟源的干线走向，历史上，唐蕃古道经此前往青海湖南。还有一条从西宁沿北川河过大阪山，沿祁连山南麓，经扁都口至河西走廊的丝道，这就是今宁张公路的具体走向，这条丝道当是湟中道的支线，而非干线。

湟中道干线源起于旧石器时代晚期，马家窑文化西向发展时期，这条干线已被开辟，西羌兴起后，该干线是西亚、中亚文明东向传播的要道。中原王朝势力未进入湟水流域前，西羌是这条干线的主人，匈奴控制西羌后，利用该丝道自西向东侵扰汉之西境。

汉中期以来，中原王朝与西羌为争夺湟水流域发生过激烈的冲突，这里变成了战争热地，我们可以从赵充国攻伐先零羌的路线，确切分析出湟中道干线自东向西的走向。

神爵元年（前61），赵充国率兵剿伐先零羌，"充国至金城，须兵满

---

① 陈良伟：《丝绸之路河南道》，中国社会科学出版社2002年版，第205页。
② 李智信：《青海古城考辨》，西北大学出版社1995年版，第183页。

万骑，欲渡河，恐为虏所遮，即夜遣三校衔枚先渡……遣骑候四望峡中，亡虏，夜引兵上至落都……遂西至西部都尉府"①。大军先至金城郡治允吾（今甘肃永靖），向西渡河，过四望峡，经落都，至西部都尉府城与其子卬会合。四望峡一说是八盘峡②，一说是老鸦峡③。四望峡当是兰州西河口处的八盘峡，此处水流湍急，地势险要，赵充国因此感叹道："使虏发数千人守杜四望峡中，兵岂得入哉！"④ 过四望峡后，赵充国引兵至落都。"落都"在何处，学术界也有争议，一般认为，"落都"即乐都，指今乐都冰沟一带。赵充国引兵出四望峡后，不可能一夜间抵达冰沟，加之今乐都在老鸦峡西，此处是西羌大本营，赵充国不可能不战而至此。据庞琳《〈汉书·赵充国传〉中四望峡、落都及西部都尉的位置》一文，落都当在今"今八盘峡西北的张家台一带"⑤。从落都西行，赵充国大军抵达西部都尉府。汉西部都尉府在今民和古鄯，《西宁府新志》卷九记载："古鄯城，南去县治一百六十里。西汉为龙支县故地，为西部都尉治。晋为小晋兴城。"这座古城位于今民和古鄯镇古鄯村。西汉金城郡所辖13县并没有龙支县，此处当为允吾县（民和下川口）辖地，"龙支"可能是古鄯的地名，属允吾县。

从赵充国的行军路线看，从湟水下游向西进入民和的路线，基本都是沿湟水河而行的，而从西汉金城郡建置看，当时汉政权实际控制的只有湟水下游，其建置范围不超过今天的民和县。赵充国在西部都尉府城与其子所率大军会合后，经巴州，过老鸦峡，进入湟中。⑥"湟中"指老鸦峡以西湟源石峡以东的区域，汉武帝时，曾攻占该区域，"羌乃去湟中，依西海、盐池左右"⑦。赵充国引兵至先零驻牧的湟水上游，"虏久屯

① 《汉书》卷六九《赵充国辛庆忌传》，中华书局1962年版，第2975—2976页。

② 庞琳：《〈汉书·赵充国传〉中四望峡、落都及西部都尉的位置》，《青海民族学院学报》1986年第2期。

③ 王子贞：《汉四望峡即今老鸦峡辨》，《青海地方史志研究》1983年创刊号。

④ 《汉书》卷六九《赵充国辛庆忌传》，中华书局1962年版，第2976页。

⑤ 庞琳：《〈汉书·赵充国传〉中四望峡、落都及西部都尉的位置》，《青海民族学院学报》1986年第2期。

⑥ 陈新海：《西汉时期湟中地区的交通》，《中国历史地理论丛》1997年第1期。

⑦ 《后汉书》卷八七《西羌传》，中华书局1965年版，第2877页。

聚，解弛，望见大军，弃车重，欲渡湟水，道厄狭，充国徐行驱之"①。先零羌活动于西海一带，后进入湟水中上游，威胁西汉在湟水下游的统治，从其活动区域及赵充国引兵追击的方向看，仍是循湟水北上的。

《新唐书》卷二一六《吐蕃传下》详细记载了唐刘元鼎入藏会盟的路线：

> 元鼎逾成纪、武川，抵河广武梁，故时城郭未隳。兰州地皆秔稻，桃李榆柳岑蔚，户皆唐人，见使者麾盖，夹道观。至龙支城，耆老千人拜且泣，问天子安否，言："顷从军没于此，今子孙未忍忘唐服，朝廷尚念之乎？兵何日来？"言已皆呜咽。密问之，丰州人也。过石堡城，崖壁峭竖，道回屈，虏曰铁刀城。右行数十里，土石皆赤，虏曰赤岭。而信安王祎、张守珪所定封石皆仆，独虏所立石犹存。赤岭距长安三千里而赢，盖陇右故地也。曰阏怛卢川，直逻娑川之南百里，臧河所流也。河之西南，地如砥，原野秀沃，夹河多柽柳。山多柏，坡皆丘墓，旁作屋，赪涂之，绘白虎，皆虏贵人有战功者，生衣其皮，死以旌勇，徇死者瘗其旁。度悉结罗岭，凿石通车，逆金城公主道也。至麋谷，就馆。臧河之北川，赞普之夏牙也。②

据上述材料可知，刘元鼎入吐蕃会盟的路线是从成纪→武川→广武梁→兰州→龙支城→石堡城→赤岭→河源→吐蕃。其中，在今青海省东部地区走的是湟中道的干线。

从赵充国的行军路线及刘元鼎入藏所经看，湟中道干线所经可详述如下：从今甘肃临夏渡河西北行至民和古鄯，北上经巴州沿湟水西行，至老鸦峡。老鸦峡为"湟中"咽喉，通过此峡才算真正进入湟水流域。在今乐都高庙老鸦村西南，有一座古城名老鸦城，东距老鸦峡约 2.5 千米，未发现汉代遗迹，系明清时期筑成。史称该城为汉破羌县旧址，多数学者也持此说，但李智信先生认为破羌城并不是老鸦城的前身，破羌

---

① 《汉书》卷六九《赵充国辛庆忌传》，中华书局 1962 年版，第 2983 页。
② 《新唐书》卷二一六下《吐蕃传下》，中华书局 1975 年版，第 6102—6103 页。

城城址当在高庙附近。① 从老鸦峡行经乐都县城西 1.5 千米处有大、小古城两座，大城为内城，建于后凉吕光时期，为南凉早期国都，小城为外城，由北宋时河湟吐蕃首领李立遵所建，同大城一起并称为宗哥城。现二城皆已拆毁。

从乐都西行至平安。平安古称安夷，安夷县城遗址有安夷城、安夷故城两处，《水经注》卷二载："湟水又东，勒且溪水注之，水出县东南勒且溪，北流径安夷城东，而北入湟水。"可知，安夷城在湟水之南。据学者考辨，安夷故城在湟水北岸。②

平安向西至小峡口，此处为"古之绥远关焉。往来要害，控制咽喉"③。从小峡西行至今青海省会西宁。西汉进占湟中后曾设西平亭，东汉建安中置西平郡。公元 557 年，北周取代西魏，废西魏鄯州"为乐都郡"④。隋开皇三年（583），"罢郡"⑤ 重"置鄯州"⑥。大业三年（607），隋炀帝又罢鄯州，改为西平郡⑦，统领"湟水、化隆"⑧ 二县。唐朝西境形势多变，行政建置更易频繁。武德二年（619），唐讨平薛举，关、陇地区平定，改西平郡为鄯州，治乐都，贞观中改为都督府，天宝元年（742），又改为西平郡，乾元元年（758）复置鄯州。安史之乱后，西宁为吐蕃所侵，后由唃厮哕政权统辖，元设西宁州。明洪武十九年（1386），改为西宁卫，隶陕西行都司。雍正三年（1725），改卫为府。西宁地处湟水中游，"四川外控，一径内通，三水绕城，万峰排闼"⑨，自然

---

① 李智信：《青海古城考辨》，西北大学出版社 1995 年版，第 54—57 页。

② 锡进元等：《安夷县址、宗哥城址考辨》，《青海社会科学》1994 年第 2 期。

③ （清）梁份著，赵盛世等校注：《秦边纪略》卷一《西宁卫》，青海人民出版社 1987 年版，第 62 页。

④ （宋）乐史撰，王文楚等点校：《太平寰宇记》卷一五一《陇右道二·鄯州》，中华书局 2007 年版，第 2923 页。

⑤ （唐）李吉甫撰，贺次君点校：《元和郡县图志》卷三九《陇右道上·鄯州》，中华书局 1983 年版，第 992 页。

⑥ （宋）乐史撰，王文楚等点校：《太平寰宇记》卷一五一《陇右道二·鄯州》，中华书局 2007 年版，第 2923 页。

⑦ （唐）李吉甫撰，贺次君点校：《元和郡县图志》卷三九《陇右道上·鄯州》，中华书局 1983 年版，第 991 页。

⑧ 《隋书》卷二九《地理志·西平郡》，中华书局 1973 年版，第 814—815 页。

⑨ （清）杨应琚纂修，李文实校注：《西宁府新志》卷三《地理·疆域附形势》，青海人民出版社 1988 年版，第 123 页。

地理条件相对优越。西宁"逼介青海，环拱诸番，径通准夷，南达三藏，自古为用武之地"①。也是湟中道干线上最为重要的支撑。

从西宁西行 27 千米至湟水北岸的湟中多巴镇，南岸即为镇海堡。镇海堡"东距西宁，南连银塔，北近多巴而接北川，西逾湟河而通石峡。盖青海西川、大通有夷住牧，以是为西宁门户焉"②。

从多巴、镇海西行至湟源境。在湟源县城关镇万丰村有南古城，处于湟水与药水交汇处。《水经注》卷二《河水》载："湟水又东，经赤城北而东径戎峡口，右合羌水，水出西南山下，径护羌城东，故护羌校尉治。又东北，径临羌城西。东北流注于湟。湟水又东径临羌县故城北。"据此可知护羌城在今湟中西北部，位于药水河中游一带，临羌县城在今湟源县南古城一带。③ 湟源县城关镇内有丹噶尔古城，筑于雍正五年（1727），乾隆九年（1744），设丹噶尔厅。丹噶尔厅"逼近青海，为汉、土、回、番暨蒙古准噶尔往来交易之所"④。从此城西行至日月山，此处历来为兵家必争之地，分布有北京台古城、哈城营盘台、哈拉库图城等，皆为湟中道在该地的支撑。

严耕望先生说："由鄯城河源军向西，先行湟水道，六十里至临蕃城，天宝中，哥舒翰曾置临蕃县。又六十里至白水涧、绥戎城，置白水军（今湟源？），盖亦名绥戎军。于此离开湟水道，折西南六十里至定戎城，后置定戎军。又南渡涧七里至石堡城，约在今哈喇库图城（E101°10′–25′·N36°25′）附近之石城山，崖壁峭立，三面险绝，一径盘曲可上，易守难攻，开元十七年置振武军，管兵千人；一作振威军，盖误。二十九年没吐蕃，称为铁仞城。天宝八载复克之，更名神武军，盖后更名天威军。贞元末，赤岭东有纥壁驿，当在以上一段行程中，疑为吐蕃所置。"⑤ 湟中道干线至此越过日月山与其他丝道相连。

① （清）杨应琚纂修，李文实校注：《西宁府新志·凡例》，青海人民出版社 1988 年版，第 64 页。

② （清）梁份著，赵盛世等校注：《秦边纪略》卷一《西宁卫》，青海人民出版社 1987 年版，第 67 页。

③ 李智信：《青海古城考辨》，西北大学出版社 1995 年版，第 120—122 页。

④ （清）邓承伟修，张价卿、来维礼等纂，基生兰续纂：《西宁府续志》卷一《地理志》，青海人民出版社 1985 年版，第 32—33 页。

⑤ 严耕望：《唐代交通图考》第二卷，上海古籍出版社 2007 年版，第 529 页。

（二）湟中道的主要支线

1. 乐都—武威路

从今青海乐都北上，经水磨沟越北山进入大通河流域，经今甘肃省天祝县天堂寺一带，再翻过祁连山北行至武威的丝道，称为"乐都—武威路"。因该道须经洪池岭，故又称洪池岭道。

"洪池"，"岭名，在凉州姑臧之南。唐凉州有洪池府"①。《读史方舆纪要》引《唐志》云："凉州有洪池府，又姑臧有二岭，南曰洪池岭，西曰删丹岭"②，又云："洪池岭，在卫东南，凉州之大山也。"③ 洪池岭，明时称分水岭，清代称乌稍岭、乌梢岭、乌鞘岭等，今称为乌鞘岭，因此，洪池岭道有时又表述为乌鞘岭道。

武威，汉时称姑臧，为武威郡治所在。汉武帝时，先零羌与封养、牢姐等羌结盟后与匈奴合兵，共攻令居，当时先零羌北行的路线即是乐都—武威道。赵充国进攻先零羌时曾兵分两路，史称"充国子右曹中郎将卬，将期门佽飞、羽林孤儿、胡越骑为支兵，至令居。虏并出绝转道，卬以闻。有诏将八校尉与骁骑都尉、金城太守合疏捕山间虏，通转道津渡"④。赵充国与其子卬均由金城出发，兵分南北两路向湟中进发。赵卬行军路线与丝路河西道的走向大体一致，当时已在此设立郡县，赵卬护卫辎重粮草从此道西进，相对安全。先零羌得知后，试图袭扰赵卬军队，金城太守等搜捕山中羌虏，疏通道路。赵卬的行军路线是由金城西行渡黄河，沿乌亭逆水北行，经枝阳、允街等县，至令居塞（今甘肃永登西），折而向西南，至位于浩亹水上的浩亹县，过浩亹水南下金城郡西部都尉治所，与赵充国会合。

东汉时武威太守任延依靠姑臧南山的黄羝羌人阻断由乐都至武威的通道，以防止湟水流域羌人与匈奴联合。在汉政权未进入河西之前，这条丝道可能是河西、湟水羌人联系的通道。

---

① 《资治通鉴》卷一一〇《晋纪》，中华书局1956年版，第3480页。

② （清）顾祖禹辑著：《读史方舆纪要》卷六三《陕西·甘肃行都司》，中华书局1955年版，第2732页。

③ 同上。

④ 《汉书》卷六九《赵充国辛庆忌传》，中华书局1962年版，第2976页。

2. 西宁—张掖路

从西宁北川向北，沿大通河谷北上经祁连俄博，越扁都口，经甘肃民乐至张掖的丝路，称为西宁—张掖路，简称宁张路。该丝道与今宁张公路的走向是一致的，不同的是，这条支线在北上路线应循大通河谷北上，而非直接越过达坂山，宁张公路线则是在其西的青石咀东南过达坂山。① 有学者把宁张路表述为青海道北段，以与唐蕃古道相区别②，这种理解实际上将湟中道支线当作干线对待，有违事实。

西宁—张掖路开辟甚早，是河西与河湟羌人交流的主要通道，亦为匈奴南下控制西羌必经之途。匈奴冒顿单于攻败河西月氏胡后，"余种分散，西逾葱领。其羸弱者南入山阻，依诸羌居止，遂与共婚姻。及骠骑将军霍去病破匈奴，取西河地，开湟中，于是月氏来降，与汉人错居。……其大种有七，胜兵合九千余人，分在湟中及令居。又数百户在张掖，号曰义从胡"③。说明湟中月氏胡就是通过张掖至西宁的丝道进入湟水中流的。

汉宣帝时，为防止驻牧青海湖西的罕开羌侵扰酒泉、敦煌郡，诏令辛武贤率师南下，与赵充国会师于鲜水一带合击罕开羌。源于古羌中的黑河有两源，西源亦名黑河，出高台县的祁连山南麓；东源名为野马川，今名俄博河，源于民乐县东南的祁连山南麓，其地名叫景阳岭。由景阳岭往西，就是古名鲜水、今名黑河东源的俄博河。④ 据此可知，如若赵充国行军，也须先经北川河，越达坂山，渡大通河，再越托来山余脉，入八宝河支流俄博河谷，只是这次战役因赵充国据理力争而未能付诸行动。

这条丝道所经河谷两岸虽山势高峻，峡谷深邃，形势险要，但除达坂山高峻陡峭，翻越较为困难外，谷底的道路均平缓易行，为湟中至河西走廊的理想通道。⑤ 正唯如此，法显和隋炀帝皆经此道前往张掖。⑥

---

① 赵荣：《青海古道探微》，《西北史地》1985 年第 4 期。
② 苏海洋、雍际春：《丝绸之路青海段交通线综考》，《丝绸之路》2009 年第 6 期。
③ 《后汉书》卷八七《西羌传》，中华书局 1965 年版，第 2899 页。
④ 刘满：《鲜水及其有关的民族和交通线路探讨》，《青海社会科学》1982 年第 3 期。
⑤ 吴礽骧：《也谈"羌中道"》，《敦煌学辑刊》1984 年第 2 期。
⑥ 刘满：《鲜水及其有关的民族和交通线路探讨》，《青海社会科学》1982 年第 3 期。

3. "乐都—邯川道"

"乐都—邯川道"的基本走向是从今乐都县瞿坛乡，南越大牙壑，过今化隆县城巴燕镇，南行至甘都镇一带①，与此处的黄河古渡口相连。这条道路可能很早就是湟水与黄河上游西羌联系的通道，也是西羌文化南传的重要路线。

《后汉书》卷二十二《马武传》云：

> 显宗初，西羌寇陇右，覆军杀将，朝廷患之，复拜武捕虏将军，以中郎将王丰副，与监军使者窦固、右辅都尉陈䜣，将乌桓、黎阳营、三辅募士、凉州诸郡羌胡兵及弛刑，合四万人击之。到金城浩亹，与羌战，斩首六百级。又战于洛都谷，为羌所败，死者千余人。羌乃率众引出塞，武复追击到东、西邯，大破之，斩首四千六百级，获生口千六百人，余皆降散。武振旅还京师，增邑七百户，并前千八百户②。

上述史料所言战事发生于东汉明帝永平元年（58），烧当羌与汉军战于浩门（今甘肃永登县），羌人败退，捕虏将军马武率兵追击，在乐都谷（今青海乐都县境内）又与烧当羌激战，羌人反败为胜。烧当虽胜，但也损失惨重，其豪酋率部众南撤，汉军组织追击，越过阿尼吉利山在东、西邯（今青海化隆甘都镇）追上撤退羌人，屠杀烧当羌数千人，除少数逃脱外，其余降众皆强徙至三辅地区。这次战役载入《后汉书·马武传》，该道也因此进入中原王朝的地理视野。

4. "安夷—和罗谷道"

"安夷—和罗谷道"是指从今平安县南下经廓州渡至化隆群科镇的丝道。《后汉书》卷八十七《西羌传》载："肃宗建初元年，安夷县吏略妻卑湳种羌妇，吏为其夫所杀，安夷长宗延追之出塞，种人恐见诛，遂共杀延，而与勒姐及吾良二种相结为寇。陇西太守孙纯遣从事李睦及金城兵会和罗谷，与卑湳等战，斩首虏数百人。复拜故度辽将军吴棠领护羌

---

① 毕艳君、崔永红：《古道驿传》，青海人民出版社 2007 年版，第 26 页。
② 《后汉书》卷二二《马武传》，中华书局 1965 年版，第 786 页。

校尉，居安夷。"[1] 为镇压卑湳羌，汉军从安夷县南下，双方激战于和罗谷（今青海化隆境黑城沟口），卑湳羌惨败。为加强对河湟羌人的控制，汉廷把护羌校尉治所从狄道（今甘肃临洮）迁至安夷，并在黄河上建渡口，以加强对黄河南部地区羌人的统治。自此后，"安夷—和罗谷道"成为湟水黄河间历代政权争夺、经营的一条重要通道。[2]

---

① 《后汉书》卷八七《西羌传》，中华书局 1965 年版，第 2881 页。
② 庞琳：《古代湟水黄河间的重要通道》，《青海民族学院学报》1995 年第 4 期。

整体丝绸之路的视野

——明朝人以澜沧江为《禹贡》"黑水"考

万　明[*]

摘要： 从整体丝绸之路的大视野来看，千百年来争议纷纭的《禹贡》"黑水"说，破解是在明代。明朝人破解了《禹贡》"黑水"之谜，彰显了澜沧江联通西北丝绸之路、西南丝绸之路和海上丝绸之路的历史事实。

从现代地理学来看，发源于青海玉树地区的唯一一条入于南海的河流，不是黄河，不是长江，也不是金沙江，只有澜沧江。明朝人李元阳不囿于经文注疏，撰《黑水辨》，提出澜沧江即"黑水"；徐霞客实地调查，考实了来源于青藏高原的澜沧江纵贯西北至西南，最终独流汇入南海，并将今保山腾冲高黎贡山确认为"昆仑南下正支"，从山川走势的整体认识上，突破了前人地理知识的认知范围，破解了《禹贡》"黑水"千年之谜。这一地理史上的贡献，至今没有得到阐释。其带给今天的启示是：从山川走势来研究古代丝绸之路，以明代徐霞客的实证精神走进历史现场，是推动丝绸之路研究进一步发展的一个重要取向。

关键词： 丝绸之路；禹贡；黑水；澜沧江；黑水辨；徐霞客

* 作者单位：廊坊师范学院特聘教授，中国社会科学院历史研究所研究员。

澜沧江,《后汉书》称兰仓水①,后称兰沧江、浪沧江、鹿沧江,澜沧江之名显现于明代。一般说到中华文明,大都提及黄河与长江,实际上,青海是三江源头,还包括有澜沧江。澜沧江源头位于三江源,起源于中国青海省玉树藏族自治州②,这条中国最长的南北向河流,自古以来在民族迁徙和文明交往中发挥过重要的历史作用,澜沧江流域是中国继黄河、长江流域第三大文明发祥地,有"东方多瑙河"之美誉,流经青海省4个县、西藏自治区10个县和云南省39个县市,在云南省勐腊县出境,称湄公河,是亚洲唯一以一江连6国(中国、缅甸、老挝、泰国、柬埔寨、越南6个国家)国际大河流。长期以来,三江之中,澜沧江相对是被忽略了。今天广义的丝绸之路概念,已经超出了字面含义,成为中外所有来往通道的统称,更成为古代中外交往的历史文化符号,凸显了古代诸文明之交流对人类发展史的重大价值。从一个整体丝绸之路的大视野来看,澜沧江是唯一一条从青藏高原直流而下,贯穿中国西部,联通了古代西北丝绸之路、西南丝绸之路,最终汇入南海,连接了海上丝绸之路的河流。然而,至今鲜见从山川走势来研究古代丝绸之路,更未见从澜沧江流域的视角出发,联通西北、西南乃至海上丝绸之路的历史考察。

《尚书·禹贡》是先秦时期地理知识的代表著作,明人称为"古今地理志之祖也"③。其中的"黑水"地名,自汉唐以来众说纷纭,莫衷一是。明人有澜沧江即"黑水"说,为清人所掩盖,回归经文注疏老路,仍发出"唯黑水原委杳无踪迹""黑水今不可得详"之叹。④乃至迄今,聚讼难解。本文秉承整体丝绸之路的概念,尝试以澜沧江流域为聚焦对

---

① 《后汉书》卷八六《南蛮西南夷传》,中华书局1965年版,第2849页。

② 澜沧江(湄公河)的源头在哪里,长期以来众说纷纭,没有定论。由中国科学院发起,令人瞩目的1999澜沧江源头科学探险考察队沿唐蕃古道,直奔"江河之源"——青海省玉树地区进行考察活动,主要目的是确定澜沧江发源地,经科学论证,确认了澜沧江(湄公河)的正源和发源地,并立碑铭记。它的正源为扎阿曲,发源于青海玉树藏族自治州杂多县扎青乡海拔5514米的果宗木查山。详见周长进、关志华《澜沧江(湄公河)正源及其源头的再确定》,《地理研究》2001年第2期。

③ (明)郑晓:《禹贡图说·序》,续修四库全书本。

④ (清)胡渭著,邹逸麟整理:《禹贡锥指·略例》,第9页;卷十,第301页,上海古籍出版社2006年版。

象，重新审视明人澜沧江即"黑水"之说，阐释徐霞客在地理史上的贡献，追寻明代丝绸之路的发展脉络——联通西北丝绸之路、西南丝绸之路与海上丝绸之路，从山川地理走势探索古代丝绸之路的建构。不当之处，尚祈方家教正。

一 从明朝金沧道万嗣达"澜沧江怀古"诗谈起

青海省玉树藏族自治州（以下简称"玉树州"），位于青海省西南青藏高原腹地的三江源头，长江、黄河、澜沧江三大河流均发源于此，玉树藏语意为"遗址"。玉树市结古镇是历史上唐蕃古道重镇、玉树州州政府所在地，藏语意为"货物集散的地方"，明朝在行政上隶属朵甘思宣慰司。

源自青海的澜沧江，从西北向西南流淌。纵观传统西北丝绸之路的研究，是以陕西西安为起点的；关于西南丝绸之路的研究，则长期以来是以四川成都为起点。经考察，明代西南丝绸之路有两条道路经过云南大理，达于境外，连接起海上丝绸之路，因此云南大理在西南丝绸之路上具有无可替代的重要地位。① 在这里，我们转换一下视角考察，即从澜沧江的视角重新出发，追寻明人澜沧江即"黑水"之说。

笔者之所以会形成这一视角，是受到任官大理的明朝金沧道万嗣达《澜沧江怀古》诗的启示。万嗣达，江西九江人，明代任官金沧道。② 金沧道，是明朝分巡金沙江、澜沧江的道一级官员，驻节大理。明人李元阳《大理府志》卷二记载："府治，在云南布政使司西北九百里，其地属

① 2017 年 4 月笔者提交《云南大理文化遗产保护学术研讨会》论文，待发。

② 万嗣达，明朝江西德化（今江西九江）人，据《江西通志》记载："万嗣达，字禹存，万历乡举，历官云南金沧道副使。"其墓在其故乡江西德化（今九江）"荫塘凹"。《墓志》云：生于明嘉靖乙丑（1565）九月二十二日，殁于明崇祯壬午（1642）正月。万历十九年（1591）举人，万历四十年（1612），由举人知凤阳县，勤于政事，志在保民，条陈凤阳七弊，洞悉民间疾苦，有废必兴，治绩茂誉。著有《芋栗园鸣和诗集》。康熙《大理府志》记载：其"刚介不苟，吏民畏威怀德，至今不忘……孙邦和以荐辟，任大理知府"，康熙刻本。明末万嗣达任官云南金沧道副使，驻于大理，其孙在清初任大理知府。江西万氏家族在明末清初有两位曾经任官于大理，可谓与大理有缘。

迤西金沧道。"① 以金沙江、澜沧江为道名,应是明朝的首创。

现特录万嗣达《蘭沧江怀古》诗于下,以便分析:

> 险箐维千里,重闬□九隆。
> 流沙神禹迹,越析旧唐封。
> 蜃气蛟河重,龙珠鹤岭雄。
> 万年当锁钥,一柱表崆峒。②

这首诗内容所涉地理颇为广阔,以澜沧江贯穿了古代哀牢、流沙、昆仑、南诏和大禹的故事。在这里,我们有必要首先解析一下诗句的重要语词:

"重闬□九隆",九隆,指哀牢夷。哀牢夷是古代哀牢国的主要族群、今傣泰民族的先民。主要分布在今保山、大理为中心的永昌郡。公元69年,哀牢王举国入汉朝,汉朝设永昌郡。唐代史书记南诏自言哀牢之后,系乌蛮,属氐羌。氐羌族群,氐族与羌族并称,是古老的民族群体,发祥地在今甘青高原,即西北地区。自明洪武年间,明人已开始探讨哀牢族属的问题,有董难《百濮考》、钱古训、李思聪《百夷传》等专门论述。方国瑜先生认为:哀牢夷族源上是羌族。哀牢夷原住澜沧江以西,初唐因避难而迁至汗海以南的巍山。③ 这一诗句涉及古代西南族群的氐羌族属问题,是自西北迁徙而来。

"流沙神禹迹",流沙,古代一般指西北的沙漠地区。这里作者以流沙与大禹治水联系起来,也就着力点出了贯通中国西北与西南的澜沧江走势及其特色。神禹,即指大禹。《禹贡》是古代著名地理文献,古人认为记载了大禹治水行走天下,把大禹走过的地方称作"禹迹"。《史记·六国年表》曰:"禹兴于西羌",《吴越春秋·越王无余外传》曰:"禹家

---

① (明)李元阳:《大理府志》卷二,大理白族自治州文化局1983年版,第55页。

② 康熙《永昌府志》卷二五《五言律诗》,康熙刻本。雍正《云南通志》卷二九之一四也记载了这首《怀古》诗,其中"重闬□九隆"一句,作"重关抱九隆",文渊阁《四库全书》本。

③ 方国瑜:《〈大理古代文化史〉序》,徐嘉瑞:《大理古代文化史》,云南人民出版社2005年版。

于西羌，地名石纽。"诗中指出了兴起于西羌的大禹与澜沧江有着渊源关系，是将西北与西南联系了起来。

"越析旧唐封"，越析，唐代部分纳西族先民沿雅砻江南下，抵达丽江，随后挥师南下，在洱海东部建立政权越析诏。诏址在宾居，是当时洱海周边地方政权"六诏"中势力最强的。据《蛮书·六诏第三》记："越析一诏也，亦谓磨些诏，部落在宾居，旧越析州也。"这一诗句是在述说唐代澜沧江流域发生的故事。

"万年当锁钥"，锁钥，指澜沧江江流湍急，历史上人马财物坠江损失不计其数，是滇藏交通之咽喉，有"溜筒锁钥"之称。

"一柱表崆峒"，一柱，与大理相关的铁柱有二：其一是著名的唐标铁柱。7世纪中叶，青藏高原的吐蕃与唐争夺四川边境和洱海地区，唐中宗景龙元年（707），唐朝击溃吐蕃城堡，拆除了吐蕃在漾水、濞水上的铁索桥，切断了吐蕃与大理洱海地区的交通，立铁柱记功，现此柱已不存；其二是南诏铁柱，铸于唐、南诏时期，相传诸葛亮平定南蛮，铸铁柱记功，后由南诏重铸。现存于大理弥渡县，此柱不仅是大理仅有的六项国家级重点文物之一，也蜚声海内外。崆峒，一般指崆峒山，位于甘肃省平凉市城西，传说为古代黄帝问道广成子处，东瞰西安，西接兰州，南邻宝鸡，北抵银川，是古丝绸之路西出关中之要塞。在此却是另有所指。查《明一统志》记述云南景东府山川："一峰特出，状若崆峒，蒙氏封为南岳。其南有泉为通华河，其北有泉为清水河，俱东入于大河澜沧江，俗名浪沧，源出金齿，流经府西南二百余里，南注车里。"①

综上所述，作者在诗中给予了我们大量历史与地理信息，概括了自古以来澜沧江的历史与族群的故事。以澜沧江怀古，记述了澜沧江发源自青藏高原，奔流而下至西南的绵长流向，以及澜沧江流域的宏大场景；历史连续演绎，民族迁徙繁衍、文化互联互通，反映了明朝人对于澜沧江的全面认知，给予了一个立体的澜沧江在古代贯通了中国西北与西南的深刻印象。

明初，始设承宣布政使司、提刑按察使司作为省级两大机构，地方

---

① （明）李贤等：《明一统志》卷八七《云南景东府》，文渊阁《四库全书》本。

行政中的道，分为守道和巡道，分别隶属于承宣布政使司、提刑按察使司，是省级职能部门的派出机构，同时兼有监察府州县的职责，分辖全省之府州县，常驻一地。查金沧道，《明史·职官志》记有按察司副使、金事分司诸道。分巡道，在云南属下有金沧道。[①] 志书史载：明代成化十二年（1476）设兵备道，驻洱海。弘治二年（1489）"设分守澜沧道按察司副使，驻大理。正德七年设分巡金沧道，驻大理……康熙五年，裁分巡金沧道，专设分守永昌道，仍驻大理"[②]。由此可知，分守澜沧道设于明弘治年间，分巡金沧道设于正德年间，而裁撤于清康熙年间，裁撤后专设分守永昌道，仍然驻于大理，明代地方机构设置说明了大理与永昌治理的极为密切的关系。明代金沧道之设，正是对于澜沧江流域自大理至永昌一线的有效治理。

查《大明一统志》卷八十六至卷八十七中，有 20 处提及澜沧江，均在云南境内，反映了明朝前期对于澜沧江的认识，其中主要记载各府如下：

大理府：此江来源于吐蕃鹿石下，本名鹿沧江，后讹为澜沧，今又讹为浪沧，自丽江经云龙州西南，入蒙化府。[③]

这里说明明朝人已明确定位澜沧江是来自青藏高原，以下大致是流域走向。

蒙化府：澜沧江在府城西南一百五十里，其南岸有马洱坡。[④]

景东府：澜沧江俗名浪沧，源出金齿，流经府西南二百余里，南注车里。[⑤]

顺宁府：澜沧江在府城东北七十里，源自金齿东南。流经本府，入景东府界。石齿嶙峋，波涛汹涌，实为险阻。[⑥]

丽江军民府：澜沧江源出吐蕃嵲和歌甸，流经兰州西北三十里，东

---

① 《明史》卷七五《职官四》，中华书局 1974 年版，第 1843 页。
② 康熙《大理府志》卷三，"道"原作"逆"。
③ 《明一统志》卷八六《云南大理府》。
④ 《明一统志》卷八六《云南蒙化府》。
⑤ 《明一统志》卷八七《云南景东府》。
⑥ 《明一统志》卷八七《云南顺宁府》。

汉永平中始通。南山道渡澜沧水即此。①

永昌军民府：澜沧江经府城东北八十五里，罗岷山下。②

清修《明史》中，有 13 处提及澜沧江，均位于云南，简记如下③：

1. 临安府
2. 元江军民府
3. 景东府
4. 大理府
5. 丽江军民府
6. 永昌军民府
7. 蒙化府
8. 顺宁府
9. 顺宁府云州
10. 车里军民宣慰使司
11. 威远御夷州
12. 者乐甸长官司
13. 麓川

这些地理位置，清楚显示了澜沧江在云南流经之路线。

万历时陆应阳《广舆记》记载："澜沧江，府城西南，即黑水也。本名鹿沧，今讹为澜沧。"④ 值得注意的是，地理文献出现的澜沧江即"黑水"之说，是有渊源的。

二　千年聚讼的《禹贡》"黑水"之谜与明人澜沧江即"黑水"说

《尚书·禹贡》是中国古代最早的综合地理学经典著作。《禹贡》中

---

① 《明一统志》卷八七《云南丽江军民府》。

② 《明一统志》卷八七《云南永昌军民府》。

③ 《明史》卷四六《地理志七·云南》，第 1176、1180、1183、1184、1186、1188、1190、1191、1194、1195 页；卷三一四《云南土司二·麓川》，第 8412 页。

④ 陆应阳：《广舆记》卷二一《蒙化府》。陆应阳（1542—1627），字伯生，青浦县人，辑有《广舆记》二十四卷，万历二十年青浦县陆应阳刊本。

的"黑水",是古代地理学研究中千百年来众说纷纭、莫衷一是的一大难题。自唐代开始至清末,历代学者对黑水有各种各样的考证,大多是从经文的考证出发,"以经文证经文"。

《禹贡》中提到"黑水"之名,有以下三处:

1. 华阳、黑水惟梁州;(《九州章》)
2. 黑水、西河惟雍州;(《九州章》)
3. 导黑水,至于三危,入于南海。(《导水章》)

历来经学家解释不同:一说以为梁、雍二州的黑水和导川的黑水是一条水,发源雍州,南流过梁州,入南海,见孔颖达《书疏》引《水经》;一说以为梁、雍二州各有一黑水,导川的黑水,即为雍州的黑水,见《括地志》等书;另说以为梁、雍及导川为三黑水,见蒋廷锡《尚书地理今释》。诸家推定黑水的位置更多:有张掖河、党河、大通河、疏勒河、雅砻江、金沙江、澜沧江、漾濞河、怒江、伊洛瓦底江、盘江至西江、陕西城固县黑水(汉水支流)、四川黑水县黑水(岷江支流)等说;查《中国历史地名大辞典》,"黑水"一名,竟列出 21 个地名出处。①

顾颉刚先生以导川黑水为古人假想之水。他在《〈禹贡〉注释》中提出这一观点:"古时对西边的地理不明,见东边有大海,江河自西向东入海,因而假想西部一定有几条大水,由北而南流入南海。"② 李长傅先生梳理黑水成说七种,认为皆不能成立,以为《禹贡》黑水只是古人根据传说对西陲边地的一种假想,实际上并不存在。③

张国光认为《禹贡》与《山海经》黑水所记完全一致,论证黑水即今金沙江,解释金沙江原本是纵流河川,与今红河交汇,经越南而入今南海,只是后来由于地质原因,于云南青蒲口改道

---

① 史为乐主编:《中国历史地名大辞典》,中国社会科学出版社 2005 年版,第 2554—2555 页。

② 侯仁之主编:《中国古代地理名著选读》,科学出版社 1956 年版。

③ 李长傅:《禹贡释地》,陈代光整理,中州书画社 1983 年版。

东流。①

由于河流的支流众多，难以厘清，极易产生歧义，因此又有学者提出黑水是一个群体之说，认为《尚书·禹贡》所说的"黑水"乃是一个群体概念，并非只指某一江、某一河而言。并以为当古代氐羌人从西北到西南不断迁徙时，他们把家乡中黑水的名称也带到了这条线路上。②

还有学者综述黑水地望的讨论，认为："我国的地理山川，自古以来就没有一条能够纵贯西北—西南，最后流入南海的超级大河流。"③ 这是因不了解澜沧江及其走向而发生的误解。现代地理学表明，澜沧江正是一条能够纵贯西北—西南，最后流入南海的超级大河流。

现存于世的先秦古籍中，《尚书·禹贡》记载了"黑水"，此外还有《山海经》等。《史记·夏本纪》云："华阳、黑水惟梁州"、"黑水、西河惟雍州"，是引用先秦的说法。班固《汉书·地理志》未记"黑水"，却于益州滇池下记"有黑水祠"，实际上开了黑水位于西南说之端。澜沧江正是一条能够纵贯西北—西南，最后流入南海的超级大河流。明朝人以澜沧江为黑水之说，引经据典，载入史册，值得我们今天重新关注。

纯粹以经文证经文，的确使得学者的视野狭窄。宋代程大昌驳郦道元、孔颖达、杜佑之说，指出"此三说皆不考地理也"，他将"黑水"置于云南大理西洱河，在地理上接近了答案。④ 可贵的是，明代学者正是在地理实地调查基础上，做出了澜沧江即"黑水"的论断，具有一定的说服力。

澜沧江，基本上是自明代以来的通称。澜沧江即"黑水"之说的代表人物是李元阳，专门撰有《黑水辨》一文⑤。文之开篇即将前人黑水争议一一列出，以为出自臆度，皆不足据：

---

① 张国光：《〈山海经〉西南之黑水即金沙江考》，《〈山海经〉新探》，四川省社会科学院出版社 1986 年版。

② 杨兆荣：《〈禹贡〉"黑水"之名的由来与古代氐羌人的关系》，《2000 年国际中国历史地理学术讨论会论文集》，齐鲁书社 2001 年版。

③ 魏幼红：《〈禹贡〉"黑水"地望研究综述》，《中国史研究动态》2002 年第 9 期。

④ （宋）程大昌：《禹贡论》，文渊阁《四库全书》本。

⑤ （明）何镗：《古今游名山记》卷一六，《明李元阳黑水辨》，嘉靖四十四年刻本。

《禹贡》黑水、西河唯雍州，华阳、黑水唯梁州，又曰禹导黑水
至于三危，入于南海。传论纷纷，或谓其源出某山，流径某地，或
谓其跨河而南流，或疑其世远而湮涸，或谓三危在今丽江，或谓窜
三苗不应复在南夷之地，此皆出于臆度，不足为据。

继而指出："愚之所据，知有经文而已。"其实，他虽说只是根据经
文，但是实际上却是以丰富的滇西地理了然于胸作为基础的，所以他才
可能做出"夫黑水之源固不可穷，而入南海之水则可数也"的判断，提
出了与现代地理观念接近的判别原则。他更明确提出"夫陇蜀无入南海
之水"，虽然西南的澜沧江和潞江"皆从吐蕃西北来"，但"唯阑仓由西
北逶迤向东南，徘徊云南郡县之界，至交趾入海"。从现代地理学来看，
当时明朝人已经认识到只有澜沧江入于南海，这是以澜沧江作为黑水最
为有力的证据。

随后，李元阳又从四个方面论证了澜沧江的"足以当之"：

其一曰"今水内皆为汉人，水外即为夷缅，则禹之所导于分别梁州
界者，惟阑仓江足以当之"，这种分界主要是以族群的划分；

其二曰："孟津之会曰髳人在北胜，濮人在顺宁，以今考之，皆在阑
仓江内，则阑仓江之为黑水无疑矣"；

其三曰："《地理志》谓南中山曰昆弥，水曰洛，《山海经》曰：洱
水西流入于洛，故阑仓江又名洛水，言脉络分明也"；

最后的一个例证是元朝时的："《元史》至元八年，大理劝农官张立道
使交趾，并黑水跨云南以至其国，观此则阑仓江之为黑水，益章章明矣"[①]。

关于《禹贡》所云的"三危山"，他初步推断："若三危山即不在丽
江，当亦不远，古今山川之名因革不可纪极，夫不可移者，山川之迹
也。"认为在"黑水"确定以后，"三危山"即在附近。最后，他依据山
川而论"陇蜀滇三省鼎足而立"的地理大格局，对《禹贡》"黑水"给

---

① 此见于宋濂等《元史》卷一六七《张立道传》："（至元）八年复使安南，宣建国号诏。
立道并黑水，跨云南，以至其国，岁贡之礼遂定。"（中华书局 1973 年版，第 3916 页）。元世祖
忽必烈派遣张立道"并黑水跨云南"以至安南的经历，切实说明了"黑水"即澜沧江，是有地
理根据的。如果"黑水"在西北，则明显是无法实现跨云南的。

以全面阐释：

> 陇之间正如三足旛然，黑水之源正在旛头，故雍以黑水为西界，对西河而言也；梁以黑水为南界，对华阳而言也。盖各举两端，若曰西河在雍东，黑水在雍西，华山在梁北，黑水在梁南云尔。故曰梁州可移，而华阳黑水之梁不可移也。

当代学者徐南洲指出，"可知欲定此黑水，必须满足三个基本条件：第一，黑水必为雍、梁二州共有的边界；第二，必流经三危之地；第三，黑水的一端必与南海相接或相邻。此三者缺一不可"①。

李元阳以澜沧江为"黑水"，对应了以下三点：

第一，大理府在梁、雍二州之域；

第二，三危山即不在丽江，当亦不远；

第三，唯有澜沧江入南海。

明人对于黑水的认识，是与学者本身熟知本地区云南大理、保山等地的山川地理联系在一起的。李元阳于嘉靖四十二年（1563）编纂了《大理府志》，此志是现存大理地区最早的地方志。其澜沧江即"黑水"的观点，也全面体现在《大理府志》卷一《地理志》之中：

"《禹贡》华阳、黑水惟梁州，言大华之阳，黑水之北，举其端也。今府之西南有蘭沧江，即禹贡之黑水也"；

"大理府，禹贡梁州之域，周合梁于雍，亦为雍州域地"；

"澜沧水，在州东二里，即黑水也。书华阳黑水惟梁州，源出雍州南吐蕃鹿石山，本名鹿沧江，后讹为澜沧，今又讹为浪沧，自丽江经州东南流入蒙化、顺宁、景东、元江、交趾，乃入南海"。

李氏《大理府志序》云："时则成都修撰杨君慎谪居永昌，相与往来商订。"② 李元阳学识渊博，熟悉家乡地望，编纂过程中更经过与杨慎的

① 徐南洲：《〈禹贡〉黑水及其相关诸地考》，《中国历史地理论丛》1994年第1期。
② 李元阳：《大理府志序》，《嘉靖大理府志》，第1页。

商议，才得以成书。① 当时在云南居留多年的著名学者杨慎曾为《大理府志》作序。杨慎，字升庵，四川新都县人，明正德六年（1511）会试第二、殿试第一，授翰林修撰。在嘉靖大礼议事件中，他冒死进谏，得罪了嘉靖皇帝，于1524年被谪戍云南永昌。他学识极富，在云南大理、保山一带多有游历考察。由于他的名望，使得这部《大理府志》影响颇广。其所作《大理府志序》记曰："二公家本郡人，官旧史氏，多识前代之载，且谙土著之详。"② 其中二公系指李元阳和杨士云，均为大理本地人。杨慎实际上点出了以本地人编纂府志，拥有得天独厚的优势。

重要的是，李元阳的《禹贡》"黑水"之说，更得到了明代著名地理学家徐霞客实地考察的验证，作为探索山川地貌的忠实记录，他坐实了此说。

徐霞客在云南长达一年半之久的考察，留下了13卷约25万字的《滇游日记》，约占《徐霞客游记》的2/5。在《滇游日记》八中，记载了与澜沧江直接相关的考察。崇祯十二年（1639）三月二十日徐霞客离开大理，过下关，即龙尾关，往西经漾濞峡、永平县，途中登苍山西坡的石门，又登宝台山，考察了澜沧江铁索桥，记录了炉塘的红铜矿。这一带重山叠嶂，徐霞客详记了沿途地貌，辨析了漾水和濞水，探讨了澜沧江和礼社江的关系。二十八日抵平坡，进入永昌府（今保山市）境。此时他已得出澜沧江南下车里（今西双版纳），直流入海的结论：

---

① 需要说明的是，仔细考察，杨慎却并不认为澜沧江即黑水。李元阳《送升庵先生回蟾川客寓诗序》中称："先生既穹叶榆之源，探黑水之奥，窥罢谷，历鸟吊，以究桑郹二子叙说《水经》之故，而叹其不诬。"（《李元阳集·散文卷》，第197页）但杨慎以为"今按杜氏《通典》，吐蕃有可跋海去赤岭百里，方圆七十里，东南流入西洱河，合流而东号曰漾濞水，又东南出会川为泸水焉，泸水即黑水也"（《杨升庵外集》卷五《地理·黑水之源》，道光影明版重刊本，第6页）。其撰有《渡泸辨》云："孔明出师表，五月渡泸，今以为泸州，非也，泸州，古之江阳，而泸水，乃今之金沙江，即黑水也。今之金沙江，在滇蜀之交，一在武定元江骧，一在姚安之左却。据《沉黎志》，孔明所渡当是今之左却也。"（《杨升庵外集》卷三《地理·渡泸辨》，第8页）。还有明朝著名地理学者王士性也采此说："孔明五月渡泸，虽非泸州，亦即此泸水上流千余里，在今会川地，名金沙江，又名黑水，其水色黑，故以泸名之。"（王士性：《广志绎》，中华书局1997年版，第111页）他们虽然不是澜沧江即黑水说的支持者，但是均将黑水确定在云南，这一点却是与李元阳一致的。杨慎指出："今三危、黑水祠、漾濞、皆在中国，余寓云南二十余年，目击耳闻是以得其真，并书以谂四方之好古者。"（《杨升庵外集》卷五《地理·黑水之源》，第6页）他认为三危、黑水祠、漾濞水皆在中国云南界内。

② （明）杨慎：《升庵集》卷三，上海古籍出版社1993年版，第115页。

澜沧江自吐蕃嵯和哥甸南流，经丽江、兰州之西，大理、云龙州之东，至此山下，又东南经顺宁、云州之东，南下威远、车里，为挝龙江，入交趾至海。

《一统志》谓赵州白厓睑、礼社江，至楚雄定边县合澜沧，入元江府，为元江。余按，澜沧至定边县西所合者，乃蒙化漾濞、阳江二水，非礼社也；礼社至定边县东所合者，乃楚雄马龙、禄丰二水，非澜沧也。然则澜沧、礼社虽同经定边，已有东西之分，同下至景东，东西鄙分流愈远。

李中溪著《大理志》，定澜沧为黑水，另具图说，于顺宁以下，即不能详。

今按铁锁桥东有碑，亦乡绅所著，止云自顺宁、车里入南海，其未尝东入元江，可知也。①

徐霞客在这里指出：澜沧江从"吐蕃磋和哥甸"往南流，经过丽江府兰州的西面，大理府云龙州的东面，流到罗岷山②之下，又向东南流经顺宁府（今临沧凤庆）、云州（今临沧云县）的东面，往南流过威远（今普洱景谷）、车里（今西双版纳），称为挝龙江（今称九龙江），流入交趾（今越南）海中。

他还记载：《一统志》认为赵州白崖险的礼社江，流到楚雄府的定边县汇合澜沧江，流入元江府称为元江。但他经过考察，澜沧江流到定边县西境所汇合的江，是蒙化府的漾濞江、阳江两条江水，不是礼社江；礼社江流到定边县东境所汇合的，是楚雄府马力、禄丰的两条河水，不是澜沧江。澜沧江、礼社江虽然同样流经定边县，已分在东西两面，一同下流到景东，分流于东、西，相隔很远了，所以没有合流。在这里，他特别提到李元阳所著《大理府志》，认定澜沧江是"黑水"，还备有图

---

① 《徐霞客游记全译》四《滇游日记》八，第1645—1655页。
② 在这里，依据志书，徐霞客记载："罗岷山高十余丈。蒙氏时有僧自天竺来，名罗岷，尝作戏舞，山石亦随而舞。后没于此，人立祠岩下，时坠飞石，过者惊趋，名曰'催行石'。按石本崖上野兽抛路而下。昔有人于将晓时过此，见雾影中石自江飞上甚多，此又一异也。"见《滇游日记》八，第1655页。

说，而在顺宁府以下，就不能详尽说明。他当时根据铁索桥东当地士绅所著碑文，认定澜沧江是从顺宁、车里流入南海的，并不曾往东流入元江。① 江流的问题十分复杂，他在云县终于搞清了澜沧江独流入海，不与礼社江合，不仅订正了《明一统志》的讹误，而且为李元阳的澜沧江即"黑水"说作了补充，提供了实地考察的珍贵证明。可惜他在这方面的贡献，以往一直没有引起学界的重视，实际上他追溯江源，一方面断定金沙江是长江上源，另一方面还有断定澜沧江独流入南海的贡献，通过实地考察印证了澜沧江即"黑水"。

《滇游日记（十二）》，是徐霞客在滇西永昌府（今保山市）考察至回鸡足山路程的记录，记载徐霞客在崇祯十二年（1639）最后一段游历中，循着澜沧江下顺宁府（今临沧风庆）、云州（今临沧云县），又到蒙化府（今大理巍山）、迷渡（今大理弥渡）、洱海卫（今大理祥云）、宾川诸地考察，后返回鸡足山。他取道这条路线的目的是为了追踪考察澜沧江，穷究澜沧江下游水系源流。八月初九日记云：

> 余初意云州晤杨州尊，即东南穷澜沧下流。以《一统志》言澜沧从景东西南下车里，而于元江府临安河下元江，又注谓出的礼社江，由白崖城合澜沧而南。余原疑澜沧不与礼社合，与礼社合者，乃马龙江及源自禄丰者，但无明证澜沧之直南而不东者，故欲由此穷之。前过旧城遇一跛者，其言独历历有据，曰："潞江在此地西三百余里，为云州西界，南由耿马而去，为渣里江。不东曲而合澜沧也。澜沧江在此地东百五十里，为云州东界，南由威远州而去，为挝龙江，不东曲而合元江也。"于是始知挝龙之名，始知东合之说为妄。又询之新城居人，虽土著不能悉，间有江右、四川向走外地者，其言与之合，乃释然无疑，遂无复南穷之意，而此来虽不遇杨，亦

---

① 他当时所见铁索桥，就是澜沧江的铁索桥。元代称霁虹桥。桥身由 18 根铁索组成，其中底链 16 根，扶链 2 根，上横覆以木板。两岸以条石倚崖筑成半圆形桥墩。现存遗迹有桥墩、护堤和铁柱，有东岸武侯祠、玉皇阁和西岸观音阁的石屋、石墙，还有西岸摩崖石刻 23 幅。见《滇游日记》八，第 1656 页注。

不虚度也。①

徐霞客"穷澜沧下流",查阅了大量地方文献与碑刻等,亲历考证澜沧江、怒江、礼社江的水系源流,纠正了《大明一统志》所载澜沧江"与沅江汇"、怒江"与澜沧江合"的错误。

除了河流,还有山岭。古代文献将昆仑与黑水联系在一起,《山海经·海内西经》云:"流沙出钟山,西行又南行昆仑之虚,西南入海,黑水之山","海内昆仑之虚,在西北,帝之下都。昆仑之虚,方八百里,高万仞……洋水、黑水出西北隅,以东,东行,又东北,南入海"②。这段话指出了昆仑山与黑水的联系,以及黑水是流入南海的。沿着徐霞客实地考证的路径,昆仑山在云南也有踪迹可寻。滇西的山川大都得到徐霞客的考察与记载,《滇游日记(九)》是徐霞客旅游云南曲越州(今腾冲县)的游记。崇祯十二年(1639)四月初十日,徐霞客离永昌府西行,途中渡怒江,越高黎贡山,过龙川江桥,十三日抵达腾越州城。当时保山腾冲境内高黎贡山,"古名昆仑冈"。明人谢肇淛《滇略》卷二云:

> 高黎共山,在腾越东北百余里,古名昆仑冈,夷语讹为高良公云。界龙、潞二江之间,潞江冬月无霜,而此山巅霜雪严沍,蒙氏封为西岳山。上下东西各四十里,登之可望吐蕃之雪山。山顶有泉东入永昌,西入腾越,故又名分水岭。

经过亲历实地考察,徐霞客对此山有两处记载:

> 又西二里,或陟山脊或缘峰南,又三里有数家当东行分脊间,是为蒲满哨。盖山脊至是分支东行,又突起稍高,其北又坠峡北下,其南即安抚司后峡之上流也。由此西望,一尖峰当西复起,其西北高脊排穹,始为南渡大脊,所谓高黎工山,土人讹为高良工山,蒙

---

① 《徐霞客游记全译》,《滇游日记(十二)》,贵州人民出版社2008年版,第1869—1870页。

② 《山海经》卷一一《海内西经》,中国纺织出版社2015年版,第228、229页。

氏僭封为西岳者也。其山又称为昆仑冈，以其高大而言，然正昆仑南下正支，则方言亦非无谓也。①

　　盖高黎贡俗名昆仑冈，故又称为高仑山。其发脉自昆仑，南下至姊妹山；西南行者，滇滩关南高山；东南行者，绕小田、大塘，东至马面关，乃穹然南耸，横架天半。为雪山，为山心，为分水关；又南而抵芒市，始降而稍散，其南北之高穹者，几五百里云。由芒市达木邦，下为平坡，直达缅甸而尽于海，则信为昆仑正南之支也。②

　　当时他把高黎贡山的脉络调查清楚，两度判断此山为"昆仑南下正支""则信为昆仑正南之支也"。从现代地理位置来看，横断山脉是中国最长、最宽和最典型的南北向山系，澜沧江是横断山脉的水系，也是南北向，徐霞客判断高黎贡山是昆仑正南的支脉，是通过亲身实地调查，并与文献记载、地方传说相印证，昆仑山延伸至西南，这也就更加坐实了"黑水"在西南之说。他在古代地理学史上做出了超越前人的贡献，是应该大书特书的。

　　后来的云南志书，大都延续了《大理府志》对于澜沧江的记载。天启时明人谢肇淛《滇略》卷二记载："兰沧江，一名鹿沧，其源出吐蕃嵯和哥甸，一云出莎川石下，其石似鹿，故名。自丽江度（渡）云龙州至于永昌，广仅三十余丈，其深莫测，其流如奔。东流经顺宁，达于车里，入于南海。即汉书所云博南兰津也，今曰澜沧，俗谓之浪沧，蒙氏封为四渎之一。其江中有物，黑如雾，光如火，声如折木破石，触之则死。或云瘴母也，《文选》谓之鬼弹《内典》谓之禁水，惟此江有之，他所绝无。李元阳曰此即《禹贡》黑水，至于三危，入于南海者也。"③ 至明末清初，顾祖禹《读史方舆纪要》云："澜沧江出吐蕃嵯和歌甸鹿石山，一名鹿沧江，亦曰浪沧江，亦作兰仓水。流入丽江府兰州境，南历大理府云龙州西，又南经永昌府东北八十五里罗岷山下。两崖壁峙，截若坦墉，

① 《徐霞客游记全译》，《滇游日记》九，第1668页。
② 同上书，第1726页。
③ （明）谢肇淛：《滇略》卷二，文渊阁《四库全书》本。

缆铁飞桥，悬跨千尺……"在全面记述了澜沧江流经之地以后，引述了李元阳《黑水考》原文①。清雍正大理府云龙州知州陈希芳纂修的《云龙州志》卷三，全文收录了李元阳《黑水辨》。②

从现代地理学来看，澜沧江上源出自青藏高原青海省玉树，在西藏自治区昌都汇合，东南流至西藏自治区盐井附近入滇境德钦县，再向东南流经维西傈僳族自治县、兰坪白族普米族自治县、云龙县、永平县、保山市、昌宁县、凤庆县、云县、景东彝族自治县、镇沅县、临沧县、双江拉祜族佤族布朗族傣族自治县、景谷傣族彝族自治县、澜沧拉祜族自治县、思茅县、勐海县、景洪县，于勐腊县西南缘中国与缅甸、老挝交界处出中国境，称湄公河，经缅甸、老挝、泰国、柬埔寨，在越南南部汇入南海。明朝人的认识，与现代科学考察的结论大致吻合。

明人以澜沧江为"黑水"，是有相当道理的。到明代，古代的地理认知已经得到发展，毕竟中国发源于青海的河流，只有澜沧江才是唯一一条来自西北青藏高原，最终汇入南海的河流，明朝人已经清楚地认识到这一点。云南大理是丝绸之路中外交往的重要节点，当地饱学之士李元阳的澜沧江即"黑水"说，得到徐霞客的实地考察验证，至此明朝人的地理学认知达到了前所未有的程度，远超过历代只知经文注疏的学者眼界，全面认识了澜沧江，有了澜沧江的整体视野，结合昆仑山，即横断山脉的整体视野，在对于纵贯中国西部的山川走势有了全面认知的基础上，才将"黑水"定位于西南。

地理知识是随着人类的产生而产生，随着社会的进化而不断发展的。先秦人们对地理要素的认识已积累了不少知识，《禹贡》系统地反映了当时人们对区域地理的认识水平，如果说《禹贡》"黑水"尚有假想的成分，那么明朝人依据当时对地理学认识的发展，将古代"黑水"落到了实处。由此，地理学认识进入一个新阶段。无论在理论上还是实践上，都具有科学性，充分说明晚明中国地理学的发展，已渐趋于成熟，是中

---

① （清）顾祖禹：《读史方舆纪要》卷一一三《云南方舆纪要》，中华书局2005年版，第5049—5051页。值得注意的是，这里引述李元阳《黑水考》，而非《黑水辨》，文字有出入。

② （清）陈希芳纂修：《云龙州志》卷三《黑水辨》，云龙县志编纂委员会1987年版，第30—31页。

国走向近代的标志之一。遗憾的是至清朝，传统考据再度占据了上峰，对于《禹贡》"黑水"的认知，也再度进入了迷津。

三 澜沧江与丝绸之路

沿着澜沧江流域，可见古代西北丝绸之路与西南丝绸之路、海上丝绸之路的紧密联系，一直延续到今天。

在陆上，云贵高原西北紧邻青藏高原，与西藏为界，北方与四川接壤，西面与缅甸为邻。汉代将西南夷道通到滇西洱海地区，"蜀—身毒道"国内最后一段——"永昌道"开通，汉、晋称"滇缅永昌道"，史界以永平境内博南山险峻难行，闻名遐迩，又称其为博南古道。公元69年，汉王朝开拓和经营西南最边远的郡——永昌郡设立。自此，西夷道、南夷道、永昌道连成一线，古道全线贯通。发展至明代，与澜沧江相联系的丝绸之路古道有五尺道、永昌道、博南道、顺宁道，出境汇入南海，更联通了海上丝绸之路。

更重要的是，澜沧江这条大河自古就是中国西部族群迁徙的通道。源头的青海玉树地区与黄河源头、长江源头青藏高原的草原地区是古代氐羌族群的发祥地，逐步向南迁徙，在中国西南形成了许多民族，这些民族的祖先大多是沿着澜沧江、金沙江向南迁徙的。但金沙江最终汇入了长江，而只有澜沧江最终成为一条国际河流，汇入了南海。

从民俗考证及古代人口流动的纵向来看，澜沧江流经青海、西藏和云南三省，是中国最长的南北向河流。沿着澜沧江，有着民族迁徙的明显印迹。《大理古代文化史》的作者徐嘉瑞在20世纪60年代发表论文提出，白族及大理的古代文化，是从西北高原青海、甘肃、川西一带来的，时期是在邃古的时代。考古发掘证明了在新石器时代，大理的文化已带有北方甘肃、青海一带的特点。已有历史资料与社会调查，证明大理的白族和西北高原南下的氐、羌民族有着密切的关系。[1]

从澜沧江出发，大理在澜沧江流域具有重要地位，是古代南方丝绸之路通往境外的主要通道，是南方丝绸之路不可或缺的重要节点，南方

---

[1] 徐嘉瑞：《白族及古代大理文化的来源》，《学术研究》1963年第3期。

丝绸之路与境外的交往，主要是发自大理，以达于境外，入于南海。因此，从大理出发考察，我们可以清楚地了解自古以来丝绸之路与外部交往的一个重要走向，即将南方丝绸之路与北方丝绸之路、茶马古道与海上丝绸之路都连接起来，建构了古代中国与缅甸、老挝、泰国、柬埔寨、越南、斯里兰卡、孟加拉国、印度等诸国交往通道的一个重要枢纽。

简言之，云南大理在丝绸之路上处于一种轴心的位置。围绕大理，北面上行有两条道路，南面下行有三条道路，上行的道路联通西北丝绸之路和茶马古道，再通往境外。下行的两条道路，一条通往永昌道，出缅甸；另一条通西双版纳，出勐腊，达于境外；还有一条是通往红河，出越南；最终，条条道路都联通了海上丝绸之路。

明初奠定了西南地方治理的框架："多因元官授之，稍与约束，定征徭差发之法。渐为宣慰司者十一，为招讨司者一，为宣抚司者十，为安抚司者十九，为长官司者百七十有三。"① 一般而言，明代在云南设立了三宣六慰：即三个宣抚司、六个宣慰司，皆为明代在云南边疆设置的土司。三宣即南甸宣抚司、千崖宣抚司、陇川宣抚司。六慰即车里宣慰司（治景晱，即今西双版纳景洪）、孟养宣慰司（治所今仍作孟养，在缅甸克钦邦）、木邦宣慰司（治今缅甸腊戌北部兴维）、缅甸宣慰司（治今缅甸曼德勒南部阿瓦）、八百大甸宣慰司（治今泰国北部清迈）、老挝宣慰司（治芒龙，即今老挝琅勃拉邦）。实际上，明初还设有底兀剌宣慰司（治洞吾）、大古剌宣慰司（治摆古，又称白古，即今缅甸勃固）、底马撒宣慰司（治马都八，即今缅甸英塔马）。后又从木邦分出孟密宣抚司，从干崖分出盏达副宣抚司（治今盈江县西北的莲花山），从陇川分出遮放副宣抚司（今仍名遮放，在潞西县南境），共是九个宣慰司、四个宣抚司、两个副宣抚司。

明代云南陆路与海道连接，也即南方丝绸之路与海上丝绸之路的连接，有贡道上路和贡道下路，史载均可自大理出发：

贡道上路：自大理出发，通往永昌，由永昌，经屋床山，至潞江，过腾冲卫西南行，至南甸、千崖、陇川三宣抚司，陇川10日到猛密，2日到宝井，又10日到洞吾，又10日到缅甸，又10日到摆

---

① 《明史》卷七六《职官志五》，第1876页。

古，即明朝所设古喇宣慰司所在地。摆古，即今缅甸南部沿海勃固地区。

贡道下路：从大理赵州驿道出发，至景东府，至者乐甸，那里是乐甸长官司地；行1日，到镇沅府，再行2日，到达车里宣慰司地界，在今天西双版纳、普洱县一带；行2日，至车里之普洱山，产茶之地；又行2日，至一养象之地，再行4日，才到达车里宣慰司，即今景洪，在九龙山下，邻九龙江，即澜沧江的末流。由此向西南行8日，到八百媳妇宣慰司，即八百大甸宣慰司，在今泰国清迈一带；向西可到摆古，今缅甸南部沿海勃固地区。①

值得注意的是这条道路的延伸线，即又向西南行1个月，到老挝宣慰司（今老挝琅勃拉邦），再西行15—16日，至西洋海岸，即缅甸摆古出海。

由此可知，实际贡道下路不止一条道路，是陆海连接的重要通道，可通"至西洋海岸"，这一点非常重要，表明下路既可通泰国出海，还可通缅甸出海。

最重要的是，这些道路与澜沧江流域大多有高度重合，从古到今，澜沧江联通了西北、西南和海上丝绸之路。

结　语

从整体丝绸之路的视野来看，明朝人破解了《禹贡》"黑水"之谜，也就彰显了古代澜沧江联通西北丝绸之路、西南丝绸之路和海上丝绸之路的历史事实。

从现代地理学来看，发源于青海玉树地区的唯一一条入于南海的河流，不是黄河，不是长江，也不是金沙江，只有澜沧江。明朝人李元阳撰《黑水辨》，徐霞客采用实地考察与古文献、地方传说、文物相互印证的方法，考实了澜沧江来源于青藏高原，纵贯西北至西南，最终独流汇入南海，以此突破了前人地理知识的认知范围，破解了《尚书·禹贡》

---

① （明）刘文征撰，古永继点校：《滇志》卷三〇《羁縻志·属夷附贡道》，云南教育出版社1991年版，第985—994页。

"黑水"的千年之谜。这一历史案例也极具现实意义，给予我们的启示是：在整体丝绸之路的概念下，从山川走势研究丝绸之路，以明代徐霞客的实证精神走进历史现场，是推动丝绸之路研究进一步发展的一个重要取向。

"日天臣仆"

——丝路古国"揭盘陀"名义新考*

曾俊敏**

摘要：揭盘陀为汉唐时期由我国塔吉克族先民建立的丝路古国，历代史地文献多有记载，但其语源素来成谜。自儒莲以来，学界前贤考证颇多，但诸家成说皆有未安。本文提出地名语源考证应遵循的三原则，并以吉田丰对揭盘陀源语发音的考释为基础，结合东伊朗语亲属语言、传世文献及考古发现等相关证据，考订"揭盘陀"语源当为东伊朗语"日天（太阳神）臣仆"之意，不但于同支诸语有征，且能与当地袄教太阳崇拜文化遗址及《大唐西域记》所载该国"汉日天种"建国传说相契。

关键词：揭盘陀；东伊朗语；对音；语源；太阳崇拜

---

* 本文系 2015 年度广州中医药大学人文社科研究项目"面向'一带一路'的亚非第二语言型英语变体的类型学研究"（批准号：SK1506）和 2016 年度广州中医药大学人文社会科学"远志"项目"传统医学基础理论关键术语的词汇语义类型学研究"（批准号：SKYZ1605）的阶段性成果。

** 曾俊敏（1983.7—），男，汉族，广东揭阳人，广东外语外贸大学外国语言学及应用语言学硕士，现为广州中医药大学外国语学院英语专业教研室副主任、讲师。研究方向：语言类型学、接触语言学及色勒库尔塔吉克语等东伊朗次支诸语言。

一　引言

《大唐西域记》卷十二载有古国"朅盘陀"，位于我国西陲帕米尔高原（古称葱岭）之上。综合前贤所考①，知其中心区域大抵在今新疆维吾尔自治区塔什库尔干塔吉克自治县境，其国民主体为操某种东伊朗语（可暂名之为"朅盘陀语"）的印欧民族，应即今日塔吉克族先民。据史料推测，朅盘陀立国约当东汉时，具体可能在公元2世纪，但正史至北魏太延三年（437）始有朅盘陀向中央政权遣使纳贡之记载。其国亡于唐开元中（约在713—727），肇因于唐蕃两大势力对帕米尔的争夺，朅盘陀末王裴星叛降吐蕃，而后唐廷击破其国，置葱岭守捉（俗呼葱岭镇），属安西都护府，为安西极边之要塞。

朅盘陀虽仅葱岭小邦，然前后国祚历五六百年，又地当中西交通要冲，扼葱岭之险要，素为丝路南道枢纽，不唯商旅往来络绎，历代求法高僧亦多曾路过该地，留下诸多记载。时至今日，其地（塔什库尔干）在我国"一带一路"重大倡议中仍备受关注，是"中巴经济走廊"的关键节点。

朅盘陀因其在中西交通史上的重要地位，素为学界所关注，但有关该国名号的语源考证，却一直未有令人满意的结论。原因之一，盖以其在史籍载记中异译甚多，如《宋云行纪》作"汉盘陀"，《魏书》作"渴槃陀"及"阿盘陀"，《梁书》《南史》《北史》作"渴盘陀"，《大唐西域记》作"朅盘陀"，《往五天竺国传》作"竭饭檀"或"渴饭檀"，《贾耽四道记》作"羯盘陀"，《续高僧传》作"渴罗槃陀"，《通典》作"汉陀""渴盘陀"及"渴罗陀"，《新唐书》作"汉陀""喝盘陀""渴馆檀"及"渴罗陀"等。其中不乏鲁鱼亥豕、讹脱衍倒之属，如"渴馆檀、竭饭檀"显为"渴饭檀"形近致误，而"渴罗陀、汉陀"当系"渴罗槃陀、汉盘陀"脱字生讹。然后世诸家考索，或未加校勘，或挂一漏

---

① 肖之兴：《葱岭古国朅盘陀考》，白滨等编《中国民族史研究（二）》，中央民族学院出版社1989年版，第18—29页；西仁·库尔班等编《中国塔吉克史料汇编》，新疆大学出版社2003年版。

万，则其后语源之考，必受其累。若欲推求其语源，自不得不先究诸家成说之问题所在，而后乃可知而鉴之云。

二　前贤对"揭盘陀"对音与语源之
研究及其存在问题

前文述及史料中此国名号异译达十数之多，如非有胪列必要时，本文唯举《大唐西域记》之"揭盘陀"以赅其余，因玄奘曾亲历其国，又兼雅擅声明之学故。

西方学者对揭盘陀对音及语源的考求，首推法国汉学家儒莲①。其在《大唐西域记》法译本中，率先将揭盘陀所对原音推定为 Khavandha，但于其后置一问号，盖示其不能确定，亦未论及其可能语义。其后苏格兰东方学家裕尔②在接受儒莲所拟 Khavandha 之同时，又提及史籍另有"汉陀""渴馆檀""渴罗陀"诸异名，并推测"汉陀"所对或为 Kandha，但裕尔亦坦言自始以来迄未能解其名义。至 20 世纪初，英国汉学家多马华脱③在其关于《大唐西域记》的研究中开始怀疑儒莲之说，并将其可能对音修正为 Kabhanda 或 Kavanda。多马华脱未曾明言其改拟之依据，但估计动机仍出于语源考证，因 Khavandha 无词可对，而 Kabhanda 则为梵语，是一种罗刹（Rakshasa）恶鬼，印度史诗《罗摩衍那》有载，其形貌残缺丑陋。④ 不过，尽管玄奘在记载揭盘陀国人时因为偏见而有"容貌丑弊"之描述，仍然很难相信一个在其笔下"敬崇佛法"且有"伽蓝十余所"的国家，会以罗刹之种为名号，而且这一解读和《大唐西域记》所载该国自称"汉日天种"的族源，也显然相互矛盾。多马华脱此说的另一个明显缺陷，则是试图以属印度雅利安语支的梵语来解读，而罔顾揭

① Julien, *S. Mémoires sur les Contrées Occidentales*. Paris：L'Imprimerie Impériale，1858：209.

② Yule, H. Art. V. —Notes on Hwen Thsang's account of the principalities of Tokháristán, in which some previous geographical identifications are reconsidered. *Journal of the Royal Asiatic Society of Great Britain & Ireland* (New Series)，1873（01）：92－120.

③ Watters, T. *On Yuan Chwang's Travels in India*，629－645 AD（Vol. 1）. London：Royal Asiatic Society，1904：287.

④ Mack, C. & Mack, D. *A Field Guide to Demons*，*Fairies*，*Fallen Angels and Other Subversive Spirits*. London：Macmillan，1999.

盘陀语是一种东伊朗语的事实。

　　法国汉学家沙畹①代表了 20 世纪初西方学界另一种对儒莲对音的质疑。他在研究《宋云行纪》"汉盘陀"的记载时，不仅注意到了史籍中该国名号的诸多异译，同时留意到玄奘音译所用"揭"字中古有 –t 尾，常用以对译带 –r 尾之音节，故推原其音当为 *Karband* 或 *Garband*。对首音节的这一还原是"揭盘陀"对音研究上的重大进展，但在起始辅音为清为浊上，沙畹囿于局限仍未能判断，其以为"揭"盖同"竭"，并举"竭"可对译 *kar/gar* 音节为证，但揭与竭其形虽似，其音有别，揭为溪母，竭为群母，恐非佳偶。此外，沙畹虽然提出了新的对音还原，却未对揭盘陀的语源作任何猜测。

　　其后，东方学界尤其是日本和中国的学者开始加入讨论，其中著者如藤田丰八②以揭盘陀对伊兰语 *Kuhundiz*，其义为"城砦"；岑仲勉先生③则以揭盘陀对波斯语 *Kala Panja*，即今阿富汗巴达赫尚地区之喀喇喷赤。然二氏在对音上皆失之粗疏，藤田氏之 *ku* – 完全不考虑"揭"之尾音，– *hundiz* 于"盘陀"二音更是相去甚远；岑氏虽勉强以 – *la* 对"揭"之尾音或"渴罗"之"罗"，然其以 – *pan* – 对并母之"盘"，以 – *ja* – 对定母之"陀"，皆明显不合对音规律。因此二氏之说，多数学者并不采信④。

　　日本学者中影响最大的当属白鸟库吉⑤，其说在沙畹 *Karband/Garband* 基础上将对音修正为 *Garpand/Garpanda*，并论证"揭"所对之 *gar*，系东伊朗语中表示"岩石、山"的词根（如瓦罕语 *gar*、雅格诺布语 *gor*、大夏语 *gairi*、普什图语 *ghar* 等），而"盘陀"则对 *pand*（*a*），东伊朗语中意为"道路"（如舒格南语 *pond*、色勒库尔语 *pand*、桑格利奇语 *panda*、大夏语 *pañta* 等），故"揭盘陀"*Garpanda* 合之为"山路、石道"之意，盖状葱岭古道之艰难云。此说在亲属语源证据上较为有力，对音比

　　① Chavannes, E. Voyage de Song Yun dans l' Udyāna et le Gandhāra. *Bulletin de l' Ecole française d' Extrême-Orient*, 1903 (1): 379–441.

　　② 藤田丰八：《慧超往五天竺国传笺释》，德岛，藤田丰八，1911 年。

　　③ 岑仲勉：《佛游天竺记考释》，商务印书馆 1934 年版。

　　④ 张毅：《往五天竺国传笺释》，中华书局 2000 年版。

　　⑤ 白鸟库吉：《西域史研究（上）》，东京岩波书店 1941 年版，第 132—133 页。

之藤田、岑氏更为严谨，释义亦合乎情理，故流播甚广，至今国内凡有解说揭盘陀名义者，多以其为成说，如肖之兴①等。但白鸟氏在对音上有明显硬伤，如并母之"盘"当对浊音之 ban 或其擦化变体之 van，这在从儒莲以至沙畹等泰西汉学家笔下早为定论，而白鸟氏或为求其合于东伊朗诸语中"道路"诸同源词，乃强将"盘陀"对为 panda，又或因其不审汉语历史音韵，以今绳古，误据现代汉语浊音清化后的面貌推定古读，致有此失。无论是哪种原因，白鸟氏对于沙畹而言，在对音上都是明显倒退，当代日本学者吉田丰②、森安孝夫等③都曾直言其谬。

另一方面，由于揭盘陀诸多异译散见于不同史料，而治此史籍者未必治彼，故彼此之间往往隔阂，少有贯通，唯派内承传，陈陈相因耳。如突厥学家吐古舍娃④和狄茨等⑤在考释回鹘文《玄奘传》残本时，对揭盘陀国名脱文的补订即均以多马华脱之说为据⑥，而似全然不知沙畹氏已证其首音节当有 -r 尾，以致今日突厥学界凡提及回鹘文《玄奘传》揭盘陀国名，均误以为原文即 Kavanta 或 Kavaṇḍa。二书所以有此疏失，盖因所治为《玄奘传》，故如儒莲、多马华脱等治《大唐西域记》之学者，自然为其所倚重，而沙畹之说，出于《宋云行纪》之研究，则宜乎其不为二氏所知矣。

综上可见，地名语源考证离不开正确的对音还原，而现有揭盘陀语源之先行研究在这方面都存在明显缺陷，从而影响了考释的可

①　肖之兴：《葱岭古国揭盘陀考》，白滨等编《中国民族史研究（二）》，中央民族学院出版社 1989 年版，第 18—29 页。

②　吉田丰：《ソグド語雑録（Ⅲ）》，《神户市外国语大学外国学研究》1990 年第 21 期，第 91—107 页。

③　森安孝夫等：《〈往五天竺国传〉记载的西域史料研究》，《新疆师范大学学报》（哲学社会科学版）2006 年第 3 期，第 11—18 页。

④　Tugusheva, L. Ju. *Ujgurskaja Versija Biografii Sjuan'-czana*. Moskva：Nauka，1991：72，334，459.

⑤　Dietz, S. et al. *Die Alttürkische Xuanzang-Biographie V*. Wiesbaden：Harrassowitz Verlag，2015：189，346.

⑥　回鹘文《玄奘传》第五卷残本"揭盘陀"国名仅残余 nt' 部分，狄茨等（Dietz *et al.* 2015：189）释为 ṇḍa，而补全为［kava］ṇḍa；吐古舍娃（Tugusheva 1991：72）则将残余部分释为 vanta，而补全为［ka］vanta。双方于残迹部分释读有多寡之别，但所据以补全脱文者均为多马华脱之说。

信度。

事实上，前贤关于"揭盘陀"对音的还原，最为可靠的是吉田丰①，他综合考察了史籍中八种异译对应的汉语中古音，推测"揭盘陀"应是 $kh/xarb/vanda$ (n) 的对音，而后与巴基斯坦北部发现的粟特语岩壁铭文②提及之地名 $xr\beta ntn$ 相印证，考定"揭盘陀/渴饭檀"可为 $Xarvanda$ (n) 之对音。吉田所持论与回鹘文《玄奘传》残文亦相契合，但其说提出近 30 年，似仍影响不大，如狄茨等③关于《玄奘传》第五卷之最新考释，仍对其视而不见。此外，吉田氏在证伪白鸟氏"山路、石道"之说的同时，亦坦言 $Xarvanda$ (n) 原义无法推知，而其后数十载亦未见有据此推进者，故揭盘陀语源之考索，于今仍止步于白鸟氏说云。

三 "揭盘陀"语源新考：基本原则与具体论证

在对前人相关研究存在问题进行梳理的基础上，本文认为，对"揭盘陀"语源的考证，如同其他地名考源一样，必须遵循三个基本原则：

1. 可靠的对音还原。准确的对音是语源考据的基石，前贤诸说唯吉田丰能兼顾传世文献、出土材料与历史音韵，最为可信，故取其还原之 $Xarvanda$ (n) 为据。但其还原之揭盘陀语形式实际包括了带 $-n$ 尾和不带 $-n$ 尾两种变体，从出土文献来说，粟特语岩壁铭文中是带 $-n$ 形式，而回鹘文《玄奘传》残本则是不带 $-n$ 的形式。就传世文献而言，史籍载记中无 $-n$ 尾的"揭/渴/喝/汉盘陀"是主流，而带 $-n$ 的"渴饭檀"十分罕见，故本文将不带 $-n$ 的基本形式 $Xarvanda$ 作为语源考证的主要对象。

2. 合理的语言择对。这包括用于和揭盘陀语比对的亲属语选择以及确定亲属语范围之后用于比较的同源词择对。揭盘陀语属东伊朗语次支，证据颇多，如《大唐西域记》卷十二称其国"文字语言大同佉沙国"，玄

---

① 吉田丰：《ソグド語雑録（Ⅲ）》，《神户市外国语大学外国学研究》1990 年第 21 期，第 91—107 页。

② 岩壁铭文位于巴基斯坦北部印度河上游齐拉斯（Chilas）附近，年代大约为公元 5 世纪。

③ Dietz, S. et al. *Die Alttürkische Xuanzang-Biographie V.* Wiesbaden: Harrassowitz Verlag, 2015: 189, 346.

奘所记之"佉沙"即疏勒国,其地语言属东伊朗语。① 《新唐书·西域传》又谓"其王本疏勒人,世相承为之","人劲悍,貌言如于阗",而语言学已确证于阗语亦属东伊朗语。再者,核心词保留率这一词汇统计学证据显示,于阗语和色勒库尔语亲缘距离较近,揭盘陀人很可能是今日塔什库尔干塔吉克族主体色勒库尔支系的先民②,而色勒库尔语是典型的东伊朗语,属东伊朗次支下的帕米尔语组。因此,考求揭盘陀国名语源时,应优先选择东伊朗诸语同源词作为比对材料,并以东伊朗语的形态构词特征进行解读。当然,对东西伊朗语同出一源的词汇,来自西伊朗语次支的证据也值得参考。

3. 契合史实的释义。语源最终的释义应能与传世文献或考古发现之史实相契合。白鸟库吉"山路、石道"之说所以流传最广,与其释义符合葱岭地区"登山履险,路无人里"③的自然环境显然是有关系的。多马华脱之所以不敢明言其将对音还原修订为 *Kabhanda* 有指揭盘陀出于罗刹种之意,恐怕也是因为这一说法与诸多历史记载无法融洽相契。

只有在这三个原则得到贯彻执行的情况下,揭盘陀语源考证的可信度才能得到保证。经过严格比对和再三考辨,本文认为,"揭盘陀" *Xarvanda* 在揭盘陀语中的意义应该是"日天(太阳神)臣仆"之意④。

首先,"揭/羯/渴/喝/汉"对应的揭盘陀语词 *xar*,其义当为"太阳"。可比对的东伊朗语次支同源词有:阿维斯塔语 *huuarə*, *hvar* -, *x^{v}an* - "太阳"⑤;粟特语 *γwr*, *xwr* /xwar, xur/, *γwyr*, *xwyr* /xuwər, xw-

---

① 季羡林等:《大唐西域记校注》,中华书局 1985 年版,第 984—987、997 页。

② 曾俊敏:《色勒库尔及瓦罕塔吉克语与于阗语的亲缘距离》,傅勇林等主编《华西语文学刊(第十三辑)》,四川文艺出版社 2016 年版,第 350—373 页。

③ 见《大唐西域记》卷一二。

④ 新疆大学塔吉克族青年学者乃珂热曼·依布拉音在笔者探究"揭盘陀"语源的过程中给予了诸多启发与帮助,谨此致谢。

⑤ Steblin-Kamenskii, I. M. *Etimologicheskii Slovar' Vakhanskogo Yazyka*. Saint Petersburg:Peterburgskoe Vostokovedenie, 1999;Blaz̆ek, V. On classification of Middle Iranian languages (Preliminary report). *Linguistica Brunensia*, 2013(61):49 – 74.

er, *xo*：*jr*/"太阳"①；花剌子模语 *xyr*, *xr*, *xyr* "太阳"②；舒格南语 χ*ir*, 鲁善语 χ*or*, 色勒库尔语 χ*er*, 伊隆奥塞梯语 *xur*, 迪格尔奥塞梯语 *xor*, 雅格诺布语 *xur*, 其义均为"太阳"。③ 揭盘陀语的 *xar* 很可能经历了唇化成分 – *w* – 的丢失，即古伊朗语 *h*（*u*）*u̯ar* – > *xwar* > *xar*。可比较花剌子模语 *xr* "太阳"，又如花剌子模语 *xr* – = *xwr* – "吃"。④ 这一方言特征在东伊朗语中并不多见，如粟特语中即非如是，这可能也是深通粟特语的吉田丰未能辨别出 *xr* 实即"太阳"的原因之一。此外，六朝时的对音字"渴/汉"明白无疑指向 *xar*，而唐代才出现的"揭/羯"等对音字却似乎暗示这个首音节也可能出现了类似 *xwer* 或 *xer* 的变体形式，这和色勒库尔语 χ*er* 非常接近，或许表明唐时揭盘陀语中已出现了 *xar* > *xor* > *xwer* > *xer* 的新音变。

其次，"盘陀/槃陀"对应的揭盘陀语词 *vanda*/*banda*，其义当为"仆人、臣仆"，系由古伊朗语词根 *band* – "捆绑"派生之名词⑤。可比对的东伊朗语次支同源词有：粟特语 β*nt*'*k*, β*nty*, *bnty* /vandak/ > /

① Gharib, B. *Sogdian Dictionary: Sogdian-Persian-English*. Tehran: Farhangan Publications, 1995; Yoshida, Y. Sogdian. In: G. Windfuhr（ed.）. *The Iranian Languages*. New York: Routledge, 2009: 279 – 335; Blaz˘ek, V. On classification of Middle Iranian languages（Preliminary report）. *Linguistica Brunensia*, 2013（61）: 49 – 74.

② Humbach, H. Choresmian. In: R. Schmitt（ed）. *Compendium Linguarum Iranicarum*. Wiesbaden: Reichert, 1989: 193 – 203; Durkin-Meistererrnst, D. Khwarezmian. In: G. Windfuhr（ed.）. *The Iranian Languages*. New York: Routledge, 2009: 336 – 376; Blaz˘ek, V. On classification of Middle Iranian languages（Preliminary report）. *Linguistica Brunensia*, 2013（61）: 49 –74; Livshits, V. Some Khwarezmian names. In: U. Bläsing et al.（eds.）. *Studies on Iran and The Caucasus: In Honour of Garnik Asatrian*. Leiden: Brill, 2015: 317 –324.

③ Steblin-Kamenskii, I. M. *Etimologicheskii Slovar' Vakhanskogo Yazyka*. Saint Petersburg: Peterburgskoe Vostokovedenie, 1999; Blaz˘ek, V. On classification of Middle Iranian languages（Preliminary report）. *Linguistica Brunensia*, 2013（61）: 49 –74.

④ Humbach, H. Choresmian. In: R. Schmitt（ed.）. *Compendium Linguarum Iranicarum*. Wiesbaden: Reichert, 1989: 193 – 203.

⑤ Cheung, J. *Etymological Dictionary of the Iranian Verb*. Leiden: Koninklijke Brill NV, 2007.

vande：/①；花剌子模语 *βntk*，*βydk* /βe：（n）dek/②，意义均为"奴仆、仆人、臣仆、奴隶"。西伊朗语也有该词的同源词：古波斯语 *ba*（n）*daka* - >中古波斯语 *bandag* >新波斯语 *banda* ③，义同。这一解读的另一有利旁证是粟特语表示"仆人"的 *βnt' k* 其对音汉字即写成"槃陀"或"畔陀"（盘槃畔音韵地位相同，均为并母桓韵，中古音 ban）。早期揭盘陀语很可能也是类似 *bandaka* 这样的形式，而其后的音变轨迹或类似波斯语，即：*bandaka* > *bandak* > *bandag* > *banda/vanda*。按：历史上和揭盘陀有渊源的疏勒国，《汉书》载有盘橐城，"盘橐"上古音为 ban-thak，或即是 *bandak* 的对音（考虑到清塞音 th 在词中可能发生的浊化）。

综上可得，"揭盘陀"这个国名实际是由表示"太阳（神）"的 *xar* 加上表示"臣仆"的 *vanda* 构成，这一修饰语在中心语之前的 AN 语序类型也符合东伊朗语形态句法特征。④ 此外，"神名＋槃陀"也是同属东伊朗次支的粟特语神源格人名（theophoric name）中十分普遍的结构，吉田丰、影山悦子⑤及杨军凯⑥均报道过此类人名，如"射勿槃陀/射蜜畔陀"（*Zhēmat-vandak*，意为射勿神之臣仆）、"莫畔陀"（*Mākh-vandak*，意为月神之仆，*mākh* 即 *māx*，粟特语"月"，此指月神）等。其中

---

① Gharib, B. *Sogdian Dictionary*：*Sogdian-Persian-English*. Tehran：Farhangan Publications, 1995；Yoshida, Y. Sogdian. In：G. Windfuhr（ed.）. *The Iranian Languages*. New York：Routledge, 2009：279 – 335.

② Humbach, H. Choresmian. In：R. Schmitt（ed.）. *Compendium Linguarum Iranicarum*. Wiesbaden：Reichert, 1989：193 – 203；Durkin-Meisterernst, D. Khwarezmian. In：G. Windfuhr（ed.）. *The Iranian Languages*. New York：Routledge, 2009：336 – 376；Livshits, V. Some Khwarezmian names. In：U. Bläsing et al.（eds.）. *Studies on Iran and The Caucasus：In Honour of Garnik Asatrian*. Leiden：Brill, 2015：317 –324.

③ Gharib, B. *Sogdian Dictionary*：*Sogdian-Persian-English*. Tehran：Farhangan Publications, 1995；Cheung, J. *Etymological Dictionary of the Iranian Verb*. Leiden：Koninklijke Brill NV, 2007.

④ Yoshida, Y. Sogdian. In：G. Windfuhr（ed.）. *The Iranian Languages*. New York：Routledge, 2009：279 –335；Durkin-Meisterernst, D. Khwarezmian. In：G. Windfuhr（ed.）. *The Iranian Languages*. New York：Routledge, 2009：336 – 376；Livshits, V. Some Khwarezmian names. In：U. Bläsing et al.（eds.）. *Studies on Iran and The Caucasus：In Honour of Garnik Asatrian*. Leiden：Brill, 2015：317 –324.

⑤ Yoshida, Y. & Kageyama, E. Appendix I：Sogdian names in Chinese characters, Pinyin, reconstructed Sogdian pronunciation, and English meanings. In：E. Trombert & E. de La Vaissière（eds.）. *Les Sogdiens en Chine*. Paris：École française d' Extrême-Orient 2005：305 – 306.

⑥ 杨军凯：《北周史君墓双语铭文及相关问题》，《文物》2013 年第 8 期，第 49—58 页。

"莫畔陀"与"揭盘陀"在构词和语义上最为接近，可为极其有力之佐证。

准此，"揭盘陀" *Xar-vanda* 语源应解读为"日天之臣仆"，也即是太阳神的仆人/臣仆"，这与该地区古老的太阳神崇拜文化亦能相互契合印证。塔什库尔干塔吉克自治县的提孜那甫乡曲曼村曾发现 2500 多年前的黑白条石墓葬遗址，被认为是世界上规模最大、历史最早的祆教（拜火教）太阳崇拜文化遗迹[①]；《大唐西域记》所载揭盘陀族源及建国传说，亦称"以其先祖之出，母则汉土之人，父乃日天之种，故其自称汉日天种"[②]，这其实是本土的日天（太阳神）崇拜融合了汉文化的接触影响之后产生的一种族源神话变体。可见，无论考古发现还是传世文献都能与我们对揭盘陀语源的新解读互相印证，客观上也表明这一解读结果应该是可靠的。

四 余论

本文对前贤有关"揭盘陀"语源的研究进行了系统梳理与反思，在此基础上提出了地名语源考证的三原则，并以之指导这一葱岭古国名号的语源解释。在吉田丰氏对音还原的基础上，通过与其他东伊朗亲属语言同源词的比对，最终得出"揭盘陀"在揭盘陀语中意为"日天（太阳神）臣仆"这一可信度较高的结论。

不过，前文论证实际仍有遗留问题，即带 – n 尾的"渴饭檀" *Xar-vandan* 变体尚未得到合理解释。本文认为，词尾 – n 有自源和他源两种可能：

其一，自源说。– n 很可能是揭盘陀语中源自东伊朗语的某种复数词尾，亲属语言中可类比的词尾如：粟特语中残存的古属格复数词尾 – *ān*（〈古伊朗语 – *ānām*）：*swγδyk* /suγδīk/ "粟特人"，*swγδyk'n* /suγδīkān/

---

① 王纯幸：《曲曼遗址和喀什一体多元文化》，《新疆社科论坛》2014 年第 5 期，第 16—19 页；西仁·库尔班、卢芳芳：《重新认识帕米尔——从曲曼考古遗址说起》，《河西学院学报》2016 年第 3 期，第 60—65 页。

② 季羡林等：《大唐西域记校注》，中华书局 1985 年版，第 984—987、997 页。

"众粟特人"[1]；花剌子模语的复数直接格词尾 - (ī/i) na，如'BDn'/βandakī/ina/"仆人们，众臣仆"（比较：βandak"仆人"）[2]。准此，则渴饭檀 Xarvandan 可能是渴盘陀/揭盘陀 Xarvanda 的复数形式，即"日天诸仆"或"日天子民"之意。以复数作为族称名号在历史上内陆亚洲众多族群如突厥、蒙古、鲜卑中均不鲜见[3]。

其二，他源说。由于"渴饭檀"之名较"汉盘陀/喝盘陀/揭盘陀"等更为后起，始见于慧超《往五天竺国传》。慧超返回中国值唐开元十五年（727），其时揭盘陀已灭国，慧超明言其所记国名为一他称（"外国人呼云渴饭檀国"[4]），既然是"外国人"所呼，则亦不排除"渴饭檀"中之 - n 尾源于他族语言。按：鲜卑等东胡族群普遍以 - n 为部族名号后缀[5]，考虑到东汉魏晋时西域的鲜卑势力曾颇为强盛[6]，似亦不排除"渴饭檀"是曾经的西部鲜卑族群对揭盘陀的指称。吉田丰从岩壁铭文中考释出的粟特语写法 xrβntn，年代正在 5 世纪前后[7]，其时鲜卑势力臻于极盛，似也堪为他源说之可能佐证。当然，这些可能性目前主要还仅仅是推测，尚有待更多具体证据的发现。

---

① Gharib, B. Sogdian Dictionary：Sogdian-Persian-English. Tehran：Farhangan Publications, 1995；Yoshida, Y. Sogdian. In：G. Windfuhr（ed.）. The Iranian Languages. New York：Routledge, 2009：279 - 335.

② Humbach, H. Choresmian. In：R. Schmitt（ed.）. Compendium Linguarum Iranicarum. Wiesbaden：Reichert, 1989：193 - 203；Durkin-Meisterernst, D. Khwarezmian. In：G. Windfuhr（ed.）. The Iranian Languages. New York：Routledge, 2009：336 - 376；Livshits, V. Some Khwarezmian names. In：U. Bläsing et al.（eds.）. Studies on Iran and The Caucasus：In Honour of Garnik Asatrian. Leiden：Brill, 2015：317 - 324.

③ 杜旭初：《论古突厥语与鲜卑语的部落名号后缀》，沈卫荣主编《西域历史语言研究集刊（第七辑）》，科学出版社 2014 年版，第 27—43 页。

④ 森安孝夫等：《〈往五天竺国传〉记载的西域史料研究》，《新疆师范大学学报》（哲学社会科学版）2006 年第 3 期，第 11—18 页。

⑤ 杜旭初：《论古突厥语与鲜卑语的部落名号后缀》，沈卫荣主编《西域历史语言研究集刊（第七辑）》，科学出版社 2014 年版，第 27—43 页。

⑥ 余太山：《西域通史》，中州古籍出版社 2013 年版。

⑦ 吉田丰：《ソグド語雑録（Ⅲ）》，《神户市外国语大学外国学研究》1990 年第 21 期，第 91—107 页；Gharib, B. Sogdian Dictionary：Sogdian-Persian-English. Tehran：Farhangan Publications, 1995。

典故中的西汉丝绸之路鸟瞰

任继昉　周　妍*

摘要： 本文以张骞出使西域历史事件为核心，延伸到西汉一朝的丝绸之路典故。经统计西汉丝绸之路典故的数量，发现西汉丝绸之路典故词语达 100 余条；通过重点分析西汉丝绸之路典故的内容，发现以汉武帝时期典故最多，集中在外交使臣的外交活动、中原与西域和匈奴三方的关系等方面。西汉丝绸之路典故共有 1000 余个变体形式，其中"北海雁书"典故的典形有 163 个，"张骞乘槎"的典形有 149 个，"苏武看羊"的典形有 104 个，"昭君出塞"的典形有 61 个。由此可见，西汉丝绸之路典故在中国文化中具有极大的影响。

关键词： 西汉；丝绸之路；典故

西汉从汉高祖刘邦开始，到汉孺子刘婴结束，历经214年。据史书记载，张骞两次出使西域，时间分别是公元前138年和公元前119年，正值汉武帝在位时期。张骞出使西域标志着中原和西域的正式往来，也是丝绸之路开始形成的里程碑。在张骞出使西域之前，中原就有关于西域的神话传说，因而本文将西汉整个朝代作为研究的大致时间范围。

"西汉丝绸之路典故"的概念涉及以下三方面：

一是西汉作为丝绸之路的萌芽时期，西域作为丝绸之路的中部地

---

* 任继昉，1955年5月生，男，河南信阳人，文学博士，中南大学文学与新闻传播学院教授。主要研究汉语词汇史。周妍，1990年9月生，湖南怀化人，湖南长沙同升湖实验学校教师。

带, 所以与西汉、西域相关的典故构成西汉丝绸之路典故的主要部分。

二是西汉时期, 西域各国首领和西汉皇帝常派遣使臣往返于丝绸之路, 所以与帝王、首领、外交使臣等国家重要人物密切相关的历史故事、逸闻趣事属于西汉丝绸之路典故。

三是从文学作品、历史著作、民间传说、寓言故事中提炼出来的西汉丝绸之路相关典故。

一 西汉丝绸之路典故数量统计

现在通用的各典故辞典收词范围适中, 针对性强, 因此, 我们首先查考了多部典故辞典。现将查得的典故数量统计如下:

表1   按辞典查找典故数目

序号	词典	收录典故条数①	相关典故条数
1	《中国典故大辞典》	8600	60
2	《汉语典故大辞典》	32000	49
3	《汉语典故词典》	2600	41
4	《中国历史典故辞典》	4000	40
5	《古书典故辞典》	5400	33
6	《历代典故辞典》	1500	23
7	《古诗词常用典故例释》	350	22
8	《中外典故大词典》	6500	19
9	《古代诗词典故辞典》	1200	17
10	《典故大词典》	1200	17
11	《古诗文典故辞典》	5000	15
12	《成语典故文选》	1200	13
13	《中国典故》	1000	7
14	《佛学典故汇释》	300	5

---

① 表1中收录典故条数均为概数。

通过查找典故辞典发现，辛夷、陈志伟主编的《中国典故大辞典》共收录成语 8558 条，是一部大型专门工具书，西汉时期的西域的典故占0.71％，李明权著《佛学典故汇释》所收典故 300 余条，西汉时期的西域的典故占 1.7％。综上，西汉时期的西域的典故在典故辞典中比例大致为 1％。

二　西汉丝绸之路典故内容分析

在上述 14 部辞典中，西汉丝绸之路典故有的多至 64 条，有的仅 5条，呈现出较大的差异，因而本文首先以《汉语典故大辞典》为主，以《中国典故大辞典》《历代典故辞典》为辅，按照以下四个标准：

一是典源、典形、典义都相同，记作一种典故；典形、典源、典义都不同，记作两种典故。

二是典源、典义相同，由用典造成典故形式不同，仍记作一种典故；

三是典形、典源相同，由用典造成典故意义不同，仍记作一种典故；

四是典源不同，典形、典义相同，记作两种典故。

根据以上标准，整理出 100 余种典故。

其次，搜集了中国知网、万方等数据库中的文献，如孙淇的《张骞典故的变迁与晚明文人眼中的传教士形象：以〈熙朝崇正集〉中艾儒略形象为例》和周多权的《〈张骞乘槎〉赏析》等。将文献中有而辞典中未出现的典故作为增补，最终整理出 111 种典故如下：

表 2　　　　　　　　　西汉丝绸之路典故数目统计[①]

典故词语	时期	典源	所涉人、物
留犁挠酒	汉高祖	《汉书》卷九四下《匈奴传下》	昌猛、月氏国

① 排序说明：首先，根据时期异同，归纳典故词语；其次，根据所涉人、物异同，归纳典故词语，并按所涉人、物的音序编排；最后，同时期、同所涉人或物的典故词语，按音序编排。

续表

典故词语	时期	典源	所涉人、物
横行将	汉高祖	《史记》卷一〇〇《季布栾布列传》	樊哙
寒墮指	汉高祖	《史记》卷一一〇《匈奴列传》	韩信
左贤王	汉文帝	《史记》卷一一〇《匈奴列传》	冒顿单于
贾生涕	汉文帝	《汉书》卷四八《贾谊传》	贾谊
甘泉烽火	汉文帝	《史记》卷一一〇《匈奴列传》	军臣单于
万户侯	汉文帝	《史记》卷一〇九《李将军列传》	李广
细柳营	汉文帝	《史记》卷五七《绛侯周勃世家》	刘礼、徐厉、周亚夫
射像止啼	汉景帝	《汉书》卷九〇《酷吏传第六》	郅都
共命鸟	汉武帝	《佛本行集经》	二头鸟
心有灵犀	汉武帝	《汉书》卷九六下《西域传》	二头鸟
输财助边	汉武帝	《汉书》卷五八《公孙弘卜式儿宽传》	卜式
匈奴笑千秋	汉武帝	《汉书》卷六六《公孙刘田王杨蔡陈郑》	车千秋
瑶池	汉武帝	《史记》卷一二三《大宛列传》	大宛国
汗血马	汉武帝	《史记》卷一二三《大宛列传》	大宛马
千金价	汉武帝	《史记》卷一二三《大宛列传》	大宛马
天马	汉武帝	《史记》卷一二三《大宛列传》	大宛马
丈人行	汉武帝	《史记》卷一一〇《匈奴列传》	鞮侯单于
昆仑仙山	汉武帝	《海内十洲记》	东方朔
昆明劫灰	汉武帝	《初学记》	东方朔
锦车使	汉武帝	《汉书》卷九六《西域传》	冯嫽
槽车相望	汉武帝	《汉书》卷五二《窦田灌韩传》	韩安国
缪巧	汉武帝	《汉书》卷五二《窦田灌韩传》	韩安国
强弩之末	汉武帝	《汉书》卷五二《窦田灌韩传》	韩安国
哀痛诏	汉武帝	《汉书》卷九六下《西域传》	汉武帝
好大喜功	汉武帝	《路史》卷四《前纪》	汉武帝
封狼居胥	汉武帝	《汉书》卷五五《卫青霍去病传》	霍去病
霍冠军	汉武帝	《史记》卷一一一《卫将军骠骑列传》	霍去病
金人祭	汉武帝	《汉书》卷九四上《匈奴传》	霍去病
骠骑发迹	汉武帝	《解嘲》	霍去病

典故词语	时期	典源	所涉人、物
匈奴未灭，何以家为	汉武帝	《汉书》卷五五《卫青霍去病传》	霍去病
恩鱼	汉武帝	《太平广记》卷一一八《汉武帝》引《三秦记》	昆明池
伤鳞入梦	汉武帝	《艺文类聚》卷八四引《三秦记》	昆明池
汉习楼船	汉武帝	《汉书》卷九五《西南夷两粤朝鲜传》	昆明国
金铜仙人	汉武帝	《三辅黄图》卷二《建章宫》	金人
霸陵醉尉	汉武帝	《史记》卷一〇九《李将军列传》	李广
刀笔吏	汉武帝	《史记》卷一〇九《李将军列传》	李广
飞将军	汉武帝	《史记》卷一〇九《李将军列传》	李广
李广难封	汉武帝	《史记》卷一〇九《李将军列传》	李广
射虎中石	汉武帝	《史记》卷一〇九《李将军列传》	李广
桃李不言，下自成蹊	汉武帝	《史记》卷一〇九《李将军列传》	李广
天下无双将	汉武帝	《汉书》卷五四《李广苏建传》	李广
猿臂将军	汉武帝	《汉书》卷五四《李广苏建传》	李广
遮玉关	汉武帝	《汉书》卷六一《张骞李广利传》	李广
留马	汉武帝	《汉书》卷六一《张骞李广利传》	李广利
轮台归汉	汉武帝	《汉书》卷六一《张骞李广利传》	李广利
七科谪	汉武帝	《史记》卷一二三《大宛列传》	李广利
受降城	汉武帝	《史记》卷一一〇《匈奴列传》	李广利
征大宛	汉武帝	《汉书》卷九六上《西域传上》	李广利
刀环	汉武帝	《汉书》卷五四《李广苏建传附李陵传》	李陵
扼虎	汉武帝	《汉书》卷五四《李广苏建传附李陵传》	李陵
妨功害能	汉武帝	《答苏武书》	李陵
河梁别	汉武帝	《汉书》卷五四《李广苏建传附李陵传》	李陵
兰山羞	汉武帝	《汉书》卷五四《李广苏建传附李陵传》	李陵
追奔逐北	汉武帝	《答苏武书》	李陵

续表

典故词语	时期	典源	所涉人、物
佐命之士	汉武帝	《汉书》卷五四《李广苏建传附李陵传》	李陵
黄鹤悲	汉武帝	《汉书》卷九六下《西域传下》	刘细君
青田酒	汉武帝	《古今注》卷下《草木第六》	刘章
青海马	汉武帝	《隋书》卷八三《西域传》	马
能言鸟	汉武帝	《汉书》卷六《武帝纪》	南越国
冯玉	汉武帝	《汉书》卷九六下《西域传下》	冯玉
返魂香	汉武帝	《海内十洲记》	月氏国
戴盆望天	汉武帝	《后汉书》卷四一《第五钟离宋寒列传》	司马迁
一日九回	汉武帝	《报任少卿书》	司马迁
重于泰山	汉武帝	《汉书》卷六二《司马迁传》	司马迁
力不从心	汉武帝	《后汉书》卷八八《西域传》	莎车国
狮子吼	汉武帝	《东观汉记》	狮子
阿措	汉武帝	《酉阳杂俎》续集卷三《支诺皋下》	石榴
北海雁书	汉武帝	《汉书》卷五四《李广苏建传》	苏武
羝乳	汉武帝	《汉书》卷五四《李广苏建传》	苏武
麟阁画像	汉武帝	《汉书》卷五四《李广苏建传》	苏武
双凫一雁	汉武帝	《艺文类聚》卷二九引汉苏武《别李陵》	苏武
苏武看羊	汉武帝	《汉书》卷五四《李广苏建传》	苏武
卫幕	汉武帝	《汉书》卷五五《卫青霍去病传》	卫青
青鸟传书	汉武帝	《汉武故事》	西王母
十洲	汉武帝	《海内十洲记》	西王母
许飞琼	汉武帝	《汉武帝内传》	西王母
罽宾国	汉武帝	《汉书》卷九六上《西域传上》	西域古国
酒池肉林	汉武帝	《汉书》卷六一《张骞李广利传》	西域使者
鱼龙变化	汉武帝	《汉书》卷九六下《西域传下》	西域使者
兵连祸结	汉武帝	《汉书》卷九四下《匈奴传下》	匈奴国
单于台	汉武帝	《汉书》卷六《武帝纪》	匈奴国
服匿	汉武帝	《汉书》卷五四《李广苏建传》	匈奴国
好汉	汉武帝	《汉书》卷九四上《匈奴传上》	匈奴国

续表

典故词语	时期	典源	所涉人、物
天骄	汉武帝	《汉书》卷九四上《匈奴传上》	匈奴国
光禄塞	汉武帝	《汉书》卷九四上《匈奴传上》	徐自为
杨仆移关	汉武帝	《汉书》卷六《武帝纪》	杨仆
乙帐	汉武帝	《汉书》卷九六下《西域传下》	乙帐
不得要领	汉武帝	《汉书》卷六一《张骞李广利传》	张骞
乘槎	汉武帝	《汉书》卷六一《张骞李广利传》	张骞
月氏首	汉武帝	《汉书》卷九六上《西域传上》	张骞
吞刀吐火	汉武帝	《汉书》卷六一《张骞李广利传》	张骞
寻河源	汉武帝	《史记》卷一二三《大宛列传》	张骞
凿空	汉武帝	《汉书》卷六一《张骞李广利传》	张骞
张博望	汉武帝	《史记》卷一一一《卫将军骠骑列传附张骞》	张骞
一障	汉武帝	《汉书》卷五九《张汤传》	张汤
终军弃繻	汉武帝	《汉书》卷六四上《严朱吾丘主父徐严终王贾传上》	终军
终军请缨	汉武帝	《汉书》卷六四上《严朱吾丘主父徐严终王贾传上》	终军
斩楼兰	汉昭帝	《汉书》卷七〇《傅常郑甘陈段传》	傅介子
属国归	汉昭帝	《汉书》卷七《昭帝纪》	苏武
韩昌拜节	汉宣帝	《汉书》卷九四下《匈奴传下》	韩昌、呼韩邪单于
非驴非马	汉宣帝	《汉书》卷九六下《西域传下》	绛宾
犁庭扫闾	汉宣帝	《汉书》卷九四下《匈奴传下》	扬雄
甘陈功业	汉元帝	《汉书》卷七〇《傅常郑甘陈段传》	陈汤、甘延寿
候狦	汉元帝	《汉书》卷九四上《匈奴传上》	呼韩邪单于
哭阴山	汉元帝	《汉书》卷九四下《匈奴传下》	王昭君
犬吠之警	汉元帝	《汉书》卷九四下《匈奴传下》	王昭君
昭君出塞	汉元帝	《汉书》卷九四下《匈奴传下》	王昭君
葡萄宫	汉哀帝	《汉书》卷九四下《匈奴传下》	乌珠留单于
单于	汉哀帝	《汉书》卷九四下《匈奴传下》	匈奴国
汉失中策	王莽	《汉书》卷九四下《匈奴传下》	王莽

对以上典故词语，我们略作分析如下：

其一，从典故数量来看，西汉丝绸之路典故共有 111 个。汉文帝、汉元帝时期各 5 个典故，汉高祖、汉宣帝时期各 3 个典故，汉哀帝、汉昭帝时期各 2 个典故，汉景帝、王莽专政时期各 1 个典故，最多的是汉武帝时期，共 90 个典故。这反映了西汉与西域交往全方位、连续性的特点。

其二，从典源出处来看，绝大多数出自《史记》《汉书》《后汉书》等史料。

其三，从典故涉及的人和物来看，主要围绕汉代使臣、西域首领展开。这透露出遣使是西汉与西域交往最主要的途径，政治交往是西汉与西域交往的主要目的。

三　西汉丝绸之路典故变体

西汉丝绸之路典故共 111 条，典故的故事大多产生于汉武帝时期，围绕外交使臣，如李广、张骞、卫青、霍去病、李陵、李广利、苏武等；和亲女性，如细君公主、解忧公主、王昭君等；西域古国，如大宛、楼兰、乌孙、于阗等展开。但在历代文献的使用过程中，却出现了许多不同的变体形式，最多的有 100 多条，最少的仅有 1 条。现将有两个及以上变体形式的典故归纳如下：

表3　　　　　　　　西汉丝绸之路典故变体形式统计

典故	变体	合计
张骞乘槎	查客、槎客、查影、乘槎、斗槎、海查、海槎、汉槎、泛查、泛槎、泛斗、浮查、浮槎、机石、客槎、客星、枯槎、灵槎、灵查、流槎、使槎、天槎、仙槎、星槎、寻河、寻源、支机、支石、八月槎、博望槎、槎犯斗、槎上汉、乘槎客、乘查人、乘槎使、斗边楂、斗边槎、犯斗槎、犯牛斗、犯牛仙、泛锦槎、泛牛斗、泛月槎、泛星槎、泛月船、访支机、奉使槎、挂星槎、贯月查、贯月槎、海客槎、海上槎、汉津槎、汉使槎、河汉槎、客星槎、昆仑槎、明河槎、牛斗槎、上海槎、上汉查、上汉槎、石支机、使臣槎、使者槎、蜀客槎、天河槎、	149 个

典故	变体	合计
	问姓严、问支机、星河槎、行斗牛、寻源使、银汉槎、饮牛津、月宫槎、月中槎、张骞槎、支机访、支机女、支机石、八月乘槎、八月浮槎、八月灵槎、八月仙槎、博望乘槎、博望仙槎、博望寻河、槎泛银河、槎泛支机、槎浮博望、槎拂斗牛、槎浮银汉、槎回博望、查上张骞、槎上张骞、乘查博望、乘槎博望、乘槎犯斗、乘槎河汉、乘槎天汉、乘槎天上、乘槎仙去、乘槎霄汉、乘槎云汉、乘牛斗槎、乘舟上月、断槎浮月、犯斗海槎、浮槎银汉、贯月海槎、海客乘槎、海上乘槎、海上浮槎、海上仙槎、汉使乘槎、河汉乘槎、溟海浮槎、使者乘槎、天汉乘槎、天汉浮槎、天女支机、天上槎回、天上乘槎、天上灵槎、仙槎奉使、仙查逐源、仙石支机、星津回槎、寻河取石、摇槎星汉、银汉仙槎、银汉星槎、银河客槎、云汉灵槎、张骞乘槎、张骞泛槎、织女支机、乘槎犯斗牛、成都怪客星、汉帝乘槎使、君平问消息、流槎问支机、蜀客知踪迹、天河八月槎、仙槎来汉使、星桥通汉使、银河犯斗槎、张骞犯斗槎、织女支机石	
苏武牧羊	餐毛、餐毡、羝乳、汉节、嚼旃、牧羝、牧羊、啮雪、啮毡、吞毡、苏武、毡雪、把汉节、别苏武、餐毡使、餐毡苏、持汉节、待羝乳、羝乳年、典属国、汉节归、掘鼠徐、牧羝年、牧羝人、牧羝羊、牧羊臣、牧羊徒、属国归、属国毡（饥餐属国毡）、苏生节、苏武别、苏武归、苏武窖、苏武节、苏武书、苏武札、苏武毡、苏子节、随汉节、提汉节、握汉节、握雪餐（握雪海上餐）、系帛书、拥汉节、白发丹心、白头苏武、北海乳羝、北海吞毡、北海朱旃、餐毡北海、餐毡啮雪、残毡拥雪、持苏武节、挣中属国、啖雪龙庭、瀚海吞毡、海上看羊、汉节落毛、汉节支持、汉使节空、节旄尽落、节旄落尽、嚼雪吞毡、窖里雪毡、看羊属国、牧羝苏武、牧羝虽乳、牧羊陇漠、牧羊驱马、啮雪餐毡、啮雪吞毡、啮毡雪窖、驱羊旧节、茹毛穷海、乳羝属国、十九年归、守节持旄、属国餐毡、属国吞毡、苏郎有节、苏卿持节、苏卿返国、苏卿牧羝、苏卿啮雪、苏卿卧雪、苏生北海、苏武餐毛、苏武餐毡、苏武持节、苏武看羊、苏武牧羊、苏武执节、提携汉节、吞毡啮雪、卧雪吞毡、雪窖冰天、雪窖羝羊、子卿白首、子卿持节、风霜十九年、苏卿老归国、苏武节旄尽、执汉节毛落、毡毛与雪同吞	104个

续表

典故	变体	合计
北海雁书	帛书、传帛、传雁、鸿鳞、鸿书、鸿信、鸿雁、鸿音、鸿鱼、鸿羽、金鸿、片鸿、凭鸿、塞鸿、书鸿、书雁、系帛、系书、信鸿、雁帛、雁封、雁鸿、雁锦、雁鲤、雁声、雁使、雁书、雁信、雁音、雁鱼、雁字、雁足、鱼鸟、鱼书、鱼雁、尺帛书、传书雁、传雁足、断鸿书、归鸿书、鸿雁书、鸿雁信、寄锦书、寄书鸿、寄书雁、借片鸿、锦书雁、空中书、鳞鸿信、南鸿信、凭燕翼、倩归鸿、塞鸿声、上林翼、上林书、上林雁、书凭雁、书倩雁、送书雁、苏卿鸿、望飞燕、系边书、系帛书、系雁书、信凭鸿、一雁书、雁帛书、雁传书、雁足书、雁足系、音书鸿、音书雁、云边翼、白雁抱书、北海雁书、北雁连书、尺书凭雁（赤书凭雁）、独雁征书、断鸿难倩、飞燕归信、归鸿谁寄、归鸿无信、过鸿来燕（过鸿来雁）、衡阳雁断、鸿断鱼沉、鸿来雁度、鸿稀鳞绝、鸿消鲤息、鸿雁传书、鸿羽芳信、寄南飞鸿、寄南飞翼、寄情无雁、寄双飞燕、寄书鸿雁、寄书雁翼、寄雁传书、锦书雁断、空回春雁、裂帛系书、鳞鸿音信、落雁带书、漫写羊裙、难觅征鸿、凭南雁信、秋鸿春燕、塞鸿信断、塞鸿音信、塞雁音书、上林鸿雁、上林过雁、上林消息、上苑传书、诗凭雁翼、书封雁足、书凭燕翼、书托过鸿、书无过雁、书无去鸿、朔燕传书（朔雁传书）、苏武逢雁、题书燕鸿、天涯芳信、乡书雁少、雁帛鱼书、雁沈鱼阻、雁传鹊报、雁断鱼沉、雁鸿附书、雁来音信、雁来鱼去、燕翎寄笺、燕去鸿归、雁去鱼来、雁逝鱼沉、雁素鱼笺、雁帖鱼书、雁杳鱼沉、雁足帛书、雁足传书、雁足系书、雁足之书、子卿归信、白羽赚苏卿、愁怀逐归鸿、寄书雁来时、见雁思乡信、锦书寄飞翼、裂帛待燕鸿、裂帛附双燕、南雁传尺素、南雁惠佳音、上苑传书信、书到雁应还、书因北雁稀、题诗倩归鸿、微辞寄归雁、衔来相思字、雁足传书信、雁足系书还、音书凭过雁、音信绝南鸿、云间一纸书	163个
昭君出塞	出塞、丹青、琵琶、青冢、出塞曲、丹青责、汉宫貌、恨丹青、嫁呼韩、马上曲、明妃愁、明妃怨、琵琶泣、琵琶语、泣胡沙、杀画师、斩画师、王明君、王嫱怨、王昭君、枉图画（枉画图形）、羞改画、怨画师、怨延寿（丹青怨延寿）、昭君泪、昭君套、昭君怨、出塞琵琶、汉国明妃、粉绘相负、魂依青冢、马上琵琶、毛延寿画、明妃出塞、明妃西嫁、明妃玉塞、明妃远嫁、琵琶马上、青冢埋魂、图形汉宫、王嫱青冢、延寿丹青、云埋青冢、昭君出塞、昭君远嫁、昭君怨	61个

典故	变体	合计
	曲、不惯胡沙远、不肯用黄金、辞君嫁骄虏、出塞明妃恨、粉绘能相负、黄金买画工、明妃出汉宫、琵琶万里行、却似画图中、天边青作冢、无金买图画、无情是画师、昭君嫁单于、重货洛阳师、黄金不买汉宫貌	
金铜仙人	承露、金掌、露盘、露屑、露掌、铅泪、仙露、仙盘、仙掌、承露杯、承露盘、承露掌、辞汉泪、辞汉盘、金狄移、金茎露、金掌露、盘泣露、泣铜盘、铜仙泪、铜柱仄、仙茎露、仙人掌、仙掌露、辞汉金仙、承露金茎、汉宫仙掌、汉铜仙人、汉武金盘、金人辞汉、金人别汉、金人秋泪、金人露盘、金铜仙人、泪如铅水、露冷金铜、盘泣铜仙、倾泪移盘、铜人辞汉、铜人流泪、铜仙铅泪、铜仙下泪、仙人辞汉、仙掌承露、秋露泣铜仙、仙泪下金铜	46个
刀环	大刀、刀环、刀头、破镜、唱刀镮、唱刀环、大刀环、大刀头、大刀折、刀环泪、刀环梦、刀环泣、刀环视、刀镮信、刀环约、刀头梦、刀头约、飞明镜、飞破镜、赋刀环、藁砧山、顾刀环、寄刀环、解刀环、梦刀环、梦刀头、盼刀环、破镜飞、视刀环、望刀环、望刀头、问刀环、向刀头、咏大刀、折刀环、大刀诗意、刀镮有约、刀头飞镜、藁砧刀头、藁砧破镜、明月揽刀环、破镜飞上天、刀头飞镜藁砧归、破镜刀环雪窖刀环	44个
麟阁画像	麟阁、麟台、麒阁、麒麟、不书名、登麟阁、冠麒麟、画麟阁、画麟台、画麒麟、画麒麟、麟阁名、麟阁像、麟阁勋、麒麟殿、麒麟阁、麒麟功、麒麟画、麒麟台、麒麟像、图麟阁、图麟麟、壮麟阁、汉家麟阁、画麒麟阁、麟阁标名、麟阁丹青、麟阁高标、麟阁功名、麟阁画图、麟阁图形、麒麟高阁、麒麟画阁、麒麟图画、图画麒麟、图像麒麟、仪形麟阁、丹青上麟阁、画图麒麟阁、黄阁画麒麟、仪形当汉阁、麟阁画丹青	42个
霸陵醉尉	妄尉、醉尉、霸陵尉、灞陵尉、灞亭夜、逢醉尉、故将军、呵李广、旧将军、困醉尉、蓝田尉、欺李广、小尉呵、醉尉嗔、醉尉呵、霸陵呵夜、霸陵醉尉、灞陵呵夜、灞陵风雨、灞陵亭尉、灞陵夜猎、灞陵醉尉、犯夜醉归、逢灞陵尉、论功醉尉、轻鞍犯夜、夜行触尉、邮亭醉尉、醉尉呵人、醉尉怒呵、呵止故将军、亭逢李广骑、醉尉呵李广、醉尉恼将军	34个

续表

典故	变体	合计
青鸟传书	鸟使、青凤、青鸾、青鸟、青禽、青雀、青使、青翼、青羽、三鸟、青鸾翼、青鸾信、青鸟使、青鸟书、青鸟信、青禽信、三青鸟、三青禽、传书青鸟、青鸟报信、青鸾传信、青鸾消息、青鸟传书、青鸟传言、青鸟传音、青鸟衔笺、青鸟衔书、青雀传言、书传青鸟、王母青鸾、王母青禽、西来青鸟、信传青鸟、瑶池女使、	34 个
昆明劫灰	池灰、灰劫、劫尘、劫灰、劫火、沈灰、辨沉灰、汉宫灰、话劫灰、劫后尘、劫灰池、劫火烧、劫余灰、劫后灰、昆池灰、昆明灰、昆明劫、池辨烧灰、寒灰劫尽、黑土成灰、灰劫昆明、劫换灰馀、劫石成灰、劫未成灰、昆池灰劫、昆明初劫、昆明劫灰、昆池劫墨、昆明残劫、昆明灰劫、昆明劫火、胡僧灰冷昆明	33 个
李广难封	数奇、不封侯、封李广、广不侯、叹李广、妄尉侯、白首未封、百战不候、不侯李广、飞将难封、飞将数奇、侯印不闻、苦战不候、李蔡封侯、李蔡下中、李广不侯、李广难封、李广难侯、李广数奇、李广未封、命舛数奇、猿臂不侯、猿臂数奇、猿臂无功、汉将不封侯、李广不封侯、李广未封侯、猿臂不封侯、猿臂负封侯、侯印不闻封李广、李蔡为人在下中	31 个
桃李不言，下自成蹊	成蹊、李下蹊、李无言、桃李言、桃李径、桃李蹊、成蹊桃李、将军桃李、满蹊桃李、门下成蹊、桃李不言、桃李成蹊、桃李无情、桃李无蹊、桃李无言、桃蹊李径、桃阴旧蹊、蹊为李广、无言桃李、芳菲不为言、嘉树下成蹊、桃李不须言、桃李终不言、桃李自成蹊、桃李不言，下自成蹊	25 个
昆仑仙山	层城、金台、昆阆、昆山、阆风、阆苑、玄圃、五城、玉楼、增城、阆风观、阆风苑、十二楼、玄圃殿、昆仑仙山、琼楼十二、十二层城、十二玉楼、玉楼十二、层城十二阙、昆仑十二楼、五城十二楼、玉京十二楼	23 个
射虎中石	射虎、射石、饮羽、没石棱、射雕手、石没羽、弓开伏石、怪石饮羽、南山射虎、射虎将军、射虎李广、射虎南山、射虎中石、射石饮羽、石虎衔箭、石如卧虎、石犹饮羽、弯弓饮羽、弦声裂石、暗石疑藏虎、林暗疑降虎	21 个

续表

典故	变体	合计
匈奴未灭，何以家为	辞第、霍勋、忘家、不为家、不言家、辞甲第、家何为、莫言家、将军辞第、去病辞第、去病辞馆、去病忘家、去病无家、匈奴未灭、去病不为家、匈奴不灭、无以为家、匈奴未灭，何以家为	17 个
汗血马	赤汗、汗马、汗血、赭汗、朱汗、赤汗马、汗马才、汗马功、汗血驹、汗血马、赤汗赭沫、汗血盐车、汗马功劳、汗马之功、汗马之劳、	15 个
许飞琼	飞琼、许琼、飞琼舞、挽飞琼、许飞琼、飞琼伴侣、飞琼绰约、飞琼起舞、飞琼仙会、天上飞琼、吹箫许飞琼、度曲许飞琼、许飞琼吹笙、许飞琼人间识	14 个
鱼龙变化	鱼龙、鱼龙戏、鱼龙舞、变化龙鱼、水戏鱼龙、鱼龙百变、鱼龙变化、鱼龙广乐、鱼龙绝技、鱼龙曼羡、鱼龙曼衍、鱼龙漫衍	12 个
心有灵犀	灵犀、灵心、心犀、犀心通、灵犀暗通、灵犀心通、灵犀一点、心有灵犀、一点灵犀、心有灵犀一点通	10 个
犁庭扫穴	犁扫、犁庭、扫犁、扫庭、扫穴、犁王庭、犁庭扫闾、犁庭扫穴、扫穴犁庭	9 个
飞将军	飞将、汉飞将、李飞将、龙城守、汉家飞将、龙城飞将、陇西飞将	7 个
贾生涕	贾生泪、贾生哭、贾生涕、贾生忧、贾谊哭、贾谊上书、长沙痛哭书	7 个
斩楼兰	楼兰、刺楼兰、返楼兰、破楼兰、斩楼兰、都护楼兰返、楼兰斩未还	7 个
河梁别	河梁、河梁别、泣河梁、河梁别离、河梁携手、河梁之句	6 个
能言鸟	能言鸟、能言鹦鹉、巧言鸟、鹦鹉人言	4 个
终军请缨	长缨、请缨、请长缨、终军请缨	4 个
羝乳	羝乳、羝乳得归、乳羝	3 个
输财助边	卜式输边、输财助边	2 个
横行将	横行将、横行哙	2 个
天骄	天骄、天之骄子	2 个
月氏首	饮月氏头、月氏首	2 个
终军弃繻	弃繻、终军弃繻	2 个

从表 3 来看，西汉丝绸之路典故共有 1014 个变体形式，其中"北海雁书"典故的典形有 163 个，"张骞乘槎"的典形有 149 个，"苏武看羊"的典形有 104 个，"昭君出塞"的典形有 61 个。

由此可见，西汉丝绸之路典故在中国文化中中具有极大的影响。

汉代新疆丝绸之路北道路线考辨[*]

汉代新疆丝绸之路北道路线考辨[*]

易国才[**]

摘要： 汉武帝时始通西域的北道路线是指从敦煌郡西北的玉门关出发，经过楼兰故城到车师前国，沿天山南麓和塔克拉玛干沙漠北边缘穿行，经过焉耆、山国、危须、尉犁、渠犁、龟兹、姑墨、温宿、尉头等国，最终抵达疏勒国的一条交通主干线。随着新道路的不断开通，北道的名称、起止点、具体路线均发生了变化，并渐行衰落，部分路段自隋唐以降便成为偏路、人迹罕至的小路。

关键词： 汉代；西域；丝绸之路北道；路线

1882 年，德国著名地理学家费迪南·冯·李希霍芬（Ferdinand Paul Von Richthofen）在他自己主编的《中国——亲身旅行和据此所作研究的成果》第二卷中把汉代张骞出使西域的古道称之为"丝绸之路"。后经阿尔巴特·赫尔曼在《中国和叙利亚之间的古代丝绸之路》中补充，以及瑞典著名探险家斯文·赫定在中国的多次考察、发现与挖掘，"丝绸之路"这一名称逐渐被越来越多的地理学家、历史学家沿用、引用和接受，并得到世界的广泛承认，成为东西方文化交流的代名词。现在，丝绸之路已成为古代中国经中亚、西亚连接北非及欧洲的东西方交通路线的总

---

* 基金项目：新疆生产建设兵团 2015 年度社会科学基金项目"新疆丝绸之路北道历史文化资源调查与研究"（15YB22）。

** 易国才（1980—），男，湖北黄冈人，文学硕士，新疆兵团警官高等专科学校基础部主任，副教授，主要从事古代文学研究。

称，也是中西方商路的统称。

"中西交通史有明确之记载，自当以张骞始。"① 司马迁撰《史记》、班固修《汉书》，均详细叙述了汉代中西交通的路线。"寻常谓有南北两道，皆始于汉初"②，至后汉则另有新道。随着中西贸易的发展、文化交流的丰富和地理大发现，丝绸之路发展为草原丝绸之路和海上丝绸之路两条通道，影响深远。汉代新疆丝绸之路的北道就是两汉时期草原丝绸之路西域或新疆段的一条路线，也是张骞第一次出使西域的路线。探析汉代新疆丝绸之路北道的具体走向、行经地、变迁等情况，有利于我们更好地掌握汉与匈奴的对抗、汉与乌孙等西域诸国的关系，以及汉武帝经营西域，汉人在西域的活动地域等情况。

一　西汉时期的新疆丝绸之路北道

新疆哈密地区、吐鲁番地区以及俄罗斯联邦戈尔诺·阿尔泰州乌拉干区巴泽雷克古墓葬出土的文物显示，中国内地居民在很早以前就已经同西域居民建立了物质、文化的交流关系。但直到公元前 138 年，张骞"凿空"西域后，西域的乌孙、大宛、安息等国与中原官方才建立了密切联系，西域历史才成为中国历史的一部分，现在被称之为"丝绸之路"的道路终于实现了全线贯通。

据《汉书·西域传》记载："西域，以孝武时始通。本三十六国，其后稍分至五十余，皆在匈奴之西，乌孙之南。南北有大山，中央有河，东西六千余里，南北千余里。东则接汉，阸以玉门、阳关……自玉门、阳关出西域有两道。从鄯善傍南山北，波河西行至莎车，为南道；南道西踰葱岭则出大月氏、安息。自车师前王廷随北山，波河西行至疏勒，为北道；北道西踰葱岭则出大宛、康居、奄蔡、焉（耆）。"③ 这是对两汉时期新疆丝绸之路北道最早的记载。这里的"西域"，主要是指塔里木盆地，即今天的南疆地区。"南道"指沿昆仑山北麓走，从塔克拉玛干沙

---

① 方豪：《中西交通史（上）》，中国文化大学出版部 1983 年版，第 106 页。
② 同上书，第 107 页。
③ 《汉书》卷九六上《西域传上》，第 3872 页。

漠南边缘穿行，"从西到东以楼兰（鄯善）、且末、小宛、精绝、扜弥、渠勒、于阗、皮山、莎车、蒲犁等10国为主，……沿途最重要者是楼兰（鄯善）、且末、精绝、扜弥、于阗、皮山、莎车"①，因在塔里木盆地之南得名。"北道"指沿天山南麓走，从塔克拉玛干沙漠北边缘穿行，沿途有山国、危须、焉耆、尉犁、渠犁、龟兹、姑墨、温宿、尉头、疏勒等15国，因在塔里木盆地之北而得名。这就是本文所指的新疆丝绸之路北道。

南道、北道在汉代之前就已存在，"而扼据这一商道的则是羌等少数民族"②，其中北道开辟时间最早，约在舜禹时期；南道在后，约在两周时期。这两条道路开辟时间虽早，但直到秦汉之后才开始繁荣起来。班固在《汉书》中明确记载了南道、北道的路线和所经过的主要地区，范晔在《后汉书》中也有类似记载，均极为简略。在汉宣帝神爵元年（前61）之前，受匈奴等因素的影响，南道比北道畅通、繁荣。"至宣帝时，遣卫司马使护鄯善以西数国。……时汉独护南道，未能尽并北道也，然匈奴不自安矣"③。匈奴日逐王先贤掸降汉后，为了控制、管理西域，宣帝于神爵三年（前59）任命护鄯善以西使者郑吉"并护北道，故号曰都护"④，尤其是在乌垒城（今轮台县）建立西域都护府、元帝初元元年（前48）在吐鲁番地区设置戊己校尉，地处西域中心的北道慢慢成为汉通西域的主干线。可见西汉时的北道是一条由汉军保护、有驿站烽燧、有人管理的重要的交通干线。

汉之前，兴起于蒙古高原的游牧部族匈奴，称霸西域，势力十分强大，匈奴骑兵时常南下烧杀劫掠，威胁着西汉政权。在汉朝建立后一百余年的时间里，汉与匈奴和战相续。即使后来霍去病西征匈奴、李广利征服大宛、乌孙归附并成为汉朝属国，龟兹等国先后归属汉朝，匈奴依然控制着天山东部的伊吾（今哈密）、车师（又称为姑师，今吐鲁番）一带地区，经常截断道路，攻杀汉军、汉使、汉人，掠取财物。所以，西

---

① 张德芳：《西北汉简中的丝绸之路》，《中原文化研究》2014年第5期。
② 刘锡淦：《古代西北各民族在丝绸之路上的贡献》，《新疆大学学报》（哲学社会科学版）1980年第3期。
③ 《汉书》卷九六上《西域传上》，第3873页。
④ 同上书，第3874页。

汉时期进入西域之路只有两条，分列在塔克拉玛干沙漠的南北边缘。其中的北道就是从敦煌西北出发，出玉门关，过三陇沙（今疏勒河西端沙漠）北，穿过白龙堆盐碛（罗布泊三大雅丹地貌群之一，位于罗布泊东北部，是一片盐碱地土台群），经过楼兰故城，向西北方向去车师前国，由车师前国的西南方向到达焉耆，再往西南方向，经过山国、危须、尉犁、渠犁、龟兹、姑墨、温宿、尉头等国，最终抵达疏勒国。

可见，北道由东向西的路线主要是：敦煌→楼兰→车师前国→焉耆→山国→龟兹→温宿→疏勒。"张骞西行之途径，即汉代所谓北道，沿天山南麓西进，经疏勒，即今之喀什噶尔，然后越葱岭而至今之费尔干那，即当时大宛所在。"① 为了更清楚掌握西汉时新疆境内的北道情况，现梳理汉代北道上的主要国名（地名）如下。

"敦煌"。为经营西域，汉武帝先在今兰州设置金城郡。元狩二年（前121），派霍去病从陇西以西出发，越过焉支山西征，取得匈奴占领的河西地区，打通了连接西域各国的通道。同年，设置武威、酒泉二郡，并派军队屯戍。十年后，增设张掖、敦煌二郡，其中"敦煌郡，武帝后元年分酒泉置。正西关外有白龙堆沙，有蒲昌海。……县六"②。"四郡之设立，不仅为消极的布防性质，或为保护国际贸易，且有积极西进之意。"③

为了便于管理西域，汉武帝后来修筑了从令居（今永登县西）经敦煌直至盐泽（今罗布泊）的长城和烽燧，设置阳关、玉门关，建造亭障，派遣官员驻守，以保护这一条交通线的安全。使者、商人、僧侣等进入敦煌后，可以从西南方向出阳关、西北方向出玉门关到西域。"汉代有事于西域，必先集结军队及给养于敦煌；匈奴欲绝汉通西域之道，亦必先攻敦煌"④，可见，敦煌在东西方商贸、文化交流中，地位非常重要，是汉通西域的重要门户。

"楼兰"。楼兰国始建于公元前176年，属西域三十六国之一，为西

---

① 方豪：《中西交通史（上）》，中国文化大学出版部1983年版，第84页。
② 《汉书》卷二八下《地理志下》，第1614页。
③ 方豪：《中西交通史（上）》，第92页。
④ 同上书，第99页。

域小国领袖，势力较大，是一个随水草而居的小部落国家。其范围东起古阳关附近，西至尼雅古城，南至阿尔金山，北到哈密。昭帝元凤四年（前77），汉朝立尉屠耆为楼兰王，并嫁宫女为其夫人，楼兰遂与汉和亲结好，楼兰国更名为鄯善国，迁都鄯善河（今若羌县车尔臣河）流域的扜泥城。从此，从鄯善沿昆仑山和喀喇昆仑山北麓西行的交通道（即南道）畅通无阻。

最早的楼兰城位于白龙堆西，孔雀河下游支流铁板河末流河网地带，地处罗布泊北岸之西，塔里木盆地南北两道的交叉口，是当时中原前往西域的交通孔道。楼兰之所以重要，"盖因其地位于塔里木盆地之极东，汉使度过艰险万状之盐泽后，必须休息；而楼兰'国多葭苇、柽柳、胡桐、白草'，为最理想之息足地"①。楼兰的地势极为重要，汉为保护与西域各国的通商路线，也为了树立在西域地区的威信，筑长城、建亭障，西移军事组织，与楼兰交好。楼兰改国名为鄯善后，汉政府根据鄯善王的请求，派遣一司马率领吏士40人到鄯善国伊循屯田、戍守，后改设都尉。今在楼兰古城等地发现的五铢钱、"大泉五十"等钱币，以及大量东汉时期的汉文木简，都是汉与楼兰关系密切、交往频繁的见证。

"车师前国"。《汉书·西域传》："车师前国，王治交河城。河水分流绕城下，故号交河。去长安八千一百五十里。户七百，口六千五十，胜兵千八百六十五人。……西南至都护治所千八百七里，至焉耆八百三十五里。"②车师前国是车师（又称为姑师，是最早的西域三十六国之一）国分裂后的几个小王国之一，指聚居在吐鲁番盆地，生活在高昌一带，依托绿洲以灌溉农业为生的一部分车师人。吐鲁番盆地西部的交河古城，最早就是车师前国的都城。车师前国一直存在到北魏太平真君十一年（450），被柔然所灭。

据《汉书·西域传》记载，车师前国先依附匈奴，汉宣帝地节二年（前68），侍郎郑吉、校尉司马憙率领官兵、免刑罪人到渠犁屯田，准备攻打车师前国。同年秋收毕，郑吉、司马憙率汉军及西域城郭诸国兵共击车师前国，占领交河城。第二年秋，车师王降汉。为防御匈奴进攻，

---

① 方豪：《中西交通史（上）》，第104页。
② 《汉书》卷九六下《西域传下》，第3921页。

根据汉宣帝诏书，郑吉派遣吏卒三百人到车师前国屯田、戍守。后来汉朝不断增遣屯士到车师。车师前国由此成为丝绸之路北道上汉人相对集中的居住点。

"焉耆"。据《汉书·西域传》记载："焉耆国，王治员渠城，去长安七千三百里。户四千，口三万二千一百，胜兵六千人。……西南至都护治所四百里，南至尉犁百里，北与乌孙接。近海水多鱼。"① 焉耆国是历史悠久的佛国，在中国古代典籍和佛典中有许多不同的名称。但焉耆一名，从汉代一直沿用到唐代。西汉时期的焉耆国所在地，就是今天新疆巴音郭楞蒙古自治州焉耆回族自治县，是古丝绸之路上的重镇，也是汉通西域北道的必经之地。

"山国"。据《汉书·西域传》记载："山国，王去长安七千一百七十里。户四百五十，口五千，胜兵千人。辅国侯、左右将、左右都尉、译长各一人。西至尉犁二百四十里，西北焉耆百六十里，西至危须二百六十里，东南与鄯善、且末接。山出铁，民山居，寄田籴谷于焉耆、危须。"② 山国是小国，《水经注》中称为墨山国。颜师古曰："此国山居，故名山国也。"著名考古学家马尔克·奥莱尔·斯坦因和日本学者松田寿男认为吐鲁番南约180千米的辛格尔为山国故地，羊毅勇认为在库鲁克山南麓苏盖提布拉克山谷中的夏尔托卡依古城系山国故址，而李文瑛则提出新疆尉犁县营盘遗址可能是山国所在地，卫斯也认为营盘墓地的地理位置正好位于典籍记载的山国境内。

山国"民山居，寄田籴谷"，说明汉时的山国以农业生产为主。营盘墓地发现保存完好的稻草和墓地西南方向发现的大片农田、灌溉渠道遗迹，则表明山国人栽培过水稻，并能应用汉人先进的筑坝修渠技术发展农业。从设有"译长"来看，山国的地理位置很重要，处在交通要道上，是北道上商贾贸易的孔道。

"龟兹"。据《汉书·西域传》记载："龟兹国，王治延城，去长安七千四百八十里。户六千九百七十，口八万一千三百一十七，胜兵二万一千七十六人。……南与精绝，东南与且末，西南与杅弥，北与乌孙，

---

① 《汉书》卷九六下《西域传下》，第3918页。
② 同上书，第3921页。

西与姑墨接。能铸冶，有铅。东至都护治所乌垒城三百五十里。"① 龟兹国是古代西域大国之一，在汉宣帝元康元年（前65）之前，一直处于匈奴控制之下，与汉对抗。在龟兹王绛宾迎娶解忧公主长女弟史并去长安朝汉后，龟兹同汉朝的关系才密切起来。神爵二年（前60），西域统一于汉朝，龟兹正式列入汉朝政府行政管辖范围之内。

公元前66年，龟兹王绛宾到长安居住一年，敦煌悬泉置也有隆重接待龟兹王夫人的记载，绛宾之子丞德自称汉外孙，多次遣使赴汉朝贺，"楼兰汉简、敦煌马圈湾汉简和悬泉汉简中还有若干关于龟兹来汉的记载"②，等等，均说明北道是龟兹与汉结盟、和亲等往来的重要通道。龟兹与汉朝关系亲密，其政治和文化深受汉文化的影响。

"温宿"。据《汉书·西域传》记载："温宿国，王治温宿城，去长安八千三百五十里。户二千二百，口八千四百，胜兵千五百人。……东至都护治所二千三百八十里，西至尉头三百里，北至乌孙赤谷六百一十里。"③ 温宿是汉语的译音词，董文义认为"温宿肯定也是部族的族称。根据温宿地理位置和我们对焉耆、库车和阿克苏古名的考证，同样我们也可以肯定地说温宿是乌孙同音词"④。今天新疆阿克苏地区的乌什县就是温宿国所在地。

汉文帝六年（前174），匈奴破月氏，温宿国为匈奴的势力范围。元鼎二年（前115），温宿与汉朝通好。神爵二年（前60），汉朝在乌垒城设立西域都护府，温宿、姑墨隶属都护府，纳入汉朝版图，成为汉代丝绸之路北道上使节往来的重要一站。

"疏勒"。疏勒是纪元前后住于今喀什地区的粟特人自称的族名，疏勒国是以部族的族称而定的名称。《汉书·西域传》："疏勒国，王治疏勒城，去长安九千三百五十里。户千五百一十，口万八千六百四十七，胜兵二千人。……东至都护治所千四百一十一里，南与疏勒接，山道不通，

---

① 《汉书》卷九六下《西域传下》，第3911页。
② 张德芳：《西北汉简中的丝绸之路》，《中原文化研究》2014年第5期。
③ 《汉书》卷九六下《西域传下》，第3910页。
④ 董文义：《新疆南部古地名与古部族居民关系考》，《西北民族学院学报》（哲学社会科学版）1998年第4期。

西至捐毒千三百一十四里，径道马行二日。田畜随水草，衣服类乌孙。"①
疏勒城是当时疏勒国的王都所在地，位于今喀什市东北 30 千米处恰克玛
克河古河道南岸台地上的罕诺依古城遗址。汉代的疏勒国是一个大国，
地理位置十分扼要，地当大月氏、大宛、康居等地要道，管辖范围大致
包括今新疆喀什地区的伽师、岳普湖、英吉沙、疏附、疏勒等县以及阿
克陶县城周围的平原地区。

　　公元前 60 年，疏勒国始属西汉，汉文化、汉文字在疏勒国得到进一
步传播、发展，疏勒国国王甚至还取汉文名字，如疏勒王忠。由此可见，
汉朝与西域各国的政治、经济、文化交流十分密切，汉在西域的交通区
域颇有规模。

二　东汉时期的新疆丝绸之路北道

　　据《汉书·西域传》记载："元始中，车师后王国有新道，出五船
北，通玉门关，往来差近，戊己校尉徐普欲开以省道里半，避白龙堆之
阨。车师后王姑句以道当为拄置，心不便也。"② 这条徐普欲开的"新
道"其实是一条早已存在的旧路，是玉门关以西到吐鲁番高昌地区的
一条近道。车师后王姑句担心汉开通此道后，车师后王国会遭到匈奴报
复，并且会增加沉重负担，所以选择了投降匈奴。但随着汉在西域势力
的增强，西汉末年终于开通"新道"。"近年学者用敦煌马圈湾汉简资
料，证实徐普所开新道已在西汉末通行，王莽天凤四年戊己校尉郭钦通
过新道，复向西南击焉耆。有史料证实，东汉几次对西域的重大军事行
动，亦皆通过新道。"③ 据中国社会科学院考古研究所考察证实，"吐鲁
番盆地与敦煌之间确实存在一条近于直线的捷径，从吐鲁番东南最后一
个绿洲迪坎尔至敦煌玉门关遗址的直线距离仅为 400 余千米"④。这条
"新道"，《西州图经》称之为大海道，比之前穿越白龙堆的路要好走

---

① 《汉书》卷九六上《西域传上》，第 3898 页。
② 同上书，第 3924 页。
③ 殷晴：《汉代丝路南北道研究》，《新疆社会科学》2010 年第 1 期。
④ 同上。

些，且行程较短，但沿途多是戈壁荒漠，自然条件十分恶劣，不适合行人和商旅往来。"新道"仅仅是丝绸之路北道部分路段的调整、完善，具体讲就是从敦煌玉门关到吐鲁番高昌地区多了一条更快捷、更安全的路线。

这条新道即是唐代的大海道，起点是柳中，汉武帝时为车师前国属地，现在是新疆吐鲁番地区鄯善县鲁克沁镇。与罗布泊湖北岸直线距离约230千米，沿湖东南方向走，经过"水草难行，四面危，道路不可准记，行人唯以人畜骸骨及驼马粪为标验"①的沼泽、沙碛之地后，可抵达终点敦煌（亦称沙洲）。陶保廉根据刘清和等提供的考察资料，统计出"大海道新疆境内沿途地名，有星子山、土山台、野牲泉、咸水泉、蛇山、土梁子、沙堆、黑泥海子、芦花海子，全程计640里。在无人区，'皆堆石立杆题字'。甘新两属大海道里程相加共1360里，与《西州图经》所载相同"②。由于自然条件恶劣，加上罗布泊的迁移和人为因素的影响，大海道在北朝、隋唐时，沿而未废，使用较少，但仍是一条重要通道。到北宋，大海道一度被废弃，明清时已成为小路，民国时仅有少量商旅行走。

王莽后期和东汉初期，中原与西域断绝往来，南、北道不通近五十年。直到明帝永平十六年（73），窦固北伐、班超出使西域后，东汉与西域才恢复联系，和帝时期（89—105）是东汉经营、治理西域的鼎盛期，开创了中原与西域频繁、大规模的经济交往时代。《三国志·魏书》引《魏略·西戎传》记载："从敦煌玉门关入西域，前有二道，今有三道。从玉门关西出，经婼羌转西，越葱领，经县度，入大月氏，为南道。从玉门关西出，发都护井，回三陇沙北头，经居卢仓，从沙西井转西北，过龙堆，到故楼兰，转西诣龟兹，至葱领，为中道。从玉门关西北出，经横坑，辟三陇沙及龙堆，出五船北，到车师界戊己校尉所治高昌，转西与中道合龟兹，为新道。……北新道西行，至东且弥国、西且弥国、单桓国、毕（卑）陆国、蒲陆国、乌贪国，皆并属车

---

① 转引自魏长洪、李晓琴《大海道史探》，《新疆大学学报》（社会科学版）2003年第3期。

② 同上。

师后部王。……转西北则乌孙、康居。"① 通过对比可以发现，从敦煌
进入西域的路线发生了重大变化，一是由"二道"增加到"三道"，开
通了"新道"；二是原来的南、北道均有发展变化，表现在以下方面：
第一，西汉时的北道已成为了"中道"。从地理位置看，该道处在西域
的中间地带，也是"三道"的中间一条路，称之为中道或旧北道都可
以，但从概念的确定性和稳定性来说，一如既往地称之为北道更妥当
些。北道的路线已演变成为"从玉门关西出，发都护井，回三陇沙北
头，经居卢仓，从沙西井转西北，过龙堆，到故楼兰，转西诣龟兹，至
葱领"的一条路线。起点与之前一样，都是从玉门关西出发。但从玉
门关到楼兰故城这段路程的变化较大。都护井，在玉门关西九十里的榆
树泉，三陇沙之东，是出玉门关西行后的第一个站点。三陇沙，又称三
断石，在疏勒河尾闾河谷与阿奇克沟谷相接处，即今疏勒河西端沙漠。
居卢仓，系译自西汉少数民族的地名，汉称姜赖，西域人称龙城，在罗
布泊的东南，即三陇沙的北头，"斯坦因根据自己的实地考察，更具体
地将其定位在阿奇克沟谷东端的伯什托赫拉克"②，"居卢仓遗址距今甘
新交界沙沟 205 里"③。沙西井的位置则在阿奇克沟谷的尽头。龙堆，
《汉书》、《后汉书》也称为白龙堆，指分布在罗布泊东北部的雅丹台
地，是当时进入西域最难走的一段路程，在今鄯善县与哈密市交界的南
部。综上可知，这个时期的新疆丝绸之路北道是从甘肃敦煌的玉门关出
发，沿着疏勒河尾闾河谷向西南方向走 90 余里，至河谷尽头的都护井，
然后往西北方向走，进入阿奇克沟谷，到了居卢仓后，沿着阿奇克沟谷
北缘的西南方向一直走到尽头，到沙西井再转西北方向，进入并穿过白
龙堆，沿着罗布泊湖盆西岸的西南方向走，就能抵达楼兰故城。"转西
诣龟兹，至葱领"则表明北道由疏勒向西延伸至葱领（即帕米尔高
原），而且龟兹已在当时西域的交通中占有十分重要的地位，"转西与
中道合龟兹，为新道"则说明龟兹交通发达，是中西方商贸的一个集
会点、中转站。

---

① 《三国志》卷三〇《乌丸鲜卑东夷传》，中华书局 1959 年版，第 859 页。
② 张莉：《西汉楼兰道新考》，《西域研究》1999 年第 3 期。
③ 魏长洪、李晓琴：《大海道史探》，《新疆大学学报》（社会科学版）2003 年第 3 期。

　　"新道"就是"从玉门关西北出，经横坑，辟三陇沙及龙堆，出五船北，到车师界戊己校尉所治高昌，转西与中道合龟兹"，西行至车师后国，西北行至乌孙、康居的一条路线。这第三条路沿着天山北麓向西、西北行进，应当称之为新疆丝绸之路新北道。新北道是在北道的基础上，由于汉对匈奴战争的军事需要、汉与乌孙交往的外交需要等原因，逐步发展、形成的一条主干道。只有在匈奴势力退出西域、汉完全控制西域后，新北道才得以开通并能保障畅通，后经过魏晋时期的完善，至隋唐时已发展成为中西交通的重要通道。

　　汉之后，随着伊吾南道、东道（伊吾至敦煌），伊北道（伊州至北庭）以及碎叶路（庭州至碎叶）的开通并成为重要通道，路线远、危险大、费时长的新疆丝绸之路北道的敦煌经楼兰故城至高昌段便渐形衰落，"在北魏之前一度被放弃"①，自隋唐以降就成为了一条神秘、荒凉、人迹罕至的古道。

---

　　① 纪宗安：《丝绸之路新北道考实——兼谈玉门关址的东迁》，《敦煌学辑刊》1996 年第1 期。

北凉经略河湟及其交通

朱艳桐

摘要： 北凉对河湟地区的治理有两个重要时间段，分别是公元
413—415年、429—439年。第一时段，北凉趁南凉势衰，占有湟河
郡，并置湟川郡，先后以殿中将军王建、沮渠汉平和南凉降臣成宜
侯为郡守。第二时段北凉占据了西平、乐都、湟河、浇河、金城等
郡。《北魏元寿妃麴氏墓志》《北魏故尚书主事郎金城赵安妻房夫人
墓志》和《魏鲁郡太守张府君清颂之碑》表明北凉任用麴宁孙、张
兴宗为浇河太守，房恩成、张兴宗为湟河太守，张璋为乐都太守。
415年北凉虽然被迫退出河湟地区，却加紧了对河西至青海的交通要
路的控制，沮渠蒙逊两次派兵征讨鲜卑卑和部、乌啼部都是为了扩
张其在青海地区的疆域与影响力，蒙逊甚至趁势南巡至青海湖北岸。
同时西秦亦在黑河之南设置弱水护军，希望控制北凉南下。北凉与
西秦在青海地区的疆界线一度稳定在冷龙岭以南。经考证茗蘁在番
禾郡南境，白岸、白草岭在冷龙岭之南，此三点扼守沟通河西与青
海的重要孔道，五凉时期军事上经由此三地翻越冷龙岭是比大斗拔
谷更常用的交通路线。

关键词： 北凉；河湟；交通

公元397年，卢水胡沮渠男成、沮渠蒙逊推后凉建康太守段业为使持
节、大都督、龙骧大将军、凉州牧、建康公，建元神玺，段氏北凉正式
建立。401年，沮渠蒙逊起兵斩段业，被梁中庸、房晷、田昂等推为使持

节、大都督、大将军、凉州牧、张掖公，赦其境内，改元永安，沮渠氏北凉建立。北凉建立初期，统治疆域在河西、吐鲁番地区，后受到西凉与后秦、南凉的压迫，一度龟缩在张掖附近。北凉的政治目的之一就是仿照前凉的疆域版图建立自己的政权统治，因此在南凉、西秦势衰之时，北凉迅速南下侵入青海北部、河湟地区。

一 北凉置湟河、湟川二郡

410 年，北凉、南凉战于显美、穷泉，北凉战胜，乘势攻略姑臧，叠掘、麦田、车盖等部，诸部鲜卑降于蒙逊，北凉与南凉结盟之后西还。南凉都城由姑臧回迁乐都，魏安焦朗趁机占据姑臧。翌年正月"蒙逊率步骑三万攻朗，克而宥之"。姑臧遂为北凉所有，412 年正式迁都姑臧。此间北凉两次进围乐都：410 年，"蒙逊因克姑臧之威来伐，傉檀遣其安北段苟、左将军云连乘虚出番禾以袭其后，徙三千余家于西平。蒙逊围乐都，三旬不克"①。411 年，傉檀伐蒙逊，"五道俱进，至番禾、苕藋，掠五千余户。……蒙逊进围乐都，傉檀婴城固守，以子染干为质，蒙逊乃归。久之，遣安西纥勃耀兵西境。蒙逊侵西平，徙户掠牛马而还"②。两次战役失败后南凉先后以子秃发安周、秃发染干为质。沮渠蒙逊虽然围困乐都、入侵西平，但仍没有实力攻占两郡。南凉两次入侵北凉，均出入番禾地境，将在下文详细论述。

413 年四月，南凉秃发傉檀再伐北凉，蒙逊败之于若厚坞，并第三次围乐都，二旬不克：

> 傉檀湟河太守文支据湟川，护军成宜侯率众降之。署文支镇东大将军、广武太守、振武侯，成宜侯为振威将军、湟川太守，以殿中将军王建为湟河太守。③

---

① 《晋书》卷一二六《秃发傉檀载记》，第 3154 页。
② 同上书，第 3154 页。
③ 《晋书》卷一二九《沮渠蒙逊载记》，第 3195 页。

张金龙说"据前一句，似可认为（湟川）护军成宜侯不是南凉秃发氏地方官，而是北凉官，然据后一句，则可确证，成宜侯与文支来自同一个政权，即南凉，他们一起投降北凉，并被授以地方官"①。龚元建认为成宜侯为南凉湟川护军②。本文认同二者观点，南凉以秃发文支为湟河郡守，成宜侯为湟川护军，文支至湟川，成宜侯先投文支，以文支马首是瞻，之后二者才同降北凉，史料中所载"成宜侯率众降之"是成宜侯投降文支。洪亮吉《十六国疆域志》记载湟川郡为"蒙逊分湟河郡所置"③。聪喆《湟河、湟川两郡考》指出"除文支所统湟河郡降而外，北凉并无另有所占。因此，我们可以初步确定，湟川郡系湟河郡地分置而成"④。此二说不甚准确，湟河郡与湟川护军在南凉之时已经分域而治，北凉的湟川郡应是在南凉湟川护军基础上改建的。

湟河郡治黄河城，今青海化隆县西百余里。⑤《水经注·河水注》云"河水又东径浇河故城北……河水又东北径黄川城，河水又东径石城南，左合北谷水。……河水又东北径黄河城南"⑥，聪喆指出黄河城为湟河郡治，黄川城为湟川护军治所，在今青海湟中南黄河北岸，并据《水经注》记载说明湟川郡在南凉湟河郡治西部，可能在今贵德阿什贡附近或以西不远处，本文从之。

成宜侯留任湟川，由南凉护军变成北凉之郡守。北凉殿中将军王建为湟河太守，则可起到管理降地、监督成宜侯之用。秃发文支降北凉之后，蒙逊下书曰："自西平已南，连城继顺。惟僭檀穷兽，守死乐都。"⑦南凉于南境至少设置浇河郡、湟川护军、湟河郡、邯川护军、三河郡。《资治通鉴》记载义熙八年（412），"乞伏炽磐攻南凉三河太守吴阴于白

① 张金龙：《十六国"地方"护军制度补正》，《西北史地》1994年第4期。
② 龚元建：《五凉护军考述》，《敦煌学辑刊》1994年第1期。
③ （清）洪亮吉：《十六国疆域志》卷九《北凉·湟川郡》，王云五主编《丛书集成初编》，商务印书馆1936年版，第331页。
④ 聪喆：《湟河、湟川两郡考》，《青海师范大学学报》1987年第2期。
⑤ 王仲荦：《北周地理志》卷二《陇右》，中华书局1980年版，第208页。
⑥ （北魏）郦道元著，陈桥驿校证：《水经注校证》卷二《河水》，中华书局2007年版，第43页。
⑦ 《晋书》卷一二九《沮渠蒙逊载记》，第3196页。

土，克之，以乞伏出累代之"①。三河郡已被西秦所占。《晋书·乞伏炽磐载记》记载，"义熙九年（413），遣其龙骧乞伏智达、平东王松涛讨吐谷浑树洛干于浇河，大破之"②，浇河早在 413 年前已在吐谷浑之手，此年又为西秦所有。蒙逊所言"西平已南，连城顺继"有夸大之处，北凉所获止于湟川、湟河。

秃发文支降北凉后被调任广武郡太守，说明广武郡已由南凉归属北凉。但 414 年西秦趁秃发傉檀西袭乙弗部之际，攻克南凉，以"赵恢为广武太守，镇广武"，是以西秦又得广武。次年（415）二月，蒙逊率众攻乞伏炽磐广武郡：

> 蒙逊遣其将运粮于湟河，自率众攻克乞伏炽磐广武郡。以运粮不继，自广武如湟河，度浩亹。炽磐遣将乞伏魋尼寅距蒙逊，蒙逊击斩之。炽磐又遣将王衡、折斐、麹景等率骑一万据勒姐岭，蒙逊且战且前，大破之，擒折斐等七百余人，麹景奔还。蒙逊以弟汉平为折冲将军、湟河太守，乃引还。③

《晋书·沮渠蒙逊载记》记载蒙逊"攻克"广武郡，《资治通鉴》记载蒙逊攻西秦广武郡，"拔之"，都明确了广武再归北凉。因粮运失误，蒙逊由广武度浩亹，至勒姐岭，从西秦的围堵和蒙逊"且战且前"的行军路线看，其目的地是湟河郡，说明湟河还牢牢掌控在北凉之手。蒙逊回河西自是从湟河郡经由祁连山，那么这一时期青海湖以北的地域可能为北凉控制。《中国行政区划通史》认为 415 年北凉设晋兴郡，郡治浩亹。④ 从沮渠蒙逊计划由湟河运粮至广武但失败的事实来看，浩亹一带可能属于北凉、西秦的军事争夺区域，北凉并未建立稳定地统治。此后晋兴郡大体归属西秦。

此役之后，北凉更换了湟河郡守，由沮渠汉平取代王建，王建的离

---

① 《资治通鉴》卷一一六"晋安帝义熙八年（412）"条，第 3650 页。
② 《晋书》卷一二五《乞伏炽磐载记》，第 3123 页。
③ 《晋书》卷一二九《沮渠蒙逊载记》，第 3196 页。
④ 周振鹤主编，牟发松、毋有江、魏俊杰著：《中国行政区划通史·十六国北朝卷》，复旦大学出版社 2016 年版，第 429 页。

职很可能与运粮失误有关。湟河郡孤悬北凉本土之外，又有西秦浇河、三河二郡夹峙左右，不久乞伏炽磐率三万袭湟河郡，北凉湟河郡长史焦昶、将军段景密信招炽磐，湟河郡守沮渠汉平降西秦。

二　北凉对青海北部的控制与"苕藋道"

北凉失去湟河、湟川后，并未放弃青海湖北部，甚至加强了对此处的控制。413、417 年沮渠蒙逊两次西至苕藋：

> 蒙逊西如苕藋，遣冠军伏恩率骑一万袭卑和、乌啼二虏，大破之，俘二千余落而还。①
>
> 蒙逊西祀金山。遣沮渠广宗率骑一万袭乌啼虏，大捷而还。蒙逊西至苕藋，遣前将军沮渠成都将骑五千袭卑和虏，蒙逊率中军三万继之，卑和虏率众迎降。遂循海而西，至盐池，祀西王母寺……遂如金山而归。②

417 年的南巡路线按《晋书》记载先祀金山→苕藋→青海湖→盐池→西王母寺→金山而归，前后出现了两次祭祀金山，并不合情理。本文认为首句"蒙逊西祀金山"之后的逗号应改为句号，是叙述此行主要目的，其行进路线则是由东向西至苕藋，再南下，最后到金山进行祭祀。

沮渠蒙逊两次西行均至苕藋。苕藋这一地名又见于后凉时期，沮渠麹粥与沮渠罗仇随吕光征河南，麹粥劝罗仇谋反，言曰："岂若勒众向西平，出苕藋，奋臂大呼，凉州不足定也。"③ 麹粥勾勒了一条从河南经西平、出苕藋至河西的线路，与蒙逊道路反向而行。胡三省认为苕藋位于汉张掖郡番禾县④，聪喆认为苕藋为番禾属县，并根据蒙逊祀金山并至苕藋，判断苕藋在金山附近，金山大致方位不出张掖永昌间，苕藋位于今民乐与山丹南部一带。⑤ 本文从之，亦认可苕藋在番禾境内。前引两次秃

---

① 《晋书》卷一二九《沮渠蒙逊载记》，第 3196 页。
② 同上书，第 3197 页。
③ 同上书，第 3189 页。
④ 《资治通鉴》卷一〇九"晋安帝隆安元年（397）"条，第 3453 页。
⑤ 聪喆：《乐都郡与苕藋县》，《青海师范大学学报》1988 年第 4 期。

发傉檀攻北凉均出番禾，可能就是走苕藋，本文称之为"苕藋道"。秃发傉檀从番禾、苕藋掠户南回时，其将进言曰"宜倍道旋师，早度峻险"①，说明"苕藋道"较为险峻。

番禾即今甘肃永昌，永昌以南为祁连山脉冷龙岭，其间多有山口沟通青海与河西。经双墩子、平羌口可至永昌，"由平羌口南进，山势高峻，松林密布，有崎岖小路，双骑可过。越冷龙岭可达青海古羌中道"。甘肃文物局、文物考古所于此地烽燧附近发现了汉代陶片，推测汉代即曾于此处置烽燧。② 平羌口西面的白石崖山口（此道路较平羌口险隘）、东面的皇城镇、白草岭（见后文）亦可南通青海。苕藋在番禾南境、冷龙岭北麓，是扼守河西青海交通路线的要冲，因此沮渠麹粥认为由西平出苕藋，河西可定。

沮渠蒙逊"循海而西"的"海"是今青海湖。《元和郡县图志》记载："平帝元始四年（4），金城塞外羌献鱼盐之地内属，汉遂得西王母石室，以为西海郡。"③ 西王母石室早在汉时已有。《水经注》载："南有湟水出塞外，东径西王母石室、石釜、西海、盐池北"④，沮渠蒙逊先至西海，后至盐池，再祀西王母，即由东向西行。从北凉两次军事征讨来看，乌啼、卑和二鲜卑大致生活在苕藋至青海湖北岸之间。413 年湟河郡降北凉后，蒙逊西如苕藋，以冠军将军伏恩率一万袭卑和、乌啼二虏，是为了控制由河西到湟河郡的交通孔道。417 年虽然北凉湟河郡被西秦所得，却加大了对青海以北疆域的控制。此时吐谷浑树洛干被西秦安东将军木奕干击败远走白兰山，悲愤而卒。青海湖以北地区暂无其他势力渗入，也为蒙逊在青海境内的领土扩张提供了机遇。

对于沮渠蒙逊巡行青海湖，西秦亦采取相应措置，419 年四月，西秦"使征西孔子讨吐谷浑觅地于弱水南，大破之。觅地率众六千降于炽磐，

---

① 《晋书》卷一二六《秃发傉檀载记》，第 3154 页。

② 甘肃省文物局、甘肃省文物考古研究所：《临洮战国秦长城 山丹汉、明长城调查报告》，甘肃人民出版社 2007 年版，第 143、144 页。

③ （唐）李吉甫撰，贺次君点校：《元和郡县图志》卷三九《兰州》，中华书局 1983 年版，第 986—987 页。

④ 《水经注校证》卷二《河水》，第 47 页。

署为弱水护军"①。周伟洲说此战"实际上有扼制北凉势力南下的意图"②，笔者赞同。

三 北凉、西秦青海地区的疆界线——白草岭南麓

424 年七月，西秦袭击北凉白草岭，此役为我们揭开了北凉、西秦间青海地区疆界线。《宋书·大且渠蒙逊传》记载：

> 太祖元嘉元年（424），桃罕虏乞佛炽槃出貊渠谷攻河西白草岭，临松郡皆没，执蒙逊从弟成都、从子日蹄、颇罗等而去。③

《水经注》卷二《河水》记载：

> 湟水又东与阎门河合，即浩亹河也。出西塞外，东入塞，径敦煌、酒泉、张掖南，东南径西平之鲜谷塞尉故城南，又东南与湛水合。水有二源，西水出白岭下，东源发于白岸谷，合为一川。东南流至雾山，注阎门河。④

胡三省注白草岭曰："《水经注》：西平鲜谷塞东南有白草岭。"⑤《水经注》记载为白岭而非白草岭，胡氏似乎认为二岭为同一地。作《水经注疏》的杨守敬、熊会贞亦认为白岭与白草岭为一地。史念海《十六国时期各割据霸主的迁徙人口（上篇）》所作《西秦人口迁徙图》将白草岭画在白岭位置。⑥ 周伟洲亦言白岭即白草岭，位于今青海西宁西北。⑦

---

① 《晋书》卷一二五《乞伏炽磐载记》，第 3125 页。

② 周伟洲：《南凉与西秦》，广西师范大学出版社 2006 年版，第 140 页。

③ 《宋书》卷九八《氐胡·大且渠蒙逊传》，第 2415 页。

④ 《水经注校证》卷二《河水》，第 50 页。

⑤ 《资治通鉴》卷一二〇"宋文帝元嘉元年（424）"条，第 3771 页。

⑥ 史念海：《十六国时期各割据霸主的迁徙人口（上篇）》，《中国历史地理论丛》1992 年第 3 期。

⑦ 周伟洲：《南凉与西秦》，第 143 页。

西秦进攻的白草岭应又名白岭。熊会贞按："《注》叙白岭在浩亹河东径张掖之后，养女北山之前，则白岭在张掖东南，养女北山西北。今张掖县东南青海境，有阿木尼冈噶尔山，盖即白岭。有水自山南流入大通河，盖即湛水。"① 阿木尼冈噶尔山为清代山名，根据光绪三十一年初版的《大清帝国全图》第二十五图《青海·西藏》②，其位置约在今冷龙岭一带。刘满曾详细考证《水经注》的记载，指出鲜谷塞尉故城是今青海省门源县西北景阳岭东南的沙金城③，并考证湛水为今门源县西北的老虎沟，与《水经注》记载湛水有两源一样。

> 今老虎沟也有两源，它的西源的发源地不在别处，就是今甘肃肃南裕固族自治县与青海门源回族自治县间的界岭冷龙岭。④

刘文未言及湛水东源，但考察地图，东源亦源于此山山脉。《太平寰宇记》卷一五二记载"白岭山，在县（昌松县）西南。山顶冬夏积雪，望之皓然，乃谓之白岭山，寒气异于余处，深冬人绝行路，鸟飞不下"⑤。"深冬人绝行路"，不仅说明此间有路，亦说明非深冬时节此道路可以通行。此次西秦进攻白草岭是在夏七月，自然可沿此北出河西进攻临松。据青海省文物局调查，门源县北山乡老虎沟口半山腰山坡上有一座明代关——老虎沟口关。此关西 20 米的山下是老虎沟河，"东侧是一条由门源通往甘肃永昌的古道，老虎沟口关即扼守在此交通要冲处"⑥。老虎沟的位置、交通、戍防均与白岭相合。

---

① 杨守敬、熊会贞：《水经注疏》，江苏古籍出版社 1989 年版，第 174 页。

② 商务印书馆编：《大清帝国全图》第二十五图《青海·西藏》，商务印书馆 1905 年版。感谢厦门大学宋翔博士提供的资料。

③ 刘满：《鲜水及其有关的民族和交通线路探讨》，《青海社会科学》1982 年第 3 期；《河陇历史地理研究》，甘肃文化出版社 2009 年版，第 167 页。

④ 刘满：《隋炀帝西巡有关地名路线考》，《敦煌学辑刊》2010 年第 4 期。《中国历史地名辞典》指出白草岭"在今青海门源回族自治县西北"，复旦大学历史地理研究所《中国历史地名辞典》编委会编《中国历史地名辞典》，江西教育出版社 1986 年版，第 235 页。

⑤ （宋）乐史：《太平寰宇记》卷一五二《陇右道三·凉州》，中华书局 2007 年版，第 2938 页。

⑥ 青海省文物管理局、青海省文物考古研究所编著：《青海省明长城资源调查报告·门源县》，文物出版社 2012 年版，第 387 页。

图1　老虎沟地理位置①

西秦"攻河西白草岭","河西"即指北凉沮渠氏政权，表明白草岭为北凉控制。北凉、西秦二国界线在祁连山脉以南，北凉疆域已经越过祁连山、冷龙岭。

亦能说明此问题的是 420 年北凉攻西凉前佯攻西秦浩亹：

> 蒙逊西至白岸，谓张衍曰："吾今年当有所定，但太岁在申，月又建申，未可西行。且当南巡……"遂攻浩亹，而蛇盘于帐前。②

白岸在姑臧之西，此地可南下攻浩亹，与《水经注》记载湛水东源的白岸相合，沿湛水东南行就能到浩亹。蒙逊屯兵于白岸，亦说明白岸为北凉所有。

综上，本文认为湛水（今老虎沟）之西源白草岭与东源白岸较长时

---

① 按《中国文物地图集·青海分册·门源回族自治县文物图》（国家文物局主编，中国地图出版社 1996 年版，第 62 页）绘制。

② 《晋书》卷一二九《沮渠蒙逊载记》，第 3198—3199 页。

段内为北凉所有，424 年西秦攻克白草岭似也没有长期占有，仅从临松郡掳沮渠氏子弟和民二万余口而还。① 北凉与西秦疆域稳定在祁连山以南，这可能是 413、417 年沮渠蒙逊两次西至苕藋，进攻卑和、乌啼二虏努力经营的结果。428 年北凉开始大举伐秦，西秦已无力北上控制冷龙岭。随着大夏的势衰，北魏势力的崛起，北凉及周围国家都面临着对局势的再分析与利益关系的重新洗牌，此间虽然北凉、西秦互有攻伐，但疆域基本稳定。

四　北凉在河湟疆域的再扩张

428 年，北凉趁乞伏炽磐之丧大规模伐西秦。六月，北凉先围西平，又围乐都，且与东羌合谋，均未克二郡。西秦释放沮渠成都，暂缓与北凉的关系。但此年年末，北凉再次进攻西平，西秦救援不及，导致次年（429）西平太守麴景为北凉所擒。西平的陷落，使暮末迁定连（今甘肃临夏东南），留相国元基守枹罕。紧接着北凉、西秦的战役即集中在枹罕附近。同年五月，西秦"南安太守翟承伯等据罕幵谷以应河西"②，《十三州志》记载："广大阪在枹罕西北，罕幵在焉。"③ 此地又有罕幵溪，罕幵谷亦在附近，位于枹罕西北。"蒙逊至枹罕，遣世子兴国进攻定连。六月，暮末逆击兴国于治城，擒之，追击蒙逊至谭郊。"④ 定连，在今甘肃临夏东南，谭郊，《资治通鉴》注在"治城西北"，史念海指出在今临夏县西北。⑤ 北凉沮渠兴国一度攻至临夏东南，但被暮末所擒，后退回临夏西北。430 年，史载："暮末留保南安，其故地皆入于吐谷浑。"⑥ 然而一部分西秦土地已为北凉所得。431 年九月北魏拜沮渠蒙逊为凉州牧、凉王，王武威、张掖、敦煌、酒泉、西海、金城、西平七郡，⑦ 确定了西秦

---

① 《资治通鉴》卷一二〇 "宋文帝元嘉元年（424）" 条，第 3771 页。
② 《资治通鉴》卷一二一 "宋文帝元嘉六年（429）" 条，第 3810 页。
③ 转引自《水经注》卷二《河水》，第 45 页。
④ 《资治通鉴》卷一二一 "宋文帝元嘉六年（429）" 条，第 3811 页。
⑤ 史念海：《十六国时期各割据霸主的迁徙人口（上篇）》，《中国历史地理论丛》1992 年第 3 期。
⑥ 《资治通鉴》卷一二一 "宋文帝元嘉七年（430）" 条，第 3822 页。
⑦ 《资治通鉴》卷一二二 "宋文帝元嘉八年（431）" 条，第 3834 页。

之金城、西平已为北凉所有。432 年吐谷浑执送赫连定有功，北魏加封慕璝为大将军、西秦王。慕璝上表曰"爵秩虽崇而土不增廓"，北魏回复："西秦王所收金城、枹罕、陇西之地，彼自取之，朕即与之，便是裂土，何须复廓。"① 枹罕、陇西之地为吐谷浑所有，而金城郡 431 年九月被北魏封与蒙逊，次年又说为吐谷浑自取之地，可能金城郡已经由北凉易手吐谷浑，或金城郡被一分为二，分别为北凉、吐谷浑控制，笔者更倾向于后一种可能性。《太平寰宇记》卷一五二记载"允街故城，汉县，今废城在今县（昌松县）东南，城临丽水，一名丽水城。按其城地势极险，即沮渠蒙逊增筑，以为防戍之所，迄今尚坚完如新"②。允街，《晋书·地理志》《十六国疆域志·北凉录》载其属金城郡，在今甘肃永登县南庄浪龙泉、红城、苦水一带，丽水即庄浪河。沮渠蒙逊曾于此地加筑防戍，当已靠近疆域边界，可能金城郡西北部允街一带属北凉，东南部属吐谷浑。

史料未提及乐都、湟河、浇河等郡归属国，以现有史料观之，河湟地区可能渐被北凉蚕食。427 年，秦王炽磐以辅国将军段晖为凉州刺史，镇乐都。平西将军麹景为沙州刺史，镇西平。428 年五月暮末即位，"征安北将军、凉州刺史段晖为辅国大将军、御史大夫（胡注：段晖先镇乐都），叔父右禁将军千年为镇北将军、凉州牧，镇湟河"③。凉州刺史改为凉州牧，驻地由乐都改为湟河，表明西秦将北部的重点防御边境向南收缩了。十月，镇湟河的西秦凉州牧乞伏千年亦叛入北凉，西秦以暮末叔父光禄大夫沃陵为凉州牧，镇湟河。④ 乐都之地，《资治通鉴》记载"初，牧犍以……安周为乐都太守"，胡三省注释云："乞伏衰灭，乐都亦为沮渠所有。"⑤ 浇河、湟河在西平、乐都以南，很可能 429 年后蒙逊就以西平为据点向南蚕食西秦河湟疆土。

《北魏元寿妃麹氏墓志》记载"妃姓麹，沮渠时扬列将军、浇河太

---

① 《魏书》卷一〇一《吐谷浑传》，第 2235、2236—2237 页。
② 《太平寰宇记》卷一五二《陇右道三·凉州》，第 2939 页。
③ 《资治通鉴》卷一二一"宋文帝元嘉五年（428）"条，第 3801 页。
④ 同上书，第 3803 页。
⑤ 《资治通鉴》卷一二三"宋文帝元嘉十六年（439）"条，第 3875 页。

守魏宁孙之长女"①。北魏《故尚书主事郎金城赵安妻房夫人墓志》载"祖晷，沮渠氏尚书左丞。父沮渠吏部郎中、湟河太守恩成之次女"②。北凉有一湟河太守房恩成。《魏鲁郡太守张府君清颂之碑》记载张猛龙祖上：

> 高祖钟□凉州武宣王大沮渠时建威将军、武威太守。曾祖璋，伪凉举秀才，本州治中□□□（从事史），西海、乐□（都）二郡太守。还朝，尚书祠部郎、羽林监。祖兴宗，伪凉都营护军、建节将军、饶河、黄河二郡太守。父生乐，□□□□□□□□□□□□□归国，青衿之志，白首方坚。③

王鸣盛在《蛾术编》中指出张璋与张兴宗职官前"皆称伪凉，与前称凉州武宣王大沮渠者绝不同，则不知其为何等凉国乎？外此不过南凉秃发傉檀、西凉李暠而已，疑碑言皆不足信也"④。张澍认为"所称凉州武宣王者，系蒙逊谥，所谓伪凉者，当是南凉秃发傉檀或西凉李暠也"⑤。毛远明为此碑校释时认为"伪凉"指沮渠北凉政权，但未给出原因。⑥ 王鸣盛主要是因为"伪凉"与"凉州武宣王大沮渠时"称呼不同，将北凉排除在外，忽略了"凉州武宣王"之前还有一字，此字很可能是"伪"字，即断句为"高祖钟，□（伪）凉州武宣王"，俞丰编著《经典碑帖释文译注》中即将此字补为"伪"。⑦ 后叙曾祖、祖职官时简称沮渠政权为"伪凉"。即高祖张钟、曾祖璋、祖兴宗皆仕北凉沮渠政权。"饶河"

---

① 北京图书馆金石组编：《北京图书馆藏中国历代石刻拓本汇编》第三册《北朝》，中州古籍出版社1989年版，第105页。

② 赵君平编：《邙洛碑志三百种》，中华书局2004年版，第18页。

③ 北京图书馆金石组编：《北京图书馆藏中国历代石刻拓本汇编》第四册《北朝》，第121页；中国碑刻全集编辑委员会编《中国碑刻全集》第4卷《南北朝隋唐》，人民美术出版社2010年版，第61—100页。

④ （清）王鸣盛：《蛾术编·说刻》，王昶《金石萃编》卷二九《北魏三》，台北新文丰出版公司1977年版，第516—517页。

⑤ 张澍辑录：《凉州府志备考》卷五《人物》，三秦出版社1988年版，第467—468页。

⑥ 毛远明：《汉魏六朝碑刻校注》第五卷，线装书局2008年版，第144页。

⑦ 俞丰编：《经典碑帖释文译注》，上海书画出版社2009年版，第233页。

"黄河"即"浇河""湟河"二郡。413—415年间,王建、沮渠汉平为湟河太守,浇河郡不为北凉所有;429年后西秦势衰,北凉再次侵入河湟地区,大体以麹宁孙、张兴宗为浇河太守,房恩成、张兴宗为湟河太守,张璋、沮渠安周为乐都太守。

辽宁朝阳出土的《张略墓志》记载张略曾为北凉白土县令,刘满考证白土城在今民和县杏儿沟乡境①,在湟河郡东,可能北凉不仅占据湟河,还进一步向其东方发展。后凉时期白土县为三河郡治,或许北凉亦承制设置三河郡。

西秦曾置晋兴郡,治浩亹,此时期北凉疆域以金城西北至三河、浇河为界,晋兴郡虽未见史料记载,应为北凉所有。428—432年间,北凉疆域达到鼎盛,东至金城郡西北,南至三河、浇河郡,北达西海郡,西抵高昌郡。

---

① 刘满:《西北黄河古渡考(二)》,《敦煌学辑刊》2005年第4期。

后凉、南凉易代之际：
西平大族与河湟地域政治

摘要： 后凉末年，河西鲜卑秃发乌孤脱离吕氏统治创建南凉政权，从而极大改变了河湟地域政治的发展走向。吕光为牢固掌控河湟地域控制权，采取派遣心腹重臣驻守西平和任用河湟地方大族为官的统治策略。随着杨轨起兵，后凉势力退出和南凉力量介入，河湟政局经历频繁而复杂的演变，主要体现在河湟地域力量归属和政治动向的阶段性特征上。后凉、南凉易代之际，河湟地区战略地位突出而重要，南凉统治者争取河湟诸郡归附，既是对外扩张既定目标的实现，亦是进一步夺取姑臧并称霸河西走廊的根本利益所在。西平大族作为河湟地域政治力量的重要代表，他们的鼎力支持和精诚合作，有效保证了南凉统治者在短期内成功打开河湟政治局面。

关键词： 后凉政权；南凉政权；河湟地域；西平大族；政治动向

后凉龙飞二年（397）正月，河西鲜卑首领秃发乌孤称大都督、大将军、大单于、西平王，年号太初，宣布脱离后凉统治，正式建立南凉政

---
* 魏军刚（1988—），男，甘肃陇西县人，西北师范大学历史文化学院博士。研究方向：魏晋南北朝隋唐史及西北地区出土文献。

权。南凉初期，统治者充分利用后凉频繁内乱和西秦无暇西顾的有利条件，于龙飞三年（398）九月全面占据河湟诸郡，从而奠定此后数年间称霸河西走廊的地域基础。南凉政权能够短期内迅速而成功的打开河湟政治局面，与西平大族的鼎力支持和精诚合作分不开，而这对于南凉国家的生存、发展及壮大至关重要。后凉、南凉易代之际，河湟地域政治发生频繁复杂的演变，与之对应的是其地域力量归属和政治动向的变化，并呈现了明显的阶段性特征：第一阶段，龙飞二年正月至七月，后凉统治者改变以往策略，派遣心腹重臣驻守西平并任用河湟地方大族为官，试图牢固的掌控河湟地域控制权；第二阶段，龙飞二年八月至三年正月，杨轨起兵宣告独立，并接受西平大族郭黁等人推戴担任反吕集团的盟主，河湟地区开始脱离后凉统治走向独立；第三阶段，龙飞三年二月至九月，杨轨率主力离开西平后，河湟诸郡趁机摆脱杨氏控制，在拥护后凉吕氏旗帜下谋求进一步独立发展，除乐都、湟河、浇河三郡太守继续留任，杨轨辟署的西平相郭纬被出自同一家族的郭倖取代，而后田玄明取郭倖而代之，但最终相继归附南凉政权。于此问题，以往学术界关注较少，或偶有涉及者亦未展开深入讨论，而笔者管见尚未有学者撰文论述，故本文试从西平大族角度出发，主要探讨后凉、南凉易代之际（397—398）河湟地方势力与后凉、南凉政权间互动关系，进而说明在此期河湟地域多种政治势力交互博弈中西平大族所扮演的重要角色。

一　西平大族与后凉末年河湟政局

后凉末期，吕光为应对南凉独立造成河湟政局动荡，并出于从地理上包围遏制秃发氏发展的考虑，改变以往统治策略，派遣心腹重臣略阳氏人杨轨[①]和中州士族后裔程肇[②]出镇西平，后者还担任西平（西河）太守职，[③] 试图达到牢固掌控河湟地域控制权的目的。与此同时，后凉统治

---

① 《晋书》卷一二二《吕光载记》，中华书局1973年版，第3063页。

② 《魏书》卷六十《程骏传》，中华书局1974年版，第1345页。

③ （宋）李昉撰，夏剑秋、王巽斋点校：《太平御览·人事部九十五》引段龟龙《凉州记》，河北教育出版社2000年版，第764页。

者还积极寻求河湟大族势力的附和支持。从史书记载的杨轨麾下司马任职者郭纬（杨轨叛乱，被委任西平相一职）①到西平太守郭倖、乐都太守田瑶、湟河太守张祼、浇河太守王稚等②情况来看，虽然他们地位身份、郡望籍贯没有明确记载，但出自西平大族郭氏、田氏、王氏、张氏等家族可能性很大，而郭氏诸人物表现尤其活跃。郭纬、郭倖任官时间在后凉龙飞二年（397）正月南凉宣布独立以后，而其他诸郡太守田瑶、张祼、王稚任官时间则不确定，或许更早。

杨轨以尚书仆射③、后将军④身份驻守西平、镇抚河湟地区，肩负保卫"南藩"⑤安全重任，能否获取西平大族的支持显然非常重要。作为后凉统治河湟地区的政治代理人，杨轨掌握有很大权力，开府辟署僚佐便是其中一项。郭纬能够受征辟担任司马，位列上佐，盖以其西平大族身份，当然也符合汉代以来地方官员征辟当地大族人物充当幕府僚佐的惯例。⑥此外，当时后凉朝廷最具权势人物——太常、散骑常侍郭麈也出身西平大族，杨轨辟署郭纬任其麾下司马职务也可能考虑了这层政治关系。关于此点，在后来杨轨受郭麈相邀举兵叛乱后授予郭纬西平相职留守河湟大本营问题上也有体现，稍后详论，暂不赘述。

再看河湟诸郡太守任职者。西平太守郭倖，《晋书·秃发乌孤载记》既称其"西州之德望"⑦，当是出自西平郭氏家族。十六国时期，河西境内活跃的郭姓人物不外自西平、金城、敦煌三郡⑧，而淝水战后冯翊郭氏

---

① 《资治通鉴》卷一一〇"晋安帝隆安二年（398）二月"条，中华书局 2011 年版，第3520 页。

② 《资治通鉴》卷一一〇"晋安帝隆安二年（398）九月"条，第3534—3535 页。

③ 《晋书》卷一〇《安帝纪》，第250 页。

④ 《晋书》卷一二二《吕光载记》，第3063 页。

⑤ 《晋书》卷一二二《吕光载记》载，郭麈叛乱，推举杨轨为盟主，杨轨自称大将军、凉州牧、西平公。吕光遗杨轨书曰："自羌胡不靖，郭麈逆乱，南籓安否，音问两绝……"（第3063 页）吕光既称杨轨镇守之西平为"南藩"，可知西平在拱卫姑臧安全方面的重要意义。

⑥ 严耕望：《中国地方行政制度史》乙部《魏晋南北朝地方行政制度》，在考察魏晋南北朝地方行政制度过程中，对长官、属吏的籍贯进行研究，认为汉代长官必用外籍人的制度已遭废弃，而属吏必用本境人的制度尚严格执行。（台北"中央研究院"历史语言研究所 1997 年影印第 4 版，下册，第382—386、862—867 页）

⑦ 《晋书》卷一二六《秃发乌孤载记》，第3143 页。

⑧ 参见拙稿《〈临辟雍碑〉碑阴题名所见西晋时期西平大族姓氏及相关问题》，《青海民族大学学报》（社会科学版）2017 年第 3 期。

人物亦有随吕光西征而留居河西者,如后凉郭抱①、郭雅②,西凉郭谦③,南凉郭韶④也可能出自该家族。依据《晋书·秃发乌孤载记》,我们基本可以排除郭倖来自冯翊郭氏家族。再看西平、金城、敦煌三郡的郭氏,从源流上讲,他们应该是同源异流的关系。唐代张说撰《郭知运碑》记载,西汉昭帝时,太原郭氏迁居西平成为当地大族,魏晋时期郭氏后裔中有迁居晋昌者逐渐形成新的籍贯郡望,碑主郭知运即晋昌郭氏之后。⑤以唐代碑志材料来论证魏晋郡望问题,尽管此种做法非常冒险,但若因此忽略碑文真实性亦不可取,该碑追述郭知运家族来源或有"攀附"成分,但也透露出太原郭氏与西平、晋昌郭氏之间可能存在的联系,值得注意。西晋元康五年(295),惠帝"分敦煌郡之宜禾、伊吾、冥安、深泉、广至等五县,分酒泉之沙头县,又别立会稽、新乡,凡八县为晋昌郡"⑥。故《郭知运碑》所言晋昌郭氏实即敦煌郭氏,十六国时期尚未见到冠以晋昌籍贯郡望的郭氏人物的活动,而敦煌郭氏则见诸史籍,如儒学名士郭瑀,唐代官修《晋书》将其列在《隐逸传》。⑦此外,敦煌地区发现魏晋墓葬出土镇墓文上出现多位郭氏人物⑧。东汉末年,金城郡分置西平郡,西平、金城郭氏从此走向不同发展道路,魏晋十六国时期金城

---

① 《晋书》卷一二二《吕光载记》,第 3054 页。

② 《晋书》卷一二二《吕光载记》记载,凌江将军姜飞麾下参军郭雅与司马张象谋杀其主回应尉祐叛乱,"发觉,逃奔"(第 3057 页),从此下落不明。1975 年,山西省太原市南郊出土《魏故征虏安定长史义阳太守辛府君墓志铭》载:"君讳祥,字万福,陇西狄道人。……曾祖父渊,骁骑将军;曾祖亲冯翊郭氏,父雅,西都令。"(毛远明主编:《汉魏六朝碑刻校注》第五册,线装书局 2009 年版,第 63—66 页)笔者考证认为,该墓志记载的西都令郭雅即传世文献所见后凉凌江将军姜飞麾下参军郭雅,二者是同一人。详见拙稿《冯翊郭氏与五凉王国》(待刊)

③ 《晋书》卷八七《李玄盛传》,第 2257 页。

④ 《晋书》卷一二六《秃发乌孤载记》称郭韶"中州之才令"(第 3143 页),则其为中州士族当无疑问,中古时期郭氏太原郡望最为著名、最具影响力,但我们尚未见到十六国时期有太原郭氏人物活跃在河西境内的相关记载,但冯翊郭氏则在五凉后期政治生活中扮演重要的角色,所以笔者推测郭韶出身冯翊郭氏可能性较大。

⑤ (唐)张说:《张燕公集》,上海古籍出版社 1992 年版,第 160 页。

⑥ 《晋书》卷一四《地理志上》,第 434 页。

⑦ 《晋书》卷九四《郭瑀传》,第 2454 页。

⑧ 王素、李方《魏晋南北朝敦煌文献编年》统计有:敦煌新店台 187 号墓主郭綦香、敦煌祁家湾 328 号墓主郭□子、敦煌祁家湾 349 号墓主郭遥黄等三人。(台北新文丰出版公司 1997 年版,第 35、37、53 页)

郭氏人物虽有出现①，但五凉政权中绝少见到他们的身影。西平郭氏，在东汉末年已经发展成河湟地方大族，在魏晋十六国时代虽然几经沉浮但总能在河西地方甚至在全国事务上发挥重要影响，关于此点，笔者已经撰文详细论述②，兹不赘述。因此，十六国时期无论金城郭氏还是敦煌郭氏，在河西地方事务上的参与度和影响力远不及西平郭氏，如再充分考虑郭倖的任职地点，那么认为郭倖出身西平郭氏家族可能性最大，至于他如何接替同族郭纬主政桑梓的情况，后文详论，暂不赘述。

乐都太守田瑶，史书中仅出现过一次，其籍贯郡望及生平事迹均不详。笔者曾经撰文指出，魏晋十六时期河西境内田氏人物出自西平、武威、敦煌三郡。③ 具体来说，武威田氏出现在东汉初年，《后汉书·任延传》记载，"将兵长史田绀，［武威］郡之大姓"④。五凉时期，河西境内出现的田氏人物尽管不排除有来自武威的可能性，但还没有资料明确载其籍贯郡望，倒是内蒙古乌审旗郭家梁出土的赫连夏国时期《田炅墓志》⑤，明确记载墓主是"武威田炅"，但田炅是否出仕过五凉政权则难以知晓。另外，敦煌田氏也只在西晋咸宁四年（278）刻立的《临辟雍碑》碑阴题名中出现了一人⑥，亦尚未得到传世文献印证。西平田氏，笔者曾经撰文详细考证从东汉末年到十六国时期该家族发展情况，并统计了五凉诸国出现的有名可考的 13 位西平田氏人物。⑦ 所以，纵观五凉时期田氏人物，以西平田氏数量最多，信息最全面，政治影响最大，如再

---

① 《三国志·蜀书》卷三五《诸葛亮传》引《蜀记》记载："晋初，扶风王骏镇关中，司马高平刘宝、长史荥阳桓隰诸官属士大夫共论诸葛亮……金城郭冲以为亮权智英略……"（中华书局 1959 年，第 916 页）《资治通鉴》卷九九"晋穆帝永和九年（353）九月"条载："秦丞相雄帅众二万还长安，遣平昌王菁略定上洛，置荆州于丰阳川，以步兵校尉金城郭敬为刺史。"（第 3133 页）《太平御览》卷二一四《职官部十二》载："永宁伯郭抚，字仲安，金城人也。"（第 3 册，第 78 页）

② 参见拙稿《〈临辟雍碑〉碑阴题名所见西晋时期西平大族姓氏及相关问题》，《青海民族大学学报》（社会科学版）2017 年第 3 期。

③ 同上。

④ 《后汉书》卷七六《任延传》，中华书局 1975 年版，第 2463 页。

⑤ 《内蒙古乌审旗郭家梁大夏国田炅墓》，《文物》2011 年第 3 期。

⑥ 《临辟雍碑》碑阴题名列举"散生敦煌田绚□兰"（毛远明主编：《汉魏六朝碑刻校注》第二册，第 269 页）。

⑦ 参见拙稿《〈临辟雍碑〉碑阴题名所见西晋时期西平大族姓氏及相关问题》，《青海民族大学学报》（社会科学版）2017 年第 3 期。

考虑到田瑶的任职地点,我们推测其出身西平大族可能性最大。

湟河太守张禢、浇河太守王稚。五凉时期,张氏、王氏来源甚多、成分比较复杂。以王氏为例,从地域上讲,既包括河西本土人物如张掖人王鸾①,又有西晋永嘉乱后入迁凉州的太原王氏及其后裔②;从民族成分讲,既有汉族身份的王氏,又有胡族出身者如田胡王乞基③等。因此,有关张禢、王稚的族属籍贯遽难判断,但不排除他们有出身西平大族的可能性。西平王氏,西晋《临辟雍碑》碑阴题名中已有记述④,传世文献还记载前凉初期西平王叔⑤参与麹氏叛乱被镇压的情况。西平张氏,1987年秋在辽宁省朝阳市出土北凉《张略墓志》记载墓志籍贯为"西平郡阿[安]夷人"⑥,从墓主经历看,北凉时期张略曾经担任白土县令,最后以俘虏身份被迁往北魏治下的营州即今辽宁朝阳市并客死于此。⑦白土县,西晋设置,隶属金城郡⑧;南凉时期,改隶属三河郡,⑨亦在河湟地域范畴。因此,我们分析张禢、王稚二人任职的地域特点,再参照北凉时期张略在河湟地域任官的经历,推测他们出身西平大族可能性较大。

综上所述,后凉末期,吕光为应对南凉独立后河湟地区复杂的政治局面,一方面,派遣心腹重臣略阳氏人杨轨和中州士人后裔程肇驻守西平郡,他们以尚书系统官吏身份兼领并掌管河湟军政大事,乃是后凉掌控河湟所倚重的重量级人物;另一方面,我们考证推测后凉末年河湟诸郡太守及其他官员有出身西平大族的可能性,从侧面说明吕光依靠西平大族支持与合作来加强对河湟地区的控制力度,从而在河湟地区构筑起

---

① 《晋书》卷八六《张轨传》,第2247页。

② 《北史》卷六七《王士良传》载:"王士良字君明,其先太原晋阳人也。后因晋乱,避地凉州。魏太武平沮渠氏,曾祖景仁归魏,为敦煌镇将。"(中华书局1975年版,第2359页)

③ 《晋书》卷一二二《吕光载记》,第3062页。

④ 《临辟雍碑》碑阴题名列举"散生西平王初长发"(毛远明主编:《汉魏六朝碑刻校注》第二册,第269页)。

⑤ 《晋书》卷八六《张轨传》,第2225页。

⑥ 罗新、叶炜:《新出魏晋南北朝墓志疏证》,中华书局2005年版,第48—49页。

⑦ 关于墓志内容考证,参见朱艳桐《〈北魏张略墓志〉考释——兼补北凉沮渠无讳流亡河西史事》,《青海民族大学学报》(社会科学版)2017年第1期。

⑧ 《晋书》卷一四《地理志上》,第433页。

⑨ 《资治通鉴》卷一一六"晋安帝义熙八年(412)四月"条,第3709页。

比较完整的统治体系。由此看出，西平大族在河湟地方事务上颇具发言权，他们的政治态度很大程度上能够左右河湟局势的发展，故南凉统治者之能获得河湟诸郡与西平大族的归附和支持分不开。还需注意，西平大族既成为吕光统治河湟的重要依靠力量，但也是促使后凉灭亡的掘墓人，例如，位居高官厚位的后凉权臣郭黁后来联合左仆射王详在姑臧发动叛乱，并策划杨轨加盟反吕阵营，不仅动摇了吕光在河湟的统治，而且加速了后凉衰落灭亡的历史进程。

二 杨轨起兵与西平大族的独立动向

后凉龙飞二年（397）八月，杨轨接受西平大族郭黁等人推戴担任反吕集团的盟主，于是称大将军、凉州牧、西平公，正式宣告与后凉政权决裂。《资治通鉴》记载，杨轨决定起兵后，将军程肇表示反对，并进谏曰："卿弃龙头而从蛇尾，非计也。"[①]《太平御览》记述此事更加详细，但称程肇"西河太守"[②] 而不呼"将军"。笔者推测，程肇初到西平领将军衔并兼任西河太守，此种情况在五凉时期颇为普遍。[③] 西河郡，亦即西平郡，[④]《元和郡县图志》卷三九《陇右道上》"鄯州"条载，"后凉吕光

---

① 《资治通鉴》卷一〇九，晋安帝隆安元年（397）八月条，第3512页。

② 《太平御览·人事部九十五》引段龟龙《凉州记》，第764页。

③ 贾小军：《五凉职官制度研究》第七章《五凉之郡守》统计了五凉郡守任职情况，指出"绝大多数五凉郡守皆兼将军职，或从与军事有关的职务专任郡守"（博士学位论文，西北师范大学，2015年，第129页）。

④ 郑炳林：《前凉行政地理区划初探（凉州）》考证云："西河郡，治乐都。前凉张氏分西平郡置西河郡。……又作乐都郡。……按前凉有西河郡，张天锡时有西平相赵疑。后凉西平，西河二郡并存。《元和郡县图志》记载有误。"（《敦煌学辑刊》1993年第1期）按：郑氏所云"西河郡，治乐都"，缺乏直接史料证据；又云西河郡"又作乐都郡"，或是误读了所引资料。此外，郑氏例举前凉、后凉时代西河、西平二郡并存情况，但仔细推敲似乎缺乏完整严密的证据链，如前凉政权"西河"地名出现在张重华时代，且记载见于汤球《十六国春秋辑补》辑佚书中，即使保存在《晋书》《宋书》等正史当中，也只多被学者忽略的《五行志》，以此孤证论述说前凉时代西河、西平二郡并存，此处仍有可商榷的余地，再以"后凉西平，西河二郡并存"轻易否定《元和郡县图志》的记载恐亦过于草率。在没有确切证据可以进一步证明郑氏观点之前，笔者仍倾向于唐代李吉甫的说法：西河郡由西平郡改称而得。只是，其地名更改时间可能要推溯至前凉张重华时期，此点受到郑氏观点的启发，后凉可能只是沿袭了张氏的做法，但改名原因为何，尚不可知。

改西平为西河郡"①。杨轨奉命出镇西平,程肇同时出任西平(西河)太守,二人成为后凉控制河湟最倚重的人物,从程肇反对杨轨起兵情况来看他是效忠后凉吕氏的。《魏书·程骏传》载:"程骏,字驎驹,本广平曲安人也。六世祖良,晋都水使者,坐事流于凉州。祖父肇,吕光民部尚书。"② 由此观之,程肇祖籍广平曲安,四世祖程良任西晋都水使者坐事流徙凉州,至后凉时该家族已经在河西发展繁衍了四代,生活近百年之久,其能历任中枢、军事、地方各级显位要职,主要得益于受到吕光重用,所以政治选择上更加倾向后凉吕氏而非其他。有关程肇的结局,史无确载,但他亲吕态度势必遭到杨轨排挤,龙飞三年(398)二月,杨轨任命司马郭纬为西平相,已取代程肇西平太守行政职务,而其去职时间可能更早。《魏书·程骏传》记载程肇任官吕光民部尚书,而没有提到他担任将军武职和西河(西河)太守的情况,似乎在暗示程肇从河湟解职后回到姑臧再任尚书系统要职。但也不排除另外可能,程肇初以民部尚书、将军身份随尚书仆射、后将军杨轨出镇河湟并就任西平(西河)太守。后凉初期,中枢官员兼任地方长官情况非常普遍,后凉麟嘉元年(389)二月,吕光自称三河王,"置官自丞郎已下,犹摄州事"③,即是明确记载;龙飞元年(396)六月,吕光改称大凉天王,虽曰"备置百官"④,在行政体制上完成由王国体制向帝国体制的转变,但实际上中枢官员兼任地方职务的现象仍然存在。⑤ 另外,后凉末年河湟政治形势复杂多变,尤显特殊而重要,吕光在派遣尚书系统的杨轨、程肇领将军衔出镇西平,或出于此种考虑亦不无可能。

龙飞三年(398)二月,杨轨率主力北上姑臧之时,任命西平大族出身的郭纬担任西平相,代其镇守西平以控制河湟诸郡。但是,郭纬出任西平地方行政长官,何以称"相"而不呼"太守"? 二者区别如何? 区别

---

① (唐)李吉甫撰,贺次君点校:《元和郡县图志》卷三九《陇右道上》,中华书局1983年版,第991页。

② 《魏书》卷六〇《程骏传》,第1345页。

③ 《魏书》卷九五《吕光传》,第2086页。

④ 《资治通鉴》卷一〇八"晋孝武帝太元二十一年(396)六月"条,第3482页。

⑤ 参见拙稿《释"置百官,自丞郎已下犹摄州县事"》,载《后凉政权与淝水战后的河西政局》,硕士学位论文,西北师范大学,2015年,第45—48页。

之下又隐含什么历史现象？首先，它涉及汉晋时期诸侯王国行政制度演变的问题。西汉初年，地方上实行郡国并行制度，而封国行政长官制度经过景帝、成帝两次修订逐渐成熟化、定型化，由于治民长官"内史"建制取消，统领众官的"相"（汉景帝五年改"丞相"为"相"）始兼领治民之责，秩同郡守而名称相异，魏晋易代而沿袭不改。西晋太康十年，武帝大规模分封宗室诸王后"改诸王国相为内史"。① 徐美莉考察两晋十六国、南朝以及北魏后期封国行政长官内史与相并存的情况，认为这是西晋武帝太康十年（289）"改诸王国相为内史"诏区分王国与非王国行政长官的结果，从此"王国行政长官称为内史，公以下封国的行政长官称为相，并且这一制度被东晋、十六国、南朝以及太和改制后的北魏所承袭，以致诸王朝史书中内史、相交错而见"②。笔者同意徐氏观点。诸史记载，杨轨宣布脱离后凉在河湟独立称制，使用"大将军、凉州牧、西平公"称号，其中，"西平公"属于公级爵位名号，我们不妨称杨轨在河湟地区所建政权为"西平公国"，依照西晋太康十年武帝改制规定，"公国"行政长官应称"相"而非"内史"或"太守"。至此，杨轨任命郭纬西平相的问题基本得到解决，但是我们还应该据此揭示隐藏在文献中的重要事实：即杨轨在河湟宣告独立后，在统治区内参考西晋封国制度调置了行政区划，这也是我们认识杨轨政权性质的直接资料。

那么，杨轨从后凉龙飞二年（397）八月宣布独立到次年二月率主力北上姑臧与郭䴥叛军汇合的六个月时间里，河湟地区政治形势演变及其发展走向如何呢？综合各种史料分析，杨轨控制下的河湟诸郡脱离后凉政权走向独立，他将忠诚于后凉的西平（西河）太守程肇排挤出军政机构，依靠麾下司马西平大族郭纬直接控制着西平郡，其他如乐都太守田瑶、湟河太守张稠、浇河太守王稚应当都服从了杨氏统治，还没有相关证据显示他们开展过任何形式的反对行动，但也不排除是传世史料阙载所致。这样，西平的杨轨政权与廉川堡的南凉政权成为同期存在于河湟地区两大政治势力。由于杨轨出任反吕势力的盟主，而郭䴥叛乱后曾经

---

① 《晋书》卷三《武帝纪》，第79页。
② 徐美莉：《两晋十六国南北朝的封国内史与相》，《青岛大学师范学院学报》2010年第3期。

援引南凉为盟友,又杨轨率步骑兵两万北上姑臧时南凉派遣秃发傉檀率骑兵一万助之,这些都表明杨轨、郭黁、秃发乌孤三方结成同盟关系,特别是他们反对后凉吕氏的政治立场一致,所以南凉统治者尚未表现出吞并河湟诸郡的明显意图。

如前所述,杨轨率主力北上姑臧与郭黁叛军汇合围困姑臧城,临行前任命司马郭纬为西平相,代其镇守西平以控制河湟诸郡,但主力军队北调造成河湟兵力薄弱、空虚,原先服从杨氏统治的乐都、湟河、浇河诸郡可能趁机摆脱控制,而且他们还可能打出拥护后凉吕氏的政治旗号,《晋书·秃发乌孤载记》称南凉"降〔吕〕光乐都、湟河、浇河三郡"①,反映了《晋书》编撰者对此时河湟诸郡政治属性的基本判断。前文已述,杨轨出任叛军盟主后河湟诸郡已经脱离后凉政权走向独立,那么他们重新打出拥护吕氏旗号应该仅是政治斗争策略而已,实际上在独立道路上更进一步,并在面对各势力集团时表现出观望态度。六月,后凉吕纂打败杨轨、郭黁、秃发利鹿孤联军,郭黁投降西秦,杨轨投奔田胡王乞基,至此,反吕盟军败局已定,再难作为。与大多数叛乱者(如杨轨、王乞基、杨统等人)去向或结局不同,出身西平大族的郭黁既没有选择投归南凉,也没有前往河湟之地图谋再起,而是投降西秦。史载,"〔郭〕黁性褊急残忍,不为士民所附,闻〔杨〕轨败走,降西秦"②。据此,郭黁自身性格因素导致士民不附是其远走西秦重要原因之一,但河湟政治形势的复杂变化,尤其诸郡太守打出拥护吕氏的政治旗号才是使郭黁有所忌惮的根本原因,所以他被迫舍近求远归附西秦。此外,杨轨、王乞基也没有立即投降秃发乌孤,而是暂时屯聚廉川堡,并收集夷夏之人万余。廉川堡为南凉都城,没有秃发氏允许和支持,恐怕他们难以在此屯聚休养,合理的解释是,由于之前政治同盟关系他们暂时投靠了南凉政权,后在王乞基劝说下杨轨才遣使请降。然令人困惑的是,当初以西平为大本营控制河湟地区的杨轨兵败后,为何没有前往西平根据地而是借助南凉势力屯聚在廉川堡收集余众?答案依旧,盖此时河湟诸郡已经脱离杨轨在拥护后凉政权的旗帜下走向自主独立,故杨轨与郭黁面对的政治困

① 《晋书》卷一二六《秃发乌孤载记》,第3142页。
② 《资治通鉴》卷一一〇"晋安帝隆安二年(398)六月"条,第3525页。

境极其类似，只是他们选择的投附对象不同而已。

从西平太守任职者变化角度，再论述此期西平大族动向变化与河湟政局之演变。后凉龙飞三年（398）九月，史书所载的西平地方长官是太守郭倖，而非杨轨离开河湟大本营时所署西平相郭纬，笔者曾经怀疑二者是同一人，系史籍传抄讹误所致，但从六月杨轨兵败后未至西平而是投靠南凉情况来看，此时西平郡行政长官已非杨氏的支持者而是反对者，这也从侧面反映了此间西平太守任职者可能发生替换现象。更重要的是，在郭倖取代郭纬后，更改了象征杨氏"西平公国"统治的封国行政长官名称"相"为"太守"，公开表示与杨氏决裂和拥护后凉吕氏的政治立场。而且，郭倖此人多次在史籍中出现，南凉时代获得重用，历任左长史、尚书左仆射等中枢要职，与郭纬仅此一见情况形成鲜明对比，也可证明二者并非同一人。前文已述，郭倖、郭纬出自同一家族，因此二者职位替换应该是家族内部成员间政治分野所致，而权位更迭应该使用和平方式而非武力手段，这也是论证此期西平大族政治动向变化的具体例子。

三　西平大族与南凉经略河湟地区

南凉初建，秃发乌孤耀兵广武，攻克金城，在街亭大败后凉将军窦苟，遣使西秦与乞伏氏联姻，初步稳固了政权统治。但是，吕光仍牢固控制河湟诸郡，为应对秃发氏独立后河湟动乱发生，特派遣心腹将领尚书仆射、后将军氏族杨轨镇守西平。秃发乌孤"西平王"称号，虽然表明其争取河湟控制权的政治意向，但实际上他们在短期内难有作为，根本原因在于：相比后凉、西秦两大邻国，南凉由于建国时间不长，国力远不能相提并论。不过幸运的是，此时后凉境内段业独立和郭䴙叛乱牵制并消耗吕氏家族统治力量，西秦统治者在恢复被吕光夺取的疆土后将征服对象锁定在吐谷浑，客观上为南凉统治者强国富民、观时待变赢得宝贵时间和历史机遇，最终实现争夺河湟地域控制权既定政治目标。

龙飞二年（397）八月，后凉散骑常侍郭䴙联合尚书仆射王详、田胡王乞基在都城姑臧发动政变并占据东苑，吕光被迫东调正在西线领兵对北凉作战的吕纂率部前来破解困局，外戚杨统在进军途中谋划独立行动失败后投归叛乱阵营。他曾经言道,当时吕光所面临的严重政治危机,郭黁叛乱发生使"京城[姑臧]之外非复朝廷所有"①。随着吕纂在姑臧城西击败叛将王斐,"[郭]黁兵势渐衰,遣使请救于秃发乌孤。九月,乌孤遣其弟骠骑将军利鹿孤帅骑五千赴之"②。西平大族出身的郭黁遣使秃发乌孤,标志着南凉政权与西平大族开始发生关系。西平郭氏,乃是汉魏以来河湟地域最具实力和政治影响力的地方大族之一,郭黁即出生在此声名显赫的家族。前凉末年,他先担任本郡主簿,以擅长天文数术受到重用,前凉灭亡后投归前秦凉州刺史梁熙麾下效力,吕光割据凉州后再次得到重用。后凉时代,郭黁迎来他政治生涯的发展巅峰,吕光"比之京管,常参帷幄密谋"③,由于常伴君王身侧,参谋军国大事,官至太常、散骑常侍,得与尚书仆射王详"久居内要"④,绝对是名副其实的后凉权臣。他在姑臧发动叛乱,直接引发后凉统治集团内部严重分裂,推举镇守西平的后凉尚书左仆射、后将军略阳氏族杨轨担任反吕势力盟主,致使河湟地域政治力量对比发生变化,为后来南凉最终夺取河湟诸郡创造绝好的机遇。后凉吕纂镇压郭黁叛乱后,郭黁选择南逃投奔西秦乞伏氏,而参与叛乱诸人杨轨、杨统、王乞基等相继投归秃发乌孤麾下,为南凉政权繁荣强盛贡献了自己力量。尤其,弘农杨统颇具才干,他积极建言献策,提出讨灭后凉而"坐定姑臧"策略奠定了南凉时代根本国策,后继之秃发氏诸王均能继承该策并努力践行,成为南凉夺取姑臧控制权进而称霸河西走廊的重要指导思想。⑤

　　前文已述,长期以来,南凉统治者经略河湟的相关事宜并没有实质性进展,这种情况一直持续至南凉太初二年(398)九月。归根结底,主要受国力所限,而河湟政局复杂变化亦是重要影响因素之一。杨轨起兵后,他与秃发乌孤基于反对后凉吕氏的政治共识结成盟国关系,河湟地区遂出现两大势力并存的政治格局,直到杨轨主力北上姑臧,河湟政治

---

① 《晋书》卷一二二《吕光载记》,第3062页。
② 《资治通鉴》卷一〇九"晋安帝隆安元年(397)八月"条,第3512页。
③ 《晋书》卷九五《郭黁传》,第2498页。
④ 《晋书》卷一二二《吕光载记》,第3062页。
⑤ 有关弘农杨统对南凉王国所做历史贡献,以及弘农杨氏流寓河西与五凉王国发生互动关系等问题,可参见拙稿《弘农杨氏与五凉王国》,《河西学院学报》2017年第4期。

生态的平衡局面才被打破，以西平大族为主河湟诸郡太守在拥护后凉吕氏的旗帜下走向实际的独立，重新缔造了地区政治力量的平衡结构。此间，南凉国力尽管在河湟地域波谲云诡的政治变化中保持上升态势，但是羌人梁饥起兵后再次搅动河湟地域政治风云，最终刺激南凉统治者通过武力手段实现经略河湟地区的根本利益。太初二年（398）九月，河湟羌酋梁饥率部攻击了驻守廉川堡附近准备投靠南凉的杨轨、王乞基所部，迫使其西窜至乙弗鲜卑居地夺而据之，由此再次打破河湟地域内各种政治力量的平衡状态，从而影响河湟政局发展演变的历史走向。于此问题，《晋书·秃发乌孤载记》记载很少，只寥寥数语，隐漏了许多重要的历史信息，但《资治通鉴》却详细记述南凉统治者夺取河湟诸郡的过程，资料翔实、内容丰富，叙事完整、自成体系。其曰：

> 杨轨屯廉川，收集夷、夏，众至万余。王乞基谓轨曰："秃发氏才高而兵盛，且乞基之主也，不如归之。"轨乃遣使降于西平王乌孤。轨寻为羌酋梁饥所败，西奔僬海，袭乙弗鲜卑而据其地。乌孤谓群臣曰："杨轨、王乞基归诚于我，卿等不速救，使为羌人所覆，孤甚愧之。"平西将军浑屯曰："梁饥无经远大略，可一战擒也。"
>
> 饥进攻西平，西平人田玄明执太守郭幸而代之，以拒饥，遣子为质于乌孤。乌孤欲救之，群臣惮饥兵强，多以为疑。左司马赵振曰："杨轨新败，吕氏方强，洪池以北，未可冀也。岭南五郡，庶几可取。大王若无开拓之志，振不敢言；若欲经营四方，此机不可失也。使羌得西平，华、夷震动，非我之利也。"乌孤喜曰："吾亦欲乘时立功，安能坐守穷谷乎！"乃谓群臣曰："梁饥若得西平，保据山河，不可复制。饥虽骁猛，军令不整，易破也。"遂进击饥，大破之。饥退屯龙支堡。乌孤进攻，拔之，饥单骑奔浇河，俘斩数万，以田玄明为西平内史。乐都太守田瑶、湟河太守张祒、浇河太守王稚皆以郡降，岭南羌、胡数万落皆附于乌孤。①

前揭杨轨屯聚廉川堡招抚胡汉民众，得到盟友秃发乌孤的允许和支

---

① 《资治通鉴》卷一一〇"晋安帝隆安二年（398）九月"条，第3534—3535页。

持，然他所依恃军事力量在姑臧城西战役被后凉吕纂几乎消灭殆尽，故虽得秃发氏支持暂栖廉川堡，但终究是寄人篱下非长远之计，遂从王乞基之策而遣使归降南凉。基于此种认识，我们认为，羌酋梁饥率众进攻杨轨的行为实际是对南凉在河湟地区统治权威的挑战，而且表明了他欲争夺河湟地域控制权的决心和手段，从而揭开南凉以武力经略河湟的历史序幕。上述引文表明，南凉统治者对梁饥进攻杨轨事件非常重视。但若像西平将军浑屯分析那样，梁饥"无经远大略，可一战擒也"，实际是低估羌人在河湟的军事力量，否则随后西平田玄明遣子为质请求南凉发兵抵御梁饥军事进攻时，怎会出现了"乌孤欲救之，群臣惮［梁］饥兵强，多以为疑"的情况呢？非但如此，笔者认为梁饥应该是一位足智多谋、兼具军事才干的羌人首领，秃发乌孤亦盛赞他的"骁猛"，梁饥在成功击破杨轨后，将进攻目标选在河湟重镇西平郡，说明他极具战略眼光，显然秃发乌孤是看到此举利害，才力排众议听取广武赵振建议决心以武力驱除梁饥的羌人集团，当然最后他也幸运地成为这场旷日持久的河湟控制权争夺战的最大赢家。

我们知道，西平大族的归附和支持是南凉王国成功夺取河湟控制权的关键因素。[①] 前揭梁饥进攻西平郡，当地大族田玄明发动政变并代行太守职责，西平控制权由此从郭氏家族转移到田氏人物手中。西平大族内部存在政治分野，外加羌人凌厉的军事进攻，田玄明必须依靠外力支持才能应付眼前的政治困局，他遣子为质获取南凉统治者支持，由此建立起双方直接政治联系。正是西平大族与南凉统治者形成政治合作关系，

---

① 赵向群《魏晋五凉时期河西民族融合中的羌化趋势》指出，南凉建国初期"便将政治中心设在乐都与西平之间的羌中地区，这显然是得到羌族支持的，而且，乌孤首先顺利攻取的是后凉乐都、湟河、浇河三郡，史载，攻取三郡时：'岭南羌胡数万落皆附之。'实际上三郡之得是羌族支持的结果"［《西北师大学报》（社会科学版）1996 年第 1 期］。但从本文讨论来看，羌人头领梁饥在河湟地区的军事活动是针对南凉政治权威的一种挑战行为，在争夺河湟控制权问题上，羌人并非南凉秃发氏的盟友而是最大竞争者，尽管赵氏有关魏晋十六国时期河西民族融合"羌化"趋势的讨论颇为新颖和精彩，但具体到南凉争夺河湟控制权问题上则其结论明显有失偏颇，他所引用"岭南羌胡数万落皆附之"史料，是南凉打败羌人梁饥势力集团后的结果，而非秃发氏夺取河湟统治权的原因。此外，常倩《羌人与五凉政权》虽然称"南凉建政之初将军事政治中心设在乐都与西平之间的羌中地区，一来是重要的地理位置，二来是为了得到羌人的支持"，但同时也承认"羌人的军事实力很强，可以扰乱乌孤的计划"。（《许昌学院学报》2008 年第 1 期）比之赵氏观点较为客观。

秃发氏在经略河湟问题上获得名正言顺的理由，才能得其配合、游刃有余，才有了实质性的突破和进展。正如引文中秃发氏谋臣赵振所揭示那样，当时南凉统治者面对政治形势是，"杨轨新败，吕氏方强，洪池以北，未可冀也。岭南五郡，庶几可取"，所以唯有占据西平郡，进而夺取河湟控制权才是南凉政权谋求对外发展的根本政治利益所在，但问题关键还在于打败梁饥的羌人势力集团。果然，南凉统治者击败梁饥后，田玄明在其统治权得到认可后表示归附，"乐都太守田瑶、湟河太守张裪、浇河太守王稚皆以郡降，岭南羌、胡数万落皆附于乌孤"。

值得注意，上揭引文末称秃发乌孤"以田玄明为西平内史"。按，田玄明"内史"之称与其他乐都、湟河、浇河诸郡地方长官称"太守"情况不同，亦有别于之前郭俸任西平太守时的称呼，体现了南凉初期西平郡的重要地位和政治象征意义。前揭杨轨离开河湟大本营时任司马郭纬为西平相代其行使职权，其称"相"而不称"太守"，体现了杨轨政权独立性格的一面。由于杨轨称"西平公"，故其"公国"行政长官称"相"而不称"内史"，而秃发乌孤称"西平王"，比之杨氏"西平公"名号政治地位更高，故其"王国"行政长官称"内史"而不称"相"。当然，南凉初期田玄明称"内史"而不称"太守"，或以西平郡在河湟地区政治地位的重要性而言，赵振亦称"梁若得西平，保据山河，不可复制"。但是，我们认为这种名号更换背后涵盖的可能更多的是政治象征意义。此外，秃发乌孤和杨轨使用称号中共同含有"西平"的地理意义，旨在表明继承前凉张氏正统权①而借以否定吕氏后凉的合法性，但也反映了他们在河湟地区相互争夺正统权的历史现象。他们既在反对后凉吕氏问题上达成政治共识，又在河湟控制权问题上存在竞争关系，反映了后凉、南凉易代之际河湟地域政治演变的复杂性特征。

十月，后凉建武将军李鸾以兴城归降秃发乌孤。胡三省注曰："兴城

① 西晋末年，前凉政权创始者张轨受封"西平公"爵号，以后前凉历代统治者除个别时期外均以"西平公"自称，在与东晋及其他五胡诸国交往过程中，亦时常从彼处受封"西平公"爵位名号。所以，后凉、南凉易代之际秃发乌孤、杨轨先后独立建制均使用了"西平"地理名号，意在继承前凉正统性而借以否定后凉政权。于此问题，笔者另撰《西平大族与前凉王国》一文讨论，兹不赘述。

在允吾县西南龙支堡之东。"① 据此,兴城亦属河湟地理范畴。十一月,杨轨、王乞基率领所部数千户人众投归南凉政权。至此,南凉统治者基本实现对河湟诸郡全面占领,同时开始整合地域范围内胡汉各族政治力量。十二月,秃发乌孤改"西平王"称号为"武威王",统治者称号更改预示着南凉国家未来进取方向发生变化,也从侧面论证秃发氏争夺河湟地方控制权的历史任务已经完成,而消灭后凉占据武威成为他们下一步称霸河西走廊的预定目标。

---

① 《资治通鉴》卷一一〇"晋安帝隆安二年(398)十月"条,第3537页。

隋大业四年榆谷长城考

赵 杰[*]

摘要： 隋炀帝大业四年（608）曾筑长城"自榆谷而东"。关于这段长城所在及榆谷的具体位置，一直以来有不同的认识。本文通过梳理有关榆谷不同观点的史料来源，指出榆谷位于今青海省东部的黄河南岸。并结合长城修筑以后，隋炀帝为"捍御吐谷浑，以通西域之路"，发动了征讨吐谷浑的战争并于次年西巡河右的历史事实，明确了这段长城位于青海省东部。近年来在青海省东部河湟谷地调查发现的明代长城，从分布、走向以及长度等方面，很有可能就是在隋大业四年榆谷长城的基础上重修或增修而成。

关键词： 隋大业四年；榆谷；长城；吐谷浑

隋朝是我国历史上长城修筑的一个重要时期。短短的 30 余年时间里，隋朝政权数度修筑长城，无论是次数还是长度以及动用人力等方面都堪比秦、汉、明诸朝。隋炀帝时曾两筑长城，分别是大业三年（607）"西距榆林，东至紫河"的长城[②]和大业四年（608）"自榆谷而东"的长城[③]。其中对大业四年长城过往关注很少，即使榆谷所在也存不同意见，至于这段长城的分布、走向，以及修筑背景等更加不明。2007—2009 年

---

* 赵杰，男，1975 年出生，山西长子人，历史学博士，山西大学历史文化学院副教授，主要研究方向为北方考古与长城研究。

② 《隋书》卷三《炀帝纪上》，中华书局 1973 年版，第 70 页。

③ 同上书，第 71 页。

青海省在调查长城资源时，确认该省东部分布有明代长城①，从其分布来看，很有可能是在隋大业四年长城基础上重修或增修而成。如此为我们考察这段长城的位置和分布提供了新的视角。本文一方面对榆谷地名进行梳理、考证；另一方面结合长城修筑期间的有关史实，探讨这段长城的修筑背景，进而通过与青海省明代长城位置的比较，揭示大业四年长城的分布与走向。

一 榆谷位置的考证

《隋书·炀帝纪上》载：大业四年（608）七月辛巳，隋炀帝"发丁男二十余万筑长城，自榆谷而东"②。《资治通鉴·隋纪五》有相同记载③。《北史·隋本纪下·炀帝纪》补自《隋书》，但将"榆谷"记为"榆林谷"④。从这些记载中仅知大业四年长城的西端起点是榆谷或榆林谷，以及20万的用工人数，其余则不得而知。榆谷所在的确认，是考察这段长城位置的关键。

关于榆谷所在，以杜佑、胡三省和顾祖禹为代表，主要有三种意见：杜佑《通典》载榆谷在兰州五泉县⑤；胡三省认为"榆谷当在榆林西"⑥，《北史》将"榆谷"记为"榆林谷"，可能是与胡三省有同样的看法；顾祖禹在《读史方舆纪要》中则言及"榆谷，在（西宁）卫西"，并指出《通典》的说法是错误的。⑦ 三种意见东西相去甚远，今人研究也各执三种意见。为何会产生不同的观点，以及其史料来源将是本文首先必须考察的内容。

---

① 青海省文物管理局、青海省文物考古研究所编著：《青海省明长城资源调查报告》，文物出版社2012年版。

② 《隋书》卷三《炀帝纪上》，第71页。

③ 《资治通鉴》卷一八一"大业四年（608）"条，中华书局1956年版，第5641页。

④ 《北史》卷一二《隋本纪下·炀帝纪》，中华书局1974年版，第451页。

⑤ （唐）杜佑：《通典》卷一七四《州郡四·古雍州下》，中华书局1988年版，第4547页。

⑥ 见《资治通鉴》卷一八一"大业四年（608）"条，第5641页。

⑦ （清）顾祖禹撰，贺次君、施和金点校：《读史方舆纪要》卷六四《陕西十三》"西宁镇榆谷"条，中华书局2005年版，第3020—3021页。

（一）榆谷位于青海省东部黄河南岸

考究榆谷所在，当以这个地名最初的文献记载为依据。榆谷最早见于记载是《后汉书·西羌传》，章和元年（87）烧当羌迷唐"将五千人寇陇西塞，太守寇盱与战于白石，迷唐不利，引还大、小榆谷"。此后永元元年（89）"迷唐去大、小榆谷，徙居颇岩谷"。永元四年（92）"还居大、小榆谷"。永元五年（93）护羌校尉贯友"遣兵出塞，攻迷唐于大、小榆谷，获首虏八百余人，收麦数万斛，遂夹逢留大河筑城坞，作大航，造河桥，欲度兵击迷唐。迷唐乃率部落远依赐支河曲"。永元十年（98），迷唐请降，入居金城，汉和帝"令迷唐将其种人还大、小榆谷。迷唐以为汉作河桥，兵来无常，故地不可复居，辞以种人饥饿，不肯远出"。永元十三年（101）迷唐势弱，"远逾赐支河首"，"西海及大、小榆谷左右无复羌寇"。①

可以看出，大、小榆谷是章和（87—88）至永元（89—104）年间烧当羌的大本营所在。这个地区的重要性在隃麋相曹凤的上疏中有明确交待："自建武（25—55）以来，其犯法者，常从烧当种起。所以然者，以其居大、小榆谷，土地肥美，又近塞内，诸种易以为非，难以攻伐。南得钟存以广其众，北阻大河因以为固，又有西海鱼盐之利，缘山滨水，以广田蓄，故能强大，常雄诸种，恃其权勇，招诱羌胡。今者衰困，党援坏沮，亲属离叛，余胜兵者不过数百，亡逃栖窜，远依发羌。臣愚以为宜及此时，建复西海郡县，规固二榆，广设屯田，隔塞羌胡交关之路，遏绝狂狡窥欲之源。又殖谷富边，省委输之役，国家可以无西方之忧。"②根据《后汉书》所载迷唐活动地点和曹凤上疏中提到的地点，可以判定大、小榆谷位于青海湖附近，在今青海省东部的黄河南岸。

《水经注·河水》对大、小榆谷位置有所描述，"河水又东径允川，而历大榆、小榆谷北。羌迷唐、钟存所居也。……河水右径沙州北。……河水又东北流，入西平郡界……河水又东径浇河故城北"③。这

---

① 《后汉书》卷八七《西羌传》，中华书局 1965 年版，第 2883—2885 页。
② 同上书，第 2885 页。
③ （北魏）郦道元著，陈桥驿校证：《水经注校证》，中华书局 2013 年版，第 40 页。

些地名成为推测大、小榆谷所在的重要依据。刘满指出浇河故城即今青海省贵德县河阴镇，沙州即今贵南县中部的木格滩及其附近的沙滩，并结合曹凤所言大、小榆谷是重要的农业生产区，推定大、小榆谷在贵南县西北地区茫拉河、沙沟（河）两河河谷及其与黄河交会的沿河地区。并由此否定了谭其骧《中国历史地图集》将大、小榆谷定在今贵德县东黄河南岸的观点。① 刘、谭两种观点虽有出入，但均大体符合《后汉书》所记地名、事件的逻辑次序，而且两地东西相距并不遥远，只有 80 千米左右，总体区域大体相当。

如曹凤所言，烧当羌居于大、小榆谷当始于建武年间（25—55）。此前烧当羌"世居河北大允谷"，由于频遭先零羌和卑湳羌欺凌，首领滇良"于是集会附落及诸杂种，乃从大榆入"，大破先零羌和卑湳羌，"夺居其地大榆中，由是始强"②。由此，可知大榆谷也称大榆。

其他关于大、小榆谷位于青海省东部的观点，具体位置还有大通河下游③、保安河流域④等，但都难以满足迷唐活动所涉事件与地点的逻辑次序，可不予深究。

（二）榆谷与榆中县的关系

秦汉设立榆中县后，该县一直存在至北周。关于榆中县的历史变迁，今人多有研究，以杨永发、侯桂秀《"榆中"名源及城址变迁》一文最为全面。该文对榆中县的设立、沿革进行了系统地梳理、考察，指出榆中县得名于大、小榆谷，在今青海省东部大通河下游至甘肃省兰州市附近的范围内，县址多有变迁。⑤ 将榆中混同于榆谷，当源于杜佑

---

① 刘满：《西北黄河古渡考》，《敦煌学辑刊》2005 年第 1 期，第 129—132 页。谭其骧主编《中国历史地图集》关于大、小榆谷位置的标识，见第二册《东汉·凉州刺史部》，中国地图出版社 1982 年版，第 57—58 页。

② 《后汉书》卷八七《西羌传》，第 2879 页。

③ 杨永发、侯桂秀：《"榆中"名源及城址变迁》，《西北民族大学学报》（哲学社会科学版）2016 年第 3 期。

④ ［日］松田寿男著，周伟州译：《吐谷浑遣使考》（上），《西北史地》1981 年第 2 期，第 90 页。

⑤ 杨永发、侯桂秀：《"榆中"名源及城址变迁》，《西北民族大学学报》（哲学社会科学版）2016 年第 3 期。

《通典》。

《通典·州郡四·古雍州下》金城郡兰州五泉县条载："五泉，汉金城县地。汉榆中县故城在今县东。后汉时羌乱，隃麋相曹凤上言：'西羌为寇，自建武以来，以居大、小榆谷，土地肥美，又近塞内，北阻大河，因以为固，缘山滨水，以广田畜，故能强大，常雄诸种。'"① 在该条记载中，并未言明榆中县得名由来，只是将曹凤所说大、小榆谷的一段话附在了榆中县故城一语之后，但既然放在同一条目之下，杜佑当将榆中县与大、小榆谷等同起来。二者为什么会产生联系呢？笔者考虑杜佑是将《后汉书》中滇良大破先零羌和卑湳羌后"夺居其地大榆中"一语中的"大榆中"误以为即是榆中县，前又有"大榆"一词，故而将榆中县与大榆谷等同起来。杜佑之说流传甚广，《太平寰宇记》也采用了杜佑的说法。②

实际上"大榆中"三字包含了两层含义，即"大榆"是指"大榆谷"而言，如上一小节所述；而"中"的意思是"内"，如汉中、关中、河内、关内等③，这三字当释为夺取了大榆谷以内的区域，与榆中县并无关系。《后汉书》点校时也是将"大榆"释为地名，并未包括"中"字。④ 顾祖禹在《读史方舆纪要》中明确指出杜佑的说法"误也"⑤，这是有道理的。

（三）将榆谷混同于榆林塞、榆溪塞

《水经注·河水》载："河水又南，诸次之水入焉，水出上郡诸次山。……其水东径榆林塞，世又谓之榆林山，即《汉书》所谓榆溪旧塞者也。"⑥《元和郡县图志·关内道四》胜州榆林县条载："隋开皇七年

---

① （唐）杜佑：《通典》卷一七四《州郡四·古雍州下》，第4547页。

② （宋）乐史撰，王文楚等点校：《太平寰宇记》卷一五一《陇右道二》兰州五泉县条，中华书局2007年版，第2927—2928页。

③ 杨永发、侯桂秀：《"榆中"名源及城址变迁》，《西北民族大学学报》（哲学社会科学版）2016年第3期。

④ 《后汉书》卷八七《西羌传》，第2879页。

⑤ （清）顾祖禹撰，贺次君、施和金点校：《读史方舆纪要》卷六四《陕西十三》西宁镇榆谷条，第3021页。

⑥ （北魏）郦道元著，陈桥驿校证：《水经注校证》卷三《河水》，第79页。

（587）置榆林县，地北近榆林，即汉之榆溪塞，因名。"① 这两段文字中的"榆溪旧塞"或"榆溪塞"，见于《汉书·卫青传》，在该传记述汉武帝表彰卫青功绩时的一段话里有"遂西定河南地，案榆溪旧塞"之语。② 关于榆林塞或榆溪塞的位置，史念海先生有较为详细的讨论。他指出榆溪塞有两条，一条沿秦始皇长城分布，而今河套北部阴山一线正是秦始皇长城的分布地区；另一条则位于今鄂尔多斯高原东部和陕西省北部的秦昭襄王所筑长城沿线，即《水经注》诸次水所经榆林塞。③

榆林或榆林塞、榆溪塞与榆谷本无关系，但为什么胡三省会认为榆谷在榆林附近呢？最早将榆谷和榆林塞、榆溪塞混同起来的是唐代的司马贞，他在《史记索隐》中将"榆溪旧塞"释为"榆谷旧塞"，并指出《水经注》"上郡之北有诸次水，东经榆林塞为榆溪"即指榆谷旧塞。④ 考其缘由，实将"榆溪"（繁体字为"谿"）之"谿"误写为"谷"所致。早于《史记索隐》的《北史》在记录大业三年长城时是"自榆林谷而东"⑤，从中看不出榆林、榆谷与榆林谷三者之间的关系，但该书当与《索隐》一样，也当是将"榆谿"与"榆谷"混同了，才会出现"榆林谷"这样的名称。

如将榆谷释为榆林或榆林塞，还涉及另一个重要的问题，即大业三年（607）七月，隋炀帝曾"发丁男百余万筑长城，西距榆林，东至紫河，一旬而罢，死者十五六"⑥。可见大业三年长城西起榆林，如果大业四年长城的榆谷即榆林，那为什么会用不同的地名称谓呢？而且也意味着是重修长城，仅仅间隔一年，似无必要。

综上所述，无论是榆中县，还是榆林塞，实际与榆谷并无必然联系。

① （唐）李吉甫撰，贺次君点校：《元和郡县图志》卷四《关内道四》，中华书局1983年版，第110页。

② 《汉书》卷五五《卫青传》，中华书局1962年版，第2473页。《史记》卷一一一《卫青列传》也有相同记载，（北京）中华书局，1959年，第2924页。

③ 史念海：《历史时期黄河中游的森林》，《河山集（二集）》，生活·读书·新知三联书店1981年版，第253—256页及第254页注①。

④ 见《史记》卷一一一《卫青列传》注十，第2924—2925页。

⑤ 《北史》卷一二《隋本纪下·炀帝纪》，第451页。

⑥ 《隋书》卷三《炀帝纪上》，第70页。

榆谷当位于青海省东部黄河南岸，这一点从长城修筑前后的历史事件中也能得以确认。

二 大业四年榆谷长城的修筑背景

李鸿宾认为榆谷长城在今青海省境的可能性不大，其理由是当时隋朝在与吐谷浑的关系中是主动的，无必要修建长城。因为当时隋炀帝开始经营西域，为防备启民可汗以外的突厥势力，主要是西突厥，所以修建了位于河套一线的榆谷长城。① 必须要说的是，这段长城若在今内蒙古自治区河套一带，那么防御的对象应是启民可汗的东突厥，无论如何也牵扯不到西突厥。而当时启民可汗是臣服于隋朝的，双方关系是很融洽的。反倒是时吐谷浑雄踞今青海省，南起鄯州，西连鄯善，成为隋通西域的重要障碍。②

《隋书·裴矩传》载当时隋炀帝欲通西域，裴矩献策，指出"吐谷浑易可并吞"③。裴矩的这个建议得到隋炀帝的赞许，一方面开始兴筑防御吐谷浑的长城，另一方面御驾亲征，展开了对吐谷浑的讨伐战争。正如《读史方舆纪要》所言，大业四年修筑长城的目的就是"以御吐谷浑"④。

大业四年长城修筑的当月，隋将宇文述于曼头、赤水击破吐谷浑。大业五年（609）三月，隋炀帝开始御驾亲征。四月，经陇西、狄道，出临津关，渡黄河，至西平，"陈兵讲武，将击吐谷浑"⑤。五月，经拔延山，入长宁谷，度星岭，宴群臣于金山之上，再至浩亹川。吐谷浑可汗伏允率众据守覆袁川。隋炀帝命元寿南屯金山，段文振北屯雪山，杨义臣东屯琵琶峡，张寿西屯泥岭，四面围之。伏允退保车我真山。隋将柳武建击破之，斩首数百级，仙头王率众十余万投降。六月，隋将刘权出

---

① 李鸿宾：《隋朝的北部防务与长城问题》，《中国边疆史地研究》2006 年第 4 期。

② 李得贤：《隋炀帝西巡道路中几个地名的考实》，《唐史论丛》（第四辑），三秦出版社1988 年版，第 256 页。

③ 《隋书》卷六七《裴矩传》，第 1580 页。《资治通鉴》卷一八一《隋纪五》将此事系于大业三年（607）十月，第 5635 页。

④ （清）顾祖禹撰，贺次君、施和金点校：《读史方舆纪要》卷六四《陕西十三》西宁镇榆谷条，第 3021 页。

⑤ 《资治通鉴》卷一八一"大业五年（609）"条，第 5750 页。

伊吾道攻击吐谷浑，在青海俘获千余人，乘胜进军至吐谷浑都城伏俟城。伏允南奔雪山。吐谷浑故地自西平郡临羌城以西，且末以东，祁连以南，雪山以北，东西四千里，南北二千里，皆为隋有。隋朝置西海、河源、鄯善、且末等四郡，令刘权镇守河源郡积石镇"大开屯田，捍御吐谷浑，以通西域之路"①。

关于隋炀帝西巡和隋朝讨伐吐谷浑战争所涉地名，谭其骧主编《中国历史地图集》②和李得贤《隋炀帝西巡道路中几个地名的考实》、③李文实《门源访古记》④等，均有较详细的考证与标识，多位于今青海省东部，这是印证榆谷长城位于今青海省东部的可又一重要依据。

《隋书·炀帝纪上》载：大业三年（607）七月"发丁男百余万筑长城，西距榆林，东至紫河，一旬而罢，死者十五六"⑤。《资治通鉴·隋纪四》有相近记载，唯记为"二旬"：大业三年七月"诏发丁男百余万筑长城，西拒榆林，东至紫河……筑之二旬而毕"⑥。这次长城之役是在隋炀帝北巡东突厥启民可汗牙帐期间进行的。如上文所述，当时启民可汗是臣服于隋朝的，双方关系是很融洽的，即便如此，隋炀帝仍修筑了长城，或为防御"变起"⑦，或为"陈兵耀武"⑧、"夸示突厥"⑨。可见隋炀帝的长城修筑只是其边防战略的一个组成部分，而难以用双边关系的好坏来判断其性质。再观大业四年长城，七月辛巳（8月26日）开始修筑长城，不久即有铁勒在裴矩的劝说下大败吐谷浑之事，当月乙未（9月9日）又发生隋将宇文述击破吐谷浑之事。因此联系大业三年长城的修筑背景，

---

① 《资治通鉴》卷一八一"大业五年（609）"条，第5752页。本段隋讨吐谷浑事见《隋书·炀帝纪上》（第71、73页）、《宇文述传》（第1465页）、《刘权传》（第1504页）、《吐谷浑传》（第1855页）和《资治通鉴·隋纪五》（第5641、5643—5646页）。

② 谭其骧主编：《中国历史地图集》第五册《隋·河西诸郡》图，第9—10页。

③ 李得贤：《隋炀帝西巡道路中几个地名的考实》，《唐史论丛》（第四辑），三秦出版社1988年版，第257—267页。

④ 李文实：《门源访古记》，《中国历史地理论丛》1990年第3期。

⑤ 《隋书》卷三《炀帝纪上》，第70页。

⑥ 《资治通鉴》卷一八〇"大业三年（607）"条，第5739页。

⑦ 王光照：《隋炀帝大业三年北巡突厥简论》，《安徽大学学报》（哲学社会科学版）2000年第1期。

⑧ 《隋书》卷五一《长孙晟传》，第1336页。

⑨ 《资治通鉴》卷一八〇"大业三年（607）"条，第5739页。

大业四年长城确是隋朝针对吐谷浑战略的一个重要组成部分。

三 青海省东部的长城遗迹

2007—2009 年，青海省完成了明长城资源的调查测绘工作，查明在该省东部的乐都、互助、大通、湟中、湟源、民和、化隆、门源、贵德和平安 10 个县区以及西宁市区，分布有长城墙体、壕堑以及敌台、烽火台、关堡等长城资源。从地理环境而言，主要分布于青海省东部祁连山支脉大坂山和拉脊山之间的湟水谷地，在黄河谷地的贵德盆地也有零星分布。长城墙体的形式丰富多样，有夯土墙、石墙、山险墙、山险和河险等类别，现存长度达到 360 余千米。其中在贵德县境有 2 段土墙，分别位于贵德县西南约 5 千米和东南约 16 千米处。① 如将贵德县长城与其他诸县长城相连，大体走向为先向北、再向东，总体走向基本上是从西南向东北延伸，总长度达到了 400 千米左右。

从秦始皇长城开始，我国各代长城的修筑，往往是在前代长城基础之上进行重修或增修，青海省东部的明长城也很有这种可能。如前文所述，贵德县附近正吻合榆谷位置所在，因此青海省东部的明长城很有可能即是在隋大业四年榆谷长城的基础重修或增修而成，从走向而言，也符合"而东"的记载。从分布而言，尤其是湟水谷地西侧、北侧长城正位于吐谷浑与隋的势力交错地带。

惜史书未载大业四年长城长度。考察大业三年长城，动用了百万人力，用时一旬或二旬，长 1000 余里，最后死亡人数达到一半以上。大业四年动用人力 20 余万，修筑时间从七月辛巳（8 月 26 日）开始，虽不知结束时间，但"九月辛巳（10 月 25 日），诏免长城役者一年租赋"② 的记载是十分明确的。因此可以推测用时在两月以内。以百万人力一旬或二旬修筑千余里，那么 20 余万人力在两月以内也当修筑长城千余里。而且这次长城之役并未记载死亡人数，加之诏免租赋的记载，说明这次长

---

① 青海省文物管理局、青海省文物考古研究所编著：《青海省明长城资源调查报告》，北京文物出版社 2012 年版。

② 《隋书》卷三《炀帝纪上》，第 71 页。

城之役死亡人数并不太多，修筑千余里是完全有可能的。以隋代大业年间（605—618）一里约等于今 369 米计算①，千余里的长城长度在 400 千米以上。这与前述贵德县长城与其他诸县长城相连的总长度大致吻合，看来并非巧合。由此，大业四年长城所涉榆谷确实有可能如谭其骧在《中国历史地图集》所标识的，位于今贵德县附近。

隋炀帝大业三年和大业四年长城，分别与他北巡突厥、西巡河右紧密联系在一起。这两次出巡，不仅有效地促进了国家统一和民族团结，也有力地推动了东西方经济文化的交流，因而也常为后世所称道。

---

① 丘光明等：《中国科学技术史·度量衡卷》，北京科学出版社 2001 年版，第 301 页。

元代驿站、客馆的建设及经济文化交流

乌云高娃*

摘要：元代的驿站交通非常发达，在中外使臣往来、经济文化交流、丝绸之路畅通等方面起到了重要作用。元代对馆驿的建设也比以往各个朝代更为重视。会同馆不仅是接待外国使臣的中央客馆，同时，也是诸国使臣、商人进行官方贸易的场所。元代海上、陆路丝绸之路非常畅通，元代驿站、客馆的建设使国内驿站交通网与陆海丝绸之路相连接，有效地推动了元代与中亚、西亚、欧洲，以及东亚世界之间的经济文化交流。

关键词：站赤；会同馆；丝绸之路；首思

元朝是北方游牧民族在中原统治的多民族融合的统一中央王朝。元代东西交通发达，自全国境内通向中亚、东亚、欧洲的驿站交通尤其非常发达。古人把交通事业形象地比喻为人体的血脉。血液循环失常，人将失去健康甚至死亡。同样，交通通信的状况直接关系到国家的政治、经济和文化生活②。成吉思汗西征之后，沿西征路线设立驿站，为中西商业贸易往来、经济文化交流提供了便利的驿站交通网络。继成吉思汗统

---

* 乌云高娃（1971—），女，蒙古族，内蒙古通辽市人，中国社会科学院历史研究所研究员，硕士生导师。研究方向：蒙元史、中外关系史。

② 党宝海：《蒙元驿站交通研究》，昆仑出版社2006年版，第3页。

一蒙古高原诸部族建立大蒙古国之后，其孙忽必烈将蒙古汗国的统治范围扩大到中原地区，南征大理、灭南宋，统一中国，建立了多民族融合、多元文化一体的大元帝国。在全国范围内设立驿站交通，并命高丽也设立驿站交通。

忽必烈统治时期制定的民族政策、外交政策、宗教文化开放包容政策等一系列的治国理政国策，为元代的经济文化交流与发展奠定了坚实的基础。元代大力发展交通驿站建设，并从地方到中央设立相对应的馆驿、客馆，为元朝中央政府与中亚、西亚、东欧、东亚、南海诸国的人员往来、朝贡贸易及文化交流，提供了通达的交通网络和便捷的食宿条件。在中原王朝与周边的民族、地区的经济文化交流中也起到了重要作用。元代的驿站和客馆成为元朝与边疆民族、不同文明之间交流的重要平台。

一　从元代急递铺、站赤说起

元代的驿站有站赤、急递铺和递运站。有马站、水站。元代在继承前代急递铺、驿传的基础上，将驿站交通扩大到全国范围之内，并形成有效的规章制度。元代以前，中外已有传递公文、传送军事情报的邮驿或驿传。

早在公元前6世纪古波斯就建立过传递急信的邮政驿站，设有待命的信使和驿马，一站接一站的传递公文或信件。大流士王朝时期，为控制全国，波斯帝国建立了完善的驿路网，其主干线西起小亚半岛，东到首都之一的苏撒，全长2400千米。波斯的驿站交通网，后来影响到罗马帝国修建驿路，其修筑驿路的技术及工具都来自于波斯。① 汉代丝绸之路的开通，为中国驿站的形成提供了便利条件。西汉时期烽火燧是为军事通讯服务的，驿置只限于传递文书和公文。交通方式以轻车快马为主。到了东汉时期，将车改为快马。隋朝加强驿、馆的同时，增设了急递铺，专门传递紧急军务。到了宋代，急递铺、驿传更加健全。元朝继承宋朝急递铺、驿传旧制，并专门设立管理驿站的中央机构——通政院。元代

① 刘迎胜：《丝绸之路》，江苏人民出版社2014年版，第31页。

的驿站交通对明朝的影响也是深远的，朱元璋建立明朝初期，在元朝驿站制度基础之上，恢复和重修驿路，将元朝的站改为驿，在全国范围内设立水站、水马驿、递运所。

元代的交通事业有空前的发展，元朝政府建立了遍及全国的驿站制度，水陆站共计 1500 处左右。驿站以大都为中心，沿着几条交通干线，一直通达各边疆地区。元朝政府建立驿站，是为了"通达边情、布宣号令"，用以加强统治。但客观上对加强全国各地的联系，促进经济、文化的交流，起了很大的作用①。元代的驿站也被称为站赤。是蒙古语"jamci"的音译。蒙古语"jamci"的词根是"jam"（站）具有道路、交通之意。"jam"（站）添加形成名词的词缀"ci"，形成新的名词，表示从事这一职业之人。站赤实指管理驿站之人，还具有向导的意思。但是，元代的站赤有时也指驿站的管理制度。陈高华先生指出："元代的站赤，原意为管站的人，但又常常被用来泛指站的管理制度。"② 因此，元朝与唐宋不同，将汉语的驿传之名称改为含有蒙古语意的驿站或站赤，而且，站赤除了指管理驿站之人之外，还有泛指驿站制度的意思。

关于蒙古人最早利用站（"jam"）或站赤"jamci"始于何时，由于缺乏史料记载，其详细情况尚不清楚。但是，从唐宋以来北方游牧政权也有驿传的情况来看，蒙古人与北方游牧民族相接触、相互交往的过程中，理应有一套自己的交通体系。自成吉思汗时期开始，大蒙古国在汗国境内普遍设立驿站，由万户管理驿站事务。给驿站配备一些人和牲畜，并配送食物等。这一时期，过往的使臣或传递军事情报者，可以持成吉思汗圣旨令牌，可以换乘铺马。窝阔台汗时期，建立驿站制度，并将驿站交通线路扩大到四大汗国境内。贵由汗、蒙哥汗时期，蒙古帝国的驿站，对东西方使者及人员往来方面起到了更为积极的作用。大蒙古国时期，各地的驿站交通发达，各地的道路被连在一起，被阻断了几个世纪之久的欧亚道路重新开通。③

---

① 陈高华著，党宝海编：《陈高华说元朝》，上海科学技术文献出版社 2009 年版，第79 页。

② 陈高华：《黑城元代站赤登记簿初探》，《中国社会科学院研究生院学报》2002 年第5 期，第53 页。

③ 党宝海：《蒙元驿站交通研究》，昆仑出版社 2006 年版，第28—29 页。

忽必烈统治时期，在蒙古帝国驿站的基础之上，在全国范围之内实行驿站制度，以元大都为中心，在全国范围内形成贯通东西、南北的较为发达的交通网络。自元大都向南河南行省、四川行省、云南行省、湖广行省、江西行省、江浙行省等，均设立驿站；向西陕西行省、甘肃行省伊始，直到四大汗国境内，均设立驿站；向东辽阳行省设有驿站；向北则自大都到上都，再到岭北行省，均设立驿站。在元朝全境内自大都向四周辐射出严密的驿站交通网络，在全国范围内水站、陆站多达1500 处。

元代的驿站制度，在合理的距离内，在适当的地点设立站点，通过一系列的站点将交通线路连接起来，形成全国范围内的驿站交通网络。每站有一定数量的人员和交通工具，并有专门的房舍，负责接待来往的使臣，使臣必须持有专门的证明文书，才能在驿站住宿或利用驿站的驿马等交通工具，并得到驿站提供的定额的饮食。① 元代的驿站每 60 里左右设一站，过往使臣或王公贵族需持有圣旨令牌或铺马圣旨，同时有官府出具的证明文书，方可在驿站换乘铺马，并享用政府提供的首思（sigüsü）（按例分到的食物，汉语称为"祗应"）。

除驿站之外，忽必烈时期，还设立了急递铺。急递铺是元代官方邮驿系统，每 10—15 里或 25 里设一铺，设专人传递文书或军事情报。传递速度按一昼夜计算，一昼夜 400—500 里，加急时也有达到一昼夜700—800 里的速度。元代的急递铺只有持有海青令牌者可以换乘铺马，并有专用驿道传递公文或军事情报。急递文件盛在匣子里或放到软绢布背囊内。

元代除驿站、急递铺之外，还有运输货物的递运站。分为马运、水运和车运等不同交通方式。

元代的急递铺、驿站制度在忽必烈统治时期已经确立。忽必烈之后，其继承者也多次规范元代的急递铺、驿站制度。有元一代，急递铺、驿站、递运站，在元代政治、军事、经济、文化方面起到了重要作用。

---

① 陈高华：《黑城元代站赤登记簿初探》，《中国社会科学院研究生院学报》2002 年第 5 期，第 53 页。

图1　负匣骑马俑　　　　　　图2　背囊骑马俑
（山西省考古研究院藏）　　　　（山西省考古研究院藏）

二　元代会同馆的设立及大都的繁华

元代的会同馆除了作为中央客馆，为中外使臣提供食宿之外，同时做为元代驿站交通的总枢纽，在元大都为中外使臣提供物品交易、文化交流的重要场所。自古以来，中原王朝与周边的民族、国家有着密切的交往。历代中原王朝及北方游牧政权，在其统治时期，均设立过中央客馆，为四夷朝贡往来提供便捷条件。汉代的鸿胪寺、北魏时期的四夷馆、隋唐时期的四方馆，均有着接待四夷或外国使臣的客馆的性质。

忽必烈建立元朝之后，注重以儒家思想治天下，实行汉法。继位之初诏谕海内、四方，希望海外诸国来朝亲觐。为了给外国使臣、四夷宾客，归附的远人提供食宿的便利条件，至元十三年（1276）元代开始在中央设立会同馆，为远道而来朝见元朝皇帝的四夷宾客、外国使臣、归附人、诸王、驸马提供便利条件。同时，会同馆为外国使臣、朝贡人员提供译官、馆伴，为诸国使臣、朝贡贸易者提供经贸交易、文化交流的场所和条件。元代在会同馆设立专门的官员管理海内外远道而来宾客的事务，并设立蒙古、回回必阇赤（"bicigeci"）怯里马赤（"kelemerci"），即译使和通事，供四夷来客、外国使臣翻译之需。

元代的会同馆不仅是四夷、外国朝贡使臣居住的地方，而且，也是四夷、外国朝贡使臣、官商进行商品交换、贸易往来的地方。诸国使臣、商家汇聚于此，在馆伴、怯里马赤的协助下完成官方的贸易。元代四夷、外国朝贡使臣以官方名义携带商品，在会同馆进行交易，并从中央政府得到相应的赏赐。因此，元代会同馆的设立，对元代商业贸易的发展起到了重要作用。另外，四夷、外国使臣、文人居住会同馆期间，也与馆伴、陪同使臣进行诗歌方面的交流与切磋，为促进元代文人与外国使臣、文人学士之间的文化交流，及相互之间建立友好关系提供了平台。[①]

元代会同馆为四夷宾客、外国使臣提供较为稳定的食宿场所，坐落在元大都。元代以前，辽朝燕京设立会同馆，金朝沿袭辽制也在中都设立会同馆，做为接待外国使臣的中央客馆。元朝沿袭辽金旧制，在大都设立会同馆，接待外国使臣及诸方宾客，使元大都非常繁荣。元大都作为元朝的政治、经济、文化中心，经常接待来中国参观访问的外国使节、传教士、旅行家和商人。元朝政府建立了以大都为中心的站赤制度，在全国共设站赤一千余处，远至今天的新疆、云南、西藏、俄罗斯的蒂尔等地，都有站赤。[②] 元代自大都向四周的驿站交通发达，东西交通非常通畅，使周边诸部落、民族及诸国与元朝保持密切的联系。元大都在农业、手工业、商业、水路交通方面均非常发达。尤其，元大都做为北方最大的商业活动中心，商铺林立，商品琳琅满目。诸多国家与元朝进行朝贡贸易往来，有不少外国商人到元大都进行交易活动，全国各地及外国商品聚集到元大都，使大都的商业贸易非常繁华。

元代的驿站交通与其相匹配的中央客馆及地方驿馆，由官府为往来使臣、四夷朝贡人员提供食宿等便利条件。使臣根据文书和凭证乘驿马

---

① 乌云高娃：《站赤：元代驿站交通网新样态》，《中国社会科学报》2017 年 3 月 27 日"历史学"版。

② 陈高华、史卫民：《元代大都上都研究》，中国人民大学出版社 2010 年版，第 62—63 页。

或在译馆食宿。有元一代，来到元大都的外国使臣、游客、商人、僧侣、文人、画家、诸王、公主、驸马、世子诸色人等非常之多，各国使臣、文人、僧侣络绎不绝地来到元大都，在这里进行商品的交换、文化交流，使当时的元大都成为各国商品集聚、各种文化融合、各种宗教盛行，极为繁华的国际大都市。

三　元代驿站、客馆的特点及其功能

元朝海外交通发达，疆域辽阔，超过汉、唐以来的疆域。《元史》记载："有天下者，汉、隋、唐、宋为盛，然幅员之广，咸不逮元。汉梗于北狄，隋不能服东夷，唐患在西戎，宋患常在西北。若元，则起朔漠，并西域，平西夏，灭女真，臣高丽，定南诏，遂下江南，而天下为一。故其地北越阴山、西极流沙、东尽辽左、南越海表。"[①]

元朝将驿站扩展到全国范围内。元朝境内民族众多，广袤的草原地带有游牧民，在中原、江南地区有诸多的农耕民，在东北森林地带分布着渔猎民。在这种多民族统一的国家，全国各地驿站的管理人员、马夫的配备定是根据当地的具体情况而定。元代专门有站户负责驿站的马匹、食物。中原汉地由汉人充任站户，而草原地区的站户由牧民承担。东北森林、冰雪地带则用狗站。

元朝统治者是草原游牧民族之一的蒙古人，忽必烈虽注重汉法及儒家文化思想，但是，元代的驿站、客馆的管理及形成制度过程中，既继承了唐宋以来驿传的传统，还具有一定的蒙古文化因素。元代的驿站、客馆有些地区有着游牧文化因素，有些地区有着农耕文化特色。

元代设立专门的机构和官员负责监督驿站事务。元代通政院的官员多由蒙古、色目官员担任。党宝海认为这一现象与元代四等人制有关，明显有着民族等级差别或民族歧视色彩。[②] 笔者不赞同这一观点。事实上，元代驿站的圣旨令牌为八思巴字蒙古文令牌、铺马圣旨和证明文书也应该以蒙古文书写。因此，通政院的官员多以蒙古人、色目人充当，

---

① 《元史》卷五八《地理志一》，中华书局1976年版，第1345页。
② 党宝海：《蒙元驿站交通研究》，昆仑出版社2006年版，第69—73页。

理应看重的是他们精通蒙古语这一条件。元代也有汉人精通蒙古语而被任命为脱脱禾孙的例子。因此，不难看出，通政院官员以蒙古人、色目人为主只是一种语言方面的需要，并无掺杂民族等级或民族歧视色彩。脱脱禾孙（"todquγulsun"）是元朝在事务繁忙的驿站设立的查验乘驿公文的官员。因元代的驿站所需圣旨、公文均以蒙古文书写，充当脱脱禾孙者要求精通蒙古语言文字。与驿站相同，元朝在中央设立的客馆会同馆也配备了蒙古、回回翻译人员。为蒙古统治者与外来使臣、归附远人之间起到语言媒介的作用。

图3　八思巴字乘驿圆牌（甘肃省博物馆藏）

元代蒙古人的饮食文化以肉食和奶制品为主。虽然肉食范围较广，但是，主要以羊肉为主。来往于元大都以及居住在会同馆的也有许多来自中亚商人或伊利汗国的使臣信奉伊斯兰教，他们也习惯于吃羊肉。蒙古人喜欢喝酸马奶。元代驿站、客馆为过往使臣提供饮食也受到蒙古饮食文化的影响。即元代驿站提供给使臣的"首思"（蒙古语 sigüsü 的音译，汉语中称为"祗应"，到了明代会同馆称为"下程"）具有着一定的游牧文化色彩。元代提供给四夷宾客、外国使臣的食物中肉食以羊肉为主，没有羊肉的情况下以鸡肉来替代。饮料中还有酸马奶。尤其，北方的驿站、客馆充分体现了游牧民族的饮食文化习惯。蒙古语中"首思"（sigüsü）的本意其实是指宴席中出现的全羊。因此，元代驿站提供给使臣的饮食以"首思"（sigüsü）为份例，应该提供的肉食主要是羊肉有关系。

从元代驿站、客馆的功能来说，首先，元代的驿站担负着军事功能。成吉思汗将蒙古驿站延伸到西域，蒙古西征的军事情报、信息均由蒙古驿站得以传递。长春真人西行觐见成吉思汗，也是利用驿站，途中换乘驿站的铺马、在沿途驿馆食宿，才顺利西行。使全真教捷足先登，成为北方宗教中最早受蒙古统治者青睐的一支，全真教也由此开始步入其鼎盛阶段。① 元朝的驿站具有为元朝政治、外交、经济、贸易、商业、物流、宗教、文化服务的多重功能。元朝的官员、王公、驸马，中外使臣均可利用驿站。尤其，外国使臣、朝贡人员不仅能够利用驿站换乘马匹、得到食物、住所，而且，驿站的马夫带路，有着向导的作用。元朝商业发达，元大都成为全国的商业中心，来自五湖四海的商品汇聚元大都，以此为集散地再向四面八方流通。元代又是多种宗教文化兴盛时期，在元代道教、佛教、伊斯兰教、基督教、印度教盛行，这些道士、僧侣等宗教人士也利用驿站，在大都、江南、西藏等地自由穿梭。元代驿站、客馆为元代宗教文化兴盛也起到了很大作用。②

四　元代丝绸之路畅通及经济文化交流

关于丝绸之路，中国学者中刘迎胜较早作了研究。他指出：丝绸之路起源于各人类文明中心之间的互相吸引③。丝绸之路是指东起我国，西至西非欧洲的古代商路。其中从中亚至地中海的部分可称为中间部分。考古学家曾在公元前三千纪末的西亚古代遗址中发现过天青石（又称为

---

① 陈高华、张帆、刘晓：《元代文化史》，广东教育出版社 2009 年版，第 45 页。

② 乌云高娃：《站赤：元代驿站交通网新样态》，《中国社会科学报》2017 年 3 月 27 日"历史学"版。

③ 刘迎胜：《丝绸之路》（草原卷），浙江人民出版社 1995 年版，第 1 页。

青金石)。经过研究发现,这种天青石是产于阿富汗的丛山之中的一种半宝石,这证明中亚通往西亚的民间商路早已存在。波斯帝国的中央集权统治制度的建立和驿路系统的完善,使地中海东岸地区到中亚的交通变得更为便利,这就为后来丝绸之路的开通创造了条件。① 学界关于丝绸之路的最早提出,普遍认为是 1877 年李希霍芬在《中国——亲身旅行和据此所作研究的成果》② 一书中首次提出了丝绸之路 Seidenstrassen(silk road)一词。但是,鱼宏亮根据俄罗斯历史学家叶莲娜·伊菲莫夫娜·库兹米娜的研究,对李希霍芬第一次使用丝绸之路的观点提出了质疑③。叶莲娜·伊菲莫夫娜·库兹米娜认为早于李希霍芬在公元 4 世纪早期的马赛林(Ammianus Marcellinus)的《历史》第 23 册中,第一次出现过丝绸之路的名字,李希霍芬使用"丝绸之路"一词属于再发现④。这一问题值得进一步研究。

波斯帝国的兴起,使东到中亚西达地中海的土地连成一片,大大便利了人类东西交通,在丝绸之路的历史上有划时代的意义。⑤ 蒙古西征之后,在波斯建立伊利汗国,并设立驿站系统,并开通了伊利汗国到元朝的驿站交通,为元朝与中亚、西亚、欧洲的人员往来、信息沟通、物资运输提供了重要的交通网络。

蒙古兴起之前,由于西夏的缘故,辽、金时期,丝绸之路一度受到阻隔。中原地区通往西域经由漠北地区的草原丝绸之路前行。成吉思汗西征灭西夏、讨平西辽之后,丝绸之路经由河西走廊通往西域之路重新畅通,加之畏兀儿亦都护归附成吉思汗,更使中原通往西域的中西交通线畅通无阻。加之,成吉思汗至忽必烈时期,蒙元政府大力发展、建设中央到地方各级驿站、客馆,使草原丝绸之路、海上丝绸之路均得以空前的繁荣发展。

---

① 刘迎胜:《丝绸之路》,江苏人民出版社 2014 年版,第 31 页。

② Ferdinand freiherrn von Richthofen, *China*:*Ergebnisse eigener reisen und daraef gegründeterstudien*, D. Reimer, Berlin, 1877.

③ 鱼宏亮:《超越与重构:亚欧大陆和海洋秩序的变迁》,《南京大学学报》2017 年第 2 期,第 77 页,注 3。

④ [俄]叶莲娜·伊菲莫夫娜·库兹米娜著:《丝绸之路史前史》,梅维恒英译,李春长汉译,科学出版社 2015 年版,引言。

⑤ 刘迎胜:《丝绸之路》,江苏人民出版社 2014 年版,第 29 页。

元朝与四大汗国之间的驿站交通通畅，使阿拉伯、波斯科技文化传播到中原和草原地区。色目人札马剌丁绘制大元帝国辖区内及四大汗国在内的地图，使元代的人们开阔眼界、增加了地理知识。西域、蒙古、汉儿饮食文化相互影响。元代的西域食品秃秃麻食也在蒙古地区久为流传，深受蒙古人喜爱。蒙古饮食中虽没有保留秃秃麻食这一名称，但是，以猫耳朵的名称流传至今，并多以荞麦、莜麦面制作。

元代实行开放的民族政策，对各种宗教采取各随本俗的政策。西藏萨迦派在元朝地位特殊，忽必烈封八思巴为帝师，尊佛教为国教，致使西藏宗教僧侣利用元朝的驿站，往返于元大都与青藏高原之间。虽然，有时肆意使用驿站及驿馆，但是，这些僧侣在元朝藏传佛教传入内地起到了很大作用。

元代海上丝绸之路也非常发达。由于元朝驿站有水站，大都的货物通过大运河输送到泉州、广州、宁波等港口，再通过海上丝绸之路运往东亚、中亚以及更远的欧洲。东南亚、印度的香料，西洋的布匹等各种物品也经由海上丝绸之路输入到元朝港口，再经元朝驿站输送到全国各地，为元代的海洋贸易发展起到了重要的作用。元代的海外贸易的兴盛，远超过了汉唐时期。

随着元代海上丝绸之路的畅通，大量的阿拉伯、波斯、印度商人、游客进出广州、泉州等港口城市，使异国文化、生活情调传播到南方的港口城市。伊斯兰教、基督教、印度教等多种宗教也随着丝绸之路的畅通以及元代驿站交通网络传播到泉州、杭州以及中原、蒙古地区。按照马可波罗的话说，元代是理想的国家、人间天堂。可以说，13—14 世纪元代的经济文化是非常发达的。①

---

① 乌云高娃:《站赤：元代驿站交通网新样态》,《中国社会科学报》(历史学版) 2017 年 3 月 27 日。

羊毛之路：清末民初青海社会经济东进的动力

赵春娥　白雪梅　达娃央宗[*]

摘要：清末民初，羊毛贸易连接起黄河两头的青海与天津，"西宁毛"由此大量外销，有史以来，青海本地资源首次实质性步入国际市场；"歇家"经营模式成为蒙藏区以羊毛为主畜牧产品的独特外销方式；羊毛助推青海社会经济步入近代化轨道。

关键词：羊毛之路；青海藏区；歇家；青海经济近代化

从实际功用来看，丝绸之路在青海境内段变成了"羊毛之路"。当丝绸自东向西，连接起内地与西域，打开东西要道时；羊毛由西东进，开拓了东西之路，打通了青海地区至天津港口的贸易要道；"西宁毛"从传统的内销走向外销，把青海与中国东部、西方世界连接起来，这也是历史以来，青海本地资源实质性步入国际市场的开始，并由此助推地方商

---

* 赵春娥（1966—）女，青海师范大学人文学院教授，博士，主要研究方向：中国文化史、区域教育史；白雪梅（1969—）女，青海师范大学人文学院副教授，主要研究方向：西北区域史、民族史；达娃央宗（1990—）女，美国佛罗里达大学，在读博士，主要研究方向：人类学、教育学。

品经济结构的变化。①

"羊毛之路"含义有三：一是羊毛作为青海境内最大宗的外销产品，羊毛之路上运转的主要是以羊毛为主要商品的青海自产资源，是本地资源"外出"之路，并连带开发出青海乃至西北地区皮毛类产品的输出；二是围绕羊毛运输开发出的商路成为青海地区商品流通的主干道，通往内地的交通，随着羊毛业兴盛得以全面建设；三是主营羊毛的"歇家"模式，在双向贸易、双向沟通中对青海社会经济近代化的助推作用。

一 从常用物到软黄金：羊毛由生活用品到主要贸易资源

丝绸之路在青海境内主要是交通中转站的意义，运转物资大多产自内地，是内地资源"引进"青海之途；羊毛之路上运转的却主要是青海自产资源，是本地资源"外出"之路；青海是中国最主要的畜牧区之一，也是西北最大的皮毛产地；以皮毛为主的商品不仅成为青海经济结构性转变的助长剂，而且成为青海社会近代化转型的推动力。

青海牧区经济的支柱产业为畜牧业，蒙藏民族自古以来的衣食用品，多取自当地牛羊马等畜类，"通省民所生息，以羊为大宗"②。"青海周围牧场弥望遍于山谷原野，无虑数百千万。皮毛之利，青海甲于内地者，

---

① 本课题相关研究学者们并未提出"羊毛之路"一说，但是相关成果不少，主要代表作有：渠占辉《近代中国西北地区的羊毛出口贸易》，《南开学报》2004 年第 3 期。［美］詹姆斯·艾·米尔沃德《1880—1909 年回族商人与中国边境地区的羊毛贸易》，《甘肃民族研究》1989 年第 4 期。喇琼飞《民国时期回民皮毛生意》，《宁夏大学学报》1989 年第 2 期。胡铁球《近代西北皮毛贸易与社会变迁》，《近代史研究》2007 年第 4 期；《近代青海羊毛对外输出量考述》，《青海社会科学》2007 年第 2 期。钟银梅《马家军阀专制时期的甘宁青皮毛贸易》，《宁夏师范学院学报》2007 年第 4 期；《近代皮毛贸易在甘宁青的兴起》，《青海民族研究》2006 年第 2 期；《近代甘宁青民间皮毛贸易的发展》，《宁夏社会科学》2007 年第 3 期。黄正林《近代西北皮毛产地及流通市场研究》，《史学月刊》2007 年第 3 期。李晓英《民国时期的甘宁青羊毛市场》，《兰州大学学报》2010 年第 1 期等。

② 青海省民委少数民族古籍整理规划办公室编：《大通县志·建置志》，《青海地方旧志五种》，青海人民出版社 1989 年版，第 727 页。

以羊为大宗。"① 青海产羊类,以民间俗称为"番羊""大尾羊"类为主,大尾羊、小尾羊皆属绵羊类,羊毛纤维细长柔软,富于弹性,是制作衣物、地毯的优质原材料。盛产于日月山以西,青海湖周围。牛羊毛可捻线制成褐子、氆氇,用来制作衣帽、靴袜、毡毯、帐篷、口袋等物;牛羊皮可用来制作衣裤、靴子之类;牛羊粪可用来取暖;牧民家计全靠牛羊,其他物品以牛羊换取。直到清末民初,畜牧产品在市场的传统流通方式依旧是以货易货、随行就市,羊毛的商品率极低,牧民将满足自用后无法交换的羊毛弃为废物。简单的作坊式生产只能粗加工少量生活日用品,机器生产到 20 世纪 30 年代才零星起步,本地粗加工手工业生产对原材料的需求不大。实际上,青海羊毛质地优良,20 世纪 20 年代,俄国人克拉米息夫在甘肃一带作调查,认为"中国之最良羊毛皆出自此省,市场上有二种最良羊毛,特别适合于欧美之出口。第一种曰西宁毛,以其纤维之长及线细显著;第二种曰甘州羊毛,质较粗,但特别适合于世界市场"②。第一次世界大战前羊毛可从新疆转输到俄国,但是数量极少。到 1860 年天津开埠,西北地区羊毛迅速在国际市场热销,几年之内,废物变宝物,价格一路飙升,羊毛商品化、市场化令其身价迅速发生质的变化。

羊毛最早进入国际市场是在清末光绪年间,"公元 1895 年(清光绪二十一年)左右,英帝国主义买办在张家口开设的洋行,通过甘肃驼帮大量采购青海羊毛,国际市场上出现了'西宁毛'的名称,声誉很好"③。青海羊毛从此有了"西宁毛"的名称而享誉国际开始走俏市场,外商在青海境内开设的洋行迅速增多。从光绪十八年(1892)英商新泰洋行在青海收购羊毛,俄、德等国洋行陆续前后进入青海。较早在青海收购羊毛的外商还有传教士,"光绪二十四年(1898),英国传教士僡德生夫妇在循化保安兼营收购羊毛买卖"④。在传教之余进行少量的羊毛贸

---

① 青海省民委少数民族古籍整理规划办公室编:《大通县志·建置志》,《青海地方旧志五种》,青海人民出版社 1989 年版,第 248 页。

② [俄]克拉米息夫(W. Karamishef):《中国西北部之经济状况》,王正旺译,商务印书馆 1933 年版,第 32 页。

③ 青海省志编纂委员会编:《青海历史纪要》,青海人民出版社 1987 年版,第 244 页。

④ 翟松天:《青海经济史》(近代卷),青海人民出版社 1998 年版,第 26 页。

易。1900 年起，英、美、俄、德等国商人陆续在青海当地开设洋行，并由西宁扩展到湟源、贵德、俄博等地，到"1905 年，仅在西宁城内观门街、石坡街一带，即出现了英商仁记、新泰、瑞记、聚立、平和、礼和等洋行"①。规模较大、数量最多的为英商洋行，还有德商美多时洋行、美商平和洋行、俄商瓦利洋行，丹噶尔亦有外商所开洋行 10 余家。这些洋行的总店大多设在天津，派人直接在青海原产地设点收购，西宁、湟源很快成为青海羊毛集散要地。数年间青海外商洋行已增至近 30 家，收购羊毛是这些洋行的主要业务，输出地以欧洲、美国为主。

青海羊毛输出国际市场，让羊毛成为青海地区有史以来首次大量出口的畜牧产品。1900—1926 年被视为青海历史上羊毛贸易的黄金时期，湟源、循化、隆务、鲁沙尔、贵德、大通等地每年销售羊毛 850 万斤左右。"全省每年出口羊毛达 800 万斤左右，约占当时全国羊毛出口量的1/3，仅湟源一地，年集散羊毛即达 400 万斤上下。"② 西北地区成为我国最主要的皮毛产地。到 30 年代，羊毛出口业因为战争受阻，青海羊毛依然占到中国羊毛总产量的 30%，"根据 20 世纪 30 年代的调查和估计，中国的羊毛总产量为 54 万担（包括外蒙古，但新疆、东北没有统计），其中青海 16.6 万担，甘肃 8 万担，绥远及察哈尔 6.4 万担，宁夏 3 万担，山西及陕西 2.6 万担"③。

国际市场对青海羊毛的需求是资源输出的外部动力，内部力量来自马麒"经营青海"政策的助推。民国时期经营青海的马氏家族最希望对外开放，让青海接纳的是经贸领域，羊毛贸易、交通业的发展为此走在了其他行业之前。1912 年马麒出任西宁镇总兵官，呈文中央经营青海的五大计划，其中之一就是"兴实业以辟利源"④。1915 年在西宁开设较大规模的德顺昌商号，与之前在河州开设的德义恒、步云祥等商号联合，由宁海军军需处长亲自主管。到 30 年代，又开设义源祥、协和商栈、德兴海、湟中实业有限公司等商号，马氏把控起青海地区皮毛贸易，商业

① 青海省志编纂委员会编：《青海历史纪要》，青海人民出版社 1987 年版，第 244 页。
② 翟松天：《青海经济史》（近代卷），青海人民出版社 1998 年版，第 7 页。
③ 黄正林：《近代西北皮毛产地及流通市场研究》，《史学月刊》2007 年第 3 期。
④ 《奏筹办青海各项折文》。

与马氏政权结合起来，地方官僚资本有了雏形。马氏又在兰州、武汉、包头、天津、上海、四川、西藏以及印度、尼泊尔等处设立商业机构，经营青海地方商品。青海市场同时吸引了山陕、京津等地商人。民国初期，住庄青海的内地商号达数十家。本地贸易实体的兴盛成为青海羊毛等本地资源输出的内部推动力。

青海以羊毛为主体的畜牧业产品开始大量出口，皮毛出口"逐步带动了农牧等土特产品，就连羊腿皮（羊下肢的一截小皮，宽一寸许、长3寸左右）也被收购，粮油价格节节上升。外省商贾云集西宁市场，除山陕帮商人外，主要还有四川成都帮"①，皮毛等本地资源作为商品逐步开发出来，带动了其他农牧业产品进入市场，青海商品的输出规模得到了超常规的发展。

可以看出，西北地区羊毛业的兴起、羊毛价值的巨变，首因是天津开埠后国际市场对羊毛需求量增加的外力刺激；内因是"经营青海"②的需要；二者合力助推的结果，羊毛业成为青海地区从封闭落后的区域性自然经济向近代社会商品经济方向转化的带动力之一，在青海社会近代化转型过程中最先规模性对外交流的行业，并深远地影响了青海经济结构性变化。

二　从无公路到水陆通:羊毛输出助推水、陆两路建设

羊毛业的兴盛让地处黄河上游源头处的青海和黄河下游入口处的天津为此有了历史性的经贸联系。西北羊毛几乎全部通过天津海关出口，近代中国70%以上的皮毛产于西北地区，从天津出口的羊毛一半以上来自西北，青海羊毛则占绝对大数，高峰期占到全国羊毛出口量的1/3；在西北皮毛市场体系中，青海是羊毛的产地市场，兰州、包头是中转市场，天津是终端市场；青海商品先要运输到兰州市场，再经水、陆两路运往

① 青海省政协学习和文史委员会编：《青海文史资料集粹·工商经济卷》（内部资料），西宁民族印刷厂2001年印行，第164页。

② 马麒：《经营青海意见书》，《地学杂志》1923年第5、6期合刊。

天津港。

青海境内交通大致分为东进内地、西入青藏两条主线路四散扩开。西藏地区羊毛等物品先运到青海，青藏畜牧产品集中西宁等地后再输出到内地。羊毛运输主要的交通工具依靠单纯的畜力、人力。向西的路途，自湟源至玉树结古，1915 年的时候，西宁至结古沿途设有驿站，从西宁至玉树，一般骑马要走 30 多天，运一吨货物需要 50 头牦牛驮行 50 多天才能到达。1922 年的时候，内地考察者借助传统的畜力，曾经走了 37 天，每天约需 16 个小时。1944 年 9 月底，西宁至玉树公路才全线打通。在羊毛外运的全盛时期，运输羊毛的驮牛队，来往于各羊毛集散点之间，外运羊毛所必需的大车道成了畜牧产品输出的关键。

向东的陆路从西宁出发，主要沿着湟水河谷延伸，青海输出和输入的物资，大都要在兰州转运。河湟两岸山岭夹道，公路未修筑前，构成地势最为险要的"三峡"，即小峡、大峡、老鸦峡。至老鸦峡口，东进的道路分为南北两条：北路也称"官道"，由老鸦城向北，翻越北大山，出冰沟，经店子、马莲滩，至永登，到兰州。南路是一条小道，从老鸦城向南，过湟水古渡口，翻越南大山，过虎拉海，至兰州。北路较为平坦，但向北绕远多有不便，加大了羊毛输出成本。南路稍近，山险坡陡，关键路段常有险情；经过老鸦峡阎王匾、莺歌嘴等地段时，只能单人牵着驮货牲口步行而过，却是自古以来青海地区对外交通的咽喉要道。过了老鸦峡，再向东 20 余千米，就是甘青两省的界河——大通河，也是出入青海省境的要津。民国初期，羊毛出境贸易的兴盛，迫切需要拓宽车驮道，老鸦峡成为东进交通的天堑。1919 年，民和、乐都百姓开挖老鸦峡，经过两年的挖掘，从悬崖中间开通了号称一条龙的小路，只能单人单骑通过；到 1923 年又加固路基、栏杆，路况得以进一步改善。

羊毛运出大多数时候正是沿着南路这条要道输出，依靠畜力驮运出境。西至西藏、东抵兰州的公路尚未开通时，由青海地区东进西出的商旅、军马等，主要依靠传统的驿道进行。20 世纪 20 年代，靠畜力从兰州到西宁 240 千米的路程，需时 7—10 天；30 年代末期乘汽车尚需 4 日左右；今天乘汽车只需 3 个小时左右。青海至兰州陆路建设的关键期从民国初年开始，直到青海单独建省前后，初步修成可通汽车的甘青公路，近代交通运输业进入建设高峰期，极大地推动了羊毛输出业。

羊毛输出之路在国民政府"开发西北,建设西北"的形势下得以大力修建。1927 年设立甘边宁海镇道路办事处,不久改称甘肃省道办事分处,负责公路交通建设,督办各县公路修建。这也是历史上最早设立的管理青海交通的管理机构。此后,青海地区公路建设开始了第一次有计划、有规模的建设时期。从 1927 年开始,公路建设的重点就是打通东进的道路,老鸦峡段被作为重点工程。青海地区向东道路在旧有的车马道基础上扩建改修为公路,以通汽车的需要。出西宁从老鸦城东进的车马道加宽改修、架设桥梁,其中湟源至兰州公路的架设为重点。青海刚刚建省,省政府即拟定了一个筑路计划大纲,计划在省内修筑 6 条干线和一些县道,干线是以西宁为中心向外辐射,与周边县城连接起来:东经民和享堂以达兰州;东南穿化隆、循化达甘肃临夏;南至贵德;西南逾湟源、共和至玉树结古,进而可入西藏;西经湟源而至都兰(今乌兰),进而欲通新疆;北经大通至北大通(今门源)。1932 年,两辆载重 2.5 吨重的福特汽车,第一次通过了老鸦峡。到 1934 年,经过 6 年时间,前后投入 400 余名工匠,投资 10 余万元,劈山、服水的艰难工程后,老鸦峡最终被彻底打通。之后将白马寺一段改线于湟水南岸,不再绕道永登,由河口过黑嘴子抵享堂,大大缩短了行驶里程。1939 年 9 月,全线工程竣工,于 11 月改行新线。1943 年,自兰州至西宁 250 余千米路途,汽车行驶,需二日。1935 年,西安至兰州公路正式通车,这样,甘青公路与西兰公路联通。羊毛输出更为便利。

汽车进入青海的时间比内地大致要晚 20 年左右,大型客货车汽车进入的时间还要更晚一些。1924 年,青海出现第一辆汽车,时任甘边宁海镇守使的马麒,从天津洋行购买了一辆雪佛莱小轿车。1934 年,全省仅有公用汽车 10 辆;1940 年,全省有汽车 13 辆,多为省府机关的上层人物所享用。1943 年以后,随着青藏、青新公路的大规模施工及长途军需民用物资运输的增加,大型车辆迅速增加。到 1948 年,青海的汽车增加到 216 辆。[①]

羊毛运输除了陆路以外的另一条要道是水路。地处三江源的青海有先天的水利之便,然而山峻水激,无舟楫之利,"航运之具,仅惟木筏、

---

① 翟松天:《青海经济史(近代卷)》,青海人民出版社 1998 年版,第 177 页。

皮筏"①。水路运输主要借助木筏、皮筏，从黄河、湟水河道上单向、沿着未加整治的自然航道顺流通行，是与陆路交相并列的两大物资运输干道。青海境内水运航线分为黄河航线、湟水航线，两大航线在青海境内一南一北，终点为兰州、包头，再通过公路、铁路运出。青海、甘肃、宁夏、绥远四省以黄河运输为中轴结成一体，成为西北皮毛市场的主体。

筏运早先更多的是在河道上载客摆渡，用以载货运输，则被认为是到了近代以后。"清末民初，随着羊毛贸易的繁荣，也带动了水上皮筏运输业的发展。皮筏运输利用贵德松巴峡至兰州、包头的黄河河道和西宁——兰州的湟水河道，以快捷、载货量大、运价低廉而形成舍陆取水之势，年运量达四五百万斤。"② 因为筏运输成本少、载量大、运价低廉的特点，优于陆路运输方式，在羊毛业兴起的早期成为青海羊毛出境的主要运输方式。"由黄河直接运至包头，再经平绥铁路至天津。"③ 但是，筏运不能常年通航，受气候、时间、水情影响较大。抗战爆发后，包头沦陷，水路中断。

羊毛输出除了水陆两路以外，第三种方法是靠邮政运输。青海境内大多数地方设有邮局，原本投递书信之地，也部分经营羊毛邮运。但是只有个别商户所为，不成为羊毛输出的主道。

三　懂金银话办歇家店:羊毛贸易 中间商的经营之道

羊毛等畜牧产品的交易激发了青海地区从事藏汉之间贸易的中间商——"歇家"的兴起。"歇家"是客店、中介人的总集，即有固定住所为牧民提供食宿方便，精通蒙、藏、汉三种语言，并将蒙藏牧民驮运来的羊毛等畜牧产品收售或介绍给商行的中间商。蒙藏牧民唯有通过"歇家"才能售出其畜牧产品;各类商行大多通过"歇家"才能收购到牧民货物，畜牧产品收售的两头都离不开坐拥中间、买卖两头通吃的"歇

---

① 王昱主编:《青海方志资料类编》(上)，青海人民出版社1987年版，第224页。

② 翟松天:《青海经济史 (近代卷)》，青海人民出版社1998年版，第8页。

③ 马鹤天著，胡大浚点校:《甘青藏边区考察记》，甘肃人民出版社2003年版，第225页。

家",无"歇家"则交易难成,一时"歇家"垄断了青海地区皮毛贸易;当时外商们有"交结'歇家'比交结中国地方官员还难之叹"。①

首先,充当歇家的基本条件是必须懂藏、蒙、汉三种语言并熟悉蒙藏游牧区生产生活。"鞑话(蒙古语)金、番话(藏语)银",游牧区蒙藏民族素来有"认话不认人"之习,如果不懂这两种"金银话",语言沟通不便,则难以与蒙藏牧民之间建成信任关系,就万事难办。其次,"歇家"须有固定房屋住所,以供蒙藏牧民住宿及储放销售携带货物与购买物品。"歇家"一般以熟识或固定地区的蒙藏牧民为固定顾主,隔地区接待,视为越规,不被允许;所拥有的住所不仅要有客房,还须有宽敞的畜圈,以供牧民骑行马匹及售出羊、牛等牲畜的寄住,并要承担期间牲畜的喂养草料。②"歇家"之间有不成文的行规制约相互间的中介行为,一般划分一定的地区分别接待,因为前来住家的蒙藏牧民即为商贸重点对象,是中介或收售的畜牧产品的来源,"歇家"尤其看重,所以牧民也认固定"歇家"为交易之主,双方各有其主、各为其事,互不相扰。羊毛收售行业的盛衰绕不开"歇家"的居中经营。

青海地区歇家行业兴起于清朝光绪年间,时钦差大臣为了统一收售牧区畜产品,固定皮毛交易市场,创设"官歇家",歇家获官府许可,领有"官照",掌控全省皮毛贸易,拥有经营青藏畜牧产品的正规权利。歇家是当时唯一合法的将青藏西部游牧区畜牧产品收售给外商的中间商。同时也有规模较小、无"官照"的部分中间商存在,他们被称为"私歇家",势力逊于"官歇家"。清末歇家聚居区为湟源,"开歇店以招蒙番者,蒙番货物,皆归歇店买卖,此业非请领官凭者不能充"③。清政府将湟源设为皮毛统一市场的中心。地处日月山的湟源为农牧交界处,既是蒙藏牧民出入门户,又是全省皮毛的唯一集散地,是最大的羊毛交易市场,也是青海歇家最为集中之地,湟源由此发展成为青海第一大商镇。皮毛市场设在湟源的有利之处在于其地理优势,但是,每年秋冬牧民赶

① 林生福:《回忆解放前湟源的民族贸易》,青海省政协学习和文史委员会编《青海文史资料集粹·工商经济卷》(内部资料),西宁民族印刷厂2001年印行,第336页。

② 同上书,第335页。

③ 蔡元本:《青海乡土志续》,《新青海》1934年第2卷第12期,第40页。

着成千数百头羊牛骆驼，驮运着羊毛等物抵达湟源交易时，人畜集中湟源城内，牧民只能就地宿营，造成双方的诸多不便。另一不便之处是语言的隔阂，蒙藏牧民不懂汉语，入市交易艰难，面对这两大难题，歇家行业应运而生。

早期歇家应该属于专职中介人，是牧民和外商之间的沟通者、联系人。歇家在藏汉之间介绍买卖、平议物价，先付部分价款，委托代收羊毛，向洋行立具订单负责，转向蒙藏牧民订购羊毛，按期运交洋行，经歇家之手，付讫全部货价，给歇家一定之报酬，与洋行、蒙藏牧民双向交易。"在青海，由于洋行主要经营羊毛贸易，所以那些在传统民族贸易中惯常与蒙藏牧民打交道的歇家，往往就成为洋行的代理人，成为买办。"① 居间取利的歇家随着其掌握商贸要点之后，开始自己经营羊毛贸易，其身份便具有了中介人、商人乃至赋税征收等多重功能者。清末民初因羊毛业兴盛，歇家大多以经营羊毛为主，羊毛贸易被歇家垄断，羊毛市场为其控制，"歇家可操纵羊毛价格"②。他们自己将收购到的以羊毛为主的畜产品运输至包头、天津市场销售，在青海形成以歇家势力为核心的商贩群体。

民国初期，歇家行业逐渐终止。"民国八九年，西宁办事长官下令缴换歇家执照。因索价过高，各歇家陆续上交旧照，不换新照。传统的'歇家'行业自此终止，不复存在。"③ 歇家最终势衰是受马氏家族经营的商号垄断市场影响，等到建省，青海经济日趋步入国家正规经贸体系之后，经营数百年的歇家模式完全从此退出。

结　论

青海地区羊毛业的兴起、羊毛价值的巨变，主因来自天津开埠，内因出自清政府、马氏家族先后"经营青海"的需要。羊毛贸易将黄河沿

---

① 崔永红、张得祖、杜常顺：《青海通史》，青海人民出版社 2009 年版，第 455 页。

② 自强：《中国羊毛之探讨（续）》，《新青海》1934 年第 2 卷第 12 期，第 16 页。

③ 林生福：《回忆解放前湟源的民族贸易》，青海省政协学习和文史委员会编《青海文史资料集粹·工商经济卷》（内部资料），西宁民族印刷厂 2001 年印行，第 337 页。

岸西北主要城市串联起来，开通了一条始自青海，途径兰州、包头等城市直达天津的羊毛贸易要道，"西宁毛"由此大量外销，有史以来，青海本地资源首次实质性步入国际市场。"西宁毛"的畅销，前所未有地加速了青海连接内地道路的建设，带动起了青藏地区其他畜牧产品的商品化销售。以经营羊毛为主的"歇家"独特的经营模式，促进了湟源等地的城镇化及青海地区商业贸易业的繁荣。羊毛之路的开拓不仅改变了羊毛自身的命运，也促使青海经济在短时间内部分地进入了世界经济市场，助推了青海经济的近代化。

利益纠葛与生存压力

——民国时期青海地区社会生态管窥

张　开[*]

摘要：民国时期青海地区由于特殊的国际国内形势而被边缘化，形成一个相对封闭的社会区域。生存空间与物质需求的重叠，使得当地各族人民面临着严峻的生存压力，进而在民间以利益纠葛的形式展现出来。梳理一系列纠纷的缘起及解决过程，可以发现生存压力和权利争夺是诸多纠纷产生的根源。诸多纠纷的协调解决过程表明，民族地区各社会群体的利益是相伴相生的。

关键词：利益纠葛；生存压力；青海；社会生态

自民国元年西宁办事大臣改称青海办事长官起，直至1949年新中国成立期间，青海地区面临着前所未有的国际国内形势。无论在农牧业生产、商业活动中，还是在国家和地方政策的执行中都或多或少有利益纠葛与权力博弈的存在。由于人类社会关系的复杂性，我们不仅需要捋清每一事件的前因后果，而且更需要厘清诸多纠纷发展过程之间的内在关系。基于此，我们从当时地区生态社会变迁的角度对近代青海社会进行重新解读就显得很有必要。一直以来，有关近代青海地区的研究主要涉

---

* 张开（1987—　），男，陕西师范大学西北历史环境与经济社会发展研究院博士研究生，研究方向：区域历史地理、历史农业地理。

及明、清、民国时期青海的经济发展历程①；或涉及青海局部地区的近代教育状况②；或从民族文化层面来探讨青海的民族文化交流③。有学者注意到近代青海地区的开发与生态环境变迁有着密不可分的关系④。也有学者从明清至近代草场纠纷及牧区勘界的角度来进行政治学和社会学的研究⑤。以往的学者从各自的研究视角对近代青海的自然、社会、民族等方面进行了解读，为我们从对民国青海进行社会生态史的综合研究提供了基础。

一　利益纠葛的分类

在多民族大杂居、小聚居的地区，由于生活方式和观念的差异，利益纠葛或明或暗，民国时期的青海地区更是如此。按照史料和当时社会人士对一系列社会、生态问题的记述以及现当代学者的研究成果，大致可以将这一时期涉及利益纠葛的史实归为以下几类。

（一）农牧纠纷

关于牧地纠纷。青海地区牧地、草场纠纷来历已久，清代至民国时期青海牧区的草场纠纷频繁见诸史料，甚至需要中央政权出面协调解决。牧地纠纷中最具有代表性的是清代环青海湖地区的草场边界纠纷：罗卜藏丹津事件平息之后，清政府将蒙古诸旗与藏族部落分开安置，其后越

---

① 董倩：《明清青海商品经济与市场体系研究》，博士学位论文，华东师范大学，2008年；勉卫忠：《近代（1895—1949）青海民间商贸与社会经济的扩展》，博士学位论文，中央民族大学，2009年。

② 赵春娥：《近代青海教育考析（1912—1945年）》，博士学位论文，武汉大学，2013年；李臣玲：《青海民族教育近代化的困境与选择》，民族出版社2005年版。

③ 李健胜等：《儒学在青藏地区的传播与影响》，人民出版社2012年版；朱普选：《青海藏传佛教历史文化地理研究——以寺院为中心》，博士学位论文，陕西师范大学，2006年。

④ 张保见等：《青海近代的农业垦殖与环境变迁（1840—1949）》，《中国历史地理论丛》2008年第2期。

⑤ 鄂崇荣：《明代以来青海草场冲突纠纷及解决路径述略》，《青海民族研究》2010年第3期。

界放牧和争夺草场的纠纷仍然持续存在。① 至民国时期，环青海湖地区仍然存在着的"祭海"仪式，实质上就是清代协调该地区蒙藏草场纠纷方式的延续。20世纪30年代起，部分新疆哈萨克族陆续迁往青海，让本来就纠纷不断的环青海湖蒙藏牧区形势更加复杂②，抢劫牲畜、抢夺牧场等纠纷频繁发生。关丙胜从社会人类学的视角，通过访谈文本的形式，对这一事件进行了研究。口述文本中哈萨克人是"闯入者""外来者"，而蒙古族是"被动受害者""原居住者"等词语的出现③，是该时期环青海湖地区农牧纠纷频发的一个侧面写照。

关于农牧纠纷，主要的表现就是农业用地与牧业用地的矛盾。农业发展对土地开垦的需求与牧业发展对草地的保护本身并不矛盾。但当农业发展与牧业发展同一时间在同一地区被提上议程时，便成为当时青海地区开发过程中的纠纷焦点之一。

民国时期，内地人士多以青海牧区地广人稀为依据，将屯垦西北的目光集中于广大牧区。在此社会背景下，官方曾经数次设置垦务局、屯垦督办；民间私垦现象也日渐增多。1918年湟源县农民在政府支持下在共和县所垦耕地，被当地"藏族放牧践踏，垦民无以保障"④；1947年前后，湟中、湟源县仍有一部分人春季赶着牲畜，带着种子和生活用品至都兰香日德一带屯垦，秋季粮食收获后驼回原籍，而当时屯垦有三年不纳粮的规定，是以官府一般也不追究。⑤ 蒙人一闻放荒，疾首蹙额不置⑥，究其原因，是历史时期的农垦给当地蒙藏牧民造成了严重的影响：因自

---

① 关于该事件及其影响的论述数量较多，诸如崔永红等《青海通史》，青海人民出版社1999年版；樊保良《蒙藏关系史研究》，青海人民出版社1978年版。

② 关于民国时期迁入青海的哈萨克族人口的研究虽仍有一定争议，但其研究成果已较为丰富。如关丙胜《空间与迁移：柴达木地区四次规模性族群入迁考察》，《青海民族研究》2014年第4期；胡海霞等《迁移与人口：1934年以来的青海哈萨克人口变迁》，《青海民族大学学报》2015年第2期等。

③ 关丙胜：《族性规制下的历史记忆：哈萨克人入迁青海之文本分析》，《青海民族大学学报》2015年第2期。

④ 汤惠苏：《西北五省农业调查报告·青海省农业调查（附表）》，《资源委员会季刊》1942年第2期，第278—292、294—360页。

⑤ 丁尕等：《国民政府在香日德的屯垦活动》，《青海文史资料集萃·工商经济卷》2001年，第94页。

⑥ 杨生彬：《开发西北与垦殖问题（附表）》，《开发西北》1934年第3期。

然条件的限制，弃牧垦荒后仅种一两年后，土地便荒废，导致牧区生活压力增大，流民、盗匪问题多发。纵观整个屯垦发展过程我们可以发现，地方政府主导下的屯垦活动、以经济利益为主要目的的私垦活动与牧业之间的矛盾，最终在屯垦一线被具体化到"农民"和"牧民"之间。所以，在民国时期，青海地区的农垦事业始终是在农牧纠纷的背景下进行的。

（二）商业纠纷

青海地区的商业具有典型的农牧交错地区特色。主要表现在商品的构成、商人群体、商品行销方式上。自宋时起，西宁就有"四统往来商贾之人数百家"①，至明代"城内外皆辐辏，而城东为最，黑番强半食力为人役，回回皆拥资为商贾，以及马贩、屠宰之类"②。清代时，西宁和附近的丹噶尔城成为青海地区重要的茶马互市地点。此外，还有诸多的藏区临时市场、寺院型市场、庙会等商品交易地点。主要的商品包括皮毛、马匹、青盐、青稞、布匹、药材等。参与商品贸易的是"各个民族的人，都是附近地区的游牧民"③，多数商品在此地集结，然后转运分销。虽然期间经历几次战乱，但到民国时期，青海地区的商品和商人构成与清末差别不大。

商业活动中利益纠葛的表现是明显而又隐喻的。我们并不否认大多数正常的商业活动对青海地区经济的促进作用。但是相当一部分的商人在经济利益的驱使下，或额外敲诈，或偷奸耍滑，或因成本问题而低买高卖，深为牧民所反感，被称为"烂汉人""奸商"④。诸如此类的史料为数不少，牧民将这种商业纠纷按族群定性，就会在一定范围的地区形成值得关注的社会问题。

该时期更为明显的利益纠葛则表现在马氏军阀控制下的垄断商业集

① 李远：《青唐录》，《青海地方旧志五种》，青海人民出版社 1989 年版，第 10 页。
② 梁份：《秦边纪略》，青海人民出版社 1987 年版，第 68 页。
③ ［苏联］彼·库·柯兹洛夫著：《蒙古、安多和死城哈喇浩特》，王希隆等译，兰州大学出版社 2002 年版，第 201 页。
④ 青海省编辑组：《青海省藏族蒙古族社会历史调查》，青海人民出版社 1985 年版，第 97 页。

团的运作过程中。首先，表现在对同行外地商人的排挤上，"三马逐渐控制了西北商业，山西商人，实际上是汉族商人，逐渐受到排斥"[1]。以商业集团和家族集团为形式的回族商人甚至在后来取代了存在已久的"歇家"，处于垄断地位，拥有很大的价格决定权。其次，表现在武装的商业集团与地方牧民之间。马家军阀在其垄断商业中，借助其军事实力武装护运商队，强征乌拉，牧区群众不堪其苦；再加上牧区生产的不稳定性，劫掠商人的情况经常存在。代表回族商人的地方军阀军队参与一系列商业冲突，使利益纠葛进一步激化成为社会问题。

（三）其他社会纠纷

除了上述两种类型的较为直观的利益纠葛表现，因意识层面上的差异而导致的纠纷还有很多，诸多纠纷错综复杂，最后酝酿成不可忽略的社会问题。1920 年 6 月马部 300 余人在果洛玛沁雪山开采金矿，引起藏民反对，即进行镇压。[2] 之后又因此发生数次大规模的冲突。上述冲突的直接原因是藏人认为开采金矿会触犯神山，同时也与果洛地区历史上有尚武抢劫的习惯有关，更深层次的原因则是马家军阀与果洛地区藏人的利益较量有关。再如，民国期间青海牧区曾爆发过数次较为严重的瘟疫，民国政府也曾组织过多次的畜疫调查与防治，深入牧区进行牲畜疫苗的推广普及工作，然而成效甚微。原因之一便是蒙藏牧民对地方政府组织的疫苗注射行为缺乏信任，牧民更倾向于土法防治和去寺院求助喇嘛念经，"故在八宝仅注射牛十二头，令番民认识新发注射之优点"[3]，靠近西宁的海北地区的"熟番""八宝"尚且如此，其他传统蒙藏牧区的推行工作可想而知。

---

① 马磊：《清代民国时期甘青藏区回商、市场与族际互动》，博士学位论文，兰州大学，2013 年，第 47 页。

② 白寿彝主编：《中国回回民族史（下）》，中华书局 2003 年版，第 1224 页。

③ 青海省卫生实验处：《青海省海北八宝及门源一带防治牛羊疫报告》，《实业部月刊》1936 年第 8 期，第 173—176 页。

二 利益纠葛下的社会与生态

美国社会学家米尔斯认为："权力与人民所做的安排其生活的决定相关，并与人们决定他们那个时代构成其历史的事件相关。"① 而"权力也统治着财产……财产关系上的不公平全靠权力来维持"②。这也是本文关于权利思考的理论来源之一。国内的社会学学者们也认为经济权力是指经济主体通过对经济资源的控制而达到对他人的统治和支配能力。③ 基于此，也就有了本文中权力与利益的合称——权利的观点。

（一）民间的利益竞争与生存压力

民间自发的利益竞争表现得较为直接，那就是牧民之间竞争的是对草地面积与草地质量的占有，农民之间竞争的是耕地与生产资料的占有。当不同的生产方式发生碰撞的时候，就会上升为权力的争端。而地区的生态变迁造成的生存压力则是利益竞争的重要原因之一。

青海牧区的地区争端如前所述，来历已久。究其原因，在一定程度上与人口的增加和游牧经济的不稳定性有关。清代雍正年间肇始的青海湖祭海制度实际上也是为了解决该地区蒙古诸部与藏族诸部的草地争端问题。直至民国时期人口不断增长造成的生存空间压力，仍然是河南藏民与蒙古族争夺牧地的主要原因。民国十九年（1930），陈赓雅根据王士达对清末人口的估算数值，认为当时青海蒙藏人口为 205361 人④，到民国二十四年时，高良佐统计认为当时仅藏族人口就约有 30 万人。⑤ 虽然具体的人口数字的准确度值得商榷，但是其至少能反映出牧区人口快速增长的趋势。牧区人口的增长必然会促使畜牧业规模扩大，由此会增加

---

① IL Horowitz （ed.）. *Power*, *Politics and People*: *The Collected Essays of C. W. Mills.* New York. Oxford University Press，1963，p. 23.

② 马克思：《道德化的批判和批判化的道德》，《马克思恩格斯选集》第一卷，人民出版社 1972 年版，第 171 页。

③ 卢少华等：《权力社会学》，黑龙江人民出版社 1989 年版，第 114—115 页。

④ 陈赓雅：《西北视察记》，上海申报馆 1936 年版，第 197 页。

⑤ 高良佐：《西北随轺记》，建国月刊社 1936 年版，第 113 页。

草地的生态压力，造成草地退化，进而加剧该地区的生存压力。另一方面，游牧经济的不稳定性也是牧区利益争端的一个重要因素。由于游牧经济严重依赖自然，及易受极端天气的影响，一旦遭遇风雪雹灾，牧民就损失惨重、赤贫如洗。民国时期果洛地区多抢劫事件与该地区游牧经济的不稳定性也不无关系。生存的压力迫使牧民之间一直存在较为残酷的空间竞争，而不同的族群因为血缘、语言、生活方式或者信仰等方面的不同，就会自发形成利益集团。上文中哈萨克民族的迁入与当地牧民的反对便是一例。事实上，民国时期果洛地区的藏人在抢劫行商之时，也没有特定的民族目标，只不过回商在被抢商客中所占比例较高，才使抢劫问题更加复杂化。换言之，民国时段青海牧区的民族游牧区域、草地、社会纠纷的实质是生存空间的竞争。

历史时期，青海地区的农业与牧业活动长期处在一个相对稳定的状态。农业基本分布在东北缘的河湟谷地及黄河沿岸地区。直至明清，屯垦开始发展，耕地的开垦范围开始扩大。到了民国时期，生存压力更甚，除去繁重的苛捐杂税，我们认为生存压力的增大主要来源于农业人口的增长。根据前面所引国民政府民国十九年的调查统计、民国二十四年高良佐的记述，我们可知青海省人口由 1056072 人增至 1313584 人，虽然此处数字值得商榷，但至少其能反映出人口的增长速度和趋势。那么农业人口在总人口中的数据又是怎样的呢？民国二十二年正闻社青海分社所做统计，"农民占全县人口之比"民和为 86%、贵德为 50%、大通为 90%、化隆为 80%、互助为 90%、循化为 50%、门源为 40%"[1]、崔永红等经过研究认为 1947 年青海省西宁等 5 县市农业人口比例为 87%[2]、青海省统计年鉴中所载全身农业人口比例为 90%。[3] 据此，我们综合青海蒙藏牧区的情况，认为民国时期青海省农业人口占总人口的 90% 较为合理。基于这个比例，结合前人研究成果我们发现，1930 年到 1949 年，青海省的农业人口数量增加了将近一倍。如此，我们便不难理解土地私垦

---

① 邹国柱：《青海农村现状及复兴之意见》，《新青海》1934 年第 3 期。
② 崔永红等：《青海通史》，青海人民出版社 2010 年版，第 749 页。此处包含无业人员数量。
③ 《青海省统计年鉴1993》，中国统计出版社 1993 年版，第 74 页。

现象为何屡禁不止了。人口增殖造成的生存压力面前，农民们选择的是见效显著、成本较低的垦荒，而不是耗费财力物力去提升耕作技术。

在生存压力的驱使下，牧民需要增加牲畜数量、扩大游牧活动的范围；农民需要产出更多的粮食、扩大耕地面积。而农牧业盲目扩张之后造成的生态问题又反过来加剧了地区的生存压力。如此一来，原本互不冲突的两种农业类型在有限的土地上就有了碰撞的可能，生存压力之下的利益纠葛表象也就不难理解了。

（二）上升为权利争端的集团行为

马克思在论述资产者与无产者之间的关系时写道："个别工人同个别资产者之间的冲突愈益成为两个阶级之间的冲突。工人们开始成立反对资产者的同盟；他们一致起来保卫他们的工资。他们甚至建立了经常性的团体，以便一旦发生冲突时使自己有所保障。"[1] 抛开阶级属性，单就社会属性而言，我们发现民国时期青海省的农业活动、商业活动与马克思的论断有着惊人的相似性。那就是：利益冲突的双方纷纷寻找或者组建利于自身的权力集团。

我们不妨仍然以土地开垦这一历史事实为例展开论述，土地开垦中直接利益冲突的双方分别是牧民和农民。事实上，土地的开垦不是一蹴而就的。多数农民基于自身耕作成本和开垦能力的考虑，只能就地租种地主的土地。只要稍有经济利益，私垦的现象就会出现。1925 年，冯玉祥部进入甘肃与地方割据势力混战，大批流民涌入青海东部地区。1927 年，西宁道设立垦务总局，在道属七县放垦。由此我们可以推断：1925 年至 1927 年，青海地区的流民问题与私垦问题已经相当突出。通过收取地价、丈放荒地和查获私垦，到 1929 年青海建省之时，共计丈放荒地 28280 亩，查获私垦土地 8914 亩。[2] 政府收租放垦荒地，实际上与垦民之间已经形成了一种社会契约关系，垦地的租金将二者紧紧地绑在一起。不管其如何剥削压榨，当身处牧区的垦民的利益受到侵犯时，他们只能

① 中共中央马克思恩格斯列宁斯大林著作编译局：《马克思恩格斯全集》第四卷，《资产者与无产者》，人民出版社 1958 年版，第 465 页。
② 青海省志编纂委员会：《青海历史纪要》，1980 年版，第 112 页。

向政府靠拢，期望仰仗政府的影响力来维护自身利益。税粮和土地租金的多寡则是地方政府的直接利益，由此，土地的开垦在垦民方面上升为地方政府的利益所在。

在牧民方面，虽然其内部屡有草场、牧地范围的纠纷，但纠纷的实质仍然是同一种生产方式之间的竞争——畜牧业。当农垦业进入牧区后，就意味着畜牧业的根本——草地会被占用，如前所述，开垦与阻挠的事件也不时发生。农民在一定程度上与地方政府结成了社会契约关系，找到权力集团使自身的开垦行为"合法化"，牧民又是如何向权力集团靠拢的呢？整理史料我们可以发现，最迟在清代时期，青海牧区就已经有了一套相当完善的地方性控制力量。在《西宁番例条款》、光绪《理藩院则例》、果洛地区《红本法》等法律条文中均能体现出中央政府对地方部落习惯法的认可。据此，我们可以推断，民国时期的青海牧区仍然延续了清政府所认可的习惯法，并且结合民国时期的政治情况，习惯法的适用地位甚至有可能超越清代。换言之，直至民国时期，青海牧区仍然存在着非常稳固的部落权力集团。有研究认为，直至民国期间，青海藏区的部落仍然沿袭着千百户制度，国民政府推行保甲制度，保甲长一般仍由部落头人担任……它具有较强的割据性，部落首领甚至能够决定本部落的迁徙与合并①。部落之间依靠血缘和宗教信仰来维系关系，见诸史端的牧区草地纠纷事件，最终多是寺院活佛出面协调解决。由此可见，部落及寺院势力实际上是民国时期青海牧区的地方权力集团。

如上所述，对于人身依附性较高的部落、寺院组织来说，牧民的利益直接关系到部落的整体利益、寺院的宗教利益。面对大规模的农垦，虽有少数人会采取"放牧践踏"的方式来表明态度，但多数情况下，反对最为直接的是牧区权益的利益相关者——部落首领或者寺院人员。宣统二年，西宁办事大臣庆恕上奏："派兵分赴黄河南北两处勘放……初到磨渠沟境内，该番民等均欣然乐从……扎萨克喇嘛察汉诺们罕从中梗命，并遣管家作吧嗦令各庙户群起抗阻……"② 我们认为，这里的"庙户"应该是指寺院附近或者与寺院有直接利益关系的牧民。

---

① 拉毛错：《青海藏区部落制度的形成与发展》，《青海社会科学》1995 年第 6 期。
② 《西宁办事大臣庆恕奏试办青海垦务情形摺》，《协和报》1911 年第 19 期，第 14 页。

　　虽然上文已经分析了农牧民之间利益纠纷的根本所在：土地的开垦与草地的使用。但是，我们发现还有另外一条重要线索值得关注：寺院集团也存在自发开垦耕地的现象。民国期间"湟中一带大量土地新垦为农田，塔尔寺原有的许多牧场也纷纷放垦"。① 这就表明，以寺院为代表的利益集团在土地开垦方面与地方政府集团也是存在利益竞争关系的。与其说是牧民反对垦殖，不如说牧民是被裹挟到部族、寺院集团与地方政府的利益争夺之中。

　　综上，我们可以发现，看似回汉垦民与蒙藏牧民之间存在纠纷的土地垦殖行为，实际上在进行过程中已经不自觉的上升为地方权力集团之间的利益博弈。虽然在青海建省之后，蒙藏牧区已经在国家层面上划归国民政府管辖，但省内的地方权力集团始终没有放弃对经济利益的争夺。因此，此时青海地区的生存压力可见一斑，而竞相开垦后所造成的生态压力也是可想而知的。

（三）地方权力结构调整与国家在场

　　前文我们以土地垦殖为例，论述了以农牧民利益纠葛为表象的地方权力集团之间的权利争端过程。与之相比较，商业活动发展过程中的利益纠葛更能明显地体现出权力集团的博弈。那么，这一系列的利益纠葛是如何发展、如何协调解决的呢？当时的国民政府在一系列的纠葛中又扮演了何种角色？要搞清楚这些问题，我们首先需要找出商业活动中利益纠葛的所在。通过整理史料我们可以将这一时期商业活动的纠葛归纳为价格决定权的争端、商人政治地位的争端两大类。

　　明清以来，青海地区商业活动中的商品构成以畜产品为主。由于与内地商人语言不通，"歇家"集团在很长一段时期能够干预畜产品的市场价格，商品交易的双方"无歇家便无法交易"②，这就意味着价格决定权在很大程度上操纵在一个相对独立的利益集团手中。交易的双方均依赖于歇家："蒙、番出入……完纳赋税，歇家为之包办，交易货物，歇家为之介绍……蒙、番安之。而寄居之汉族多余通声气……乃可沿途畅行，

① 陈庆英：《青海塔尔寺调查》，《藏学研究第六辑》1994 年，第 217 页。
② 胡铁球：《"歇家牙行"经营模式的形成与演变》，《历史研究》2007 年第 3 期。

得其一纸护符，且可邀蒙、番保护也"①，显然这种情形下的商业活动处于一种相对稳定的状态。在歇家势力集团操纵青海地区商业的时期，寺院商业和市镇商业互相补充、并行不悖。除了前文所述的回、汉等商人所经营的商业外，寺院商业也占据重要地位："寺院僧侣，对于经商交易，兴趣更为浓厚……大半都是熟练的商业经济人，每年由青海收买骡马，驮运绸缎、干粉条、麦酒、铜锅、柿饼、醋、枣、枪械，到西藏拉萨市出售后，又收买上牦牛，驮运上藏香、红花……回青海销售。"② 结合前人的研究，我们认为大多数情况下，寺院商业与市镇商业都有自己特定的行销地域和消费群体。而一旦这种制衡关系被打破，价格决定权便会成为商品交易双方争夺的焦点。

更为复杂的是，政治权力在商业贸易中往往与价格决定权形影相随。历史上，商人在很长时期内社会地位相对较低，出于经商的需要，他们始终没有放弃对政治权力的追寻。因为在某些情况下，拥有政治权力也就意味着拥有价格决定权，我们仍以歇家为例进行论述。清至民国初期，青海很多地区的歇家又称"官歇家"，清代的歇家不仅有回汉商人，也有藏族等少数民族商人，"如内地之里书图差，雇纳粮赋，征调徭役，皆歇家主之"③，政府变相的赋予其基层政治权力。因此，我们认为上文中歇家所拥有的价格决定权在相当一定程度上是由其政治权力所决定的。

如此，我们便不难理解，为何歇家集团最终会被马家官僚资本所取代。最为重要的一个原因就是清末民初之时，赋予歇家集团政治权力的清政府已经灭亡，民国初期的国民政府在青海地区的影响力大不如前。国家在场的淡化，使得地方军阀势力有了空前的政治权力，商业活动中的价格决定权自然也落入其手中。青海地区由此就出现官僚资本崛起、歇家集团、寺院商业逐渐萎缩的局面，而歇家集团、寺院商业集团的商业利益是不可能拱手相让的，其发展过程中的纠葛、冲突自然可想而知。

整理上文所述的土地垦殖与商业活动中一系列纠葛的协调处理过程，我们可以发现，当时的国民政府一直在努力提高自身的影响力。冲突的

---

① 徐珂：《清稗类钞·农商类·青海商队》，中华书局1984年版，第2312页。
② 张元彬：《青海蒙藏两族的生活（续）》，《新青海》1933年第3期，第71—72页。
③ 龚景瀚编，李本源校：《循化志·族寨工屯》，青海人民出版社1981年版，第171页。

双方也都想借国家出面协调的机会来巩固自身的政治权力，而马家军阀在一系列的国家层面的协调中掌握了绝对的主动权，最终导致了地方权力集团的重新调整。

在协调牧区纠纷、农牧业纠纷方面，国民政府一直延续了清代的做法，最为典型的便是青海湖祭祀。清代至民国初年，虽然祭海时断时续、祭祀仪式也出现复杂的变动，但总体而言仍然是由中央政府派遣或者委任专员进行。但值得注意的是，从 1913 年马麒参与主祭起，到 1927 年因有穆斯林参加祭海仪式而变换祭品时，马家军阀已经在形式上对蒙藏王公宣示了政治存在。蒙藏王公方面，参加祭海的人数越来越少，1937 年的祭海仪式"参加的王公只是尕的，只有五个……千百户却一个也没有"①。这些细节的变化足以表明此时的马家军阀已经在政治地位上占据了足够大的主动权，蒙藏王公只有以不亲自参加祭海仪式来表达诉求。1938 年，"青海蒙古左右两盟代表……以日前奉蒋委员长电行营张主任代为接见后……皆赴行营，面呈青海状况"②。而该时间段也正是青海地区农牧、商业等方面纠纷发生的高峰期，基于此，我们认为上文中的利益纠葛与政治权力的争夺有着千丝万缕的联系。

虽然在耕地开垦问题上的利益纠纷较为明显，但是利益双方并非都是针锋相对。由于占有政治地位的主动权，马家军阀在一定程度上代表了国家政治权力的存在。面对国民政府"开发西北""开垦青海"的号召，马家军阀集团积极响应，土地开垦也在局部地区被蒙藏王公们所接受。同时，塔尔寺放垦给回汉农民，也是人口与生存空间压力、国家在场情况下相互妥协的一种直接表现。我们认为，出现上述种种相互妥协的结果，与国民政府的政治存在密不可分。国民政府始终在国家层面对当时的复杂形势进行引导、协调。1929 年，青海建省之时，任命九世班禅为青海省政府委员；马步芳、马步青曾任青海省蒙藏文化促进会、国民政府蒙藏委员会委员等就是例证。

---

① 转引自王志通《从帝制到共和：青海湖祭祀历史变迁的政治内涵》，《青海民族研究》2016 年第 1 期。

② 青：《张主任接见青海蒙古代表》，《蒙藏旬刊》1938 年第 1—3 期，第 21 页。

三　小结

我们并不否认影响民国时期青海地区农业、商业发展的其他因素，也不去夸大附会当时的社会问题。仅就以利益纠葛为表象的诸多社会问题而言，表面上看杂乱纷繁，但其根源却是生存压力的驱使、实质是权与利的冲突。从农业垦殖到牧场纠纷，随处可见该时期农牧民所面临的巨大的生存压力。从商业纠纷到地方政治结构的调整，利益纠葛的催化作用不容忽视。

在此，我们不去评价一系列权利争端的是非功过。如果我们审视当时的国际国内政治形势，就更能理解这种地区权利争端的背景及其与国家层面的关系。从清末到民国时期，国家的政治存在在青海地区呈现出一种下降趋势，特别是在广大牧区，政令不畅的情况比较常见。从改土归流到民国时期的蒙藏牧区县政推行，每一次国家层面的改革都是困难重重。尤其是在抗日战争开始以后，国民政府对全国进行资源经济的战时调配，经济落后的青海地区在此时处于近乎被遗忘的境地，形成了一个相对密闭的政治、经济区。国家控制力减弱之时，相对封闭落后的社会环境会促使地方政治势力权力膨胀，这已是史学界公认的史实。但我们更应该注意到民国时期青海地区地方势力博弈的独特性。以蒙藏王公和寺院集团为代表的牧区地方势力、以马家军阀为代表的地方政府势力始终都没有放弃国家认同。他们之间无论是农牧争端还是商业争端，都是当时特殊环境下的自救、自强行为。区域内部的权利争端即使在接近无法调和之时，国家权力的向心力也始终大于地区的离心力。这也与当时的国民政府始终没有放弃在青海地区的政治存在有关。一系列利益纠葛的演化及协调解决，是民国时期青海社会生态变迁的一个缩影，更是当今地方社会发展中的一面镜鉴。

日本人在西北地区丝绸之路上
的活动

炎　萌　修　斌[*]

摘要：近代以来，日本在中国西北地区丝绸之路上以民间或官方的形式进行了诸多活动，从著名的大谷光瑞探险，到第二次世界大战期间的一系列调查和间谍活动，再到改革开放后日本参与西北丝绸之路沿线的经济建设、文物保护、文化交流等，日本人在中国西北丝绸之路上留下了深深的印记，这些印记有中国积贫积弱时代遭受觊觎和无力自保的写照，也有中日平等、携手合作的美好回忆，还有以史为鉴、开辟未来的启示和展望。

关键词：西北丝绸之路；大谷光瑞；敦煌文物；中日文化交流

中国和日本一衣带水，从古至今两国关系密切，相互影响极深。近年来，随着中国"一带一路"倡议的提出以及对丝绸之路研究的重视，外国人在包括西北地区在内的丝绸之路上的活动和影响也受到关注。近代以来，日本追随西方探险家的脚步也来到西北丝绸之路，从著名的大谷光瑞探险，到第二次世界大战时期的一系列调查和觊觎，再到改革开放后针对西北丝绸之路的中日合作以及经济、文化交流，不论是以官方还是民间形式，日本人在中国的西北丝绸之路上都留下了深深的印记。

---

* 炎萌，黄炎和苏萌的笔名，二人均为中国海洋大学文学与新闻传播学院中国史专业研究生；修斌，中国海洋大学文学与新闻传播学院教授。

2017 年恰逢中日建交 45 周年，此时回顾日本人在中国西北丝绸之路上的活动，既是对"一带一路"的历史追溯，也可以启示未来。

本文将从几个方面，来梳理论述日本人在西北丝绸之路上的活动。

一 大谷光瑞探险队在西北地区的活动

19 世纪末 20 世纪初，由于敦煌吐鲁番等西北丝绸之路上的遗址和文物的陆续发现，各国探险者继斯文·赫定和斯坦因之后，纷纷来到中国西北地区。此时，日本的大谷光瑞以"复兴日本佛教"为使命正在英国学习。

大谷光瑞（1876—1948），日本净土真宗西本愿寺第 22 代宗主，日本著名的僧人、政治活动家和探险家，是日本中亚探险的开山人物。在英国学习期间，西方学界对佛教原典的研究对他产生了极大影响，促使他萌生了远赴中国西北考古探险的念头，并在 1902—1914 年，先后三次组织或参与了在中国西北地区的探险活动。

（一）1902—1904 年第一次探险

第一次探险由大谷光瑞亲自组织并参加，当时他组织了 4 名牛津大学毕业的日本留学生，取道俄国进入中国。在进入新疆后，先后在喀什噶尔、叶尔羌、塔什库尔干等地停留考察。在这个过程中，大谷光瑞一行人参观了塔什库尔干的揭盘陀国的古城遗迹。

1902 年 10 月，大谷光瑞考察队一分为二，一支由大谷光瑞带领两名队员前往佛教发祥地印度进行考察，另一支由渡边哲信和堀贤雄组成，继续考察塔里木盆地的佛教古迹。

留在中国西北的渡边哲信和堀贤雄于 11 月在和阗附近的遗址挖掘和收购了一些古代文物，之后又去考察了库车城以北和以西的克孜尔与库木吐喇两处石窟，后从上海离开中国，1904 年 5 月回到日本。

（二）1908—1909 年第二次探险

第二次探险的主要参与者是西本愿寺僧人橘瑞超和寺院秘书野村荣三郎，他们到达中国西北后，第一个发掘地点是唐朝的北庭都护府遗址，之后考察了交河故城、克孜克里克石窟并出土了一批佛经、残卷等文物。12月，橘瑞超收收到了大谷光瑞的电报，凭借斯文·赫定提供的信息前往楼兰，并于次年3月到达楼兰。在那里，橘瑞超发现了著名的《李柏文书》。

1909年11月，橘瑞超前往斯利那加觐见大谷光瑞，之后携带《李柏文书》在印度等地展示。

（三）1910—1914 年第三次探险

完成第二次探险的橘瑞超在欧洲访问期间，听闻野村荣三郎前往新疆探险受阻，便向大谷光瑞提出再次赴中国西北探险。1910年，橘瑞超带领英国随从霍布斯到达吐鲁番，之后橘瑞超再次进入楼兰地区考察。日本学者金子民雄认为橘瑞超此次考察"好像并没有重大的收获"①。1912年，远在日本的大谷光瑞担心橘瑞超的安全，便派遣吉川小一郎来中国西北寻找橘瑞超，之后橘瑞超回国，吉川小一郎留在西北循着大谷光瑞探险队第一次的路线又进行了一段时期的考察，后于1914年7月回国。

根据大谷光瑞和橘瑞超对三次探险的记载，可以看出探险队的成员主要都是僧人，没有受过专门的考古训练，这使得他们在考察过程中对文物造成了很大程度的破坏。同时，大谷探险队在探险过程中出现了对文物的非法购买和盗取现象，特别是敦煌的文献资料，被大谷探险队以非法的方式大量运往日本，之后由于记录不完整，大量文献资料下落不明。

大谷探险队的三次探险，也成为近代日本在西北地区最大规模的活动。

二 日本对敦煌文献的猎取和解放后参与的保护工作

（一）日本对敦煌文献的猎取

陈寅恪曾经说过："敦煌者，吾国学术之伤心史也。其发见之佳品，

---

① ［日］金子民雄：《橘瑞超西行记》，新疆人民出版社1999年版，第18页。

不流入于异国，即秘藏于私家。"① 从道士王园箓打开石窟的那一刻，敦煌文献便开始遭受被盗取、破坏的灾难。

大谷探险队的重要成员橘瑞超在自己的《中亚探险》一书中写道："我搜集斯坦因博士拿剩的东西，以及寺僧们隐藏放置的东西。先后带回国来。"② 第三次探险时前往中国的吉川小一郎在 1911 年到 1912 年间，先后从村民处购买佛经 3 次共计 7 卷，从王道士处分两次购得佛经 169 卷和 200 卷，并将精美的塑像两身纳入囊中，现藏于韩国国立中央博物馆。1935 年抗战爆发前，日本人又从盗劫遗书者李盛铎处购得 400 余卷精品。③

李晓光根据荣新江的《海外敦煌吐鲁番文献知见录》、王素的《敦煌吐鲁番文献》及施萍婷的《日本公私收藏敦煌遗书叙录》中关于日藏敦煌吐鲁番文献的记载进行了统计，结果如下。

表 1　　　　　　　　日藏敦煌吐鲁番文献统计④

国家	收藏单位	形式及内容	数量	主要来源
日本	龙谷大学图书馆（大宫图书馆）	汉文、藏文、回鹘文、粟特文、于阗文等写经	8147 号 55 件	京都西本愿寺门主大谷光瑞移交，大谷探险队和橘瑞超捐赠
	东京国立博物馆	少数敦煌写本，绢画北魏写经（14 件）		不详（部分为集美博物馆馆际交换）
	京都国立博物馆	写经、佛典	72 件	松本收集品和守屋收集品
	书道博物馆	写经、佛典、官私文书、回鹘文、书法	153 件	私家收藏之首 收购何孝聪、孔宪廷等人旧藏、日本收藏者的旧藏品
	有邻馆	佛经、公私文书、文学作品、呼吁写经	不详（混有赝品）	收购李盛铎、何彦昇等旧藏

① 《中央研究院历史语言研究所集刊》第一本第二分册，1930 年 6 月，陈寅恪，后作为《敦煌劫余录》序文，书作者陈垣。

② ［日］橘瑞超：《中亚探险》，柳洪亮译，新疆人民出版社 1993 年版，第 84 页。

③ 王素：《敦煌吐鲁番文献》，文物出版社 2002 年版，第 61 页。

④ 李晓光：《流失海外的敦煌文献在国外的具体分布》，《云南档案》2013 年第 9 期。

续表

国家	收藏单位	形式及内容	数量	主要来源
日本	宁乐美术馆	写本	2 件	吴昌硕旧藏
	天理图书馆	写本、绘画品、藏文、回鹘文、西夏文、文书	22 件	大古文书散佚、中村不折旧藏等
	大谷大学图书馆	敦煌写经	38 件	东本愿寺前法主佛上人捐赠等
	三井文库	写经，主要是佛经	112 件	三井家的捐赠
	唐招提寺	写本	27 件	民间收购
	国立国会图书馆	汉语、西夏语、藏语写本等	48 件	原滨田收集品
	九州大学文学部	敦煌写本	5 件	购自田中三男
	法隆寺	敦煌写经	1 件	不详
	大东急记念文库	敦煌写经	不详	久原文库和井上文库

从表 1 中可以看出，日本猎取了大量的敦煌文献，其中包括大量敦煌写经以及西夏语、回鹘文、藏语等多语种、文字写本，这些都是敦煌文物中宝贵的财富。

（二）日本参与的西北文物保护工作

中日恢复邦交后，日本逐渐参与中国西北地区的文物保护工作。其中，少量文物回归中国。1997 年 10 月 9 日，日本友人青山庆示遵照其父青山杉雨的遗嘱，将家藏的 8 件敦煌遗书送回敦煌，这是日本首次以个人名义将敦煌文物送还中国。此外，中日之间更多的合作内容是对西北文物，特别是对敦煌文物的保护和修复。

从民间交流来看，不得不提到就是日本著名画家平山郁夫，他曾经担任日中友好协会的名誉会长，被授予"中日友好使者""文化交流贡献奖"等，在中国西北文物，特别是敦煌文物的保护方面做出了重要贡献。1979 年平山郁夫访问敦煌，回国后他积极推动两国对敦煌文物的合作保护项目，倡导成立"文化遗产保护振兴财团"，筹集资金用于敦煌保护，并从 20 世纪 80 年代开始，为敦煌研究院培养文物保护和研究方面的人才。1988 年，在他的倡导和捐助下，由日本政府无偿援助的"敦煌石窟保护研究陈列中心"在莫高窟建成。之后他又在大英博物馆捐助设立"平山郁夫敦煌文物修复室"①，致力于在世界范围内倡导敦煌文物保护。

从高校及其他研究机构来看，其针对西北文物保护的相关活动主要是 1986 年以来，东京国立文化研究所与敦煌研究院为了对莫高窟的壁画进行保护与维修一直持续进行着共同的研究，在对地质、地形、气象等环境进行调查的基础上，找出了壁画自然损坏的原因并确立了对壁画的保存与修复的方案，此后又开展了多轮合作项目。② 1990 年 12 月，敦煌研究院院长段文杰赴日本与日本文化厅签订了《中日合作研究保护敦煌莫高窟第 194、53 窟协议书》，此后一系列敦煌莫高窟洞窟合作保护协议陆续签订，推动了中日研究保护敦煌莫高窟的合作工作。2006 年 2 月，中国文物研究所与日本文化保护艺术研究助成财团签署了《中日合作丝绸之路沿线文物保护人员合作培养计划》，为保护西北文物合作培养专业人才。

日本高校针对西北文物的调查研究活动主要以早稻田大学丝绸之路调查队为代表。③ 20 世纪 70 年代，以长泽俊和为代表的早稻田大学的学者们就开始了对丝绸之路的实地调查，并得到了《朝日新闻》社的援助，和中国共同完成了对楼兰古城的调查。20 世纪 90 年代，早稻田大学丝绸之路调查队与新疆考古文物研究所合作，发掘了吐鲁番交河古墓群。

通过一系列合作保护项目，西北文物，特别是敦煌文物在全球范围内得到了进一步的重视，也取得了一定保护和研究成果。

三 日本在西北地区开展的调查渗透活动

西北地区除了拥有独特的历史遗迹和文物使其文化价值突出，在地理上也有着重要价值。它连接着俄国、蒙古国及中亚国家，是中国连通

---

① 陈涛：《平山郁夫：最爱敦煌的日本人》，《世界知识》2010 年第 1 期。

② ［日］三浦定俊：《为敦煌莫高窟壁画的保存而进行的日中共同研究》，《东方学》1995 年。

③ ［日］池田温著，张铭心译：《近年日本的敦煌吐鲁番研究》，《敦煌学辑刊》2001 年第 1 期。

欧洲的要地,如此突出的地理位置使其具有重要的战略意义。因此,二战期间,日本除了对西北地区历史遗迹的考察和对文物的猎取,还进行了其他的调查活动,特别是军事间谍活动。

最早进入西北地区的日本人是日本驻俄代理公使西德二郎①。1880年西德二郎从俄国进入新疆伊犁,并在1886年出版了《中亚细亚记事》。1889年,日本在西北的侵华组织、以药铺作为掩护的"乐善堂"又派遣浦敬一试图进入新疆,不过浦敬一在行至嘉峪关附近时失踪。

20世纪初期,日本外务省派遣上海东亚同文书院第二期毕业生进入中国西北,其中林出贤次郎赴伊犁考察,樱井好孝在完成科布多的考察任务后赴乌鲁木齐考察,波多野养的目的地也由兰州变成了乌鲁木齐,可见日本对新疆的重视程度。考察后,林出贤次郎提交了《清国新疆省伊犁地方视察复命书》,其中提道:"在如此重要之地,我国应当成为比世界上任何国家都更早着手各种事业、掌握其特权、巩固其基础,此为可取之策略。我国应当使中国官民在事业经营方面雇用日本人,购买日本机器。我国应当承担责任,派遣优秀人才,以采取经营新疆的策略为当务之急。"②

1907年,日本参谋本部陆军少佐日野强、陆军中尉上原多市在新疆考察。这是日本首次派遣军人进入新疆。日野强回国后,于1909年出版了《伊犁纪行》。

1918年2月中旬,日本又派遣了军部6名军人进入新疆,考察油井、煤炭、物产等情况,并提交了《中国矿山杂件之新疆及甘肃省》报告,现藏于外务省外交史料馆。③

1933年,盛世才主政新疆时,日本试图派遣盛世才在日本陆军大学的同学金久武官进入新疆,但被拒绝。④

1944年,伪蒙疆政府在首府张家口设立了西北研究所⑤,以研究民族

① 房建昌:《近代日本渗透新疆述论》,《西域研究》2000年第4期。
② 《清国新疆省伊犁地方视察复命书》,外务省外交史料馆藏,JACAR档号B03050331700。
③ 《派遣松井中佐等6人的文件》,防卫省防卫研究所藏,JACAR档号C03022435500。
④ 杨文炯、柴亚林:《清末至民国时期日本在我国新疆的阴谋活动述略》,《中国边疆史地研究》2014年第24卷第4期。
⑤ 丁晓杰:《日本大东亚省西北研究所及其调查活动》,《社会科学研究》2010年第1期。

学为幌子，搜集情报，进行一系列间谍活动。

一直到 1945 年日本战败，其规模性的军事间谍活动才告一段落。

四　中日之间在西北地区开展的
友好交流活动

改革开放后，随着中日关系进入历史上的最好时期，两国针对西北地区，也开展了一系列的经济、文化交流活动。

在民间文化方面交流方面，自平山郁夫访问敦煌后，除了积极致力于敦煌文献及文物的保护工作，还积极推动两国的文化交流。他在东京艺术大学特别开设了针对敦煌文化的课程，培养致力于敦煌文化研究的相关人才[1]；1989 年，平山郁夫先生举办了个人画展，将筹集到的资金全部捐赠给敦煌研究院，敦煌研究院为此设立了"平山郁夫学术基金"。平山先生从 70 年代开始，一直到 2009 年去世前，40 多年中为中日交流做出了重要贡献，在西北地区丝绸之路中外文化交流史上也留下不朽的佳话。

民间交流的同时，两国政府间主导和推动的合作交流活动也取得丰硕成果。影响最大的莫过于 20 世纪 80 年代中日合拍《丝绸之路》了。1980 年，中央电视台（CCTV）和日本广播协会（NHK）联合拍摄了大型电视纪录片《丝绸之路》，那是中国第一次允许外媒进入中国腹地拍摄纪录片[2]，作为一次国家行为，中国政府为拍摄提供了很多便利，也通过最终的作品展现了纪录片拍摄的水平。《丝绸之路》通过《古都长安》《跨越黄河》《祁连山下》《莫高窟的生命》等剧集向两国和世界人民展示了丝绸之路上的古老文明，在中日两国都产生了巨大反响。2005 年，两家媒体时隔 20 多年再次合作拍摄了《新丝绸之路》，通过更高端的技术和新的拍摄理念，再次为两国人民带

---

[1]　郭茂全、李晓：《跨文化视域下敦煌形象的日本传播研究》，《文化与传播》2015 年第 6 期。

[2]　裴玉章：《〈丝绸之路〉为中日友谊锦上添花》，《中国传媒大学学报（现代传播）》1980 年第 2 期。

来了一场文化盛宴。

此外，1997 年 8 月，为纪念中日邦交 25 周年，中日舞蹈家在中央戏曲学院联合演出日本舞蹈家花柳千代创作的舞蹈《大敦煌》，为两国文化交流搭建了新的桥梁。2011 年 9 月 10 日，敦煌研究院和日本京都艺术大学在敦煌莫高窟联合主办举办了"敦煌意象——中日岩彩画展"，展出中日艺术家作品 69 幅，其中包括两国艺术家精心摹绘的敦煌艺术、龟兹艺术和日本古代艺术的摹本，这些活动都积极推动了中日之间的文化交流。

五　结语

中日互为重要邻国，历史上中日交流交往的主要空间和渠道是海洋，也就是被称为东亚海上丝绸之路所在的东亚海域。这个东亚海上丝路从线路上看有若干条，形成网络，它不仅是丝绸之路，也是陶瓷之路、书籍之路、桑蚕之路等。同时，这个海洋的世界既是中日友好交流的纽带，也是中日激烈交锋的舞台。

中国大西北的丝绸之路，在近代以前与日本的交集不多，这条陆上丝路主要是中国与中亚、南亚、西方世界联系的渠道。当然，这种经济文化交流的影响自然波及包括日本在内的东亚文化圈的其他国家（如汉传佛教等）。近代以来，日本人在西北地区丝绸之路上的活动是从对文物、考古的兴趣和贪婪开始的，虽然不乏对佛教文化和异域文化的热衷，但是盗取、破坏文物的行为也并不少见。和其他老牌帝国主义国家一样，以敦煌文书为代表的丝路文化瑰宝被发现以及大量遗失海外，一定程度上催生了敦煌学、敦煌吐鲁番研究的发达，同时也留下一部中国人"学术之伤心史"。甲午战争以后，日本也试图染指西域，不少学者、军人、浪人到这里进行矿产资源、交通、民俗、环境等多领域的调查，这些大量的"研究成果"许多都成为日本进一步向中国扩张、为侵略战争服务的基础性资料。中日恢复邦交，特别是改革开放以后，两国才真正实现平等互惠基础上的合作交流。而以平山郁夫为代表的民间友好往来，以中日合拍《丝绸之路》大型纪录片为代表的中日政府间合作，在西北地区丝路文化交流史上留下光鲜亮丽的篇章。这些合作交流的成果，进一

步挖掘和保护了丝路文化的丰富资源，也向两国人民传播了丝路文化的
丰富博大和无穷魅力，彰显了以和平合作、开放包容、互学互鉴、互利
共赢为核心的丝路精神。

丝绸之路沿线史前彩陶异形
器物研究[*]

胡桂芬[**]

摘要：彩陶是丝绸之路沿线历史文化重要的组成部分，是近年来考古学、历史学和艺术学研究的热点。彩陶以其造型独特，纹饰精美而备受中外众多学者和收藏爱好者的关注，特别是进入青铜时代以后，异形器渐渐多了起来，包括大量仿生造型的器物，如陶鸟、陶靴及各种陶塑，这些器物大量出现在丝绸之路沿线，它们造型奇特，或稚拙，或灵气，体现出史前先民丰富的思维想象空间与设计理念。

关键词：丝绸之路；彩陶；异形器；造型

彩陶是史前人类重要的生活器具，是农耕文明的产物，所以在其出现之初具有很强的实用性。彩陶也是原始社会的主要艺术品，彩陶对于艺术发展史的意义在于它既是实用器物又是艺术品，在它身上体现着实用功利与审美要求的结合，物质需求与精神需求的统一。后来随着社会的发展与进步，一些用于祭祀和宗教的器具随之诞生，如仰韶文化的尖

　＊　基金项目：甘肃省哲学社会科学规划项目"古丝绸之路甘肃段彩陶文化传播与交流研究"（批准号：YB053）；国家社科艺术学基金西部项目规划课题"甘肃彩陶文化西来元素研究"（批准号：16EA180）。

　＊＊　胡桂芬（1974—），女，籍贯甘肃景泰。艺术学硕士，兰州财经大学副教授，甘肃省马家窑文化研究会会员，中国中外关系史学会会员，主要研究方向为彩陶艺术。

底瓶，多以为是取水的器物，但忽略了它的其他用途，因在墓葬当中普遍发现，它不再是以单纯的汲水功能存在，而是供宗教祭祀的需要。"有的彩陶瓶造型，为圆底形。圆底形的器皿造型，保留了葫芦的原始形态，但不易摆放，也不便使用，只能穿系悬挂。半坡类型一些小口瓶，显然不是实用的器物，或者为宗教祭祀礼器的需要；而一些祭祀用的器物，也可以是日用品，许多器物常常是一物多用的。"① 彩陶造型，因时代与地域的不同，因文化类型的差异，用途的区别而各有特征，造型的形式多种多样。从最早产生的炊具、饮食器具，到各种盛储器具，再到纺轮，以及乐器等。除此之外，还有各种造型活泼、有别于常态器物的异形器。

异型器的用途按考古常规的判断，通常被认为是陈列、祭祀、陪葬之用。应该说，彩陶异型器的出现贯穿于彩陶发展过程的始终。彩陶异形器物在每个时期都有不同的表现形式，如仰韶文化的尖底瓶，从马家窑文化到后期各时期频繁出现的双联罐、鸟形罐、青铜时代彩陶的各种动物塑饰等。这些无不体现出史前先民聪明智慧和高超的制陶技艺，还有他们对生活的感悟。早期彩陶异型彩陶器的数量是稀少的，相同用途、相同主题的异型器被发现更是难得。彩陶异形器依据其形体特征，可分为异形实用器物、人物及身体部位造型、动物造型、植物造型等几个大类。

一 异形实用器物

彩陶造型的创制形式，更多是为了满足人们不同使用需要。基于不同的使用要求，在其初期出现了圆底器、三足器；之后，几千年漫长的发展相继出现了带耳的平底器、尖底器、三耳罐、四耳罐等不同造型；还出现造型奇特的葫芦瓶，束腰罐、双联罐到多联罐（杯）、单流壶到多流壶、异形组合等；此外还有陶鼓、陶埙、陶铃等。器型的丰富多样性，体现了陶工的制作技艺、艺术水平，以及不同的审美追求与艺术创造力。新时期时代出现的各种器物，大多都是实用器，说明史前生产力的不断发展，人们的需求随之不断增大。

马家窑类型晚期出现了一些新的彩陶器形，如器形别致的束腰罐

---

① 蒋书庆：《彩陶艺术简史》，上海人民美术出版社 2007 年版，第 31 页。

（图1），可能受到烧窑时叠烧陶罐的启发而制成的，为大口罐摞在敛口罐
上的样子，由此也可看出束腰罐器形产生的由来。陶器的三联杯器形，
最早出现于长江中游的大溪文化，湖北宜昌出土过一件大溪文化的共用
一个圈座的三联红陶杯。三联杯的器形是溯长江而上传播的，在长江上
游白龙江流域的马家窑类型彩陶器形中，出现了和大溪文化类似的三联
杯，杯身上绘着二方连续旋式的绳索纹，这也是大溪文化彩陶具有特色
的图案纹样。我们在经常谈到马家窑类型陶器受到仰韶文化影响时，不
容忽视大溪文化的影响。但是马家窑文化有很强的吸纳力和创造力，就
以多联的彩陶器来说，就产生了很大的发展变化，马家窑类型晚期的三
联彩陶杯的杯身变浅，实用的意义明显减弱。半山类型虽然未发现多联
的彩陶杯，但出现了双口的彩陶壶，还有马厂类型的五口彩陶罐和三口
彩陶壶，应视作多联彩陶杯的变体样式。马厂类型彩陶器形到齐家文化
中仍有二联杯（图2—图4），但底下已不做圈座，一种式样是二杯之间
用圆柄相连，在青海民和出土的同类二联彩陶壶上还加有一条提梁。

图1　马家窑类型束腰罐

图2　马厂类型双联罐

图3　齐家文化双联高颈罐

图4　齐家文化双联罐

　　另一种式样是将两个单耳杯的耳对联在一起而成为双联杯。马厂类型的二联彩陶杯器形小巧，有柄和把，可以单手把持。但这种多联或多口的彩陶器皿都不是生活中的实用品，使用这类器皿倾倒液汁时，液汁会不止从一杯和一个孔中流出，那么这类器物究竟怎样使用呢？我们能从西部民族的习俗中得到启示，如羌族有咂酒宴，用竹管或青稞管在酒器中吸食咂酒。因此这类多联或多口的彩陶器皿，应是在公众举行某种仪式时的特殊用器。甘肃舟曲彩陶罐造型，以三个罐体相连接，再配以支撑连接的底座，形成三位一体的奇特造型（图5）。是形式与内容相统一，手法与技艺相配合的经典之作。彩陶罐的三联形式，与同一类花纹的三组形式相对应，使造型形式也成为寓意表现的一部分，体现了丰富的想象力，显示了陶器制作的手法与技巧。同样，三足的鼎、鬲，双口、三口、双耳、三耳的奇特造型，带盖、带人头的壶体造型，都需要分别制作、组合粘接、修理完善，需要多道工序才能最后完工（图6—图7）。

图5　马家窑文化三联罐

图6　半山类型提梁双流壶

图7　齐家文化双流罐

图8　半山类型彩陶鼓

陶鼓，是娱乐品，也是宗教祭祀的用具。马家窑文化，出现许多不同形式的陶鼓，兰州地区还有大小配套好几个陶鼓同时出土。陶鼓造型，一端为喇叭口形，一端为长筒形，喇叭口一端用于蒙皮，口沿外侧，有用于蒙皮的乳钉。另一端为中空。两端有用于系挂背带的耳。敲击的共鸣需要，促使制作技术手段革新，产生了鼓的造型，器形设计科学实用，富于变化。以精神的需要与物质生产的需要相并存，从一个侧面再现了当时人们的生活情景。甘肃永登出土的鼓就是一种富有特色的创造形式（图8）。

二　人物及人体部位造型

（一）人形彩陶器

黄河流域的仰韶文化、马家窑文化、卡约文化、四坝文化等许多文化陶器，都有许多不同的模拟人形造型的彩陶瓶和壶，也都有以人的双臂之形为壶体双耳之形的形式。同类彩陶造型，更多是取人的局部特征，为人形的象征性造型。例如人的鼻子或者耳部特征，为陶器造型的点缀形式。人形造型的手法，赋予陶器以生命的象征意义，借人的形象特征体现不同的象征观念，这类形式存在于仰韶文化，也广泛延续于马家窑文化和青铜时代彩陶中，成为一种普遍的文化现象。

图9　仰韶文化
人形壶

图10　仰韶文化
人头彩陶瓶

图11　四坝文化
人形壶

如陕西洛南出土的彩陶壶造型，以人形为框架，以人的躯体为壶身，从人头形的耳部伸出，至壶体肩部的双臂之形，为壶的双耳（残）。人形壶的人头形，以写实的形式而出现，眉目清秀、动态自然，神态逼真、变化微妙，形体完整、形象生动，塑造了一个憨态可掬的人体彩陶壶，是人形造型的巧妙之作（图9）。

甘肃秦安大地湾出土的彩陶瓶造型，以人头形为瓶口，以人身为壶体。耳孔鲜明，面目清秀，塑造了鼓腹而立的披发女子形象。罐的腹耳（残缺），变为象征性的人的两臂。彩陶瓶为雕塑人头形，再现了人体形象的象征。壶体花纹的绘制，具有"文身"的象征寓意。同一意象的人形设计，手法不同而各徽其妙（图10）。

1989年出土于甘肃玉门火烧沟遗址的人形彩陶罐，高21厘米，属商代早期。这件彩陶罐，与人们通常印象当中的彩陶有很大的区别，这件高约21厘米的陶器，俨然是一个站立的人的形象，虽然从制作工艺上看并无特别之处，甚至可以称其为粗糙，但是，这件陶罐对人的体态、动作和神情的刻画却栩栩如生，从面部特征上分析，这明显是一个男子，高鼻深目，双耳开孔，表情生动。短发，头上没有任何装饰品，身着短上衣，戴有精美的项饰，下着网格长裤裙，双手插于裤兜，怡然自得，巧妙的形成陶罐的双耳。最特别的就是他双脚上的鞋，看上去完全是一双高腰的靴子，这样的装束代表了那个时代的流行元素（图11）。

（二）人头或人面塑饰

黄河中上游地区发现的彩陶器皿上的人物雕塑数量丰富，人头像或人像常常作为装饰品而被用于器口或器，表明了艺人作为塑造对象的普遍性。在仰韶文化、马家窑文化、红山文化等时期，陶器上有表现为单独的人面雕塑或人头雕塑。人物的五官端正，形态逼真，多为女性形象，具有典型的亚洲人物特点（图12—图15）。如半坡捏塑人头像，其塑工颇为精致，人面略成方形，头作扁平状，耳、目、口、鼻均用泥片附加黏合而成，口部已脱落，目、耳锥刺成洞，鼻子高大，鼻梁中间压成一道凹痕，耳部穿刺两孔，当为系耳坠的象征。据发掘者认定，这个塑像似为插在某种东西上的附饰或者玩具（图14）。

作为彩陶附件或附属的人头塑饰（图16—图19），有的塑饰与彩绘结合。在马家窑文化彩陶上屡见不鲜，尤以马厂类型为多。这种形式表现的人物大多做痛苦状，以男性形象为多。有的面目狰狞，或泪流满面，造型诡异。"这些造型，有的像是崇拜物，有的带有神秘色彩，有些可能是巫术的道具。特可能与原始宗教有着密切的关系，也可能与原始崇拜有关，如动物崇拜、性崇拜和生殖崇拜，有些也可能表现了原始人的一种即兴的创作。反映了先民力图'再现'人自身和外界事物的冲动，表现了人企图把握世界的最初努力，这与原始岩画的功能可能是相近的。这种以人为对象的意识和创造，必定包含着当时人对自身的某种认识和理解。"[1]

图 12　仰韶文化红陶人头

图 13　仰韶文化红陶人面

图 14　仰韶文化红陶人面 I

图 15　仰韶文化红陶人面 II

图 16　马厂类型人头陶塑 I

图 17　马厂类型人头陶塑 II

---

[1]　程金城：《中国彩陶艺术论》，甘肃人民美术出版社 2008 年版，第 145 页。

图18　马厂类型人头陶塑Ⅲ　　　　　图19　马厂类型人头陶塑Ⅳ

（三）人足和靴形器

人足形器最早出现于马厂类型时期，四坝文化也较为多见。它以人物的脚型为模板，或以穿靴的足型来表现，惟妙惟肖，生动传神（图20—图22）。

如马家窑文化马厂类型的人足形罐（图21），距今约4300年。彩陶脚制作精美，红色陶衣黑彩绘制。图案纹饰为马厂类型彩陶中较典型的细笔网格纹与宽带纹、折线纹的组合纹饰。表面打磨精致，小巧玲珑。造型生动逼真，五趾分明，并且体现出脚踝。脚踝上部有小磕口，用黄泥简单修复。从精美的彩陶器物上我们可以看出，远古先民的智慧不仅体现在制作生产工具上，其艺术水平也达到高超的境界，在于礼器、冥器的制作上虽严格庄重，却又不失活泼的个性。

图20　马厂类型陶靴　　　图21　马厂类型的人足形罐　　　图22　辛店文化陶靴

三 动物造型器物

动物造型的陶器，主要是模仿鸟、兽、鱼等动物特征而造型。各类文化陶器的动物造型，各有不同的特点，但普遍都有模拟动物形特征而造型的手法（图23—图34）。模拟动物之形的造型，扩大了造型的范围，创造了新的造型形式，使陶器造型的风格面貌显露出奇异的特征和丰富的变化，为彩陶的造型手法和寓意表示的象征形式，开辟了新的思路与线索。

图23 大汶口文化犬形鬶　　　图24 大汶口文化猪形鬶

图25 马家窑类型陶铃　图26 马家窑类型陶勺　图27 四坝文化羊头柄方杯

（一）兽形

大汶口文化有陶塑的狗形鬶（图23）、猪形鬶（图24）等。狗形鬶，四足挺立，短尾上翘，昂首抬头，两耳竖立，做狂吠状，张开的大嘴借用作流，形象生动而富于创意。其他各类彩陶，也有模拟动物形造型的手法。马家窑文化蛇头柄陶铃、龟形陶勺、四坝文化羊头柄方杯等，将各种动物形象表现得非常生动（图25—图27）。这些兽形陶塑的出现，与人们的日常生活有密切的联系，驯化的猪、狗、羊等动物成为史前艺术家造型的素材；而龟、蛇之类也偶尔作为人们艺术表现的对象。

（二）鸟形

仰韶文化的鹰形尊（图28）、红山文化的鸟形壶，是鸟形之造型的典型形式。马家窑文化的鸟形壶（图29），以更简洁的象征性特征，体现了鸟的形象特征，为同类彩陶一种重要的造型形式，流传广泛、形态各异，显示了其重要特征，如齐家文化的鸭形壶（图30）和四坝文化的鹰形壶（图31）等。

图28　仰韶文化鹰形尊　　**图29　半山类型鸟形壶**　　**图30　齐家文化鸭形壶**

图31　四坝文化鹰形壶　　　**图32　小河沿文化鸟形壶**

赤峰翁牛特旗大南沟出土，红山文化彩陶壶造型（图32），为鸭子的形象特征，头部偏于壶体一侧，尾部为象征性的小鋬。以鸟头形为壶的颈项开口，张开的大口借为陶壶的流，造型奇特、构思巧妙，形象生动而富于想象力。于简洁的形式中，传达着深沉的寓意内涵；单纯形式中，显现着巧妙的艺术表现力，也体现出鸟与人相互依存的微妙关系。

（三）鱼形

陕西宝鸡北首岭出土陶壶，按鱼形特征造型，于鱼的后背中心开，壶口两侧有用于穿系的双耳，躯体鼓圆而两头减削，造型奇特而富于想象力。同一遗址出土相似造型，应该是取鱼形的一半特征而造型，过去多误以为是"船形"壶（图33），这件器物是典型的盛水器，高15.6厘米，长24.8厘米。该彩陶设计以鱼为形，腹两面以褐黑色彩绘出网纹，网纹象征渔网，反映狩猎捕鱼是当时人们生活的重要部分，这件器物亦是仰韶文化彩陶中的珍品。

类似的造型，也见于甘肃临夏出土的扁壶形造型。再如红山文化彩陶鱼形埙（图34），长17厘米，器表共四个孔，顶部一个，两侧三个。器物造型鱼的形象逼真，惟妙惟肖。器表布满碱壳，顶部用嘴侧吹可发出清脆声音，是我国最古老的陶埙。四坝文化也出土有类似的鱼形陶埙，器物通体绘以网格纹（图35）。

图33　半坡类型鱼形壶　　　图34　红山文化鱼形埙　　　图35　四坝文化鱼形埙

四　植物造型器物

植物造型是拟植物之形，如仰韶文化彩陶模拟葫芦形造型制陶。彩陶器皿中的钵、盆、壶、罐等不同的造型，有的取葫芦形的一部分，有的是葫芦形一部分的变体形态。模拟葫芦形造型，是陶器造型很重要的形式，在仰韶文化、马家窑文化陶器造型中占有相当的位置。模拟葫芦形造型，有其实用的基础，也有宗教崇拜与文化表示的需要。

大量的陶器造型，是依据使用需要，选择截取葫芦的一部分而造型。大地湾出土彩陶钵造型，截取葫芦形一部分的底部特征。造型特点为大口圈底，易于成形，易于制作，易于存储，也便于倾倒，既方便实用又美观大方，是盆、钵之类广泛采用的形式；使用的意义，超越了彩陶造型的象征基础，但又离不开这一普遍规律。花纹的形式，为传达寓意象征的主要形式，造型形式为花纹寓意表示象征手法的辅助形式。①

半坡出土的彩陶的瓶造型，有的为圆底形，有的为小平底。圆底的葫芦瓶，是葫芦形的模拟再现，平底的葫芦瓶，则是葫芦形的变体（图36—图37）。平底的葫芦形造型，增强了放置的稳定感与灵活性，是按方便实用的原则设计制造的，但保留了葫芦的形态与象征寓意，是文化表示需要决定的，也与葫芦作为最早的植物被栽培，以及葫芦作为日用品的历史、宗教祭祀需要、相联系，与葫芦的文化观念影响，及其文化表示的象征形式分不开。

图36　仰韶文化葫芦彩陶瓶

图37　仰韶文化葫芦瓶

---

① 蒋书庆：《彩陶艺术简史》，上海人民美术出版社2007年版，第32页。

图38　半山类型葫芦形罐　　　　　图39　马厂类型葫芦罐

葫芦形也是马家窑文化造型的重要形式（图38—图39）。方便、实用的要求使葫芦瓶造型显示了许多不同的特征，有的变为小平底；有的取葫芦形的一部分而造型；有的按葫芦形的形态而变形。日用器皿，按葫芦形特征而造型，与葫芦作为当时栽培的作物，和便于携带的条件有关，也与葫芦的寓意象征，与宗教观念的表示需要相联系。①

结　语

陶塑作为早期人类三维的艺术造型，是史前先民对现实生活"再现"。早期陶塑大多以人作为表现对象，"陶器的曲线与人体曲线有关联"②，从衣不蔽体的普通大众到衣着华丽的贵族，无不体现社会的进步与变革；陶塑的动物也是从猪、狗、羊到各种鸟类形象，反映了畜牧业的发展历程；鱼类从早期到晚期持续存在，说明人类对渔猎生活的依赖。同时，彩陶作为随葬品，"它是带有神灵的器物之用"，呈现出特殊的心理需求。因而，彩陶综合反映着原始文化精神，也传达着原始艺术精神诸要素。

---

① 蒋书庆：《彩陶艺术简史》，上海人民美术出版社2007年版，第31页。
② 程金城：《中国彩陶艺术论》，甘肃人民美术出版社2008年版，第140页。

新疆出土史前毛织物纹样二题[*]

信晓瑜^{**}

摘要：本文对新疆出土史前毛织物表面出现的花角鹿纹和方角回旋纹两种典型装饰纹样进行了分析，通过与同一时期欧亚大陆其他地区类似纹样的对比，本文认为花角卧鹿纹与北部的南西伯利亚地区以及新疆西部中西亚地区存在较强的文化亲缘关系，而方角回旋纹则与新疆东部黄河流域的古代文明亲缘性更强，这种纺织品纹样的多元性体现出新疆地区在欧亚大陆早期东西文化交流中的重要地位。

关键词：新疆；史前；毛织物；花角鹿纹；勾联纹

近年来，新疆塔里木盆地出土一批纹饰精美又极富特色的史前①毛织物，为我们了解欧亚大陆早期东西交流提供了线索。考古证据显示，新疆史前居民已经开始使用各种装饰纹样对毛织物进行装饰，这些装饰纹

＊ 本文为 2015 年度国家社会科学基金艺术学青年项目"汉代以前的新疆早期服饰"（项目批准号：15CG160）阶段性成果；2016 年度新疆大学博士毕业生科研启动基金项目"汉代以前新疆居民妆饰研究"（项目批准号：BS160124）阶段性成果。

＊＊ 信晓瑜，女，1981 年 12 月生，籍贯河南，新疆大学纺织与服装学院讲师、博士，主要研究方向：西域古代染织服饰与新疆民族染织服饰。

① 学术界一般认为新疆有文字可考的历史始于汉代张骞凿通丝路，因此新疆史前时期一般指汉代以前。参见陈戈《新疆史前文化》，《西北民族研究》1994 年第 2 期，第 10 页；肖小勇《关于新疆史前研究的讨论》，《西域研究》2004 年第 2 期，第 74 页；郭物《新疆史前晚期社会的考古学研究》，上海古籍出版社 2012 年版，第 19 页。

样通过缂织、挖花、缝绣、染缬或手绘等技法在织物表面显花成纹，多以二方连续和四方连续为主，排列形式既有水平的带状布局也有满地花布局，其装饰母题丰富，可分为几何纹、植物纹、动物纹几类，其中一些典型纹样在欧亚大陆其他地区也有类似发现，显现出明显的文化交流属性，本文试对其中两类典型纹饰进行分析，试图管窥其背后潜在的文化脉络。

一 花角鹿纹

新疆鄯善洋海一号墓地曾出土一件花角卧鹿纹缂毛织物，是在一上一下的黄色平纹毛织物表面以红、蓝两色毛纱通经断纬缂织出昂首侧向的雄性麋鹿形象，其足部一前一后相对折转，呈俯卧姿势。织物残损严重，现仅存两只完整麋鹿形象①，巨大的鹿角卷曲分叉，鹿身曲线圆滑、肌肉饱满，呈屈膝俯卧状，其腹部及臀部缂织有数组螺旋纹装饰，整体造型栩栩如生，显示出浓郁的草原艺术风格（图1）。

图1 洋海墓地出土花角卧鹿纹毛织物及其主体纹样复原图

类似花角鹿纹装饰在新疆境内的其他墓葬也多有发现，如年代稍晚的洛浦山普拉墓地出土的一件绿地鹿纹二方连续缂毛饰带，就以红色毛纱通经断纬缂织花角鹿纹于深绿色平纹地组织上，还用黄色毛纱勾出轮廓，巨大的鹿角向上向下螺旋延伸，表现出强烈的视觉张力（图1）。另一件缂毛饰带裙上则以红、黄、蓝、绿等几色毛纱栩栩如生地刻画了格

---

① 贾应逸：《新疆古代毛织物研究》，上海古籍出版社2015年版，第234页。

里芬噬鹿的精彩画面（图2）。

图2　山普拉墓地出土花角鹿纹毛织物

　　山普拉墓地出土类似花角鹿纹毛织物还有多件，但其与洋海墓地出土卧鹿纹毛织物从造型到工艺结构都有一定的区别，洋海毛织物表面花角鹿纹前后腿相互对折，是食草动物俯卧时的一种典型纹样，硕大的鹿角向头后横向延伸，而山普拉鹿纹则多以站姿为主，鹿角向上下两方向纵向延伸，此外洋海鹿纹缂织在较大的平纹毛织物上，其外表没有轮廓，形象较为写实；而山普拉鹿纹则多缂织在毛绦带上作为裙摆接缝处的装饰，鹿纹外侧多用浅色毛纱勾出轮廓，形象更趋抽象。洋海一号墓地的绝对年代为从公元前2000年末至公元前1000年的前半期，基本是从青铜时代一直延续到早期铁器时代[1]，而山普拉墓地的年代约为汉晋时期[2]，其时代略晚于洋海墓地。这种纹饰上的区别可能是因为时代和地域的差异所造成，但这些地区的古代居民在新疆早期阶段大量使用鹿纹装饰母体这一共同行为不应被忽视。

　　除纺织品外，类似花角鹿纹在阿尔泰地区的史前岩画和鹿石表面也很常见（图3）。鹿石是一种竖立的石柱或石板，因表面常有线刻或凹雕的鹿纹而得名[3]。阿尔泰地区的鹿石表面雕刻的花角鹿纹或俯卧或奔跃，盘旋的鹿角向鹿首后回旋延伸，其造型与洋海出土鹿纹毛织物如出一辙。此外，洋海、扎滚鲁克、苏贝希等墓地出土的木桶表面也发现有类似花

---

①　新疆文物考古研究所、吐鲁番地区文物局：《鄯善县洋海一号墓地发掘简报》，《新疆文物》2004年第1期。

②　新疆博物馆等：《新疆且末扎滚鲁克一号墓地发掘报告》，《考古学报》2003年第1期。

③　刘文锁：《欧亚草原的古代鹿雕像》，《民族艺术》2015年第2期。

角鹿纹造型①（图4），可见这种纹样在史前新疆地区具有广泛的流行性。

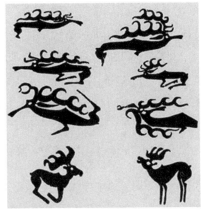

图3　新疆阿尔泰地区岩画和鹿石中的花角鹿纹形象

图4　新疆扎滚鲁克、苏贝希等墓出土木桶上的花角鹿纹

1.2. 扎滚鲁克出土鹿纹木桶及纹样展开图　3 苏贝希出土木桶

　　类似花角鹿纹装饰在同一时期的欧亚草原其他地区的岩画、鹿石、纺织品、金属器等装饰造型中大量出现，成为具有时代特征的典型纹样。如蒙古和外贝加尔地区的鹿石表面鹿纹，其造型与阿尔泰鹿石相似。此外，在欧亚大陆中部发现的很多金属牌饰中，也发现类似花角卧鹿造型，如北高加索库班地区（公元前 7 世纪前后）出土金牌饰（图5—1）、伊朗西北部齐维耶村的斯基泰—伊朗式金属器②（公元前 5 世纪前后）（图5—4）、俄罗斯米努辛斯克出土青铜牌饰（公元前 6 世纪至前 5 世纪）

---

① 帕丽旦木、沙丁：《新疆吐鲁番洋海墓地出土的木桶》，《大众考古》2015 年第 11 期。

② 李晓红：《试论北方草原古代艺术中的鹿形象》，《考古与文物》2002 年第 5 期。

（图 5—2）、东哈萨克斯坦麦杰利阿尔早期文化（公元前 5 世纪至前 3 世纪）（图 5—3）金属牌饰表面都曾发现过类似花角鹿纹金属饰品，其制作工艺多为平面浮雕或立体圆雕，另见少量平板型鹿纹金属片，如俄罗斯图瓦地区著名的阿尔然大墓出土多件鹿纹金饰，其中一件原来装饰在墓主人帽子上的鹿纹金片就是像剪纸一样剪出昂首站立的花角麋鹿形象（图 5—5），同墓地出土的立体圆雕花角鹿形金饰也极其生动（图 5—6）。此外，年代稍晚的俄罗斯阿尔泰推克塔墓地、巴泽雷克墓地（公元前 5 世纪至前 3 世纪）等处发现的棺板、文身、纺织品图案中同样发现花角鹿纹装饰母题（图 5—7，图 5—8），可见其在早期阿尔泰地区的使用具有较强的延续性。

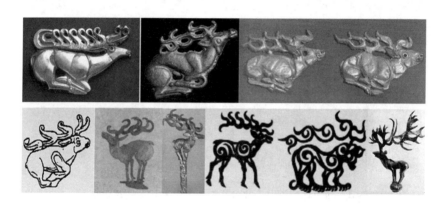

图 5　国外其他地区发现的青铜至早期铁器时代花角鹿纹装饰

1. 北高加索 Kostromskaia kurgan　2. 俄罗斯米奴辛斯克　3. 东哈萨克斯坦地区　4. 伊朗齐维耶卧鹿纹　5. 6. 图瓦阿尔然大墓鹿纹装饰　7. 推克塔鹿纹棺板　8. 巴泽雷克鹿纹装饰

　　国内北方草原地区也常见类似花角鹿纹装饰，如内蒙古赤峰夏家店上层文化（公元前 11 世纪至公元前 7 世纪）①的小黑石沟墓地出土剑柄饰有类似花角鹿纹的青铜短剑（图 6—1），为三组花角卧鹿平行排列，鹿角依次向后弧线延伸，颇具草原艺术风格。与其文化相似的小白阳墓群出土花角鹿纹金属牌饰，鹿角弧线已演变为圆环形（图 6—3），类似的圆

---

　　① 邵会秋、杨建华：《从夏家店上层文化青铜器看草原金属之路》，《考古》2015 年第 10 期。

环花角鹿纹青铜牌饰在怀来甘子堡（图6—4）、呼和浩特（图6—5）和
鄂尔多斯等地区（图6—6）大量出现①，其鹿角形态与新疆地区的花角鹿
纹具有显著区别，应该是受到蒙古国和外贝加尔地区花角鹿纹装饰南下影
响而形成的变体，其造型在中国内蒙古、河北等北方草原地区广泛流行。

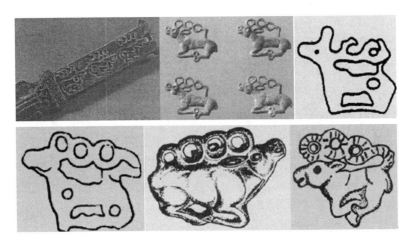

图6　中国北方草原地区的花角鹿纹装饰

1. 小黑石沟出土短剑　2. 美国人威特和利恩的收藏②

3. 小白阳墓群　4. 怀来甘子堡　5. 呼和浩特　6. 鄂尔多斯

　　考古证据显示，鹿作为一种人类畜养历史相当悠久的动物在欧亚草
原古代居民生活中具有重要地位。欧亚草原部分地区的自然环境适宜养
殖驯鹿，如俄罗斯的图瓦和阿尔泰布尔津地区等，当地居民至今仍以饲
养驯鹿为其生计方式。③ 从实用功能来说，鹿肉可以食用，鹿角鹿骨可以
制器，鹿皮可以制衣，鹿胶可以制弓，鹿茸、鹿血、鹿鞭具有药用功能，
而且麋鹿本身亦被称作"森林之舟"，可以拉驼货物、交通运输，南方更
有利用麋鹿耕田种稻的风俗。④ 此外，鹿在古代还有丰富的精神指示功

---

① 魏婧:《中国北方春秋战国时期几种动物饰牌研究》，硕士学位论文，吉林大学，2005年。

② 东京国立博物馆:《大草原·骑马民族——中国北方·青铜器》图版149，东京，1997
年，转引自魏婧《中国北方春秋战国时期几种动物牌饰研究》，硕士学位论文，吉林大学，2005
年，第43页。

③ 刘文锁:《欧亚草原的古代鹿雕像》，《民族艺术》2015年第2期。

④ 郭孔秀:《中国古代鹿文华试探》，《农业考古》2000年第1期。

能，对于中原文化来说，鹿常常象征政治地位和权力，如"群雄逐鹿"，或者以为这财富和福气，如"福鹿（禄）寿"。有角动物在古代游牧民族生活中扮演着重要角色，这一点从很多鹿纹金属饰品被装饰于帽冠上即可窥得一斑，对于北方草原民族，鹿又具有神秘的图腾崇拜意味，对于鹿的崇拜最早可以追溯到古西伯利亚的萨满巫术①，萨满教认为丰繁的鹿角指向苍穹，可能具有沟通神灵的灵异能力。新疆乃至欧亚草原发现的花角麋鹿最早很可能是某些原始部族的氏族图腾，不仅象征着他们的族群种属，也寄托着古代人祈福祝祷的原始宗教信仰。

公元前1千纪的欧亚草原开始逐步进入游牧经济时代，武器、马具和动物纹样成为游牧民族斯基泰的三要素，除斯基泰人外，漠北匈奴兴起，成为欧亚草原东部的一支强大的力量。花角鹿纹装饰作为当时流行的草原动物纹样，正是在斯基泰人和匈奴人等古代人群的不断融合中传播演进的。这类纹样在公元前7世纪前后的中西亚及南俄草原出土文物中大量出现，又被称为"欧亚草原动物纹样"，也常被描述为"斯基泰式野兽纹"（萨彦—阿尔泰地区）或"鄂尔多斯式动物纹"（蒙古高原），其造型主要是复制野兽和当地特有动物形象，也常有幻想性的动物形象②。鲍里斯·彼奥特罗夫斯基指出，斯基泰动物风格在"描绘动物时，显然更喜欢那些强壮的、具有进攻性的猛兽形象；或是十分机警、快速奔跑、有自我保护能力的动物形象……斯基泰人信奉动物形象的神奇力量，他们把斯基泰动物风格下创造出来的每一个形象或观念都当做是一种驱邪物，即能消解灾难的护身符"③。

鹿纹是斯基泰文化早期阶段常用装饰母题之一，库罗齐金认为，从萨彦阿尔泰—东哈萨克斯坦—咸海—南乌拉尔—顿河—伊朗西北部—库班河流域，"所有躯干上带有螺线纹图案的鹿都分布在斯基泰时期的阿尔泰艺术中"。新疆洋海出土毛织物上的花角鹿纹躯干部位饰有明显的螺线纹装饰，应与上述"斯基泰时期的阿尔泰艺术"具有共同的装饰动机和

① 侯知军：《新疆地区商周时期出土动物装饰器物研究》，硕士学位论文，吉林大学，2014年，第45页。

② 鲁金科：《论中国与阿尔泰部落的古代关系》，《考古学报》1957年第2期。

③ ［俄］鲍里斯·彼奥特罗夫斯基、柳德米拉·嘎兰尼娜：《斯基泰艺术》，诺娜·戈拉齐等英译，王欣汉译，《新疆文物》1994年第1期。

文化来源，其最初很可能发源于北部的阿尔泰地区，并随着骑马民族的迁移南下经过东部天山地区，直至塔里木盆地腹地。另一方面，与中西亚、南俄地区的斯基泰人同样游牧于欧亚草原的古代匈奴人逐步登上历史舞台，他们带着他们熟悉的草原动物形象南下，并在今天的内蒙古、河北等处，形成了具有特色的鹿角连环状花角鹿纹。

二 方角回旋纹

新疆史前纺织品中还出现一种勾连曲折的方角回旋纹样，武敏称之为方角螺旋纹，认为其是螺旋纹的一种变体①，该纹饰最早见于察吾呼墓地出土陶罐表面（图7—1，图7—2），在纺织品中的应用主要见于洋海和扎滚鲁克等墓出土毛织物，其应用形式大体可分两类，一类以 S 形方角回旋，另一类则以 T 形反向勾连回转。

图7 新疆出土早期陶罐及毛织物上的方角回旋纹

1. 察吾呼回纹陶罐 2. 察吾呼勾连回纹陶罐 3. 扎滚鲁克蓝地回纹毛绣绦 4. 扎滚鲁克红地回菱纹毛绣片 5. 洋海勾连回纹毛布裤 6. 洋海满地勾连回纹毛布裤腿残片 7. 扎滚鲁克变体回纹缂毛裤残片

S 形方角回旋者如扎滚鲁克出土的蓝地回纹毛绣绦，是用红白两色绣线在蓝色平纹毛布上绣出一正一反两个菱形回纹作为图案单元，然后再

---

① 武敏：《织绣》，台湾幼狮文化事业有限公司1992年版，第18页。

依次斜向平行排列形成二方连续的回纹毛绣纹样（图7—3）。同墓出土的红地回菱纹毛绣残片则采用钉线绣技法，用棕、白两色绣线在红色地上绣出双重回菱格纹①（图7—4）。

　　第二类T形反向勾连回转的方角回旋纹毛织物主要见于洋海墓地，如该墓出土缂织毛布裤膝部用浅色毛纱在深棕色地上缂织出一组二方连续的勾连回纹（图7—5）。洋海墓地出土的另一条残裤腿裆部以下也缂织有满地勾连回纹（图7—6），此外，扎滚鲁克出土变体回纹缂毛裤残片也用浅红、蓝、黄三色横向缂织出变体回纹带状区域，纹样由四组一正一反来回往复的圆角折线相互嵌套缂织而成，虽然未出现方角回旋，但纹样骨架与洋海勾连回纹基本一致（图7—7）。

　　有变化的折转与重复带给远古居民奇妙的节奏与韵律感，作为一种人类发展初期的几何图案，新疆史前毛织物上这种方角回旋折转式的纹样在青铜到早期铁器时代的欧亚大陆并非个案，在中亚哈萨克斯坦中北部安德罗诺沃文化墓葬出土的陶器表面就发现与新疆史前毛织物纹样类似却又不同的一种方角回旋纹，如费德罗沃和阿塔苏等类型的陶器上均见有这种极富秩序感的方角折转回旋纹②（图8），所不同的是，这些中亚陶器纹样大多并不遵循完全均衡对称的折转回旋范式，且大量与三角纹、折线纹组合出现，其纹样明显不似新疆史前毛织物中的方角回旋纹那样带有一种天然的平衡与稳定之感。

图8　中亚安德罗诺沃文化陶器上的方角回旋纹
1. 2. 费德罗沃类型陶罐纹样　3. 4. 阿塔苏类型陶罐纹样

---

① 王博、王明芳：《扎滚鲁克毛绣》，《文博》2010年第3期。
② ［俄］叶莲娜·伊菲莫夫纳·库兹米娜著：《丝绸之路史前史》，［美］梅维恒英译，李春长汉译，科学出版社2015年版，图25、图27。

这种平衡与稳定的装饰秩序感由何而来？事实上，新疆出土史前毛织物中的方角回旋纹与新疆东部中原黄河流域商周青铜器中广泛运用的装饰雷纹极其相似，其两种折转回旋的范式均能在商周青铜器中找到类似案例。如 S 形回转的方角回旋纹与青铜器中的雷纹地纹像极，常被大量填充于商周青铜器主纹饰间隙之中（图 9—1），同时也见与扎滚鲁克回菱纹毛绣相类似的菱格雷纹作为带状装饰刻于青铜器表面，如殷墟出土雷纹卣即是如此（图 9—2）。而与洋海毛织裤腿上的 T 形反转回旋纹类似的勾连雷纹在商周青铜器表面极其常见，如商代"亚受祢"铜方鼎上就刻有与洋海毛织裤腿几乎一模一样的满地勾连雷纹（图 9—3），其年代应不晚于洋海勾连回纹裤腿，再如殷墟武官村出土青铜瓿表面亦刻有类似勾连雷纹①（图 9—4）。此外，河南安阳殷墟出土石人②服饰的衣领、袖和下摆等部位所刻画的勾连雷纹缘饰与洋海裤腿上的方角回旋纹具有异曲同工之处，更直观地体现出此类勾连回旋纹样在中国古代服饰中的应用（图 9—6）。

图 9　黄河流域商周青铜器中的雷纹

1. 殷墟妇好墓长方扁足鼎上的雷纹地纹　2. 殷墟菱格雷纹卣　3. 商代"亚受祢"方鼎

4. 殷墟武官勾连雷纹瓿　5. 西周勾连云雷纹大鼎　6. 殷墟出土商代石人

① 中国社会科学院考古所：《殷墟青铜器》，文物出版社 1985 年版。

② 中国社会科学院考古所：《殷墟的发现与研究》，科学出版社 1994 年版，第 340 页。

雷纹是商周青铜器中常见装饰母题，在黄河流域出土的青铜器中大量发现（图9），青铜器造型和装饰整体上体现的庄严凝重等审美特征正是这种均衡稳定的方角回旋纹饰产生和发展的沃土。新疆出土史前毛织物上的方角回旋纹与其东部黄河流域出土商周青铜器雷纹的惊人一致性显示，二者的装饰母题最初很可能来源于同一个文化系统，这就说明早在汉代张骞出使西域之前，已存在沟通中原和西域的东西交通孔道，新疆史前居民自古就与中原地区保持着密切的文化交往。

结　论

本文所举两例新疆史前毛织物装饰纹样均应是在本土文明的基础上，受到来自东西两方面的文化影响而形成，从其与同时期欧亚大陆其他地区装饰纹样的对比发现，花角卧鹿纹显示出与新疆北部的南西伯利亚草原地区和西部的中西亚地区具有较强的文化亲缘性，而方角回旋纹则与新疆东部中原黄河流域商周文明存在更为深刻的文化联系。由此可见，欧亚大陆青铜到早期铁器时代的古代文明并非各自隔绝独立发展，而是早在张骞凿通丝路之前的"前丝绸之路"时代，就已存在多种文化交流与传播活动，中国新疆正是欧亚大陆古代文明交流最为活跃的地区之一。

高昌回鹘植棉业及其在
世界棉植史上的地位[*]

杨富学　李阳^{**}

摘要：关于高昌回鹘时期的棉花种植，汉文史料记载甚少，幸吐鲁番出土回鹘文社会经济文书对此多有反映。棉花种植是高昌回鹘普通家庭的副业，在粮食作物之外，有余田有余力的家庭会种植以棉花为主的经济作物；棉花在高昌回鹘民间的借贷文书中也频频出现，人们还以之缴纳赋税。回鹘棉花为籽棉，随着回鹘人在中原的活动，逐步东传至内地，与岭南地区传来的木棉交汇于中原。

关键词：高昌回鹘；棉花；非洲棉；回鹘文文书

棉花原为热带植物，非中国所产。针对棉花在世界范围内的传播，学界多有研究，基本结论认为，在资本主义时代来临之前，旧大陆的野生棉经过人工栽培，主要有非洲棉与亚洲棉两个品种。非洲棉又称"草棉"，属于籽棉，约在公元初经由贵霜王朝而东传至西域绿洲国家；亚洲棉又称"木棉"，原产南亚次大陆，约在战国时期传入了中南半岛，嗣后

---

　* 经费来源：国家社科基金重点项目"唐宋回鹘史研究"（编号14AZD064）、教育部人文社会科学重点研究基地重大项目"敦煌民族史研究"（编号14JJD770006）。

　** 杨富学（1965—），河南邓州人，博士，陇东学院特聘教授，敦煌研究院研究员，兰州大学敦煌学研究所教授、博导，主要从事回鹘学、敦煌学研究；李阳（1990—），河北保定人，中央民族大学博士研究生，主要从事西北民族史研究。

继续北传而入云贵高原和南方丘陵地带。①

就西域所产棉花而言，绝大多数学者佥指为非洲棉，当可信从。② 西域先民至迟在东汉时期就已经掌握了这种籽棉的种植技术，并因地制宜，有所改良。

一　回鹘西迁前西域植棉业的发展

西域有广狭二义，狭义指天山以南，昆仑山以北，葱岭以东，玉门以西的新疆南疆地区；广义的西域则是包含了中原王朝政权以西的广大地域，包括中亚、西亚、南亚，乃至北非和欧洲地区。

植棉业在西域的扩散，始于公元前 3 世纪前后。有大量证据表明，南疆地区在高昌回鹘西迁之前，棉花种植业已经非常发达。我国历史文献中很早就有了关于棉花的记载，且根据棉花出产地而给予不同的称呼，其中产于西域的棉花（非洲棉）被称作"白叠""帛叠""白緤""白迭"等，以别于南方棉花（亚洲棉）的名字——"吉贝""织贝""劫贝""迦波罗"等。有学者对这些名称进行了鉴别，指上述棉花不同称谓的形成乃肇源于对外来语的音译，转相传变而致。③ 一方面，棉花种植较晚的区域会采纳来源地的语言；另一方面，当时的棉花对于中原人来讲并不常见，所以未能形成专门而统一的术语。

中原人认识南方木棉要早于西域草棉，南方木棉先于西域草棉引入中原。战国后期，南方所产的棉花与棉纺织品已经为中原人所知晓，但对这种木棉之生理特性，中原人并不清楚，误认为是用南方乔木之纤维织成，故有"木绵树"之谓。后来，为了区别于西域来的草棉，遂加"木"字而称"木绵"。④ 成书于北齐时期的《齐民要术》引《吴录·地

---

① 胡竟良：《我国古代植棉考略》，《胡竟良先生棉业论文选集》，中国棉业出版社 1948 年版，第 7—13 页。

② 当然也有持不同意见者，如胡竟良认为，传入新疆者为"印度棉"，即亚洲棉也。见胡竟良《关于棉业的史料》，《胡竟良先生棉业论文选集》，中国棉业出版社 1948 年版，第 3 页。

③ 胡竟良：《我国古代植棉考略》，《胡竟良先生棉业论文选集》，中国棉业出版社 1948 年版，第 8—9 页。

④ 邹逸麟主编：《中国历史人文地理》，科学出版社 2001 年版，第 258 页。

理志》，对南方木棉如是描述："交阯安定县有木绵，树高丈。实如酒杯，口有绵，如蚕之绵也。又可作布，名曰'白緤'，一名'毛布'。"① 此书堪称 6 世纪前中原地区农业生产经验的集大成之作，值得注意的是，其中只字未提西域棉花。

最早记述西域棉花与棉布的官方正史是成书于贞观九年的《梁书》，其中有载："多草木，草实如茧，茧中丝如细纑，名为白叠子，国人多取织以为布。布甚软白，交市用焉。"② 这条史料的准确性为学术界所公认。其实在《梁书》之前有很多疑似西域植棉的史料，学者们已经分别予以解释，只是人言言殊，未能达成共识。兹简要列举一二。

《史记》载："其帛絮细布千钧，文采千匹，榻布皮革千石。"南朝宋裴骃《集解》引《汉书音义》注榻布为白叠，却被《索隐》和《正义》所否定。③

《汉书》迻录前文，亦载："其帛絮细布千钧，文采千匹，荅布皮革千石。"三国魏孟康注："荅布，白叠也。"此说亦为颜师古所否定，注其为"厚重之貌也"；注"荅布"为"粗厚之布也，其价贱，故与皮革同其量耳，非白叠也"。④

《后汉书》载："援素与述同里闬相善，以为既至当握手欢如平生，而述盛陈陛卫，以延援入，交拜礼毕，使出就馆，更为援制都布单衣。"⑤ 章怀注引《东观记》曰"都"为"荅"，并根据《汉书音义》释为"白叠布"。

《太平御览》引《魏文帝诏》曰："夫珍玩所生，皆中国。及西域他方，物比不如也。代郡黄帝为细，乐浪练为精，江东太末布为白，故不如白叠布鲜洁也。"⑥ 其后又专门有"白叠"条，其中确定是西域文

---

① （后魏）贾思勰著，缪启愉校释：《齐民要术校释》卷一○"木绵条"，农业出版社 1982 年版，第 702 页。

② 《梁书》卷五四《西北诸戎传》，中华书局 1973 年版，第 811 页。

③ 《史记》卷一二九《货殖列传》，中华书局 1959 年版，第 3274—3276 页。

④ 《汉书》卷九一《货殖传》，中华书局 1962 年版，第 3687—3689 页。

⑤ 《后汉书》卷二四《马援传》，中华书局 1965 年版，第 829 页。

⑥ （宋）李昉等撰：《太平御览》卷八二○《布帛部·布》，中华书局 1996 年版，第 3650—3651 页。

献的是引吴笃《赵书》曰："石勒建平二年，大宛献珊瑚、琉璃、白叠。"①

初唐成书的《括地志》记载："跋禄迦国出细好白氎、上细毛罽，为邻国中华所重，时人号为'墨禄氎'，其实毛布也。"②《旧唐书》言高昌"有草名白叠，国人采其花，织以为布"③。《新唐书》载高昌"有草名白叠，撷花可织为布"④，"土贡丝、氎布、氈、刺蜜、葡萄五物，酒浆煎皱干"⑤。这些史料足证，在回鹘西迁之前西域植棉业即已获较大发展。

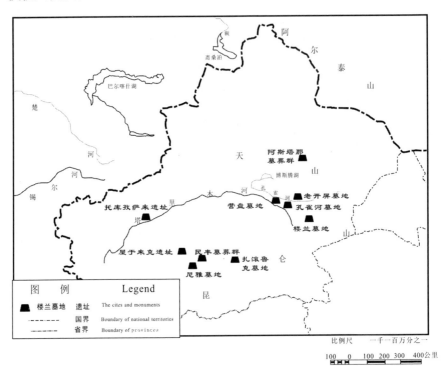

回鹘西迁前新疆出土棉籽、棉织品分布图

① （宋）李昉等撰：《太平御览》卷八二〇《布帛部·白叠》，中华书局1996年版，第3653页。

② （唐）李泰等著，贺次君辑校：《括地志辑校》卷四《西域》，中华书局2005年版，第246页。

③ 《旧唐书》卷一九八《西戎传》，中华书局1975年版，第5294页。

④ 《新唐书》卷二二一《西域传上》，中华书局1975年版，第6220页。

⑤ 《新唐书》卷四〇《地理志》，中华书局1975年版，第1046页。

　　20 世纪以来的考古发现进一步证明，棉花在西域地区曾得到广泛的种植。1959 年，在新疆西南部民丰县东汉墓葬里发现了蓝白印花布和粗布手帕①，都是棉纤维织造的。后来发现墓中还有人物、动物纹棉布、绣花棉布裤等棉质织物。需要说明的是，这些棉织物到底是土产品还是舶来品，需要认真对待。过去，学界一直将其视作"地产"，其实是错误的。诚如夏鼐先生所言，这些棉织物"当是印度输入品"②。同年，在于田县屋于来克遗址北朝墓葬中又有蓝白印花棉布出土③。也可能为印度之输入品。与之不同的是，在罗布泊地区老开屏、楼兰古城东郊东汉墓出土有棉花与棉布还有絮棉。④ 在塔里木河、孔雀河下游营盘一处汉晋时期的墓地中，出土了棉籽、丝棉与棉布，只是在整个墓葬的纺织品中所占比例较小。⑤ 在图木舒克市脱库孜沙来遗址晚唐地层中，不但发现了棉织品，还发现了棉籽。经鉴定，为非洲棉的种子。在吐鲁番阿斯塔那 309 号高昌时期墓葬中出土了几何纹织锦，系用丝、棉两种纤维混合织成；在阿斯塔那 13 号晋墓中出土了一件布佣，衣裤咸用棉布缝制。⑥ 这些发现，可以证明自东汉历魏晋南北朝至唐，西域棉花种植由来已久，相沿不绝。但是，在新疆出土的时属 2—5 世纪佉卢文文书中，载有许多纺织品的名称，唯独没有用以表示棉花的词。⑦ 佉卢文文书的主要发现者斯坦因曾言："弄清垃圾中是否有棉织品，对于考古研究很有意义，因据我至今为止的发掘经验，只有唐代或其以后的废址中才有这类东西。有鉴于这一

---

　　① 新疆维吾尔自治区博物馆：《新疆民丰县北大沙漠中古遗址墓葬区东汉合葬墓清理简报》，《文物》1960 年第 6 期。

　　② 夏鼐：《中国文明的起源》，文物出版社 1985 年版，第 67 页。参见武敏《新疆近年出土毛织品研究》，《西域研究》1994 年第 1 期。

　　③ 新疆维吾尔自治区博物馆出土文物展览工作组：《丝绸之路汉唐织物》，文物出版社 1972 年版，图 17。

　　④ 吐尔逊·艾沙：《罗布淖尔地区东汉墓发掘及初步研究》，《新疆社会科学》1983 年第 1 期。

　　⑤ 周金玲：《新疆尉犁县营盘古墓群考古述论》，《西域研究》1999 年第 3 期。

　　⑥ 沙比提：《从考古发掘资料看新疆古代的棉花种植和纺织》，《文物》1973 年第 10 期。

　　⑦ H. Lüders, *Textilien im alten Turkistan*, Abhandlungen der Preussischen Akademie der Wissenschaften 3, Berlin, 1936; R. Ch. Agrawala, A Study of Textiles and Garments as Depicted in the Kharosthī Documents from Chinese Turkestan, *Bhāratīyā*, Bombay, 1953, pp. 75 – 94; 林梅村：《公元 3 世纪的西域纺织物》，《西域研究》1998 年第 1 期。

标准，此处我必须说明，哈塞克博士在分析了我们提供的样品之后，发现从安迪尔堡墙下挖出来的碎片中，根本没有棉制品，从而进一步证实了垃圾堆较为古老的结论。"① 综合上述考古发现，可以认为，东汉至魏晋南北朝，棉花在西域已有种植，至高昌国与唐西州时期，棉花种植在西域，尤其是吐鲁番一带已非常普遍。

在考古发现的实物之外，吐鲁番出土文书对西域棉植业有着丰富而明晰的记载，如斯坦因所获 Or. 8212 – 868《高昌某人负官、私麦、叠花帐》有"叠花九十"之载。② 在 Or. 8212 – 872《高昌某人负人麦、豆、叠花账》中有"叠花一伯廿斤"③ 之谓。这些文书均为高昌国时期（460—640）之物，其中的叠、叠花，与文书中同见的粟、麦、豆等一样，都是高昌国统治者向百姓征纳的赋税。④ 从文书中可以看出叠花单位的数量之大，已超过粮食作物麦的征收质量。既然棉花已经被统治者作为赋税征收，而且数量庞大，是证棉花的种植量大，种植范围广。

唐西州时期，棉花种植进一步发展，大谷文书 Ot. Ry. 3080《物价文书》叙述了棉花与棉花制品在西州高昌县的物价：

1. 粗緤壹尺 上直钱拾壹文 次壹拾文下 ⬚

2. 緤鞋壹量 上直钱叁拾文 次贰拾柒文 ⬚

3. 緤花壹斤 上直钱柒文，次柒 ⬚ ⑤

从《物价文书》中，不难看到棉花及其制品已走向市场，有明确价格。以理度之，当时西州地区之棉花生产已颇具规模。

---

① A. Stein, *Serindia. Detailed Report of Explorations in Central Asia and Westernmost China*, Vol. I, Oxford: Clarendon Press, 1921, p. 279; ［英］奥雷尔·斯坦因著，中国社会科学院考古研究所主持翻译：《西域考古图记》第 1 卷，广西师范大学出版社 1998 年版，第 177 页。

② 陈国灿：《斯坦因所获吐鲁番文书研究》，武汉大学出版社 1995 年版，第 159 页。

③ 同上书，第 156 页。

④ 同上书，第 55 页。

⑤ ［日］小田义久编：《大谷文书集成》第 2 卷，京都法藏馆 1990 年版，第 18 页。

二 高昌回鹘植棉业的兴盛

840 年，称霸漠北达一个世纪之久的回鹘汗国灭亡，部众西迁。其中，迁入中亚融合其他突厥语族群者建立了喀喇汗王朝；迁入河西走廊者先后建立甘州回鹘王国和沙州回鹘国，迁入西域者则建立了高昌回鹘王国。

回鹘西迁之前，生产方式以游牧为主，但农业也得到了一定的发展。在汗国都城斡耳朵八里以及鄂尔浑河畔的考古发掘证明，在唐代即已形成了相当规模的农业区，灌溉田园的渠道网遗迹比比皆是，而且在很多居所中还发现有台架和磨盘。[1] 840 年回鹘汗国崩溃后，南逃的乌介可汗还曾致书唐朝，乞请种粮等物。唐朝回复说，一定满足他的请求："所求种粮及安存摩尼……并当应接处置，必遣得宜。"[2] 既然需要种粮，自必为农耕所需。这些都说明，当时回鹘农业确有一定发展，而且在汗国的社会经济中占有比较重要的地位。

回鹘西迁新疆后，很快便适应了当地地理气候条件，学习当地先进的农耕技术，继承并发展了当地旧有的绿洲农业，在"掌握绿洲农业技术的基础上，结合自身的特点，进而创造出全新的社会经济模式"[3]。大量的回鹘文文书反映了高昌回鹘农业经济的发达，而植棉业在整个汗国的经济中占有重要的地位。

汉文史料对高昌回鹘植棉业有非常简略的记载，如《宋史》引《王延德行纪》，云："高昌……出貂鼠、白氎、绣文、花蕊布。"[4] 洪皓《松漠纪闻》载回鹘地产"绵毛氎毲"等。[5] 吾人固知，氎为草棉，但洪皓所言"绵"是否与草棉有关，不得而知。

---

① Д. И. Тихонов, *Хозяйство и Общественный Строй Уйгурского Государства X – XIV вв*, М. – Л. 1966，стр. 29 – 30；［苏联］吉洪诺夫：《十至十四世纪回鹘王国的经济和社会制度》，姬增禄译，新疆人民出版社 2012 年版，第 26 页。

② （唐）李德裕著，傅璇琮、周建国校笺：《李德裕文集校笺》卷五《赐回鹘书意》，河北教育出版社 2000 年版，第 65 页。

③ 杨富学：《回鹘社会文化发展逆演进现象考析》，《暨南学报》2015 年第 4 期。

④ 《宋史》卷四九〇《高昌传》，中华书局 1977 年版，第 14111 页。

⑤ （宋）洪皓著，翟立伟标注：《松漠纪闻》，吉林文史出版社 1986 年版，第 13 页。

回鹘文文书中有很多资料与高昌回鹘植棉业相关，"käpäz（棉花）"
一词常有出现，大抵包括租赁土地开辟棉花种植园，棉花租赁，棉花质
量鉴定、棉花运输与销售等实际问题，遗憾的是，文书中所反映较多的
是粗棉布（böz）而非棉花，即使出现了棉花，也是作为商品、抵押品、
赋税等社会角色的成品棉花。至于棉花的栽培与收获等，所有的回鹘文
资料均了无反映。

苏联学者吉洪诺夫（Д. И. Тихонов）指出：棉花种植是高昌回鹘普
通家庭的副业，在粮食作物之外，有余田有余力的家庭会种植以棉花为
主的经济作物，而且每个种棉花的家庭都用棉花制作粗棉布——鲍兹
（боз）或科克普（кокпу）。[1] 这里所谓的鲍兹（боз）即 böz，德国学者
热合曼（Simone-Christiane Raschmann）推定为汉语"蕝"的对译字[2]，
可以信从。科克普（кокпу），实乃官布的早期拼读，今一般读作 qunbu
或 quanpo，应为一种亚麻布。[3] 回鹘文文书中提及棉布者甚多，却很少涉
及棉花。棉布作为棉花的纺织品，可以推想，既有大量棉布生产，必有
相应数量的棉花供应。

对于高昌回鹘的棉花生产，吐鲁番出土的汉文文书中有明确的记载，
如大谷文书 Ot. Ry. 8078《回鹘天可敦下西州洿林界园子种田簿》载：

1. 天可敦下洿林界园子曹庭望青麦叁亩、糜肆亩、小麦伍亩。
2. _____□弥糜叁亩，青麦贰亩。曹纵纵糜叁亩，弟润
那粟壹亩。

---

① Д. И. Тихонов, *Хозяйсотво и Общественный Строй Уйгурского Государства X – XIV вв.*,
М. –Л., 1966, стр. 82；［苏联］吉洪诺夫著：《十至十四世纪回鹘王国的经济和社会制度》，
姬增禄译，新疆人民出版社 2012 年版，第 78 页。

② Simone-Christiane Raschmann, Böz in Uighur Buddhist Texts, *Land Routes of the Silk Roads
and the Cultural Exchanges Between the East and West Before the 10th Century. Desert Route Expedition In-
ternational Seminar in Urumqi August 19 – 21, 1990*, Beijing: New World Press, 1996, pp. 589 –
599.

③ 郑炳林、杨富学：《敦煌西域出土回鹘文文献所载 qunbu 与汉文文献所见官布研究》，
《敦煌学辑刊》1997 年第 2 期。

3. ＿＿＿＿＿＿＿奴、青麦陆亩。弟华子青麦贰亩、粟玖亩。①

文书时代应在 8 世纪末以降②。以上文书将曹家土地耕种的状况进行了叙述，棉花如同粮食作物麦、糜、粟一样，都是农业基本作物，种植面积不小。同汉文文书比起来，回鹘文文书中并没有留下直接的相关资料，但租赁文书却给我们提供了一个窗口，如 U 5272（TM 232，D176）回鹘文租佃契约：

1. taqïɣu yïl ikindi（ay）on yangïqa
2. manga bay t（ä）mürkä käpäz tarïɣu
3. yir kärgäk bolup t（ä）mičining
4. bu suwtaqï uduru borluqïn on
5. t（ä）ng käpäz yaqaqa tudtum bu
6. ［bu］on t（ä）ng käpäzni küz yangïda
7. bašï tašï birlä birürmän bu
8. borluqnïng nägükim qalanï qawïdï
9. borsar män t（ä）mıči bilürmän bay
10. t（ä）mur bilmäz③

鸡年二月初十，我巴依铁穆尔（Bay Tamur）因需要种棉花的土地，于是以十秤子棉花的租金，租种了塔米赤（Tamichi）的位于该水渠对面的葡萄园。这十秤子的棉花，我将于初秋时节全部偿还。该葡萄园所有的卡兰税（Qalan）由我塔米赤负责，巴依铁穆尔概不负责。

---

① ［日］小田义久编：《大谷文书集成》第 3 卷，京都法藏馆 2003 年版，第 229 页，图版 24。

② ［日］池田温：《中国古代籍账研究》，东京大学东洋文化研究所 1979 年版，第 565 页。

③ W. Radloff, *Uigurische Sprachdenkmäler*, Leningrad 1928, S. 2 - 3；山田信夫著，小田寿典、ペーター・ツィーメ、梅村坦、森安孝夫编：《ウイゲル文契约文书集成》第 2 卷，大阪大学出版会 1993 年版，第 72 页；耿世民：《回鹘文社会经济文书研究》，中央民族大学出版社 2006 年版，第 178 页。

该契约反映了高昌回鹘民间种植棉花的情况。佃户巴依铁穆尔于鸡年二月租借地主塔米赤的土地，以种植棉花。其地原为葡萄园，位处"水渠对面"，适宜棉花生产并且便于引水灌溉。

棉花借贷在高昌回鹘民间更为常见，是社会生活中最常见的经济关系之一，并由是而产生了很多借贷文书，借贷物多为银子、芝麻、棉布、酒、谷子等。① 棉花在高昌回鹘民间的借贷文书中也频频出现，如 U 5263（TII D43）回鹘文借贷文书：

1. tonguz yïl üčünč ay altï yägrmikä

2. manga usinäkä käpäz kärgäk bolup saurïya –

3. širtin tört tang käpäz tüškä altïm

4. küz yangïta yiti tang käpäz köni bärürmän

5. birginčä bar yoq bolsarmän inim budruq' äwdäkilär

6. birlä bärzün birmädin käčürsärmän ilyangïčä

7. asïɣï birlä bärürmän②

猪年三月十六日，我乌斯纳（Usina）因需棉花，从索里亚失里（Sauriyashiri）处借了四秤有利息的棉花。秋初，将如数归还七秤棉花。如归还前我发生什么，将由我弟笃博卢克（Dubruq）及家中人偿还。如未按时归还，就按民间惯例连同利息一起归还。

是见，高昌回鹘社会中已经普遍出现了付息借棉的情况，一批庄园主和高利贷者对棉花进行囤积以求借贷，并且已形成了"民间惯例"。按照契约，到秋初，乌斯纳需偿还索里亚失里七秤棉花，其中四秤为本，另外三秤为利息。如果不能按时偿还，那么就要按照民间惯例进行处罚，需要偿还的棉花会更多。通过放贷者与借贷者的协议，可以看出，借贷利息是很高的。

---

① 杨富学：《吐鲁番出土回鹘文借贷文书概论》，《敦煌研究》1990 年第 1 期。

② W. Radloff, *Uigurische Sprachdenkmäler*, Leningrad 1928, S. 128；山田信夫著，小田寿典、ペーター・ツィーメ、梅村坦、森安孝夫编：《ウイゲル文契约文书集成》第 2 卷，大阪大学出版会 1993 年版，第 111 页；耿世民：《回鹘文社会经济文书研究》，中央民族大学出版社 2006 年版，第 212 页。

　　像以往的高昌统治者一样，在高昌回鹘国，棉花同样可以作为缴纳
赋税之物。从回鹘文契约可以看出，在高昌回鹘王国内，qalan、qurut、
tütün、qab、alban、yasaq、salïɣ、basïq、tesiq、qovčï、tütünotï、birt 和
böz，都是缴纳货币、产品和徭役义务的对象。棉花税是农民缴纳给政府
的一项税种，有"xanlïq tep yarïm böz"即"半包棉花缴纳给国王的税"。
其他的税如果按时交不上，则可以用特别规定的物资来代替，至少棉花
就是其中的一种，例如有"borqa bep bïr bïz"即"棉花代替葡萄酒税"，
以及"yunglaɣlïz böz"即"棉花代替徭役"。①

　　由是以观，棉花本身可充当赋税，也可代替其他税种和徭役。众所
周知，酿造葡萄酒是高昌地区传统的手工业，而承担徭役是古代国家基
层社会中每个人所必需的。② 它们都可以用一定量的棉花来代替，在一定
程度上反映了棉花在高昌回鹘王国中的普遍及其在农业经济中期地位的
重要。

　　在高昌回鹘的摩尼教寺院经济中，棉花也得到广泛种植，并作为赋
税的一种，由寺院来征收。吐鲁番出土回鹘文《摩尼教寺院文书》为此
提供了独一无二的珍贵记录。该文献系由黄文弼先生在新疆考古时所发
现，原件现存中国国家博物馆，编号为：总8782T，82。其中第110—114
行对棉花种植有如下记载：

110. mänlig sangun olanɣ arslan tonga inisi birlä
111. kün kiä oɣlanï ïɣaččï bolmïš · bu tört ilig
112. kiši birär šïɣ käpäz ïdïp klürzün · yar manistanta
113. iki küri käpäz birzün · altï küri käpäz qoču manistan –
114. qa klürzün. ③

　　① A. von Gabain, *Das Leben im uigurische Königreich von Qočo* (850 – 1250), Wiesbaden,
1973, S. 60 – 6.

　　② 田卫疆：《元代畏兀儿地区的葡萄酒酿制及向元大都供应葡萄酒相关史实辨析》，《元史
论丛》第13辑，天津古籍出版社2010年版，第60—65页。

　　③ 耿世民：《回鹘文"摩尼教寺院文书初释"》，《考古学报》1978年第4期，第509页；
Geng Shimin, Notes on an Ancient Uighur Official Decree issued to a Manichaean Monastery, *Central Asi-
atic Journal* Vol. 35, No. 3 – 4, 1991, p. 219；森安孝夫：《ウイグル＝マニ教史の研究》（＝
《大阪大学文学部纪要》第31/32卷合并号），大阪大学文学部1991年版，第45页。

芒立克·散棍·奥格朗尼（Mänlig Sangun Olanɣ）、阿尔斯兰·同阿（Arslan Tonga）之弟和昆·乞牙·陶格朗尼（Kün Kiä Oɣlanï）、木匠鲍勒迷失（Bolmïš），这四个［属于］王家人要各送交一石棉花，要交给交河摩尼寺送交二斗棉花，要向高昌摩尼寺送交六斗棉花。

依文书，可看出那些作为寺院附庸而存在的人，需要向寺院缴纳一定数量的棉花作为实物税，棉花的单位由石（šïɣ）来衡量。从文书看，当时回鹘寺院中棉花的产量是不少的，需要精耕细作，也要有一定规模的种植园作为场地，一定数量的农民或农奴作为劳动力。是见，高昌回鹘王国的棉花已经充当了基层经济生活的主要产品，它作为赋税缴纳给政府与庄园主，即使一篇文书中规定的数量也是较大的。足见其生产之繁荣。

在回鹘文文献里，经常可以看到以棉布为媒介进行具体交易的文书，而棉花交易也是非常普遍的。与棉布不同的是，棉花是作为商品而非一般等价物出现的，尚在田中生长的棉花称 Käpäz，已摘取但尚未纺织的棉花称 batatu-bitatu。就其质量而言，又分 taz（粗糙）和 yumšaq（柔软）二种。文献中多次提及喀什噶尔和于田的棉花质量，而不同产区的棉花在打包的时候，"始终会在质量问题上打着印记"，如 "luiɣčun kidinintä yorïr šuoloɣūč otuz böz" 即 "二十三件打着喀什噶尔印记的棉花，在柳中那边交易"。显而易见，不同地区的棉花质量在业内已经有了一定的标准，棉花在贩运过程中需要标明产地，销售者和消费者都会据此对棉花质量有大致的评估。于是，在回鹘文文献中，已经对棉花形成了度量原则，并有了其质量高低的划分标准。这已经非常专业，高昌回鹘社会重视的是棉花质量，而非棉花本身，这是植棉业发达程度的较高体现。

值得注意的是，文献中棉花出现的频度远远低于"棉布"。棉布的种类更多，有"细棉布""粗棉布"之别，更有一种特别的"高昌棉布"，体现了社会从"细棉布—粗棉布—高质量棉花—低质量棉花—棉花"的一种认知，也论证了回鹘文文献中只有棉布、棉花成品没有植棉业本身记载的问题。可以肯定的是，这些专门的棉花名词所依靠的社会基础，就是高昌回鹘发达的植棉业和与之相应的巨大棉花产量。在此基础之上，成品棉花才能作为基本赋税、借贷物品、常用商品出现在各类文书之中。

上述史实证明，棉花种植在9世纪至13世纪的高昌回鹘王国是非常繁荣的。

三　高昌回鹘与中原棉植业的发展

1209年，成吉思汗西征，高昌回鹘统治者归顺蒙古。由于回鹘不但没有对蒙古人的征伐实施军事抵抗，而且，在成吉思汗征服中亚、伊朗、西夏的战争中，还给予帮助，立有战功，因此，回鹘人长期受到成吉思汗及其后继者的优渥对待，王国得以一种半独立的状态继续存留。大批高昌回鹘人入居内地，不少人在蒙古宫廷或地方政权中担任各种官职，形成"有一材一艺者毕效于朝"①的局面。回鹘丰富的植棉经验也于此时传入内地，见于记载的最早传入地是陕西汉中。元代散曲家蒲道源在《顺斋闲居丛稿》中对回鹘人向汉中传播植棉技术有如下记载：

> 候畏吾儿人氏，名燕立帖木儿，阀阅名家，以至治三年（1323）由平凉府判官转莅兹邑（指陕西西乡——引者）……又以邑民不知种木棉之利，自兴元（今陕西汉中市）求子给社户，且教以种之法。至今民得其利，而生理稍裕。②

是知，早在至治三年之前，西域的植棉技术已经在陕西汉中引种，经由回鹘人燕立帖木儿的推介，进一步引种至陕西西乡。

自晚唐至元代，今中国版图内，草棉种植技术主要掌握在回鹘人手中。草棉之所以能够在元代引入中原，得到广泛种植，想必与元代回鹘人大批入居内地息息相关。燕立帖木儿在汉中传播植棉技术，只不过是其中的一个代表而已。

---

① （元）念常：《佛祖历代通载》卷二二《敕赐乞台萨理神道碑》，《大正藏》第四九册，No. 2036，第727c页。

② （元）蒲道源：《顺斋闲居丛稿》，《元代珍本文集汇刊》本，台北："中央图书馆"编印1970年版，第665—666页。

回鹘农学家鲁明善少年仕元，做过靖州路、安丰路等地的达鲁花赤。任职期间，大力奖励农桑，发展生产。延祐元年（1314），出任安丰肃政廉访使，著《农桑衣食撮要》二卷，其中有南方地区培植木棉的记载：

> 先将种子用水浸，灰拌匀，候生芽，于粪池内每一尺作穴，种五七粒。候芽出时，稠者间去，止存。旺苗二三窠。勤锄，常时掐去苗尖，勿要苗长高。若苗旺者则不结。至八月间收棉。[①]

从这段引文中，我们可以看出，鲁明善对木棉生长了解的精细程度，从播种到生芽，再到出苗，到收棉，每个过程都非常熟悉，并予以总结，以指导全国的木棉生产。

对于植棉史而言，回鹘人将西域的农作物与种植技术带来内地。而此时，一直局限于东南丘陵的中棉和岭南地区的海岛棉，也受到了回鹘农学家的重视，他们通过实践，也为其他棉种的栽培和传播做出了贡献。

经过广泛的民族迁徙与民族融合，元代广大农民，通过生产实践已初步掌握了一整套棉花种植技术，对棉花生长过程中的各项特征，从政府到普通农民，都有了一个清晰的理性认识，这集中体现在了这一时期所涌现出的大量涉及棉花种植农业生产书籍。关于棉花栽培的方法，从下种、浇水、间苗、打心至摘棉，元代初年由司农寺编纂的《农桑辑要》、王祯的《农书》就都有详细的指导过程。

明代棉花的种植技术，在元代的基础上又有了新的发展，棉花亩产也有了大幅度的提高。清代棉花的集中产区又有发展。我国形成了山东丘陵区、黄河流域、华北平原、苏湖地区、江汉平原等五大棉花集中产区，逐渐为近现代的棉业生产格局打下了地域基础。

服装与被褥原料主要解决人类生存必备的保暖问题，在我国社会生活史上，我国衣被原料格局经历了由桑蚕、丝麻为主到以棉花为主的演变。宋元以前，中原地区衣被原料仍以蚕丝、麻、葛、苎等为主，丝绸虽细腻、保暖、舒适，但生产烦琐，价格昂贵，官宦富人多衣丝帛。葛

---

① （元）鲁明善著，王毓瑚校注：《农桑衣食撮要》三月条《种木棉》，农业出版社1962年版，第57—58页。

麻较粗糙，保暖性差，生产较易，成为普通百姓的主要衣被原料。随着元代棉花在内地本土化的深入，中国衣被原料也从丝麻为主到以棉花为主，原本丝麻一统天下的衣被原料格局被打破。元代以来，随着大量回鹘人深入内地，棉花种植区域及纺织技术迅速发展，棉花进入普通百姓的生活。

四　高昌回鹘植棉业在世界棉植史上的地位

与高昌回鹘同时，世界各地不少地方都已经或多或少地存在植棉业的生产，汉籍史乘集中记载了我国南方木棉的棉业生产情况，阿拉伯文献则记载了阿拉伯国家视域范围内的植棉问题，回鹘文文书也记下了其他地区的相应棉产。现根据以上三大史源提供的线索，逐一进行分析。

（一）汉籍史乘中南方木棉

高昌回鹘王国历时数百年，与之同时代的中原王朝分别是晚唐、五代十国、两宋和元朝。这个时段，中原板荡，与西域的联系减少；而斯时经济重心持续南移，南方开发的速度加快，是故，汉籍史乘对南方木棉的记载远远要多于西域草棉。

北宋史乘记载海南棉业持续繁荣，并偶有北传，如福建丘陵的木棉已传播至岭南，易取而多用，深受人们欢迎。[1]《太平寰宇记》载：“［琼州］有夷人，无城郭，殊异居，非译语难辨其言。不知礼法，需以威伏，号曰生黎。巢居深洞，绩木皮为衣，以木棉为毯”，并将“吉贝布”作为土产来看待[2]；同书又记雷州“山上有炭坑，又有木棉树，一实得棉数两，冬夏花而不实”[3]。及至南宋，海南棉已成为政府征税的主要对象之一。由于征敛无度，一度造成人民不堪重负的局面。《宋史·崔与之传》

---

① 韩茂莉：《宋代农业地理》，山西古籍出版社 1993 年版，第 262 页。

② （宋）乐史撰，王文楚等点校：《太平寰宇记》卷一六九《琼州》，中华书局 2007 年版，第 3236 页。

③ （宋）乐史撰，王文楚等点校：《太平寰宇记》卷一六九《雷州》，中华书局 2007 年版，第 3232 页。

载："琼人以吉贝织为衣裳，工作皆妇女，役之有至期年者，弃稚违老，民尤苦之。与之皆为榜免。"①

南宋周去非记载了木棉在海南以及雷州半岛的种植情况，首先记述棉花植株："吉贝木，如低小桑枝，萼如芙蓉花之心，叶皆细茸，絮长半寸许，宛如柳棉"；继而将棉花从去籽到纺织的加工过程作了简要的梳理："有黑子数十，南人取其茸絮，以铁筋碾去其子，即以手握茸就纺，不烦缉绩，以之为布，最为坚善"；最后记载对棉花质量的评定方法："雷、化、廉州有织匹，幅长阔而洁白细密者，名曰慢吉贝。狭幅粗疏而色暗者，名曰粗吉贝。有绝细而轻软洁白服之且耐久者。海南所织，则多品矣。"② 从这些记载看，虽然木棉加工器具简陋，生产方式落后，但木棉种植与加工已蔚然成风。

《资治通鉴》记载南平国（907—963）有"地衣，春夏用角簟，秋冬用木绵"。胡三省注曰："木绵，今南方多有焉。于春中作畦种之，至夏秋之交结实，至秋半，其实之外皮四裂，中涌出，白如绵。土人取而纺之，织以为布，细密厚暖，宜以御冬。"③ 按，胡三省生活于宋末元初，虑及籍贯为台州宁海，对木棉的性状当有清晰的了解，故而从种植到纺织再到御寒的功能，都能给出详细的注文。

不过，宋代棉花之利尚局限于闽广与海南，虽偶有北浸，但规模不大。及至元朝一统，地区间经济交流日益频繁，先进的生产技术和经验得以交融，植棉业的大发展遂应运而生。

（二）阿拉伯文献所见的南亚、西亚、东欧植棉

阿拔斯王朝时期（750—1258），伊斯兰世界文明昌盛，幅员广大，建立了地跨亚、欧、非三大洲的大帝国。穆斯林高度的宗教热情和商业经济水平，都要求大规模地展开对外贸易。于是乎，阿拉伯人的足迹遂踏遍整个旧大陆。

---

① 《宋史》卷四〇六《崔与之传》，中华书局 1977 年版，第 12258 页。
② （宋）周去非著，屠友祥校注：《岭外代答》卷六《服用门·吉贝》，上海远东出版社 1996 年版，第 129—130 页。
③ （宋）司马光撰，（元）胡三省注：《资治通鉴》卷二八三，"后晋天福四年冬十月丙子"条，中华书局 1976 年版，第 9241 页。

阿拔斯王朝的首都巴格达位于两河流域，土地肥沃，哈里发认识到农业是国家岁入的主要来源，奖掖耕织，发展手工业。经济的繁荣为帝国商业的繁荣提供了条件。

棉花是两河流域的重要作物，伊拉克北部摩苏尔地区生产棉织品、薄棉纱，以"摩苏尔纱"名扬世界，在穆斯林商人贩运的商品里，就有很多棉织品。[①] 棉以及棉织品是阿拉伯商人输入到中亚、拜占庭与东非的主要货物之一。从伊本·胡尔达兹比赫所撰《道里邦国志》的记载看，阿拉伯通往旧大陆各地的商路很多。交通的发达，势必会带动两河流域棉业向世界各地的扩散。

在阿拉伯帝国通往世界各地的道路中，有通往九姓乌古斯者，《道里邦国志》写作 Tughuzghur。《道里邦国志》在"从扎敏到拔汗那的道路"一节中，记述了一些唤作九姓乌古斯的地方，其领地同中国、吐蕃、葛逻禄、寄蔑、古斯、杰富拉、白伽纳克、突骑施、艾泽库什、黑夫沙贺、黑尔黑斯、海赖吉等诸邦国的领地相接。[②] 按照文献所示的名称与方位，我们可以确定九姓乌古斯即高昌回鹘无疑。此外，还有通向东亚的商路，而这些道路往往是沿着丝绸之路进行的，需途次撒马尔罕和新疆等地。[③]《宋史·大食传》中常载奢华纺织品，诸如"红丝吉贝""五色杂花蕃锦"[④] 等。阿拉伯商人输入到中原王朝的棉花与棉纺织品，也极有可能是借道高昌回鹘转运而来的。

在10世纪晚期成书于萨曼王朝的《世界境域志》（Hudud al-'Ālam）中，提及众多地区的植棉业情况，如控制南部卡尔纳提克地区和北部恒河盆地的达胡姆邦的五大城——N. Myās、哈尔坎德（Harkand）、乌尔兴（Ūrshīn）、S. M. Nd. R、安德拉斯（Andrās）就"出产大量的好棉花，这种棉花［生长在］树上，可以产棉许多年"[⑤]。结合《道里邦国志》所记

---

① ［美］希提：《阿拉伯通史》，马坚译，商务印书馆1990年版，第410页。

② ［阿拉伯］伊本·胡尔达兹比赫：《道里邦国志》，宋岘译，中华书局1991年版，第34—35页。

③ ［美］希提：《阿拉伯通史》，马坚译，商务印书馆1990年版，第401页。

④ 《宋史》卷四九〇《大食传》，中华书局1977年版，第14119页。

⑤ V. Minorsky, *Hudud al-'Ālam. "The Regions of the World", a Persian Geography 372 A H. -982 A. D.*, London 1937, p. 87；［萨曼王朝］佚名：《世界境域志》，王治来译注，上海古籍出版社2010年版，第56页。

斯里兰卡岛的开姆开姆（Al-Kamkam）有"棉质天鹅绒衣服"①，与之形成了一个经济文化区；徒苏勒（Tusūl）邦（位于缅甸附近，有可能是缅甸史上的骠国）隔山与中国毗邻，"其衣服都是棉质的"②；伊朗东北部包括今阿富汗的呼罗珊地区，是通往南疆的门户，出产各种织物、丝、棉，马雷出产"好棉花"，库希斯坦附近村落专门出产棉织品，结合《道里邦国志》的记述，呼罗珊省区贡献的税收有"坎代吉娅（Al-kunda-jiyyah）"粗布1187匹③，盖为棉粗布；伊朗南部的巴姆地区也是中古时期的重要商业城镇，该城的主要出产，便是棉织品、穆斯林用的头巾、巴姆头巾。笔者认为作为商业中心的巴姆，必然集中了外地的棉花以及棉织品，毕竟织作穆斯林头巾供应整个地区是一个不小的批量；同时，呼罗珊外围地区也是棉织品生产的村落，如今天位于坎大哈以西布斯特堡的不思忒（Bust）不但生产棉织品，还"运往其他地方"④；花剌子模的首府柯提（Razh），是南疆、河中、可萨的商业中心，该城"饶于财"⑤，而且出产棉织品，同上文提到的巴姆地区一样，笔者认为棉织品既是柯提的主要产出品也是它作为中心市场所提供的主要商品；吉巴勒省也是棉织品的大量产出地，今德黑兰附近的剌夷（Rayy）出产棉花与棉织品；地处斯堪的纳维亚半岛的罗斯国"用一百腕尺的棉布缝制裤子"⑥，与以上地区类似的还有里海南部的低廉地区、两河流域、阿塞拜

---

① ［阿拉伯］伊本·胡尔达兹比赫：《道里邦国志》，宋岘译注，中华书局1991年版，第70页。

② V. Minorsky, *Hudud al-ʿĀlam. "The Regions of the World"*, a Persian Geography 372 A H. –982 A. D., London 1937, p.87；［萨曼王朝］佚名：《世界境域志》，王治来译注，上海古籍出版社2010年版，第56页。

③ ［阿拉伯］伊本·胡尔达兹比赫：《道里邦国志》，宋岘译注，中华书局1991年版，第42页。

④ V. Minorsky, *Hudud al-ʿĀlam. "The Regions of the World"*, a Persian Geography 372 A H. –982 A. D., London 1937, p.110；［阿拉伯］佚名：《世界境域志》，王治来译注，上海古籍出版社2010年版，第102页。

⑤ V. Minorsky, *Hudud al-ʿĀlam. "The Regions of the World"*, a Persian Geography 372 A H. –982 A. D., London 1937, p.121；［阿拉伯］佚名：《世界境域志》，王治来译注，上海古籍出版社2010年版，第122页。

⑥ V. Minorsky, *Hudud al-ʿĀlam. "The Regions of the World"*, a Persian Geography 372 A H. –982 A. D., London 1937, p.159；［阿拉伯］佚名：《世界境域志》，王治来译注，上海古籍出版社2010年版，第191页。

疆省、亚美尼亚省、阿阑省，限于篇幅，不再赘举。

《世界境域志》对世界各地植棉情况的记载较为详尽，但由于该书"资料皆取自前人的著作和先贤们的回忆录"①，所以其反映的历史有些地方是早于其成书时代的，而有些地方则是作者根据自己见闻新加上的。书中大量章节中记载了棉花、棉织品、棉服，虽只鳞片羽，但仍可勾勒出一个棉花与棉织品生产带的大致轮廓。《世界境域志》以中世纪为大背景，以阿拔斯王朝为时间范围，在旧大陆版图上进行宏观观察，从斯堪的纳维亚半岛、伊朗高原、里海沿岸、两河流域到南亚次大陆、河中地区、帕米尔高原都有棉花种植与棉纺织品产出，可与《道里邦国志》相表里，从而为高昌回鹘植棉业研究提供世界区域的大背景。

（三）汉籍史乘与回鹘文文书所见中亚、南疆、北疆的植棉业

高昌回鹘植棉业的发达，不只表现在汗国内部棉花生产的繁荣，也表现在与异域的棉花交换，很多回鹘文文书中记载了在中亚国际市场上棉花交换的实际情况。高昌回鹘商业发达，"对中亚游牧民族之贸易，扮演最重要角色的是回鹘人和伊斯兰教势力范围内的突厥商人。某个时段，回鹘人独占了中原、漠北的贸易"②。而高昌回鹘时代，西域"农产品主要是在各绿洲的内部进行贸易。至于各绿洲之间贸易的产品，只有棉花是可以肯定的"③。

西域绿洲早在回鹘西迁前植棉业就已经发展了起来，棉花在高昌回鹘的周边绿洲国家也有种植，《宋史》卷四九〇所记的几个西域绿洲国家里都有棉花出产，如于阗国所贡便有"花蕊布"④；龟兹国"国城有市井而无钱货，以花蕊布博易"⑤。这些均为高昌以西绿洲地区植棉情况的如

---

① V. Minorsky, *Hudud al-'Ālam. "The Regions of the World"*, *a Persian Geography* 372 A H. –982 A.D., London 1937, p.49；［阿拉伯］佚名：《世界境域志》，王治来译注，上海古籍出版社2010年版，第1页。

② Caferoğlü Ahmet, Uygurlarda Hukuk ve Maliye Istılahları, *Türkiyat Mecmuasi* 4, 1934, S.4.

③ P. Zieme, Zum Handel im uigueschen Reich von Qočo, *Altorientalische Forschungen* 4, 1976, S.240；［德］茨默著，赵崇民、杨富学译：《高昌回鹘王国的商业》，《回鹘学译文集》，甘肃民族出版社2012年版，第226页。

④ 《宋史》卷四九〇《于阗传》，中华书局1977年版，第14108页。

⑤ 同上书，第14123页。

实反映。

从敦煌文书看，晚唐五代时期，敦煌地区使用棉布非常普遍，记载棉布种类很多，敦煌文书虽未明确记载其中部分棉布生产于敦煌当地，但从敦煌文书记载到棉布征收方式等情况看，当生产于敦煌当地。① 根据《宋史》的记载，这个时候位于敦煌东边的甘州回鹘在向中原王朝所进贡的物品中，也有了"细白叠"。② 足见斯时棉花生产地域至少已经延伸到河西走廊的西端。

以上是两宋时代汉籍史乘关于西域植棉业的记载，在回鹘文文书中，有一些文书提到了汗国内部的棉布交易，如日本大谷探险队在吐鲁番所获 Ot. Ry. 1415a－b《库玛尔·托和里利的债务记录》有言：

12. －nung sïqïn tutup qoču b[ö]z-in alïp qumar toɣrïl biš-balïq

13. －ta birimin-kä birmiš yana bi[r]y(i)g(i)rmi tang käbäz bu oq birim-kä

14. birgü iltyük ärti · qumar toɣrïl biš-balïq-tïn k(ä)lmiš-ta

15. birim arttï tip kälip yana yuz täng käbäz alïmčï-sï

借到高昌棉布后，库玛尔·托和里利（Qumar Toɣrïl）为还别失八里的债，又付了十一担棉花，应还的这些债已带走。库玛尔·托和里利在从别失八里来［人］时因［又］来说支出增多了，［于是］又给了一百担棉花，是其讨债。③

别失八里，即唐代庭州，又作北庭，位处吉木萨尔县北 12 千米处。校释文中表示"支出的对象大多是有官职之人，该文书并非一般支出账目，似是一种缴纳贡赋之记录"，阐明了西域地区不止高昌善于植棉，北疆的别失八里同样是植棉大区。况且，北庭与高昌在高昌回鹘王国的建国史上是有着非常密切的依存关系的，库玛尔·托和里利的跨地区债务

① 郑炳林：《晚唐五代敦煌地区种植棉花研究》，《中国史研究》1999 年第 3 期。
② 《宋史》卷四九〇《回鹘传》，中华书局 1977 年版，第 14117 页。
③ ［日］羽田明、山田信夫：《大谷探险队将来ウイグル字资料目录》，《西域文化研究》第 4 卷《中央アジア古代语文献》，京都法藏馆 1961 年版，第 202—203 页；李经纬：《吐鲁番回鹘文社会经济文书研究》，新疆人民出版社 1996 年版，第 277—280 页。

关系，恰好可提供最佳脚注。

前文提到，吐鲁番出土回鹘文文献多次提到不同产区的棉花在打包时"始终会在质量问题上打着印记"，而且"有几次提到了喀什噶尔和于阗棉花的质量"。"luiɣčun kidinintä yorïr šuoloɣ üč otuz böz"即"二十三件打着喀什噶尔印记的棉花，在柳中那边交易"。喀什噶尔、于阗早在 11 世纪初就在喀喇汗王朝的扩张中被征服，以且末县为界与高昌回鹘汗国的南部分土划疆。① 从上述文献里面我们可以了解到，喀什噶尔作为一个地名的印记被打在棉花包上，由于文献记载有限，无从得知这批棉花的具体产地。按照葛玛丽的解释"喀什噶尔和于阗棉花的质量"，这两个地方是棉花产地的意向更多一些，而且高昌回鹘人已经对该地所产的棉花质量有了一个清晰的认识。

高昌回鹘王国时代，世界植棉业处于稳步上升期，南起中南半岛，北到东南丘陵，西至吐鲁番盆地、塔里木盆地南缘绿洲、河中地区、里海低地、伊朗高原、两河流域，再到印度恒河平原，各地都形成大小不等的棉花生产与交流中心。维吾尔族史学家艾布·福图赫·阿卜杜勒·加法尔·阿勒马伊所著《喀什噶尔史》谈到了萨曼王朝商旅来到阿图什经商的情景，引用了伊斯塔赫里所谈到的河中地区物产，那里的棉花除了自给自足之外，其"棉布服装不仅满足自己的需要，还运往各地"②。阿图什距离喀什噶尔、和田等地均不远，可见萨曼王朝与喀喇汗王朝常有棉花上的交易。此外还讲到运往突厥地区的主要货物就有棉花，这里所谓的"突厥地区"即应包括高昌回鹘在内。是见，作为喀喇汗王朝都城的喀什噶尔，也是一个棉产交易中心（当地考古发现中即常有棉籽）。喀喇汗王朝西接萨曼王朝，东连高昌回鹘，形成了一条国际棉业产销链。

13 世纪，蒙古帝国实现了旧大陆大范围的统一，打破了世界隔绝状态。我国南方木棉北上，西域草棉东进，二者在内地实现交汇，进而掀起了一场植棉业与棉纺织业的革命。高昌回鹘植棉史悠久，这期间又与

① 杨富学：《高昌回鹘王国的西部疆域问题》，朱雷主编《唐代的历史与社会：中国唐史学会第六届年会暨国际唐史学术研讨会论文选集》，武汉大学出版社 1997 年版，第 576 页。

② 华涛：《西域历史研究（八至十世纪）》，上海古籍出版社 2000 年版，186 页。

周边棉产区进行了大规模交流，高昌棉布质量之高在回鹘文文献中常有提及，也是学界所公认，它很可能已经吸收了当时世界上最先进的植棉技术。在高昌回鹘人的生产经验与我国传统农耕民族聪明才智的结合下，我国植棉业刚刚起步便迅速达到先进水平。

唐代丝路繁盛的文学写照

——以杜甫《喜闻盗贼蕃寇总退口号五首》（其三）为考察中心

高建新

摘要：杜甫的《喜闻盗贼蕃寇总退口号五首》（其三）虽然只有短短的 28 个字，但含蕴深厚，字字珠玑，需作细致深入的解读。诗歌以精微至极的语言展现了从大汉到盛唐悠悠八百年的宏伟的历史画面，巧妙地暗牵起丝绸之路沿线数不清的国家、地区、民族，真正是尺幅千里，芥子须弥，充分展示了汉唐王朝的强盛及唐中后期所遭遇的曲折和困境，可以帮助我们认识"安史之乱"后的中唐社会现实及民族关系，是陈寅恪先生所推重的"以诗证史""诗史互证"的珍贵材料。

关键词：唐；杜甫；丝路；繁盛

唐代宗大历三年（768）春天，思乡心切的杜甫从白帝城乘船出瞿塘峡，适江陵，开始了晚年的漂泊之旅。这是诗人一生最后的三年。在漂泊途中，诗人依旧关怀着国家前途、百姓命运，当他得知来犯的吐蕃全面撤退，激动地写下了《喜闻盗贼蕃寇总退口号五首》，追忆了唐王朝的全盛时期、表达了对经历"安史之乱"后的唐王朝中兴的热情祈盼。五首诗中，其三、其四特别写到了汉唐丝绸之路，弥足珍贵，读来让人感动。组诗其三是这样写的：

崆峒西极过昆仑，驼马由来拥国门。

逆气数年吹路断，蕃人闻道渐星奔。

这首诗虽然只有短短的 28 个字，但含蕴深厚，字字珠玑，需作细致深入的解读。诗的前两句说，从崆峒山往西再往西，越过了天堑昆仑山，就是牵引驼马拥入国门的西域胡商的所来之处，描写的是丝绸之路开通之后、万国争相来朝的盛况。"崆峒"，山名。在今甘肃平凉市城西 12 千米处，峰林耸峙，怪石嶙峋，主峰海拔 2123.3 米，唐属陇右道肃州福禄县，是古丝绸之路西出关中之要塞，有"西来第一山"之称，唐人多有赞誉："河流控积石，山路远崆峒"（骆宾王《边庭落日》），"峭壁连崆峒，攒峰叠翠微"（高适《赴彭州山行之作》），崆峒山危崖突兀，幽壑纵横，杜甫《自京赴奉先县咏怀五百字》："群冰从西下，极目高崒兀。疑是崆峒来，恐触天柱折"，更是以崆峒山随波浪而涌、来势凶猛、折断天柱为喻，担忧唐王朝发生巨变。"西极"，西方极远之地，屈原《离骚》："朝发轫于天津，夕余至乎西极"，杜甫《秦州杂诗二十首》其十九，"风连西极动，月过北庭寒"，崔融《拟古》："河水日东注，河源乃西极"，"西极"虽然有地理想象的成分，却也表明了古人对遥远异域的追慕。昆仑，昆仑山脉，横贯中国西部，西起帕米尔高原东部，东到柴达木河上游谷地，伸延至青海境内，北为塔里木盆地，南为藏北高原，全长约 2500 千米，平均海拔 5500—6000 米。仅是中段，海拔 6000 米以上的大山就有 8 座。昆仑山脉西窄东宽，最宽处达 350 千米，最窄处 150千米，总面积达 50 多万平方千米，昆仑山脉北坡雪线在海拔 5100—5800米，雪线以上为终年不化的冰川，面积达到 3000 平方千米以上，是中国的大冰川区之一。冰川融水是中国几条主要大河的源头，包括长江、黄河、澜沧江、怒江、塔里木河，昆仑山脉因此被尊为"万山之宗""万河之母"，[①] 对此唐人就有许多描写："昆仑纵广一万二千里，中有五色云霞五色水"（齐己《祈真坛》），"芳树绿阴连蔽芾，长河飞浪接昆仑"（吴

---

① 任美锷主编：《中国自然地理纲要》，商务印书馆 1982 年版，第 362 页。又参见《中国大百科全书·中国地理》，中国大百科全书出版社 1993 年版，第 281—282 页。

融《偶书》），"河出昆仑中，长波接汉空"（李峤《河》），"谁开昆仑源，流出混沌河"（孟郊《泛黄河》），"昆仑高万里，岁尽道苦遭"（韩愈《杂诗四首》其三）。杜甫本人也在数首诗中写到了昆仑山："云气接昆仑，涔涔塞雨繁"（《秦州杂诗二十首》其十），"昆仑崆峒颠，回首知不隔"（《白水（即奉先）县崔少府十九翁高斋三十韵》），"南纪巫庐瘴不绝，太古以来无尺雪。蛮夷长老怨苦寒，昆仑天关冻欲折"（《后苦寒行二首》其一），高入云天，纵横万里，水流丰沛，云气苍茫，奇寒无比，是唐人包括杜甫笔下的昆仑山。昆仑山出现在杜甫的这首诗中，意在说明不管自然环境多么恶劣、路途多么遥远艰难，甚至是冒着生命危险，都不能阻挡西域使节、胡商执着前来的脚步，这从另外一个方面说明了唐王朝所具有的不可抗拒的巨大吸引力。对于西域诸国来说，没有和这个当时世界上最大的文明古国交往，是外交上的巨大损失；对于胡商个人来说，没有进入中原，没有去过长安，从商经历是不完美的，更不要说贩运丝绸可能带来的惊人利润。"西极"，极西，汉代中国人所知的极西部就是大秦，即罗马帝国。[①] 翻过了昆仑山一直向西，就到了大秦。

"驼马"，骆驼和马，指牵引着骆驼、马通过丝绸之路进来的各国商队。骆驼，有"沙漠之舟"的美誉，善于在极端的气候条件下长途跋涉，是丝绸之路上最重要的运载牲畜。"由来"，从来，历来，自始以来，实指从张骞凿空西域、丝绸之路开通以来，国门前就人山人海，其势如堵，《史记·太史公自序》："海外殊俗，重译款塞，请来献见者，不可胜道"，即是司马迁笔下的"丝绸之路"开拓之后的盛况。"拥"字意味深厚，有拥堵、拥挤之意，又指争先恐后、生怕误过、同一时间聚集在一起的景象。"国门"，国都的城门，亦指通关入境。"拥国门"极具表现力，写出了各国使节、商人熙熙攘攘，纷纷通关过境、涌入长安的情景。英国艺术史学者贡布里奇先生说："论地理，欧洲跟中国遥相暌隔，然而艺术史家和文明史家知道，这地域的悬隔未尝阻碍东西方之间所建立的必不可少的相互接触，跟今天的常情相比，古人大概比我们要坚毅，要大胆。商人、工匠、民间歌手或木偶戏班在某天决定动身启程，就会加入商旅

---

① 周伟洲、丁景泰主编：《丝绸之路大辞典》，陕西人民出版社2006年版，第129页。

队伍，漫游'丝绸之路'，穿过草原和沙漠，骑马甚或步行走上数月，甚至数年之久，寻找工作或赢利的机会。"① 长安是当时著名的国际贸易城市，时常可以见到突厥、回纥、粟特、大食、波斯和拂菻（东罗马帝国）的商人，而又以波斯商人最多。《新唐书·西域传》记载：西域各国"武德时，遣使入朝。贞观初，献方物，太宗厚尉其使曰：'西突厥已降，商旅可行矣。'诸胡大悦"。从唐高宗武德初年到唐太宗贞观初年、再到唐玄宗开元年间的一百多年间，西域使节、商人源源不断地进入中原。中唐郑綮《开天传信记》记载："开元初，上励精理道，铲革讹弊，不六七年，天下大治，河清海晏，物殷俗阜。安西诸国，悉平为郡县。自开远门西行，亘地万余里，入河湟之赋税。左右藏库，财物山积，不可胜较。四方丰稔，百姓殷富，管户一千余万，米一斗三四文，丁壮之人，不识兵器。路不拾遗，行者不囊粮。"② 唐王朝的强大繁盛，对外的开放，极大地刺激了异国商人纷纷来华经商，丝绸之路的商贸活动达到了历史顶峰。开元、天宝以后，在长安的胡商尚有4000余人，有的留居长达40年之久。《资治通鉴·唐纪四十八》记载：德宗贞元三年（787）七月，中书侍郎"李泌知胡客留长安久者，或四十余年，皆有妻子，买田宅，举质取利，安居不欲归，命检括胡客有田宅者停其给。凡得四千人，将停其给。胡客皆诣政府诉之，泌曰：'此皆从来宰相之过，岂有外国朝贡使者留京师数十年不听归乎！今当假道于回纥，或自海道各遣归国，有不愿归者，当于鸿胪自陈，授以职位，给俸禄为唐臣。人生当乘时展用，岂可终身客死邪！'于是胡客无一人愿归者"③。由此可见大唐王朝及长安城的吸引力。有唐一代，客居在帝都长安城的胡人保持在十万人以上，约占都城总人口的十分之一以上④，这个比例是相当可观的。美国学者爱德华·谢弗说："在唐朝统治的万花筒般的三个世纪中，几乎亚洲的每个

---

① ［英］贡布里奇：《艺术的故事·中译本前言》，范景中译，生活·读书·新知三联书店1999年版。

② （五代）王仁裕等撰：《开元天宝遗事十种》，丁如明辑校，上海古籍出版社1985年版，第50页。

③ 《资治通鉴》卷二三二"贞元三年（787）七月"条，第7613—7614页。

④ 中国国家博物馆："丝绸之路文物展"（2014年11月6日—2015年1月4日）展览说明。

国家都有人曾经进入过唐朝这片神奇的土地。"①

涌入国门的外来人中，以从"丝绸之路"来的胡商数量最多，《新唐书·张广晟传》："始回纥至中国，常参以九姓胡，往往留京师，至千人，居货殖产甚厚。"唐书以康、安、曹、石、米、何、火寻、戊地、史为昭武九姓，即九姓胡。向达先生说："凡西域人入中国，以石、曹、米、史、何、康、安、穆为氏者，大率俱昭武九姓之苗裔。"② 九姓胡善商贾，与中国通商很早，唐代在中国的外商以昭武九姓人最多，其中又以康国人、石国人为主，《旧唐书·西戎传》记载最为有趣："康国，即汉康居之国也"，"其人皆深目高鼻，多须髯。丈夫剪发或辫发。其王冠毡帽，饰以金宝。妇人盘髻，幪以皂巾，饰以金花。人多嗜酒，好歌舞于道路。人多嗜酒，好歌舞于道路。生子必以石蜜内口中，明胶置掌内，欲其成长口常甘言，掌持钱如胶之黏物。俗习胡书。善商贾，争分铢之利。男子年二十，即远之旁国，来适中夏，利之所在，无所不到"，康国人的善于经商几近于天生。这些西域来的胡商，不仅世代居住长安，沿着"丝绸之路"的西段不断建立贸易与定居点，还把经商的范围扩及中原、西南、江南、华南各地。杜甫《滟滪》诗说："舟人渔子歌回首，估客胡商泪满襟。"在西南经商的胡商因遇三峡滟滪堆之险，担心生命财产不保而泪落满襟。赵次公说："以水之泛涨，不行则滞留，行则忧舟有倾沉之患，此所以泣也。"（《杜诗先后解》）③ 在《解闷十二首》其二中杜甫又说："商胡离别下扬州，忆上西陵故驿楼。"胡商喜欢前往扬州经商，因为扬州交通便利，是当时的繁华都市，也是胡商集居之地。西陵故驿楼，故址在今杭州萧山区西兴镇。"公元八九世纪，大批波斯（伊朗）、大食（阿拉伯）商人在扬州经营珠宝、药材，并以扬州为依托，把活动扩大到运河沿线和内陆地区。"④ 在唐代东西方的文化贸易交流中，胡商扮演了极其重要的角色。

丝绸之路对于唐王朝的强大和繁盛的重要作用不言而喻，丝绸之路

---

① ［美］爱德华·谢弗：《唐代的外来文明》，吴玉贵译，陕西师范大学出版社2005年版，第32页。

② 向达著：《唐代长安与西域文明》，河北教育出版社2001年版，第14页。

③ 萧涤非主编：《杜甫全集校注》（八），人民文学出版社2014年版，第4622页。

④ 扬州博物馆："广陵潮：扬州古代城市故事"展，笔者于2014年5月11日参观展览。

的阻断也就意味着唐王朝的衰落，所以诗人接下来说"逆气数年吹路断"就语气沉痛，且含有愤懑。"逆"，与"顺"相对，如逆流；"逆气"，即违逆不顺之气，这里指吐蕃倒行逆施，不顾唐蕃曾经的友好交往，悍然入侵河陇地区。对于吐蕃而言，"逆"还有背叛之意。松赞干布统一了西藏高原之后，于唐初遣使来唐，娶文成公主，还选派了一批贵族子弟到长安学习。在松赞干布的倡导下，吐蕃贵族开始用内地运来的丝绸裁制衣服了。高宗时又给吐蕃送去桑苗、蚕种，并派去一批擅长养蚕、酿酒、烧陶、造纸的工匠，极大地促进了吐蕃的经济文化的发展。①"数年"，指唐代宗宝应元年（762）吐蕃乘机攻陷了甘陇地区，占据了数年，甚至一度进入长安；"吹路断"，指吐蕃阻断了由甘陇通往西域丝绸之路，主要是河西走廊一带；"吹"，合拢嘴唇用力出气，与"逆气"相统一。比杜甫（712—770）晚出生67年的中唐诗人元稹（779—831），有《和李校书新题乐府·西凉伎》一诗，描写了丝绸之路被"逆气""吹断"前后的情形：

> 吾闻昔日西凉州，人烟扑地桑柘稠。蒲萄酒熟恣行乐，红艳青旗朱粉楼。楼下当垆称卓女，楼头伴客名莫愁。乡人不识离别苦，更卒多为沈滞游。哥舒开府设高宴，八珍九酝当前头。前头百戏竞撩乱，丸剑跳踯霜雪浮。师子摇光毛彩竖，胡腾醉舞筋骨柔。大宛来献赤汗马，赞普亦奉翠茸裘。一朝燕贼乱中国，河湟没尽空遗丘。开远门前万里堠，今来蓦到行原州。去京五百而近何其逼，天子县内半没为荒陬。西凉之道尔阻修，连城边将但高会，每听此曲能不羞？

　　西凉州，即凉州，是丝绸之路上的重镇，经济繁荣，物产丰富，既是多民族的汇聚之地，也是往来商旅的必经之地。丝绸之路未被阻断之时亦即唐王朝的繁盛之时，西域各国争相来朝，贡献方物，这其中就有被称为赞普的吐蕃君长。沦陷后的凉州一片萧条，昔日的繁华已不复重见。白居易（772—846）亦有《西凉伎》诗，题注"刺封疆之臣也"，

---

① 王仲荦：《隋唐五代史》（上），上海人民出版社2003年版，第297页。

诗中写道："自从天宝兵戈起，犬戎日夜吞西鄙。凉州陷来四十年，河陇侵将七千里。平时安西万里疆，今日边防在凤翔。缘边空屯十万卒，饱食温衣闲过日。遗民肠断在凉州，将卒相看无意收。"吐蕃的入侵，使唐王朝的边防线由"万里疆"的安西退缩到了离长安仅有 170 余千米的凤翔。《资治通鉴·唐纪四十八》记载"初，河、陇既没于吐蕃，自天宝以来，安西、北庭奏事及西域使人在长安者，归路既绝，人马皆仰给于鸿胪。礼宾委府、县供之，于度支受直。度支不时付直，长安市肆不胜其弊"，就是"吹路断"的直接后果。陈寅恪先生在笺释元白二首同题诗时说："自安史之乱后，吐蕃盗据河湟以来，迄于德宗元和之世。长安君臣虽有收复失地之计图，而边镇将领终无经略旧疆之志意。此诗人之所以同深愤慨，而元白二公此篇所共具之历史背景也。"①

"蕃人闻道渐星奔"，"蕃人"，即生活在青藏高原上的吐蕃部族，在玄宗开元（713—741）时代非常强盛，与唐王朝的关系时好时坏。"闻道"，听说，即听到了唐军收复了河陇之地的消息。"渐"，慢慢地，一点一点地；"星奔"，如流星飞逝，形容疾速。何焯说："此言吐蕃乘乱陷我河湟之地，今为中国所破，庶几远徙也。"② 由于吐蕃的入侵，丝绸之路被隔断了数年；如今，敌人如流星般疾速退去，丝绸之路终于可以再次开通，唐都长安也变得比过去安全了，由此诗人表达了自己的喜悦及对国家前途的乐观和自信，同时自然地点了诗题——《喜闻盗贼蕃寇总退》。仇兆鳌评说："此记吐蕃判服不常也。驼马入贡，往时归顺，自逆命数年，而今乃奔散，喜之也。"（《杜诗详注》卷二十一）早在大历元年（766），杜甫就有《近闻》一诗：

近闻犬戎远遁逃，牧马不敢侵临洮。
渭水逶迤白日净，陇山萧瑟秋云高。
崆峒五原亦无事，北庭数有关中使。
似闻赞普更求亲，舅甥和好应难弃。

① 陈寅恪：《元白诗笺证稿》，上海古籍出版社 1982 年版，第 226 页。
② 萧涤非主编：《杜甫全集校注》（九），人民文学出版社 2014 年版，第 5408 页。

诗题注："永泰元年，郭子仪与回纥约，共击吐蕃。次年二月，吐蕃来朝，诗纪其事。"诗人为唐军击败吐蕃、河陇一带重归和平安宁感到振奋，赞普再次求亲，传统的舅甥关系应该继续保持下去。德宗建中四年（783）正月，陇右节度使张镒与吐蕃大相尚结赞盟于清水（今甘肃清水），暂息兵戈。盟文曰："与吐蕃赞普，代为婚姻，固结邻好，安危同体，甥舅之国，将二百年。其间或因小忿，弃惠为雠，封疆骚然，靡有宁岁。"（《旧唐书·吐蕃下》）不过，这已经是杜甫去世将近 13 年后的事情了。

这首诗不仅内容厚实，在写作上也极具特色。一是作者有意采用倒叙手法：起首二句"崆峒西极过昆仑，驼马由来拥国门"，在巧思中藏有智慧。诗说从崆峒山往西再往西，越过了天堑昆仑山脉还得向西，就是牵引驼马拥入国门的西域胡商的所来之处。正常的语序应该是，牵引驼马拥入国门的胡商，是从崆峒山往西的昆仑山脉那边来的。诗人先由东说到西，再由西说到东，含蓄地点出东是丝绸之路的起点长安，西则一直可以通到大秦（古罗马），中间当然还有数不清的神秘古国，仅是汉武帝时就有多国。"西域以孝武时始通，本三十六国，其后稍分至五十余，皆在匈奴之西，乌孙之南"（《汉书·西域传》），正是诗人自谓的"方丈三韩外，昆仑万国西"（《奉赠太常张卿二十韵》）。"崆峒西极过昆仑"写的其用意，正如宋人赵次公所说："崆峒在西郡之西，而昆仑又在崆峒西极之西，今公此句，诗人广大其言，谓其从化之地远也。"[1] 由于汉唐的持续开拓和不懈努力，丝绸之路串连起来的是整个亚欧大陆（旧大陆），由此展示了一个极其辽远阔大的空间，任人驰骋想象。由这两句便可知晓，杜甫不仅盛赞丝绸之路，而且谙熟丝绸之路。

二是诗中的一字一词都有极其丰富的蕴含，包含大量耐人咀嚼的文化信息，如"由来"一词，有由来已久、从发生到目前仍在延续之意，同时把读者带向遥远的历史时空，追溯久已开拓的汉唐丝绸之路。《汉书·西域传》记载的"丝绸之路"有两条：

自玉门、阳关出西域有两道：从鄯善傍南山北，波河西行至莎

---

① 萧涤非主编：《杜甫全集校注》（九），人民文学出版社 2014 年版，第 5408 页。

车，为南道；南道西逾葱岭则出大月氏、安息。自车师前王廷随北
山，波河西行至疏勒，为北道；北道西逾葱岭则出大宛、康居、奄
蔡焉。

这两条路都在天山之南，以塔里木河为界，分为南北两条。① 南道从
鄯善（古楼兰）到于阗、莎车（今新疆莎车一带），翻过葱岭（帕米尔
高原），向西可抵达大月氏、安息。北道从车师前王国的都城即交河城向
西，过焉耆（今新疆焉耆）、龟兹（今新疆库车）到疏勒（今新疆喀什），翻过葱岭，向西北可抵达大宛国、康居国及奄蔡。奄蔡，古部族
名，在里海、黑海之间，从事游牧。隋代学者裴矩《西域图记·序》中
记载的"丝绸之路"有三条：

> 发自敦煌，至于西海，凡为三道，各有襟带。北道从伊吾，经
> 蒲类海铁勒部突厥可汗庭，度北流河水，至拂菻国，达于西海。其
> 中道从高昌、焉耆、龟兹、疏勒、度葱岭，又经钹汗、苏对沙那国、
> 康国、曹国、何国、大小安国、穆国，至波斯，达于西海。其南道
> 从鄯善，于阗、朱俱波、喝槃陀，度葱岭，又经护密、吐火罗、挹
> 怛、忛延、漕国，至北婆罗门，达于西海。其三道诸国，亦各自有
> 路，南北交通。其东女国、南婆罗门国等，并随其所往，诸处得达。
> 故知伊吾、高昌、鄯善，并西域之门户也。总凑敦煌，是其咽喉之
> 地。（《隋书·裴矩传》）

丝绸之路北、中、南三条道路又可以南北交通，皆要抵达西海。《史
记·大宛列传》："条枝在安息西数千里，临西海"；《汉书·西域传》：
"条支国临西海"。西海，今波斯湾、红海、阿拉伯海及印度洋西北部。②
从汉武帝建元二年（前139），张骞开通西域到唐太宗贞观元年

---

① ［英］杰弗里·巴勒克拉夫主编：《泰晤士世界历史地图集》，毛昭晰、刘家和等译，生
活·读书·新知三联书店1985年版，第71页。
② 史为乐主编：《中国历史地名大辞典》（上），中国社会科学出版社2005年版，第938
页。

（627）就有 766 年的时光。《新唐书·地理志》记载的唐代"丝绸之路"经过今天新疆境内的有三条：北路"自庭州（今新疆吉木萨尔）西延城西"，"又西行千里至碎叶城"（今吉尔吉斯斯坦巴尔喀什湖附近），至里海沿岸。中路出玉门关，由龟兹抵疏勒，经葱岭，至波斯（伊朗）、地中海沿岸；南路出阳关，经且末（今新疆且末）、于阗（今新疆和田），至天竺（印度）等国。"丝绸之路"上文明神秘的古国比比皆是，足够东方的中国探寻资鉴，除上文提到的外还有楼兰国、精绝国、高昌国、月氏、波斯、天竺、阿拉伯等等。杜甫诗歌以精微至极的语言展现了从大汉到盛唐悠悠 800 年的宏伟的历史画面，巧妙地暗牵起丝绸之路沿线上数不清的国家、地区、民族，真正是尺幅千里，芥子须弥。

总之，"诗圣"杜甫笔下的丝绸之路悠远壮丽，令人遐思，充分展示了汉唐王朝的强盛及唐中后期所遭遇的曲折和困境，可以帮助我们认识"安史之乱"后的中唐社会现实及民族关系，是陈寅恪先生所推重的"以诗证史""诗史互证"的珍贵材料。

道教西传源流、阶段及背景新探

张清文[*]

摘要： 丝绸之路开通和发展促进了宗教传播和文化交流，大多数宗教是沿丝路由西向东传播，只有道教是逆向西传，本文经过对大量文献及考古发现的归纳总结，初步厘清道教在丝绸之路传播的步骤和阶段。道教西传过程应可分为道教思想文化西传和道教组织正式确立两个阶段。这两个阶段都是由东至西渐次传播。第一个阶段主要依靠是无意识、非主动的自然传播方式；第二个阶段即道教组织的正式确立阶段则主要是政治势力作用的结果。在道教西传过程中，前凉起到了重要的作用。

关键词： 丝绸之路；道教西传；前凉

丝绸之路开通和发展促进了经济及中西文化交流，就宗教而言，佛教、景教、祆教、摩尼教等皆自此路东传至中土，相比之下，中土自有的道教西传规模和影响力却远不及这些宗教。

关于早期道教西传的时间和发展阶段，学者研究虽不及佛教、景教热衷和深入，但是也进行了一些探索并取得了较多成果。对于道教西传研究的最大成就主要是集中于对出土文书和文物的整理及利用上。在这一方面陈国灿、姜伯勤、刘昭瑞、王素、贾小军、小笠原宣秀等学者取

---

[*] 张清文（1973—），山东沂水人，河南大学考古学博士研究生、太原师范学院历史系讲师，目前研究重点以艺术考古及文物学为主。

得较多硕果。此外，高华平先生对于相关史书资料进行了搜集整理，胡恩厚、李青、高占盈对于西部地区早期道教美术文物行梳理，荣新江、周菁葆、黄烈、邱陵、李进新、张畅、颜廷亮等对于道教西传方式及演变进行了一定探索。

综观各学者的研究成就，多集中于具体考古实物尤其是文书的个体研究之上，或者对某一地区的道教起源及发展进行研究，相对而言，对于道教西传方式宏观上的整体观察以及其政治、历史背景方面的影响，还稍显不足。另外，对于道教西传的历史背景思考和历史文献搜集方面，还可进一步增加和完善。

基于以上的一些思考，笔者对于道教西传的考古实物及文书进行重新排序和整理，对道教西传肇始时期的历史背景重新分析，对于道教西传的途径、经过、阶段等都进行了探索尝试。

我们通常认为道教正式传入西域大约为唐代。但道教产生于东部滨海地区，兴于中土，它的西传，必然不会一蹴而就，只能是渐次西行，沿丝绸之路向西经张掖、武威、敦煌传入新疆的吐哈地区（高昌）。

一 道教西传的考古实物及文献整理

一些文献中记载道教西传很早，如《魏略·西戎传》云："浮屠所载与中国老子经相出入，盖以为老子西出关，过西域之天竺，教化胡。"① 这些记载较为荒诞夸张，可信度不高。但是自三国之后，道教或道家思想西传有关的可靠文献及出土文物却开始较为多见。按地区详述如下。

（一）定西—兰州地区

兰州、定西地区汉代墓葬发现较多，如巉口、河口、西固公园、玻璃棉厂、洪水道、西固山丹街、西固福利路、兰化三〇四厂家属区、深沟桥等地均发现大量汉墓，但是考古出土物中却并未见到可与道家思想及道教直接联系的实物。大约能够说明，道教或道家思想文化在东汉末年以前并未进入这一地区。

---

① 《三国志》卷三〇《乌丸鲜卑东夷传》，第859—860页。

由于这一地区距离道教发源地之一的汉中地区较近，地理因素加之政治、文化等原因。至少在三国时期，道教便传入定西及兰州地区。据《三国志·魏书》所载："（咸熙二年）是月襄武县言有大人见三丈余，迹长三尺二寸，白发著黄单衣，黄巾拄杖，呼民王始语云：'今当太平。'"① 三国时襄武县在今陇西县东南，从这一记载分析，所谓大人见的传言应是受黄巾军和太平道影响，同时也说明，道教在三国时期已经传入陇西一带。有记载称狄道咸熙二年，甘肃狄道（今临洮）城东北东山北麓建有太平观。②

（二）张掖—武威地区

从历史文献记载来看，道家思想尤其是谶纬思想传入此地区较早。有记录者为曹魏黄初四年（223）。

《资治通鉴·魏纪五》载："张掖柳谷口水溢涌，宝石负图，状象灵龟，立于川西，有石马七、凤凰、麒麟、白虎、牺牛、璜玦、八卦，列宿、孛慧之象，又有文曰'大讨曹'，诏颁天下，以为嘉瑞。"③ 《三国志·魏志》引《魏氏春秋》及《汉晋春秋》都有类似记载。《魏氏春秋》曰："是岁张掖郡删丹县金山玄川溢涌，宝石负图，状象灵龟，广一丈六尺，长一丈七尺一寸，围五丈八寸，立于川西。"《汉晋春秋》曰："氐池县大柳谷口夜激波涌溢，其声如雷，晓而有苍石立水中，长一丈六尺，高八尺，白石画之，为十三马，一牛，一鸟，八卦玉玦之象，皆隆起，其文曰'大讨曹'。"④

柳谷口异象预示了晋代魏，成为历史上有名的预兆事件，当地人员发现后附会为异象，并上报，说明道家思想内容已经传入当地。

《晋书·张轨传》载："（张轨）阴图据河西，筮之，遇《泰》之《观》，乃投策喜曰：'霸者兆也。'于是求为凉州。"张轨占据并统治凉州之后，谶纬之事的发生便愈加平常。如前凉大臣缪世征、挚虞在夜观

① 《三国志》，中华书局 1959 年版，第 153—154 页。
② 彭清深：《兰州道教的历史面貌及现状概述》，《中国道教》2006 年第 3 期。
③ 《资治通鉴》，中华书局 1956 年版，第 2314 页。
④ 《三国志》，中华书局 1959 年版，第 154 页。

星象后说："天下将乱，避难之国唯凉州耳。张凉州（张轨）德量不恒，殆其人乎？"张掖临松山石刻有"初祚天下，西方安万年"等字和清晰的"张"字。姑臧则发现了具有二十八宿图案的玄石。"张氏霸河西。"成为尽人皆知的谶言。① 汉末时期普通文士大儒的侯瑾，本无什么神异，且已死多年，但在此时，亦被神化，被附会成通过预测姑臧（武威）城泉竭圣人出，张轨霸河西的道家仙人。②

从考古发现上，武威市凉州区与高台县等地先后出土 10 枚木牍及 1 枚帛书铭旌，都有明确纪年。内容主要为衣物疏和道家咒文之属。③ 时间最早为曹魏"青龙四年（236）"，但据笔者观察，其"青龙四年"木牍为衣物疏，并无明显道教内容。这批文书最早具有明确道教内容的则是"建兴八年（320）"木牍，内容为道家为死者入葬咒文。建兴为西晋愍帝司马邺年号，实用五年，但是在前凉却被一直沿用，因此有建兴八年之说。

另外，武威磨咀子等地一些墓葬还出土数件枢铭。其中枢铭除铭文外还绘有日月、三足乌、七尾狐、蟾蜍、玉兔等图案。④ 有的枢铭上有"宁死下世、当归冢次……帝教如律令"等字样，这些墓葬中并无铭文纪年，时代不能明确，有学者推测其时代为东汉时期⑤，但并无确证。

此地区道教正式形成组织以及道观的建立则是在南北朝时期。

《晋书·张轨传》载：京兆人刘弘者，挟左道，客居天梯山第五山，然灯悬镜于山穴中为光明。以惑百姓，受道者千余人，寔左右皆事之。帐下阁沙、牙门赵仰皆弘乡人，谓之曰："天与我神玺，应王凉州。"沙、仰信之，密于寔左右十余人谋杀寔，奉弘为主。寔潜知其谋，收弘杀之。⑥ 高华平先生认为从此记录可证明刘弘是天师道主⑦，然而颜廷亮先

① 《晋书》卷五一《张轨传》，中华书局 1974 年版，第 2221—2222 页。

② 张清文：《论敦煌学人侯瑾的形象演变及其影响》，《敦煌研究》2015 年第 4 期。

③ 何双全、狄晓霞：《甘肃省近年来新出土三国两晋简帛综述》，《西北师范大学学报》（社会科学版）2007 年第 5 期。

④ 刘昭瑞：《汉、晋时期西域地区道教遗物与道教的传播》，《文化多样性与当代世界》2006 年。

⑤ 甘肃省博物馆等：《武威汉简》，文物出版社 1964 年版，第 148—149 页。

⑥ 《晋书》卷八六《张轨传》，第 2230 页。

⑦ 高华平：《对两晋道教传入凉州的历史文献学考查》，《宁夏社会科学》2003 年第 1 期。

生则认为此事是火袄教徒所为。①

前凉张骏统治时期，自立为凉王，张骏崇信道教，《晋书》记载他不但修建并祭祀西王母祠，而且他在修谦光殿时："其四面各起之殿，东曰宜阳青殿，南曰朱阳赤殿，西曰刑政白殿，北曰玄武黑殿，章服器物，皆依方色。"这些行为显然是受道教所影响。②

（三）敦煌地区

关于敦煌地区早期道教的研究，颜廷亮先生在其《关于敦煌地区早期宗教问题》③《敦煌文化中的道教及文化》④ 等文中论述较备，但笔者观点稍有不同，因此在此再次整理，并补充部分文献和考古资料如下。

历史文献中，对于道家文化或道家思想传入敦煌的记载时间较早。主要有以下几篇。

《汉书·李寻传》载：齐人甘忠可诈造《天官历》《包元太平经》十二卷，以言"汉家逢天地之大终，当更受命于天，天帝使真人赤精子，下教我此道"。贺良、李寻、解光等因为喜好，因此参与了此书的讲授和传播。事发后，贺良被杀，李寻及解光则被徙敦煌郡。⑤ 除信奉黄老之术的李寻、解光被贬敦煌外，类似原因被徙至敦煌的还有东汉陈汤。《汉书》载：东莱郡黑龙冬出，陈汤知道后说："是所谓玄门开。微行数出，出入不时，故龙以非时出也。"被丞相御史参奏后，陈汤被免为庶人，徙敦煌。⑥

《弘明集》引释玄光《辩惑论》称：汉时蚁君行此为道。觥魅乱俗，被斥燉煌。⑦ 此处"仪君"所指为何，众说纷纭，有人称"蚁君"指的是三张，亦有人称指的应该李寻、解光。姜伯勤、蒙文通等学者则认为蚁君当为秦房中术一脉仙道的余裔，为道教一支。综合分析，笔者认为

---

① 颜廷亮：《关于敦煌地区早期宗教问题》，《敦煌研究》2010 年第 1 期。
② 《晋书》卷八六《张轨传》，第 2237—2238 页。
③ 颜廷亮：《关于敦煌地区早期宗教问题》，《敦煌研究》2010 年第 1 期。
④ 颜廷亮：《敦煌文化中的道教及文化》，《敦煌研究》1999 年第 1 期。
⑤ 《汉书》卷七五《李寻传》，中华书局，第 3192 页。
⑥ 同上书，第 3033 页。
⑦ 僧祐：《弘明集》卷八，上海涵芬楼藏明汪道昆刊本，1919 年。

从原文来看，玄光《辩惑论》中蚁、觥二字出现较为突兀，可能是写错了。其原因或有两个，一是释玄光为新罗国熊州人，由于语言隔阂，在记叙时或许因音译等原因在人名上产生讹误。二是在口口相传或转抄刻录时产生别字。比较合理解释蚁君一词应该指的还是人名，或为李寻、解光，也可能是陈汤。

另《后汉书·矫慎传》云："矫慎字仲彦，扶风茂陵人也。少学黄老，隐遁山谷。因穴为室，仰慕乔松遁引之术，年七十余，竟不肯娶。后忽归家，自言死日，及期果卒。后人有见慎于敦煌者，故前世异之，或云神仙焉。"① 姜伯勤先生认为传说反映出东汉末年以降敦煌的方仙道或神仙家颇盛。②

汉末至魏晋之际，由于战乱，一些中原大家因避难而西迁敦煌，荣新江先生说：中原世家大族的到来，也把内地流行的道教传到敦煌。③

在莫高窟 249 窟窟顶壁画中绘有西王母、东王公、开明兽、青龙、白虎、朱雀、玄武、风、雨、雷、电以及羽人等内容的壁画。有学者认为这一壁画说明敦煌道教在西魏大统年以前便已经传入。④

敦煌祁家湾西晋十六国墓葬出土有斗瓶 88 件，上面多书有朱、黑色镇墓文，时代最早的为西晋咸宁二年（276）的 M320 墓，最晚的则为北凉玄始九年（420）的 M312 墓，镇墓文内容多含有道家思想成分。⑤ 姜伯勤先生认为这种镇墓器物文字本身就是敦煌地区方仙道流行以及方仙道方术被天师道吸纳的反映，实系道教用于墓葬之器物文字。⑥

除此之外，1998 年 8 月，甘肃省安西县（今瓜州县）发掘出土一件墨书纪年镇墓器，自名为斗瓶，上有道符及墨书纪年镇墓符文，年代为

---

① 《后汉书》卷八三《逸民列传》，中华书局 1965 年版，第 2771 页。
② 姜伯勤：《道释相激：道教在敦煌》，《敦煌艺术宗教与礼乐文明》，中国社会科学出版社 1996 年版。
③ 荣新江：《敦煌学十八讲》，北京大学出版社 2001 年版，第 38 页。
④ 郭传彩：《道教文化在新疆的传播及其保护开发问题——以乌鲁木齐西山老君庙为例》，《新疆艺术学院学报》2008 年第 4 期。
⑤ 戴春阳、张珑：《敦煌祁家湾——西晋十六国墓葬发掘报告》，文物出版社 1994 年版，第 100—148 页。
⑥ 姜伯勤：《道释相激：道教在敦煌》，《敦煌艺术宗教与礼乐文明》，中国社会科学出版社 1996 年版，第 270 页。

建兴十年三月。文中有青乌、急急如律令等字样。根据王元林的考证，"建兴十年"，为前凉张茂统治的第三年（322）。①

斯坦因第三次中亚探险曾在敦煌发现一枚木简，其上有"仙师敕令三都星镇定空氒安"等文字。据颜廷亮考证此简时代应为晋代。② 陈槃先生则认为此木简为三国时魏元帝景元四年（263）之物③。

另外斯坦因在敦煌汉代烽隧遗址中发现无字人形木牌。刘昭瑞先生认为是"俑"，并视其为潜在道教内容的无文字遗物。④ 但是笔者仔细观察图片，出土于敦煌等地的人形木牌与内地"俑"差别很大，这一类木牌多出土于西部，似乎并非是中原文化产物，与道家无关。

根据敦煌文书 S15448 号载：开皇十九年，乌山变白，中验不虚，（隋文帝）遣道士皇甫德等七人祭醮，自后望如雪峰。说明隋代就是官方派人来此进行道教活动，另有 S12295 文书为隋大业八年（612）的官写本，这是敦煌有明确纪年的隋代道经写本。⑤

（四）高昌地区

道家思想及道教传入西域地区的早期情况，历史文献上缺乏记载，但是考古中，却发现有大量道家早期遗物。

道家相关文物出土和发现比较集中的是在吐鲁番地区。1959 年到 1975 年，新疆考古工作者在吐鲁番阿斯塔那、哈拉和卓等古墓群进行过 13 次发掘，出土了大量晋—唐文书。经过整理后发现，这些文书中有大量内容反映道家思想或葬俗。如西凉建初十四年（418）韩渠妻随葬衣物疏中记有："左青龙、右白虎。书物数，前朱雀，后玄武……急急如律令。"

出土于高昌麹氏王朝的随葬衣物疏中既有道教神名，又有佛教用语

---

① 王元林：《前凉道符考释》，《文物》2011 年第 4 期。

② 颜廷亮：《关于敦煌地区早期宗教问题》，《敦煌研究》2010 年第 1 期。

③ 陈槃：《敦煌木简符籙试释》，《"中央研究院"民族学研究所集刊》1971 年总第 32 期，第 237—244 页。

④ 刘昭瑞：《汉、晋时期西域地区道教遗物与道教的传播》，《文化多样性与当代世界》2006 年。

⑤ 叶贵良：《唐代敦煌道教兴盛原因初探》，《新疆社会科学》（汉文版）2005 年第 2 期。

及佛教故事。① 吐鲁番阿斯塔那 303 号墓出土的符箓，上有朱书符文四行及天神持大刀长叉图像，按同出墓志载，墓主人为明威将军民部参革赵令达。入葬时间为和平元年（551）。②

新疆吐鲁番阿斯塔那墓地还出土一些镇墓兽。镇墓兽分为木、泥镇墓神兽两种。鲁礼鹏认为晋至南北朝时期的墓葬中出现的木镇墓神兽及随葬习俗应是由河西地区直接或间接传入的。而泥镇墓神兽及其随葬习俗则主要是在唐灭高昌置西州后，由唐代中原两京地区逐渐传入的，均承袭于中原文化。③

反映道家思想的文物还包括：1995 年在新疆民丰县尼雅遗址墓地出土"五星出东方利中国"织锦护臂一副，并可于同出的"讨南羌"锦缀合在一起。五星出东方源于《史记·天官书》"五星分天之中，积于东方，中国利"④，反映了早期的道家占星思想。此墓年代据发掘报告称为"为东汉末至魏晋前凉时期，更准确一点说，当在魏晋前凉时期"⑤。

道教正式传入新疆地区应该是在唐代。新疆道观产生的时代，荣新江先生认为是在唐玄宗时期。⑥ 黄烈先生据出土文书分析，最早的道观有年号可查者应为武则天天授二年（691）所建⑦。雷闻从大唐宫观网络角度分析，在唐高宗乾封元年（666）时，唐高宗下诏"天下诸州置观、寺一所"。因此雷闻认为，新疆高昌地区（西州）在此时开始出现道观。⑧诸位学者对于高昌地区道观最初建立的时间观点略有差距，但是道教在盛唐时代正式传入新疆地区则是学者共识。唐代高昌地区道教较盛，道

① 新疆社会科学院宗教研究所：《新疆宗教》，新疆人民出版社 1988 年版，第 106 页。

② 新疆维吾尔自治区博物馆：《新疆吐鲁番阿斯塔那北区墓葬发掘简报》，《文物》1960 年第 6 期。

③ 鲁礼鹏：《新疆吐鲁番阿斯塔那墓地出土镇墓神兽研究》，《四川文物》2016 年第 5 期。

④ 《史记》卷二七《天官书》，中华书局 1963 年版，第 1322 页。

⑤ 于志勇、董红卫、何晓：《新疆民丰县尼雅遗址 95 MNI 号墓地 M 8 发掘简报》，《文物》2000 年第 1 期。

⑥ 荣新江：《敦煌学十八讲》，北京大学出版社 2001 年版，第 230 页。

⑦ 黄烈：《南北朝时期道教西传高昌试探》，《中国魏晋南北朝史学会成立大会暨学术讨论会论文集》，1984 年。

⑧ 雷闻：《国家宫观网络中西州道教——唐代西州道教补说》，《吐鲁番学国际学术研讨会论文集》，2005 年。

观数量较多。仅以伊州地区为例，有记载者便有祥薛观、大罗观、祥薛尼观、天上观等。高昌地区道教形成一定势力，甚至还与政府争夺依附人口。①

二 道教西传进度及步骤

道教由中土西传到新疆高昌地区，需要经兰州、张掖、武威、敦煌等地区，此一线长达两千余里，关塞阻隔，道教的传播极为不易，必然历经较长时间，而且是在各地区间逐步扩散而去。

笔者认为，道教传入某一地区，应包括两个阶段，一是道教相关文化的传入，包括道家思想、道教典籍、文书、符箓、丧仪等内容。二是道教组织的确立，如道教信仰群体及专业人员的存在，道观的出现。一些学者将二者混而为一应是不妥的。具体而言：

道教相关文化和思想的传入阶段：如早期道家思想的传入，以及相关的习俗、文书、符箓、丧仪等的应用。这一阶段中，道教组织尚未建立，少数具有道家思想的人物迁入敦煌或出现在敦煌。一些具有道教思想文化内容丧仪或文物开始出现，具有谶纬思想的事例被传播并记入历史文献。诚然这些例证都与道家思想或道教相关，但是同道教真正传入还有本质上的不同。例如谶纬思想虽然有道家思想内容成分，但是更主要的方面则是两汉儒学中的经学内容。不足以作为道教西传的确证。一些具有道教内容的遗物，如铜镜、织品等更难作为道教西传的证据。比如说甘肃靖远发现的东罗马鎏金银盘，虽然上面纹饰中具有一定宗教内容，但是并不能说明当时东罗马宗教（东正教）已传入甘肃，更可能的原因，其只是作为一般生活用品而流入，与纹饰上的宗教内容无关。一些具有道家思想内容的丧仪存在或出现，似更应归于民俗学范畴，确实有道家思想内容，但是这类丧仪的实施者未必是道教徒，就如同近世拜佛者众多，但是他们同佛教徒却有本质的区别。

道教组织的确立阶段：如道教信仰群体及专业人员的存在，道观的

---

① 黄烈：《南北朝时期道教西传高昌试探》，《中国魏晋南北朝史学会成立大会暨学术讨论会论文集》，1984 年。

出现。笔者认为这才是道教真正传播和确立的时期。具体理由而言：一是在早期道家或道教人物进入西部地区时，他们之中情况复杂，有的是因为在内地传播道家思想而流放（李寻、解光、陈汤），有的则是源自民间传说（矫慎），有的是后世文献对其生平事迹的夸大（侯瑾），尚无确切证据证明这些早期人物在西部地区有传教行为。二是一些丧仪证据，确实这些丧仪反映了一些道家思想元素，但是更多方面，似应归入民俗范畴，死者及埋葬他们的人未必全是道教信仰者。三是四神及西王母等装饰图案，在汉代各类铜镜、织锦、壁画等文物中大量存在。内涵中确实有道家思想文化，但是作为日常用品及装饰图案，同样不能说明用这些图像进行装饰或使用相关文物者一定为道教信仰者。

基于以上等方面的考虑，有必要将这一阶段与道教正式传播阶段相区别，只能将其看作其中体现了一些道家文化或思想内容，可单独拿出来进行研究。

依据这两个阶段的划分，分别将道教西传所经历的各个地区的传播时间及步骤分析如下。

（一）道教相关文化和思想的传入阶段

1. 定西—兰州地区

由于太平道及黄巾起义等政治文化的作用，道教正式进入定西—兰州地区是在东汉末期，在此之前，还未发现明确证据可证道家思想或道教相关的文化进入此地区。

2. 张掖—武威地区

历史文献中所载的"柳谷口异象"发生在曹魏黄初四年（223）。考古发现与道家思想相关的汉晋文物较多，但是大多无明确纪年，因此难以准确判断时代。武威市出土的一系列木牍，虽然其道教内容出现在"建兴八年（320）"时，但是这批木牍最早时代为曹魏"青龙四年"（236），时代与文献中的"柳谷口异象"相当，可证道教相关文化和思想传入时代大约为曹魏时代之后。①

---

① 武威磨咀子等地出土柩铭之中有道教内容，一些学者认为其为东汉时期，但因无明确纪年，对其时代判断可能存在一些不确定因素，因此暂不作为东汉道家思想进入武威地区的确证。

3. 敦煌地区

西汉末年开始，道教人物李寻、解光、陈汤等人便进入这一地区。但他们来敦煌是因传播道家思想而获罪被罚至这里，因此继续传播道家思想文化的可能性并不大，正式文献中亦无相关记载。从考古学上来看，最早和道教文化相关的文物是西晋咸宁二年（276）所出的斗瓶。

4. 高昌地区

道教相关文化进入新疆地区时间，史书文献缺乏明确记载，从考古发现来看，大约是始于十六国时期。如考古出土的前凉时期的"五星出东方利中国"织锦等。吐鲁番出土大量文书文献，虽然最早者为西晋泰始九年（273），但具有道家文化内容的最早文书则是西凉建初十四年（418）韩渠妻随葬衣物疏。

（二）道教组织的确立阶段

定西一兰州地区在汉代末年至三国时期道教组织正式确立。多半是由黄巾起义及太平道散播的影响。咸熙二年（265），甘肃狄道（今临洮）始建太平观。①

张掖一武威地区：如果不算刘弘在天梯山然灯悬镜受道千人之事，那么前凉张骏立西王母祠之事则可为前凉道教确立的标志之一。

敦煌地区：开皇十九年，隋文帝遣道士皇甫德等七人祭醮石膏山之事及隋大业八年出现在敦煌的隋代道经官写本。都可证明，道教组织在敦煌地区正式确立大约是在隋代。

高昌地区：按前所论，虽然道教组织在高昌正式成立的时间还有不同观点，但是在唐代时期道观正式建立却是共论，时间应在初唐至盛唐之间。

由上述分析可以总结出道教传播的步骤和阶段，为清楚计，绘图如下。

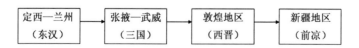

图1　道教文化及思想的西传步骤及阶段

---

① 彭清深：《兰州道教的历史面貌及现状概述》，《中国道教》2006年第3期。

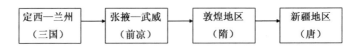

图 2　道教组织的确立阶段的西传步骤及阶段

从图 2 可以清楚看出，无论是在道教相关文化和思想传入阶段还是道教组织正式确立的阶段，都是由东至西渐次而来，并且第二个阶段一般都晚于第一个阶段。

三　道教西传的历史背景及动力

在丝绸之路诸教之中，大多是由西传入，逆向传播的只有道教一门。然而对于道教传播的手段及背景，学者们往往认为是中原世家大族避乱西迁所致。① 但经笔者分析，实际情况可能更为复杂。探讨道教西传的方式，应结合当时社会历史、政治、文化背景综合考量。

笔者认为道教传播的手段。主要包括自然传播和官方政治势力引导的结果。具体分析如下。

（一）自然传播

1. 体现道教文化的物品传入

在丝绸之路开通之后，由于贸易的往来及物品的交易，中原货物向西贸易流通，其中有一些物品中便具有一定的道教思想文化内涵。如丝路上常见的汉代铜镜，其背部纹饰便有道教文化内容。还有新疆尼雅遗址所出的"五星出东方利中国"织锦等。虽然这些物品的流入，并不意味着道教的传入，但是或多或少可能对当地产生一些文化影响。

2. 道教人物及世家大族的进入

两汉时期的李寻、解光、陈汤等人最初进入敦煌，但他们是作为"妖言惑乱"的罪犯流放，似无可能进行道家思想的传播。荣新江先生所提及的世家大族及其他一些汉人等，这些人进入敦煌地区甚至高昌地区，

---

① 荣新江：《敦煌学十八讲》，北京大学出版社 2001 年版，第 38 页。

确实带入了一些汉族民俗，不可否认，这些民俗中确有一些道教文化内容，但是在早期，并无他们主动传播道教及成立相关组织的记载。

3. 道教葬俗的使用

从考古学发现来看，早期道教相关文物大多出于墓葬之中，这些应该是和道教文化相关的一些葬俗的使用，应该是汉族人西迁的所带至西部的。体现了当时社会一些风俗和对社会的一些认识。但是仍不可否认，其中的民俗成分远大于宗教成分。

4. 道教美术的传播

敦煌一些壁画中绘有西王母、东王公、开明兽、四神、羽人、风、雨、雷、电等壁画（时代在西魏大统年前）。这应是道教美术的传播体现，类似的绘画在汉晋墓葬中较为常见，在铜镜、漆器等纹饰中也常有出现。反映了当时人们对自然、宇宙的一些认识和观点。当然这些美术内容都与道教有一定关联或相通之处，但是将四神图案及东王公、西王母这些图像全部解释成道教专有内容是否合适，还有待商榷。

从上面的论述可以看出，道教西传的第一个阶段，即道教相关文化和思想的传入阶段，其传播方式主要是自发性传播，通过物品贸易交流、民俗性传入、道教美术等手段进行传播，很少有政治势力的引导及推进。这一阶段中道教文化或思想的流入是散漫的，没有有意识的引导和推进。还不能算是道教的正式确立，但是这些体现道教内容的文化流入，对当地思想文化都产生了重要影响，为今后道教在这些地方的正式确立奠定了基础。

（二）政治势力的利用

根据笔者分析，在道教组织的形成阶段，政治势力的影响主要表现在第二个阶段即道教组织的形成阶段。

1. 兰州—定西地区

这一地区道教的正式确立，应是受黄巾起义及汉末道教的影响，西羌配合汉末黄巾，尤其是天师道首领张鲁在汉中创立政教一体的国家，道教至少在三国时期便传入陇西一带也有文献及实物可证。

2. 张掖—武威地区

这一地区道教组织确立是在前凉时期，有史可证者，前凉张骏时期建立西王母祠，是官方为巩固其统治的举措。前凉在道教西传中的作用当不止于此，将在后文详以论述。

3. 敦煌地区

这一地区道教组织正式出现应该是隋代以隋文帝遣道士皇甫德等七人祭醮，及敦煌文书中《老子变化经》官写本的出现为标志。这些可以证明，道教组织正式进入敦煌地区是官方推动的结果。

4. 高昌地区

按雷闻的观点，新疆地区的道教始于唐高宗下诏要求。如果属实，那么自然是官方推动的结果，即便这一结论缺乏论据支撑，那么新疆地区道教组织自盛唐时开始确立，应是不争的事识。唐代将道教列为国教，对新疆道教的推广及高昌地区（西州）道教组织的确立具有极大的推进作用。

在道教西传的第二个阶段，或称道教正式传播时期，基本上都是官方推进的结果。

（三）前凉在道教推广中的关键性作用

梳理道教西传的过程及经历，笔者认为前凉在其中起到了至关重要作用，简述如下。

前凉是西晋末年开始由偏踞西北的张氏集团割据的政权，是十六国时期的一个特例，虽然地处西部边陲，却较完整地保存了汉族传统文化，前凉所统治地区也自然而然成为当时北方的文化中心所在。特别是其历代国君崇信道教，如前凉的开拓者张轨便是道教的信仰者。据《周书》《晋书》等历史文献所载：他曾多次为自己卜筮①，临终之日，随葬唯有素书数百卷而已。② 素书是道教经典即《玉钤经》。凉王张骏统治时期愈加崇信道教，其修谦光殿时，宫殿布局命名等皆受道教思想影响，且其"章服器物，皆依方色"。③

前凉张氏统治并不稳固，为加强其统治，张轨、张骏等统治者曾多

---

① 《晋书》卷八六《张轨传》，中华书局1974年版，第2221页。
② 《周书》卷三七《张轨传》，中华书局1971年版，第665页。
③ 《晋书》卷八六《张轨传》，中华书局1974年版，第2237—2238页。

次借力于道教。如张轨在位时，大量使用谶纬和预测方法，张掖临松山石上有"初祚天下，西方安万年"等字，还刻有非常清楚的张字。姑臧有玄石上面的白点构成二十八宿形状。① 张骏在位时，黄龙在胥次嘉泉出现，姑臧民谣称"两翼高举凤凰鸣"等。② 最有代表性的是汉末敦煌地区的侯瑾，他本是一个普通的学者大儒，但是在张氏统治前凉期间，却被重新抬了出来，并不断被神化，成为神仙及阴间之主，同时假借侯瑾之口，宣扬张氏统治为天意安排的观点。③

再者从历史地理角度而言，武威、敦煌、高昌等地均属于前凉领地，由于前凉统治者对道教的利用和推崇，道教在西部地区得以迅速发展，并有相关的道教组织建立。正是前凉统治时期，道教文化开始传入高昌地区，也正是在前凉统治时期，张掖—武威地区才开始有道教祠祀及道教组织建立。

四 结语

在丝路的宗教传播中，大多数宗教是由西向东传播，只有道教是逆向传播。经过以上大量篇幅的分析可以总结出来以下几点。

（一）道教传播可分为道教思想文化的传入阶段和道教组织的正式确立阶段两个部分。每一地区的第一阶段都早于第二阶段。

每个阶段都是由东至西渐次传播。第一个阶段即道教文化的早期传播阶段，主要依靠是无意识、非主动的自然传播，第二个阶段则是道教组织的正式确立阶段，这则完全是政治势力作用的结果。

（二）无论是自然的传播还是政治势力的影响，都是在汉民之间传播，到目前为止似还没有足够证据能说明道教在西部少数民族中有传播的情况。这在一定程度上也说明了道教西传的局限性。据笔者推测，其中主要的原因，应该是道教文化比较玄虚且同汉族语言文化结合过于紧密，被汉族之外的其他民族接受起来较为困难。

---

① 《晋书》卷八六《张轨传》，中华书局1974年版，第2221—2222页。
② 同上书，第2234—2235页。
③ 张清文：《论敦煌学人侯瑾的形象演变及其影响》，《敦煌研究》2015年第4期。

（三）前凉在道教传播中起到了至关重要的作用。

前凉独特的地理位置、复杂的政治形势以及统治者对道教的尊崇和利用，使前凉在道教传播中起到了关键性作用，是道教能传入新疆最为关键的一个时期。

总之，由于文献及考古资料的欠缺以及对道教文化的理解尚未能深入，因此笔者对于道教西传的方式、步骤等详情的观点或有谬误之处，有待进一步的分析和研究。

契约文书与中世纪吐蕃习惯法：
研究回顾与展望

韩树伟*

摘要：吐蕃文书中习惯法是研究吐蕃历史、法律社会、经济的重要史料。近年来，随着国内外专家和学者对有关吐蕃出土资料及传世文献的整理与研究，尤其是法律社会契约类文书的发表、出版逐渐增多，有必要对这些研究成果进行系统的梳理，可为深入研究吐蕃历史、法律社会、经济等提供重要的文献资料。

关键词：吐蕃；契约文书；习惯法

习惯法是独立于国家制定法之外，依据某种社会权威和社会组织，具有一定强制性的行为规范的总和。简而言之，就是约定俗成的不成文法。在古代社会尤其是少数民族社会生活中，习惯法起着重要的作用。世界五大体系即欧洲大陆法系、英美法系、伊斯兰法系、印度法系和中华法系，习惯法已经不是主要渊源，其作用大大减弱。但是习惯法在一个国家的法律体系中仍然扮演着不可或缺的角色。本文从法律社会角度出发，以习惯法为切入点，对丝路沿线出土的吐蕃文书研究成果进行梳理，为深入研究吐蕃历史、法律社会、经济等提供重要的文献资料。

---

* 韩树伟（1989—　），男，甘肃陇西人。兰州大学敦煌学研究所博士生，研究方向为敦煌学及法律社会史。

20 世纪初，敦煌藏经洞打开后，吐蕃文书和其他文书一样，被大批运送到国外。据专家和学者的不同统计，流散在海外的敦煌吐蕃文书总数（少数出自新疆）至少五千件、最多达一万二千件①，众所周知，最早来中国的欧洲探险家是斯坦因、伯希和，因此吐蕃文书大多收藏于英国和法国。20 世纪 20 年代，国际敦煌学界和藏学界的专家和学者开始搜集、整理、刊布流散到英、法的吐蕃文文书。与回鹘文文书研究相比，吐蕃文文书的研究相对滞后，而且利用甚少，其成果也较少。但是，这些出土于敦煌洞窟和新疆塔里木盆地南部的用古藏文书写的文书，为我们展现了当时尤其是公元 7—9 世纪的社会生活背景，为深入地研究政治、法律、经济、民族、历史和语言提供了可靠的基础性材料。

在英国，收藏的吐蕃文文书大多是斯坦因从 1900 年至 1915 年在中亚进行的三次考古中获得的，总数约有 3500 件。斯坦因（Marc Aurel Stein）当时将其分为佛教文书和非佛教文书。佛教文书由比利时的佛学家瓦雷·普散（Louis de Vallee Poussin）进行了编目工作，非佛教文书由印度事务部图书馆馆长的托马斯（Frederick William Thomas）负责整理。普散将佛教文书分为律、经及注疏（可考梵文名称者）、经（译自汉文或可考藏文名称者）、经及注疏（未比定者）、怛特罗文书（可考梵文名称者）、怛特罗文书（比定而无梵文名称者）、怛特罗文书（未比定者）、论（可考名称者）、论（未比定者）及藏人著述十个类型、编写目录 765 号。②非佛教部分一直没有整理的目录单行公开出版。但是，1935 年以后，托马斯将其一系列研究成果定名为《有关西藏的藏文文献和文书》，并分四卷出版：第一卷是从藏文大藏经中辑录并翻译的有关于阗史料；第二卷是按文献内容分为阿柴、沙州、罗布地区、于阗地区、突厥、政府与社

---

① 王尧、朵藏加认为五千件，荣新江认为六千件，金雅声、束锡红认为八千件，樊锦诗认为一万二千件。分参《敦煌古藏文文献探索集》（王尧、陈践译注，上海古籍出版社 2008 年版，第 3 页）、朵藏加《敦煌吐蕃藏文文献在藏学研究中的史料价值初探》（《中国藏学》2002 年第 4 期）、荣新江《海外敦煌文献知见录》（江西人民出版社 1996 年版，第 31 页）、金雅声《英法藏敦煌古藏文文献与吐蕃早期文化》（《西北民族大学学报》2006 年第 2 期）、敦煌研究院编《敦煌吐蕃文化学术研讨会论文集》（甘肃民族出版社 2009 年版，第 1 页）。

② 房继荣：《英藏敦煌古藏文文献概述》，《西北民族研究》2006 年第 2 期。

会情况及吐蕃军队七个方面刊布了敦煌、新疆出土的吐蕃文社会历史文书，这一卷在国际藏学界影响很大，被誉为"是一部宏伟的资料汇编，同时也可以说是古藏语语言学和吐蕃历史学研究的第一次收获"①；第三卷对第一、第二卷某些未及展开的问题进行了补充说明；第四卷是具有英藏词典性质的工具书，收有完备的英藏梵词汇索引。②

对于英藏吐蕃文文书辑录的工作，二战后日本学者也参与其中，且进展迅速。研究者有榎一雄、山口瑞凤、武内绍人等，20世纪60年代初，日本学者榎一雄购买了英藏的大部分吐蕃文文书的缩微胶卷，将其收藏于日本的东洋文库。70年代中期，日本藏学家山口瑞凤组织东洋文库研究委员会，进行《斯坦因搜集藏语文献解题目录》的编撰工作。最后共辑录文献序号1518号，分十二册由东洋文库陆续出版。其中，第1—8册为瓦雷·普散的重新编目，第9—12册为瓦雷·普散未收入的文献目录。尽管普散、托马斯、东洋文库相继将绝大部分英藏吐蕃文书以目录的形式公布于众，但仍有遗漏，为此，日本的另一位藏学家武内绍人对其进行补漏，最后"共收录以麻札塔格发现的文书为主的360件写本，其中有托马斯已经录入的45件，托马斯未涉及而较有价值的60多件，剩下的约总数三分之二的写本多支离破碎，很难辨认"③，至此，英藏的吐蕃文书辑录工作基本完成。

另一家收藏吐蕃文书较多的法国，约有三千件④，是由伯希和（Paul Pelliot）从1906年至1908年在中亚考古时从敦煌获取的。关于法藏吐蕃文书的辑录工作，由法国藏学家巴考（Jacques Bacot）、拉露（Marcelle Lalou）对其进行编目，分别于1939年、1950年、1961年陆续刊出，即三卷本《国立图书馆所藏敦煌藏文写本注记目录》：第一卷收P. T. 1 - 849号、第二卷收P. T. 850 - 1282号、第三卷收P. T. 1283 - 2216号，还

---

① ［匈牙利］葛萨·乌瑞著：《有关怛罗斯战役前中亚史地的吐蕃文文书和文献资料》，王冀、李超译，《敦煌学辑刊》1986年第1期。

② 马筑：《国外有关英藏敦煌、和田等地出土古藏文写本的研究》，《敦煌研究》2005年第2期。

③ 杨铭：《英藏新疆麻札塔格米兰出土藏文写本选介》（二），《敦煌学辑刊》2003年第1期。

④ 荣新江：《海外敦煌文献知见录》，江西人民出版社1996年版，第43页。

有《无量寿宗要经》和《十万颂般若经》等文书，计 P. T. 2217－2224 号和 P. T. 3500－4450 号。① 在此基础上，为便于学界检索，1978 年至 1979年，法国学者埃·麦克唐纳和日本学者今枝由郎合作编辑了《国立图书馆所藏藏文文书选刊》②，分佛教文书、非佛教文书两部，第一部收 P. T. 1－990 号，第二部收 P. T. 996－2220 号。至此，法藏吐蕃文书的辑录工作亦基本完成。因此，对来自敦煌、新疆等地出土被收藏于英、法两国的大部分吐蕃文文书的搜集、刊布，对中国藏学的研究具有重要的意义。

在国外搜集、刊布与研究吐蕃文书的同时，国内亦非常重视。由于起步晚，因此大部分的研究处在翻译、介绍的阶段。如最早涉入的王尧、陈践二位先生，于 1980 年合注《敦煌本吐蕃历史文书》③，这是国内第一部对法国学者巴考、英国学者托马斯和比利时学者普散三人合撰的《敦煌发现的吐蕃历史文书》④ 进行的汉译本，是研究吐蕃历史最珍贵的文献之一，这本书首次将流失海外的敦煌吐蕃文文献呈现于国人面前，开创了国内对这批文献搜集、刊布及其研究的新局面。1983 年，王尧、陈践接着出版了《敦煌吐蕃文献选》⑤，分吐蕃律例、社会经济、古代藏文译文、藏文记载的吐蕃周边民族的情况、早期藏医、藏药等五个方面，汉译了 28 件法藏的吐蕃文文书。1986 年再出版《吐蕃简牍综录》⑥，汉译了 464 支出自新疆的吐蕃简牍。1999 年王尧、陈践二位先生又出版《法藏敦煌藏文文书解题目录》⑦，公布了全部法藏敦煌藏文文书的目录。

除了王尧、陈践二位先生，另有刘忠、杨铭二位先生于 2003 年对英

---

① 荣新江：《海外敦煌文献知见录》，第 43 页；尕藏家：《敦煌吐蕃藏文文献在藏学研究中的史料价值初探》，《中国藏学》2002 年第 4 期；金雅声、束锡红：《英法藏敦煌古藏文文献与吐蕃早期文化》，《西北民族大学学报》2006 年第 2 期。

② 荣新江：《海外敦煌文献知见录》，江西人民出版社 1996 年版，第 44 页。

③ 王尧、陈践：《敦煌本吐蕃历史文书》，民族出版社 1986 年版。

④ ［法］巴考、［英］托马斯、［比利时］普散合撰，王尧、陈践译注：《敦煌古藏文文献探索集》，上海古籍出版社 2008 年版。

⑤ 王尧、陈践译注：《敦煌吐蕃文献选》，四川民族出版社 1983 年版。

⑥ 王尧、陈践编著：《吐蕃简牍续录》，文物出版社 1986 年版。

⑦ 王尧主编：《法藏敦煌藏文文献解题目录》，民族出版社 1999 年版。

国学者托马斯的专著《关于中国西域藏文文献和写本》① 之第二卷进行了译注，名之《敦煌西域古藏文社会历史文献》，为中国学者公布了约 600 件英藏珍贵的社会历史文书。正是因为如此，国际藏学界把《敦煌发现的吐蕃历史文书》与《关于中国西域藏文文献和写本》堪称为姊妹篇。二者的区别在于：前者是纵向记述吐蕃王朝发展史，后者则是从横向反映了 7—9 世纪中叶的吐蕃社会，可见其资料价值的珍贵。近年来，西北民族大学与上海古籍出版社合作，出版了《法藏敦煌藏文文献》（2006 年已出版十册）、《英藏敦煌藏文文献》。如此一来，吐蕃文献的刊布对于促进我国藏学研究事业的繁荣、赶超国际藏学水平具有重要而深远的意义。

敦煌、新疆出土的吐蕃文书中，有不少法律、经济类文书，其中不乏一小部分契约，从这些契约可以看到当时社会的状况，尤其是一些习惯法的存在，对于吐蕃及周边地区以及民族间的交往，具有很深的影响，这对进一步探究吐蕃时期的政治、经济、法律及民族关系等提供了弥足珍贵的实物资料。日本学者池田温先生指出："中国古代契约在形成中所受到的印度、伊朗系的西方文明的影响，是今后有待解明的问题点之所在。藏文、西夏文或维吾尔文契约中，中国契约的书式或用语之影响也是随处可见的。"②

在敦煌吐蕃文契约文书研究方面，日本学者有武内绍人，我国的学者如王尧、杨铭、陆离、卓玛才让、杨富学、侯文昌等学者。日本学者武内绍人先生其成果有《中亚出土古藏文家畜买卖文书》③、《古藏文买卖契约文书研究》、《古藏文借贷契约文书》④、《中亚的古藏文契约文书》等。其中，《中亚的古藏文契约文书》学术价值最为显赫，被译为汉文，即《敦煌西域出土的古藏文契约文书》⑤，该书共辑出自敦煌而分藏于英、

① ［英］F. W. 托马斯编著，刘忠、杨铭译注：《敦煌西域古藏文社会历史文献》，民族出版社 2003 年版。

② 王尧、陈践：《敦煌古藏文文献探索集》，上海古籍出版社 2008 年版，第 259 页。

③ ［日］武内绍人：《敦煌西域出土的古藏文契约文书》，杨铭译，新疆人民出版社 2016 年版，第 24 页。

④ 同上书，第 46 页。

⑤ ［日］武内绍人：《敦煌西域出土的古藏文契约文书》，杨铭译，新疆人民出版社 2016 年版。

法两国的吐蕃文契约文书58件，是目前所见之刊布吐蕃文契约最多的成果。《敦煌西域出土的古藏文契约文书》一书学术价值很高，作者对收录的契约进行整理性编辑和全面注解性翻译，包括照片翻制和字母索引；讨论了它们的格式、年代、语言和古文字学的特点，尤其是研究其他中亚语言对吐蕃文的影响，分析古藏文契约书写的多语言和多族群的社会背景。全文为两部分：第一部分是契约研究，包括古藏文契约文书的分类、买卖契约、借贷契约、雇佣契约、古藏文契约的特点及其社会背景；第二部分是契约文献，包括对58件不同性质的文本进行转写、翻译、释义。书尾附有彩色图片。作者试图对所有现存的古藏文契约进行研究，并力图展现其全貌，为深入的历史和语言研究提供可靠的基础性材料。用他的话来说"是本世纪初期研究敦煌洞窟和新疆丝绸之路沿途其他遗址出土古藏文契约的第一本拓展性的研究成果"[①]。总而言之，武内绍人先生的研究成果为敦煌学界尤其是藏学界提供了第一手的实物资料和系统的研究成果，具有重要的贡献。

国内王尧、陈践二位先生《敦煌吐蕃文献选》汉译了吐蕃文契约4件，其中雇工契约1件、借贷契约2件、买卖契约1件；《吐蕃简牍续录》汉译了吐蕃借简牍16支；《敦煌古藏文文献探索集》汉译了吐蕃文契约12件，其中借贷契约7件，买卖契约3件，雇佣契约2件。[②] 继二位之后，刘忠、杨铭合注《敦煌西域古藏文社会历史文献》汉译了吐蕃文契约7件，其中借贷契约5件、租佃契约2件。杨铭先生在《敦煌学辑刊》分四期[③]，将武内绍人《中亚的古藏文契约文书》和《英国图书馆藏斯坦因收集品中的新疆出土古藏文写本》中的吐蕃文书逐一编目。杨铭先生《吐蕃统治敦煌与吐蕃文书研究》[④] 汉译了吐蕃文契约4件：借贷契约2件、买卖契约2件。这些刊布的吐蕃文契约大概有30件，是目前我国学界所能看到的且已汉译的吐蕃文契约资料的全部。

在具体研究方面，王尧先生《从一张借契看宗教的社会作用——

---

① ［日］武内绍人：《敦煌西域出土的古藏文契约文书·前言》，杨铭译，新疆人民出版社2016年版。

② 王尧、陈践译注：《敦煌古藏文文献探索集》，上海古籍出版社2008年版。

③ 2003年第1期、2005年第3期、2008年第2期、2009年第1期。

④ 杨铭：《吐蕃统治敦煌与吐蕃文书研究》，中国藏学出版社2008年版。

P. T. 1297 号敦煌吐蕃文书译解》①、《敦煌吐蕃文书 P. T. 1297 号再释》②
以 P. T. 1297 号借贷契约债权人属佛教寺院为据，认为处于吐蕃制度中的
敦煌佛教寺院仍奉行唐人的习惯。卓玛才让《敦煌吐蕃文书 P. T. 1095 号
写券解读》对购牛契约从法律史和经济史的角度进行了解读，并认为在
法律层面上本件契约程式完备，债务关系明确；在经济层面上，折射出
吐蕃时期由不同民族构成的部落之间存在着较为密切的经贸往来，民间
商品交易活动比较普遍。③ 陆离《吐蕃统治河陇西域时期的市券制度》一
书引用 6 件买卖契约探讨了吐蕃市券制度，认为吐蕃政权也模仿唐朝市
券制度，给民间奴婢、牲畜买卖颁发市券公验，以示管理。④ 李并成、侯
文昌《敦煌写本吐蕃文雇工契 P. T. 1297₄探析》对一件雇工契约在格式及
内容方面与汉文契约做了比较研究，认为其在契约格式上保持独立特色
的同时更多地承袭了汉文契约的模式；在雇佣关系方面契约双方地位较
为平等，基本上是以役力换取粮食，互助性较为明显。⑤ 杨富学先生与李
吉和先生整理的《敦煌汉文吐蕃史料辑校》⑥，以及《20 世纪国内敦煌吐
蕃历史文化研究述要》⑦、《新世纪初国内敦煌吐蕃历史文化研究述要》⑧
为吐蕃统治时期敦煌历史文化的研究提供了方便。

　　此外，甘肃政法学院侯文昌先生《敦煌吐蕃文契约文书研究》一
书⑨，分两部分进行了研究。第一部分是绪论，主要探讨吐蕃文之渊源问
题，即对"印度说""象雄说"作扼要介绍，同时就国内外学者对吐蕃文
资料及契约文书的研究现状进行了梳理，提出吐蕃文契约的资料在吐蕃
法律史、经济史等研究方面的贡献无以类比，定会裨益于敦煌学界、藏

---

　　① 王尧:《从一张借契看宗教的社会作用——P. T. 1297 号敦煌吐蕃文书译解》,《世界宗教研究》1988 年第 2 期。

　　② 王尧:《敦煌吐蕃文书 P. T. 1297 号再释》,《中国藏学》1998 年第 1 期。

　　③ 卓玛才让:《敦煌吐蕃文书 P. T. 1095 写券解读》,《西藏研究》2007 年第 1 期。

　　④ 陆离:《吐蕃统治河陇西域时期的市券制度》,民族出版社 2011 年版。

　　⑤ 李并成、侯文昌:《敦煌写本吐蕃文雇工契 P. T. 1297₄探析》,《敦煌研究》2011 年第 5 期。

　　⑥ 杨富学、李吉和:《敦煌汉文吐蕃史料辑校》,甘肃民族出版社 1999 年版。

　　⑦ 杨富学:《20 世纪国内敦煌吐蕃历史文化研究述要》,《中国藏学》2002 年第 3 期。

　　⑧ 杨富学、樊丽沙:《新世纪初国内敦煌吐蕃历史文化研究述要》,《西夏研究》2012 年第 1 期。

　　⑨ 侯文昌:《敦煌吐蕃文契约文书研究》,法律出版社 2015 年版。

学界。第二部分分四章论述雇佣契约、租佃契约、买卖契约、借贷契约。每章以汉、吐蕃文契约文书结合与比较研究为切入点，对每类契约之程式及其蕴含的内容作了较为深入的探索性考证，在揭示两种文契异、同的基础上分析二者之间的历史渊源关系。

　　据以上资料不完全统计，目前我国学界所能见到的吐蕃文契约，日本武内绍人刊布了58件，汉译的仅有30件，其中雇佣契约1件、租佃契约2件、买卖契约6件、借贷契约21件。与敦煌汉文契约相比，吐蕃文契约类型齐全、程式完整、表述明确。但与其它文字契约相比，吐蕃文契约研究成果稀少。众所周知，敦煌吐鲁番及新疆其他地区发现的契约类文书中，除汉文契约数量最多外，还有回鹘文、佉卢文、粟特文、于阗文、西夏文等。回鹘文契约研究有耿世民先生《回鹘文社会经济文书研究》①、李经纬先生《吐鲁番回鹘文社会经济文书研究》②、刘戈《回鹘文契约文书初探》③、《回鹘文买卖契约译著》④ 等专著，论文则更多；佉卢文契约研究有林梅村先生《新疆尼雅发现的佉卢文契约考释》⑤、刘文锁《佉卢文契约文书之特征》⑥、《说一件佉卢文离婚契》⑦；粟特文契约研究有林梅村先生《粟特文买婢契与丝绸之路上的女奴贸易》⑧、乜小红《从粟特文券契看高昌王国奴婢买卖之官文契》⑨；于阗文契约研究有段晴、王炳华《新疆新出土于阗文木牍文书研究》⑩，段晴《于阗语高僧买奴契约》，段晴、张志清主编《中国国家图书馆藏西域文书：梵文、佉卢文卷》⑪；西夏文，有杜建录、史金波《西夏社会文书研究》⑫，史金波

---

① 耿世民：《回鹘文社会经济文书研究》，中央民族大学出版社2006年版。
② 李经纬：《吐鲁番回鹘文社会经济文书研究》，新疆人民出版社1996年版。
③ 刘戈：《回鹘文契约文书初探》，台北五南图书出版有限公司2000年版。
④ 刘戈：《回鹘文买卖契约译著》，中华书局2006年版。
⑤ 林梅村：《新疆尼雅发现的佉卢文契约考释》，《考古学报》1989年第1期。
⑥ 刘文锁：《佉卢文契约文书之特征》，《西域研究》2003年第3期。
⑦ 刘文锁：《说一件佉卢文离婚契》，《西域研究》2005年第3期。
⑧ 林梅村：《粟特文买婢契与丝绸之路上的女奴贸易》，《文物》1992年第9期。
⑨ 乜小红：《从粟特文券契看高昌王国奴婢买卖之官文契》，《西域研究》2005年第4期。
⑩ 段晴、王炳华：《新疆新出土于阗文木牍文书研究》，《敦煌吐鲁番研究》第2卷，北京大学出版社1997年版，第1—12页。
⑪ 段晴、张志清：《中国国家图书馆藏西域文书：梵文、佉卢文卷》，中西书局2013年版。
⑫ 杜建录、史金波：《西夏社会文书研究》，上海古籍出版社2010年版。

《西夏经济文书研究》① 等。通过比较发现,我国学者在吐蕃文契约研究方面仅仅停留在汉译与表层考察阶段,而对吐蕃契约进行的专门研究比较匮乏。

可见,在资料收集方面,契约数量偏少,且没有出现专门的收集资料的成果,为此学界利用、研究时多有不便。如上所述,目前我国学者所刊布的吐蕃文契约文书为 30 件,而日本武内绍人《中亚的古藏文契约文书》一书收集 58 件,相较而言,汉译契约才占一半,仍有大批的契约资料未刊布。英藏、法藏吐蕃文书有 6000 件之多,其中到底包括多少件契约文书,学界没有定论。从现有刊布的契约文书看,有些还掺杂在其他文书中,没有像日本学者武内绍人那样进行专门的资料收集,因此成果少,差距大。同时,通过与回鹘文契约等比较,发现吐蕃文契约不仅少,且研究成果不多。

另外,学界对吐蕃文书的利用与研究,大多停留在汉文文献记载上,对于出土文献的利用仅是少数学者,尤其是会藏文的学者,而藏、汉学者合作进行研究还有待加强。老一辈王尧先生慧眼识珠,在自身懂安多方言的同时,挑选了会康巴方言的陈践先生,两位先生合作,连续出版了《敦煌本吐蕃历史文书》《敦煌吐蕃文献选》《法藏敦煌藏文文书解题目录》等一系列吐蕃研究成果,可谓是藏汉学者合作的典范,今天我们作吐蕃研究,可以继续效仿他们,藏族学者利用古藏文历史文化等优势,与汉族学者一起进行研究,将敦煌、新疆出土的吐蕃文书作更细致、高水平的研究。我们有这么好的条件,何不大张旗鼓地尝试一下?同时,对年轻学者学习古藏文搭建平台,建立培训班,新老接替,让学习藏学、对藏文化有兴趣的年轻学者从文字开始,掌握藏文化,对进一步研究吐蕃时期的文献奠定良好的基础。综观当今学界,诸如西夏学、回鹘学、藏学等,应大力培养后继人才,以防断层。这是很重要的也是迫在眉睫的一点。总而言之,吐蕃文契约文书蕴含了吐蕃时期政治、经济、民族、法律、社会等各方面丰富的资料信息,我们以后应深入研究,这也是今后努力的重点所在。

---

① 史金波:《西夏经济文书研究》,社会科学文献出版社 2017 年版。

他者眼中的基督教

——晚清民国《西北行记》所见西北地区基督教传播研究[*]

刘全波　侯兴隆^{**}

摘要：《西北行记》是晚清民国时期各界要人西行的见闻录，他们用他者的眼光真实地记载了当时西北地区的政治、经济、文化、宗教等状况，虽然其中有关基督教的记载不是十分丰富，但对于研究西北地区基督教的传播、发展仍然非常有意义，文章以《西北行记》为中心，部分再现了晚清民国时期甘肃、青海、新疆三省的基督教传播、发展状况，尤其是揭示了部分不为学界所重视的文献资料，将之与外国传教士日记等文献对比，可以更清楚地认识晚清民国时期西北地区基督教的发展规模、信徒数量等情况。

关键词：《西北行记》；西北地区；基督教；传播

晚清以来直至民国，中国的东部地区逐渐受到外来势力的侵扰，国家有危亡之忧，民族有灭种之险，西北之重要性日趋显现，有识之士开

---

* 基金项目：甘肃省高等学校创新创业教学改革研究项目"历史学本科生创新能力提升计划——基于'论著目录—学术书评—研究综述'模式的探索与实践"。

** 刘全波，男，历史学博士，兰州大学敦煌学研究所副教授，硕士生导师，主要从事敦煌学、文献学、中西交通史研究。侯兴隆，男，兰州大学历史文化学院硕士研究生，主要从事中外文化交流史研究。

始重视西北，研究西北，无论是任职西北的封疆大吏，抑或是被贬流放的文人墨客，更或者是专司采访报道之记者，皆利用出使、考察、旅游等各种机缘，用笔墨记录西北之境况，由此亦形成了诸多的《西北行记》。这些《西北行记》涉及不同内容，主要是晚清民国时期西北地区的政治、经济、文化、军事、风俗、道路、交通、山川、物产等内容，多侧面地反映了西北地区的社会风貌，是深入了解晚清民国时期西北社会、历史、文化的极为珍贵的历史资料，是我们越百年而重见西北的珍贵资料。近年来，有关西北地区基督教研究的著作、文章层出不穷，但是他们更多的侧重基督教与伊斯兰教的碰撞与交融，或者就是专门考察某传教士在西北的传教情况，这些研究为我们认识西北地区基督教的传播、发展是十分有意义的，但这显然是不够的，我们需要从更多的角度去认识晚清民国时期西北地区基督教的发展状况。鉴于此，笔者决议从诸《西北行记》出发，通过西行者所记载的晚清民国时期基督教传播、发展情况，来分析研究晚清民国以来西北地区尤其是丝绸之路沿线基督教的传播、发展情况，而以往的研究，没有重视这部分材料，所以我们有必要对这些材料作一个梳理与考证！

一　甘肃

甘肃地处内地与边疆沟通的咽喉要道上，地理位置十分重要，北连内蒙古，西接新疆，南通青海，东连陕西，四川等地。丝绸之路东段很大部分就经过甘肃，晚清民国时期的官路，亦是主要经过此地，故《西北行记》中记载了很多有关甘肃晚清民国时期基督教传播、发展的状况。

兰州，甘肃省省会，古丝绸之路上的重镇，西北第二大城市，西汉时设立县治，取"金城汤池"之意而称"金城"。隋代时改置为兰州总管府，始称"兰州"。庄泽宣，中国著名教育家，曾于20世纪30年代中期考察陕西、甘肃、青海三省教育情况，在他的著作《西北视察记》中记载："（兰州）私立培坤女校及培德小学，均天主教立，校舍尚好，经费甚少。女校多由女修士尽义务，学生年龄及人数颇不整齐……崇实小学系耶教会立,校舍简陋,学生拥挤。"① 建立教会学校是基督教传教的重要措施之一,而且通过建立学校促进了兰州近代教育的变革,为当地培养了人才,但是由于当时全国教育事业普遍滞后,教育经费短缺,而甘肃地处西北,教育事业更是落后于全国平均水平,师资力量短缺,学生数量屈指可数。

林鹏侠,祖籍福建莆田,曾留学英美。1932 年 11 月她从上海出发,开始了对于陕西、甘肃、青海、宁夏几省的考察,考察结束后写成《西北行》一书,书中对于兰州基督教也有所记载:"座上识本城(兰州)福陇医院院长高金城先生。谈次,知其为吾教(基督教)中热心教务之士,来西北转从事卫生工作……从民国四年(1915)起,继续创办内地会医院、福音堂(基督教堂)等于皋兰、甘州、肃州一带。"② 高金城(1886—1938)字固亭,河南襄城县人,由于家中贫困,11 岁进入教堂做杂物工,13 岁时进入基督教内地会学堂学习,后来在开封教会医院勤工俭学。毕业以后,来到甘肃兰州从事医务工作,为传播基督教做出了巨大贡献。1917 年起于甘州(张掖)、肃州(酒泉)建立福音堂,行医传道。《西北行》中还记载:"未几,巍峨高大之建筑物,已入眼界,盖余等所欲游之(兰州)天主堂也……斯堂占地数百亩,内分医院、礼堂,规模伟大,构造殊美,雕刻尤精,为内地所罕见,心甚奇之。"③ 由此可见当时兰州基督教堂的建筑物高大精美,教堂规模宏大,功能齐全,教务繁盛。

张掖,位于甘肃省西北部,河西走廊中段,古称甘州。《西北行》记载:"(张掖)回民之清真寺数所,天主堂、福音堂各一所,均洋式高楼,建筑宏伟。天主堂因经费充足,教务发达,教徒达数千人。"④ "此间福音堂,乃万院长一手所创造,规模雄伟,内设医院学校,礼堂颇为完美。"⑤ 从记载来看,张掖的基督教发展状况良好,尤其是天主教,有数千名信徒,相比于同时期西北其他地区,人数是非常多的,而

---

① 庄泽宣著,达浚、宗华点校:《西北视察记》,甘肃人民出版社 2002 年版,第 205 页。
② 林鹏侠著,王福成点校:《西北行》,甘肃人民出版社 2002 年版,第 48 页。
③ 同上书,第 59 页。
④ 同上书,第 139 页。
⑤ 同上。

且张掖天主教堂经费充足。除修建教堂以外，教会还修建了医院和学校，修建医院和学校是基督教传教的两条重要措施，通过教会医院，基督教济世救人，救死扶伤，赢得了人们的尊重与信任，通过建立教会学校，推动了当地教育事业的发展，这对于教育资源极其短缺的甘肃来说是非常有益的。

高台县位于河西走廊中部，黑河中下游。《西北行》记载："（高台）本为富裕之区，出产以米、盐为大宗。近年天灾人祸，影响所及，百业萧条，人们困窘。城内小学数所，福音堂、天主堂各一所。天主堂构造雄伟，亦如他处。"① 虽然当地土壤肥沃，人民生活富裕，但由于天灾，各行业逐渐衰落，人民生活渐渐困窘，而与此形成鲜明对比的是基督教堂的宏伟。

明驼于民国二十二年（1933）夏因事从兰州前往敦煌，后原路返回，在归途中详细考察了河西地区的政治、经济、文化、社会，以及山川风物，并写成《河西见闻录》。其书中记载："天主教在甘州、高台具有相当的基础之后，他的势力就开始向村里发展，（临泽县）威狄堡一带地方，自然是他们心目中的对象……他们的小规模的教堂，亦在威狄堡市街的南端建筑起来了。"② "天主教在此地（威狄堡）的历史并不久，当初入教的信徒简直是凤毛麟角，到了后来，不知哪一位始作俑者的县长应允了某神甫以'上帝的意志''耶稣的道理为言'的要求，把信徒们的公款免了，于是威狄堡地方入教的信徒，渐渐在增加起来。"③ 晚清民国时期西北地区社会经济发展非常滞后，张掖地区也不例外，但基督教在当地的发展却非常迅速，深究其原因，其一是人民由于生活的困苦，内心需要基督教的抚慰，而且基督教常常救济穷苦的人们，将大量的旧衣服、实物等发放给他们，赢得了人们的好感。其次是加入基督教对信徒自身有利益可图，如《河西见闻录》中的记载一样，加入基督教可以免去繁重的公款。

武威，古称凉州，是汉武帝时设置的河西四郡之一，武威地处汉羌

---

① 林鹏侠著，王福成点校：《西北行》，甘肃人民出版社2002年版，第141页。
② 明驼著，达浚、张科点校：《河西见闻录》，甘肃人民出版社2002年版，第132页。
③ 同上。

边界，民风彪悍，悍不畏死。陈赓雅（1905—1995）是《申报》记者，曾于1934年3月至1935年5月对西北各省作考察采访，并写成《西北视察记》。《西北视察记》记载："武威福音堂，为昔两广总督牛鉴，糜费巨万之住宅所改，规模宏大，设备完美，有礼拜堂及附设小学等。"① 牛鉴，武威人氏，嘉庆十九年（1814）中进士，官至两江总督，《西北视察记》误记为两广总督，第一次鸦片战争之后牛鉴和耆英等代表清政府同英国签订了屈辱的《南京条约》。通过《西北视察记》之记载，武威的教堂如兰州、张掖的一样，构造精美，规模宏大，功能齐全，而且建立了教会学校。

酒泉，又称肃州，丝路重镇，自古就是中原通往西域的交通要塞，即所谓"北通沙漠""南望祁连""东迎华岳""西达伊吾"。林竞（1894—1962）字烈敷，浙江平阳人，1918—1919年，他开始了第二次西北之行，从北京出发，经河北、内蒙古、宁夏、甘肃、新疆到乌鲁木齐，写成《蒙新甘宁考察记》。《蒙新甘宁考察记》载："今城内外（肃州）约五千家。回教徒仅数十家，均集在东关。此外又有耶稣教堂一所，教徒数百人。"② 酒泉本为多民族聚居区，回族众多，19世纪六七十年代爆发了陕甘回民起义，左宗棠平定起义之后，酒泉的穆斯林损失惨重，残余力量被迁至榆中，因此当林竞到达酒泉的时候，回教徒仅数十家，在此乱离之后，酒泉仍有教徒数百人，可见基督教的传播情况。

此外，《西北行》亦载："（酒泉）福音堂亦为金城先生所创建，规模宏敞，内有房屋三十余间……闻前有美国二女教士在此主持，会务尚发达，教友至五百余。"③《西北视察记》又载："（酒泉）信仰宗教者……耶稣教男四十四人，女无；天主教，男四六人，女四人。外国居留民，计有七人，男占六人，女占一人，职业皆为传教。"④ 林鹏侠和陈赓雅到达西北考察的时间皆为20世纪30年代初，两者时间相差不大，但关于信仰基督教的人数却有巨大的差异。陈赓雅在《西北视察记》中曾

---

① 陈赓雅著，甄暾点校：《西北视察记》，甘肃人民出版社2002年版，第160—161页。
② 林竞著，刘满点校：《蒙新甘宁考察记》，甘肃人民出版社2003年版，第122页。
③ 林鹏侠著，王福成点校：《西北行》，甘肃人民出版社2002年版，第144—145页。
④ 陈赓雅著，甄暾点校：《西北视察记》，甘肃人民出版社2002年版，第176页。

提到，当地的户口，并无精确数字，当地政府为明确人口数量，委托在校学生利用寒假时间，到各地调查，由此而得到上述数字。可能由于调查中存在种种问题，如调查范围狭窄，数据统计不全等原因，导致了两本书中关于信仰基督教人数的巨大差异。林竞和林鹏侠的记载相差不大，可能相对准确。

平凉，亦是丝绸之路必经重镇，素有"陇上旱码头"之称，史称"西出长安第一城"，在民国以及新中国成立初期是由陕西进入甘肃的必经之路。刘文海曾于1928年末至1930年初考察西北，其中1928年12月经过六盘山，刘文海在《西行见闻记》中记载："嗣得报，云前方山中（六盘山）有回民劫路，将平凉天主教运货之驴劫去数十，空气紧张。"① 虽然书中对平凉基督教的具体情况没有提及，但可以肯定的是基督教已传到平凉。

陇西，由于在陇山以西而得名。顾颉刚曾于1937年至1938年考察西北教育，并写成的《西北考察日记》一书，书中记载："下午，到公教医院治失眠疾，并参观天主堂。"② 可惜的是，顾颉刚并未对陇西的天主教发展情况做更多的记载，我们只能依据他的记载，知晓陇西亦有天主教传播。

夏河因境内大夏河得名，在夏河，拉卜楞寺最为有名。马鹤天，清末民初人，早年立志考察边疆，研究边疆，民国二十四年至二十七年（1935—1938）因公来到西北，在他的《甘青藏边区考察记》中记载："（夏河县政府对边广场）场西为圣召会，会外植木成林，围以木棚，风景亦佳。"③ 马鹤天的记载让我们大略知晓了夏河的基督教情况。顾颉刚在他的《西北考察日记》亦记载到了夏河的基督教情况。其言："此次所经各城镇，皆见有基督教会，既不立学校又不办医院，问教士则来华十余年、廿余年，问教徒则一县中仅十余人、廿余人。"④ 顾颉刚于抗战爆发后赴西北工作并考察西北，在夏河、陇西、临洮、岷县等地逗留许久，

① 刘文海著，李正宇点校：《西行见闻记》，甘肃人民出版社2003年版，第5页。
② 顾颉刚著，达浚、张科点校：《西北考察日记》，甘肃人民出版社2002年版，第208页。
③ 马鹤天著，胡大浚点校：《甘青藏边区考察记》，甘肃人民出版社2003年版，第31页。
④ 顾颉刚著，达浚、张科点校：《西北考察日记》，甘肃人民出版社2002年版，第239页。

而且在此行经过的城镇都看到了基督教堂的影子，说明当时基督教传播的范围是非常广的，不只是在一些城市传播，相当数量的农村也开始逐渐传播基督教，但是通过教徒数量，我们又见到了基督教在西北传教的困难。马鹤天在《青海考察记》中记载："在拉卜楞时……其地有一耶稣教堂，传教者为一美国人，生长临潭县，在其地传教七年，入教者不过数人，然努力不懈，其精神颇可佩服。"① 诚然，在甘南地区传教是需要勇气和毅力的，这对于传教士而言是极大的挑战，甘南是连接汉藏的重要通道，是西藏的前哨，传教士在甘南地区的传教活动可以认为是为以后进入西藏传教做准备。

虽然在晚清民国时期基督教在甘肃有了一定的发展，但是较同时期全国其他地区而言，还是十分缓慢、落后的。甘肃地广人稀，据《中华归主》所载，1920 年时甘肃的人口密度为每平方英里 47 人，全省共5927997 人。② 这一数字在当时的全国各省中是位列倒数的。甘肃交通极不发达，没有铁路，从省会兰州到最近的一个火车站——河南观音堂车站，要走 25 天，水路也基本无法行舟，可以通汽车的公路也是没有的，而且全省多数地区自然环境恶劣，人们的文化水平普遍较低，信徒中绝大多数是文盲。

此外，甘肃是一个多民族聚居区，因此多种语言并存，因此在该地传教，对外国传教士而言难度颇大。尤其是在甘肃南部，汉藏交界地区，少数民族众多，藏族世代信奉藏传佛教，回族、东乡族等则全民信奉伊斯兰教，他们对自己的信仰十分虔诚，严守教规，不会主动接触新传入的基督教，这给传教士们的传教工作带来了极大的困难。因此甘肃不为大的基督教差会所重视，从《中华归主》所载分析来看，晚清民国时期来甘肃传教的都是一些小的差会，如内地会、神召会、宣道会等，它们都是有着强烈的传教热情和保守神学思想的组织。当时在甘肃的差会没有一个属于当时最有势利的六大宗派，大的差会都将传教力量集中于中国东部和南部地区，而甘肃的传教力量则非常有限，这不仅导致教会发

---

① 马鹤天著，陶雪玲点校：《青海考察记》，甘肃人民出版社 2003 年版，第 201 页。

② 中华续行委办会调查特委会编：《中华归主——中国基督教事业统计（1901—1920）》第 1 卷，中国社会科学出版社 1987 年版，第 2 页。

展缓慢，而且导致教会的教育医疗水平也远远低于其他地区。总而言之，晚清民国时期在甘肃传教困难颇多，一系列外因和内因阻碍着传教工作的进行，但是在此境况下，基督教还是在甘肃缓慢发展着，并进一步向西传播，向乡村传播。

二　青海

从19世纪末开始，西方就鼓励传教士们到中国的边疆地区去传播基督教，而西藏是很多人的最终目的地，青海与西藏同处青藏高原，而且青海是进入西藏的必经之路，因此众多传教士来到青海。

西宁，青海省省会，是青藏高原与内地相连接的重要节点。《西北行》中记载："归途顺道，参观福音堂与天主堂，两处均为洋式高楼，规模颇大。福音堂设于（西宁）西教场街，建自光绪十七年（1891），已具有相当之历史。教士为美国人，教友二百余，堂内经费充裕，传教士能忍苦耐劳，宣传福音，故会务颇为发达。堂之左右，又设有蒙、回、藏各族人民福音堂各一所。"① "（西宁）天主堂位于南大街，规模甚大，构造颇精，其工程之大，当为全省冠。教友千余人，神父为德人，内附培英小学一处。"② 由此可以看出，西宁的基督教发展状况良好，教务繁荣，而且教堂如其他地区一样，构造精美，规模宏大，还开办了教会学校。西宁宗教复杂，藏传佛教、伊斯兰教在该地势力皆庞大，基督教能在此地取得一席之地实属不易。

湟源，位于西宁西部，民国二年（1913），西宁府改为西宁兵备道，丹噶尔厅改为湟源县。林鹏侠《西北行》载："（湟源）城内天主堂、福音堂各一所，均为洋式高楼……蒙、番信佛者多，两教会均不甚发达。但西人传教者，具有坚忍不拔之毅力，故仍是进行不懈。"③

青海虽然地处西北，文化教育十分落后，但是宗教却十分活跃，藏传佛教、伊斯兰教在此地流传已有悠久的历史，基督教也在青海广泛传

---

① 林鹏侠著，王福成点校：《西北行》，甘肃人民出版社2002年版，第124页。
② 同上。
③ 林鹏侠著，王福成点校：《西北行》，甘肃人民出版社2002年版，第97页。

播。马鹤天《青海考察记》中记载："耶稣教亦早遍于各地，不仅省会、县城，而各乡镇亦多有。"[①] 书中亦记载了青海各地基督教的具体发展状况，如下：

（一）西宁：省城南街，西川彭家寨，南川加牙星家庄、扎麻隆、鲁沙尔、黑嘴子、猫儿羡沟、后子河等处，每地均有天主堂一处，共计八处，信徒共九百六十五名。又省城西街及后子河等地，共有耶教福音堂三处，信徒共一百零八人。

（二）湟源县境内：县城东关有天主堂一处，信徒一百二十名。又城内有耶教神召会一处，信徒共一十三人。

（三）大通县境内：新添堡、陶家寨、老虎沟等地，各有天主堂一处，共计三处，信徒六百四十八人。又县城有耶教内地会一处，信徒四十五人。

（四）互助县境内：县城东关，及甘家堡、新元堡、羊圈堡、白崖堡等地，各有天主堂一处，共计五处，信徒一千一百二十人。又城内有内地会一处，信徒三十三人。

（五）乐都县境内：县城东关，及高庙子、条巴沟，定庄等地，各有天主堂一处，共三处，信徒三百五十名。

（六）化隆县城内：马坊街有内地会一处，信徒数未详。

（七）贵德县境内：西关厢居家沟有耶教内地会一处，教徒数未详。

（八）门源县城内有内地会一处，信徒数未详。

以上记载是马鹤天 1927 年考察青海时所记载的情况，这些记载非常之重要，不仅因为他记载了青海的基督教传播、发展情况，更因为他久不为研究者所瞩目。研究青海基督教的学者多是根据诸传教士的记载来探究晚清民国时期基督教的传播、发展情况，再辅之以地方志等文献，但是诸记载多有主观之处，而以上《青海考察记》的记载则是相对客观的。再者，在青海传教最为有名望的传教士是胡立礼，他于 1926 年离开

---

① 马鹤天著，陶雪玲点校：《青海考察记》，甘肃人民出版社 2003 年版，第 176 页。

西宁，对于他 30 多年的传教状况，已有学者进行研究。刘继华《英国籍"西宁人"与清末民初青海社会——胡立礼在青海的基督教活动及其影响》言："胡立礼作为 1894 年至 1926 年间内地会（新教的传教差会）西宁传教站的主心骨人物，他在青海传教三十多年，让以前多次中断的宣教工作有了连续性，这无疑有利于青海基督教的植根与发展。他通过布道商店、幻灯、医疗、救济等方式，改变人们对基督教的成见，为基督教争取并扩大活动的空间"；"胡立礼在 1904 年获得第一批信徒后，除 1908 年和 1911 年外，每年都有人受洗入教，在 1919 年达到高峰，有 48 人受洗。在 1926 年胡立礼离开时，内地会西宁传教站共受洗信徒 262 名，其受洗人数在甘肃省内地会总共 18 个传教站中排列第三，仅次于天水和兰州"。① 虽然胡立礼的受洗人数与马鹤天所记载的不完全一直，但是我们通过马鹤天的记载可以知晓在经过胡立礼等传教士的努力下，青海的基督教已经小有成绩，而且马鹤天的记载在胡立礼离开西宁的第二年，是对胡立礼之后青海基督教发展状况的一个总结，有重要的史料价值，也可以与胡立礼的记载相互印证。

青海地理环境特殊，物资贫乏，而且青海地区的主要民族是藏族，他们信仰藏传佛教，因此最初来的传教士并不受当地藏人的欢迎。基督教传教士在此地的传教过程中不仅沿袭了在中国其他地区的传教策略，而且传教士们也制定了一些因地制宜的传教策略，比如向藏人发放藏文《圣经》，了解青海各地风土人情、学习藏语、融入当地人的生活中。他们在青海建立教会学校、医院等，这些措施不仅推动了青海卫生文教事业的发展，便利了民众的日常生活，在争取当地群众对基督教的支持外，传教士们还注重赢得当地上层贵族的支持，传教士们经常用一些稀罕、珍贵的物品去笼络上层贵族，因此也渐渐赢得了上层贵族的信任、尊重，藏人逐渐耐心倾听传教士的宣讲，没有强烈的排斥与不满，但是却少有改信基督教之意，藏传佛教仍然是藏人心中最虔诚的信仰，传教士通过传教让藏人改宗仍然是一件十分困难的事情，但在当地汉族人之中，基督教还是争取到了大量信徒，因此在晚清民国时期基督教在青海还是有

---

① 刘继华：《英国籍"西宁人"与清末民初青海社会——胡立礼在青海的基督教活动及其影响》，《青海民族研究》2014 年第 2 期。

了长足的发展。正如杨国强教授所言："在近代来华的西方人当中，传教士是一个强毅力行的群类。与谋逐一己之力的商人相比，他们的执意进取来自内心的信仰。"① 总而言之，虽然在青海地区传教困难重重，但传教士通过自己的不懈努力还是使基督教在青海的传教工作取得了喜人的成绩。

三　新疆

新疆地处亚洲大陆腹地，与周边众多国家直接接壤，诸多探险家、传教士皆层入新疆探险、传教，《西北行记》中也记载了一些有关新疆基督教的情况。乌鲁木齐，旧称迪化，是新疆的首府，我国西北地区重要的中心城市和面向中亚、西亚的国际商贸中心。徐炳昶，曾于1927年5月至1929年1月参加西北科学考察团考察西北，并写成《西游日记》一书。在书中他记载在迪化时，"赫定先生请鲍尔汗及一德国神父来晚餐"②。杨钟健，陕西华县人，著名的地质学家，《西北的剖面》一书是杨钟健于1929—1930年所参加的四次地质考察的游记，真实地记载了当时作者的所见所闻。《西北的剖面》载："彼谓如可能时，当作一二小旅行，因此地（乌鲁木齐）天主堂德国神父或可对他帮忙。"③ 徐炳昶和杨钟健在各自的书中都提到了乌鲁木齐的德国神父，当时在乌鲁木齐应有很多德国传教士。

林竞在《蒙新甘宁考察记》中记载："新疆天主教总神父与余等同行，在肃州之神父送之至此（嘉峪关）。"④ 林竞于民国八年三月到达嘉峪关，当时伊犁传教团（1888年成立）为新疆唯一的天主教最高机构。伊犁传教团负责人石天基于1918年去世，而他的接任者为荷兰人高东升，根据林竞到达嘉峪关的时间推测，在《蒙新甘宁考察记》中提到的新疆天主教总神父可能为荷兰人高东升。1930年，天主教新疆独立布教区从

① 顾卫民：《基督教与近代中国社会·序言》，上海人民出版社2010年版，第1页。
② 徐炳昶著，范三畏点校：《西游日记》，甘肃人民出版社2002年版，第176页。
③ 杨钟健著，朱秀珍、甄暾点校：《西北的剖面》，甘肃人民出版社2003年版，第153—154页。
④ 林竞著，刘满点校：《蒙新甘宁考察记》，甘肃人民出版社2003年版，第125页。

兰州代牧区分出，天主教新疆独立布教区首任最高负责人为卢斐德。

伊犁，因伊犁河而得名，清乾隆年间定名伊犁，意为"平定准噶尔功盖千秋，西陲此后永保安宁"。谢晓钟，1916 年 10 月 16 日至 1917 年 12 月 16 日以特派员身份，奉财政部之命赴新疆省和阿尔泰特别区调查财政，《新疆游记》就是记载其行程的日记。《新疆游记》载："先是光绪十三年（1888），法国神甫石天基，教士梁明德，于伊犁宁远城外东梁，设天主堂，是为耶教传布新疆之始。"① 纵观晚清时期基督教在中国的传布历史，新疆可谓是较晚传入了。

疏勒，位于塔里木盆地西缘，喀什噶尔绿洲的中部，西面是荒无人烟的帕米尔高原，民国时期疏勒属喀什噶尔。谢晓钟《新疆游记》记载："耶稣教堂位北门外里许，掌教者为瑞典人，建于清光绪三十年（1904）。"② 基督教在伊斯兰教深入发展的地区渐渐传播也是殊为不易。

绥来县，清乾隆四十三年（1778）设立，治所为玛纳斯。徐炳昶《西游日记》载："希神父说，他接到费神父从玛纳斯来的信。"③ 此外还记载有："路甚好，无雪。十一点钟至绥来，住费神父教堂中。"④

新疆地区的基督教由中亚和甘肃传入，传入的时间较全国大多数地区来说较晚，而且传入之后发展缓慢，笔者以为有以下几点原因：一是由于新疆地区的宗教信仰以伊斯兰教为主，信仰伊斯兰教的民族一般都是全民信教，如回族、维吾尔族、哈萨克族等，他们的传统习惯和宗教习俗使他们将基督教传教士视为"异教徒"，劝他们改信基督教是非常困难的。而且他们对传教士非常不友好，这对于基督教传教士而言是一个巨大的阻碍。二是新疆当地政府不支持基督教会的传教工作。辛亥革命后杨增新主政新疆，他本人信奉佛教，行事遵循儒家思想，因此对基督教采取防范限制政策，1927 年新疆发生政变，杨增新遇刺身亡，金树仁上台执掌新疆，新疆迎来了基督教快速发展的新时期，但是好景不长，1933 年再次发生政变，盛世才上台，"盛世才并不喜欢基督教，更不能容

---

① 谢晓钟著，薛长年、宋廷华点校：《新疆游记》，甘肃人民出版社 2003 年版，第 208 页。
② 同上。
③ 徐炳昶著，范三畏点校：《西游日记》，甘肃人民出版社 2002 年版，第 228 页。
④ 同上书，第 242 页。

忍外国势力在新疆的存在。"① 此外，基督教会在新疆暗中从事间谍活动侵犯了新疆当局的利益。据载："（迪化福音堂）成立的目的，是为着刺探新疆，尤其是北疆的军事、政治、经济各方面的情报……在实际上乃是英美帝国主义间谍活动机关。"② 基督教会的间谍活动严重损害了中国的利益，也损害了新疆当局的利益，因此受到了当局的打压。在盛世才执掌新疆期间，新疆很多教会被他关闭，传教士被逮捕入狱。三是基督教会与新疆人民产生了深厚的矛盾。教会在新疆当地购置了大量的房地产，而且将一部分土地租给教徒耕种，一部分自己经营，而教外之人无权租种。田韶英在《绥来县的天主堂》中记载："玛纳斯天主堂有水地300 亩，菜园 3 亩，独占水渠，土地租给教徒耕种。"③ 此外，教会通过高利贷盘剥人民，甚至威逼官府索债。档案载："县属民多泰负欠俄教士借款一案，兹已追交银四百两，尚短尾数无多，知事已经如数垫交，以清积案。"④ 教会在新疆的这些行为激起了当地民众的极大反抗，爆发了一些反"洋教"斗争，基督教会引起了人们的极大反感，这阻碍了基督教在新疆的广泛传播。

晚清民国时期在新疆传教的基督教派主要有德国的圣言会、比利时的圣母圣心会、瑞典传教团和内地会等，总体来说，晚清民国时期，除盛世才统治阶段，在新疆地区的这些教派与地方当局相处相对和睦，但基督教在新疆地区的发展还是非常曲折、缓慢，因此《西北行记》中对于新疆地区基督教的发展状况记载的很少。

四　传教士

拉尔生（F. A. Larson，1870—1957），瑞典人，宣道会教士，《西游

---

① 于江：《近代基督教在新疆的传播与发展》，《新疆社科论坛》1990 年第 2 期。

② 张大军：《新疆风暴七十年》第 7 册，台北兰溪出版社 1980 年版，第 3604 页。

③ 田韶英：《绥来县的天主堂》，转引自魏长洪《近代西方传教士在新疆》，《新疆大学学报》（哲学社会科学版）1989 年第 3 期。

④ 新疆档案馆外事档案 1－1－1010，转引自魏长洪《近代西方传教士在新疆》，《新疆大学学报》（哲学社会科学版）1989 年第 3 期。

日记》记载："（他）为赫定先生的老友。他于民国纪元前二十年来华传教。"① 拉尔生著有一部自传《蒙古公拉尔生》，但此书现已失传。丹麦亨宁·哈士纶著，徐孝祥译的《蒙古的人和神》中曾提到，拉尔生于1893 年来到中国，在张家口传教，是宣道会教士。宣道会（Christian and Missionary Alliance，CMA）是宣信博士于 1887 年在美国成立的基督教传教差会，意思是基督徒与宣教士同盟。于 1888 年开始，差遣传教士到中国宣教。"（拉尔生）通蒙古语，在外国人中有'蒙古公'的诨号。"② 1926 年加入中瑞中国西北科学考察团（1926 年中国学术团体协会与瑞典探险家斯文·赫定联合组成的西北科学考察团），负责后勤工作，是骆驼队长和宿营总管，管理着 300 峰骆驼。

费神父，即荷兰天主教神父魏义安（Heinrich Veldman），在《西游日记》中记载："十一点钟至绥来，住费神父教堂中。"③ 魏义安曾于1927 年至绥来县传教④，《西游日记》的作者徐炳昶于 1928 年来到绥来天主堂，因此推测费神父即为魏义安。

希神父，即奚伯鼐（又写作溪伯鼎），原名巴台尔·希尔勃兰尼尔（Geroge Hilbrenner），1922 年 7 月开始担任玛纳斯县天主堂神父，1926 年担任宁远分教区负责人，1930 年接替魏义安成为了乌鲁木齐天主堂神父。《西游日记》中记载："希神父说，他接到费神父从玛纳斯来的信。"⑤ 奚伯鼐懂英文，而且懂医术，可以帮人看病，甚至做一些外科手术，民国二十八年（1939）奚伯鼐被捕入狱，罪名是天主教堂从事间谍活动。主政新疆的盛世才将奚伯鼐的教堂改作监狱，没收了教产。民国三十三年（1944），奚伯鼐被释放出狱，后到兰州传教。

胡启华，美国传教士，又称胡文华，在《西北考察日记》中记载："宣道会牧师胡启华君，字荣亭，美国人。"⑥ 民国十年（1921），胡启华

---

① 徐炳昶著，范三畏点校：《西游日记》，甘肃人民出版社 2002 年版，第 147 页。

② ［丹麦］亨宁·哈士纶：《蒙古的人和神》，徐孝祥译，新疆人民出版社 1999 年版，第 10 页。

③ 徐炳昶著，范三畏点校：《西游日记》，甘肃人民出版社 2002 年版，第 242 页。

④ 钱松：《清末至民国基督教在新疆的传播》，硕士学位论文，新疆大学，2005 年，第 26 页。

⑤ 徐炳昶著，范三畏点校：《西游日记》，甘肃人民出版社 2002 年版，第 228 页。

⑥ 顾颉刚著，达浚、张科点校：《西北考察日记》，甘肃人民出版社 2002 年版，第 233 页。

和克利必奴在郎木寺、黑错等地建立了教堂，印制了各种藏文的宗教宣传品，此外还设置了电台。

石天基，荷兰神父，原名皮尔·詹尼斯·巴蒂斯塔·斯坦恩曼（Steenman），于1853年4月5日生于荷兰不里勒[①]，1876年时23岁的石天基成为神父，属比利时圣母圣心会（Congregation of the Immaculate Heart of Mary），1878年于内蒙古地区传教，1880年前往甘肃传教，1883年前往新疆传教，1918年石天基去世。《新疆游记》记载："先是光绪十三年（1887），法国神甫石天基，教士梁明德，于伊犁宁远城外东梁，设天主堂，是为耶教传布新疆之始。"[②] 根据现存资料来看，此记载有误，早在1883年甘肃韩默理主教为伊犁派遣了三位圣母圣心会神父，即杨广道、石天基、戴格牧。石天基在光绪十七年（1891）被任命为伊犁传教团最高负责人。此外，于江在《近代基督教在新疆的传播与发展》中认为，光绪八年（1882）的时候石天基就已经在新疆绥定县建立了教堂。但钱松在《清末至民国基督教在新疆的传播》中认为1896年石天基在向绥定地方政府提出买地建教堂的计划，由于地方政府的阻挠而搁浅。[③] 此事在晚清总理衙门的档案中也有所记载："光绪十二年（1886）六月十七日，法国公使阿兰函称：日前因伊犁教堂在绥定城买地一事，特请贵署电饬地方官照约及柏大臣致教士石天基一电。"[④]

梁明德（又写作梁萌德），比利时神父，原名皮累斯·莱姆唐克（E. Raerndonck），早年跟随石天基前往新疆传教，曾在伊犁宁远城教堂给儿童教授外文，吉六在文章中记载："梁神甫无论冬夏，每早五时起床……九时左右教徒的子女十余人，各约八九岁，来教堂院内，各持汉文课本，由梁交给课文。"[⑤] 光绪三十二年（1906）梁明德在绥来县，即今玛纳斯县修建了新疆第二座天主教堂。据档案记载梁明德在1921年10

---

① 木拉提·黑尼亚提：《近代新疆天主教会历史考》，《西域研究》2002年第3期。
② 谢晓钟著，薛长年、宋廷华点校：《新疆游记》，甘肃人民出版社2003年版，第208页。
③ 钱松：《清末至民国基督教在新疆的传播》，硕士学位论文，新疆大学，第18页。
④ "中央研究院"近代史研究所编：《教务教案档》第6辑，台北"中央研究院"近代史研究所1980年版，第2171页。
⑤ 吉六：《从〈新疆图志〉谈外籍教会的问题》，《新疆文史资料选辑》第3辑，新疆人民出版社1979年版，第203页。

月奉教皇之命赴甘肃、宁夏传教。① 而房建昌在文章中认为，"1922 年时大概不是离华就是死去"②。笔者认为新疆档案馆的记载可能相对正确，梁明德应该是于 1921 年年底与夏荣昌一起奉教皇之命赴甘肃和宁夏传教。为了传教的需要，传教士一般都通晓多国语言，梁明德也不例外，他对于英文、德文、法文、拉丁文和汉文都通晓，而且他还兼通医术，经常为患者诊病抓药。

赫思敬夫妇，美国内地会教士，《西北漫游记》记载："平凉旅社遇一美国内地会教士赫思敬夫妇二人。"他们是由中卫而来，由此而向东去传教。赫思敬夫妇此前一直在宁夏中卫地区传教。

五　结语

晚清民国时期基督教在东南沿海地区的传教工作取得了喜人的成果，不仅是普通民众，而且许多政府要员也都纷纷信仰基督教，与此同时，西北地区的基督教虽然也有所发展，但是与东南沿海地区相比就显得微不足道了。西北地区由于一系列的因素，如地理因素、历史因素、气候因素、人文因素等，阻碍了基督教传教事业的快速发展。刘继华认为："中国内地会对甘宁青穆斯林的传教运动从 1876 年开始，到 1951 年为止，共进行 70 多年时间，若以寥寥无几的穆斯林改宗结果来衡量，则明显是失败的。"③ 虽然刘继华教授的关注点在穆斯林，但是也可以透过这个状况去看基督教在整个西北的传教情况，很显然，是不够成功的，但是宗教传播的不成功，并不妨碍文化交流的成功，传教士的出现，使西北的人们开始接触各种科学知识、了解西医及西式教育，这是清末民初西北社会触摸西方文明与科技的重要孔道。

诸《西北行记》是西行之人的见闻录，是他们用他者的眼光记载下

---

① 新疆档案馆外事档案 1 - 2 - 361，转引自木拉提·黑尼亚提《近代新疆天主教会历史考》，《西域研究》2002 年第 3 期。

② 房建昌：《近代新疆基督教史的研究及史料》，《新疆大学学报》（哲学社会科学版）1998 年第 4 期。

③ 刘继华：《基督教内地会对近代甘宁青穆斯林的传教运动述论》，《青海民族研究》2017 年第 1 期。

的西北影像记，虽然这影像是用文字在表达，但是丝毫不逊色于实景再现，因为他们记载的内容是如此的丰富与翔实，而诸人来西北的时间是亦是前后连续的，这就更加真实地展现了长长时间轴上的西北故事。但诸《西北行记》所见基督教的记载，其实并不是十分的丰富，然而都绝对如实记载了作者当时的所见所闻，我们可以从中窥得晚清民国时期基督教在西北地区的发展状况。更甚者如《青海考察记》对整个青海的基督教情况做了非常翔实的记载，如传教站点、信徒数量，这绝对是我们了解民国时期青海基督教发展情况的宝贵材料，而诸多的学者却没有关注到这样重要的材料，以至于他们的分析或有偏差，而当我们将所有的《西北行记》整合起来时，我们得到的就是一个与以前完全不一样的他者眼中的西北地区基督教发展史，这样的他者的眼光，匆匆过客的眼光，是公正的也是客观的，他们没有必要造假甚至是欺瞒，这就是我们之所以关注《西北行记》中的基督教材料的主要原因。

西北地区丝绸之路的开辟
与当今发展

兰永海　张　德[*]

摘要：西北地区是我国古代陆上丝绸之路开辟最早的区域，传统的丝绸之路，起自汉代都城长安，终至地中海的罗马。正是这条连接欧亚北部的丝绸之路，打造了一条和平共鉴的文明坦途，成就了一条兴盛数个世纪的商旅通道，奠定了汉唐盛世，开启了中国同世界友好交往的大门，共同推动了人类文明的发展与进步。进入 21 世纪，中国政府在以和平、发展、合作、共赢为主题的新时代，把历史遗产转化为发展契机，提出了共建"一带一路"的愿景与行动。西北地区迎来了新一轮丝路复兴，当务之急是要深化西北地位的高度认识，发挥区域优势，实现再续丝路发展的路径与策略。拙文认为，西北地区在"丝绸之路经济带"中要用三条腿走路，"轻"字当先、"重"点落地、经贸畅"通"。

关键词：西北；丝绸之路；21 世纪；经贸；文化；交通；企业；国际；合作

---

* 兰永海（1965—　），男，四川蓬安人，内江师范学院马克思主义学院教授；张德（1963—　），男，四川资阳人，内江师范学院马克思主义学院副教授。

一 从古代"丝绸之路"的开辟到民族复兴的"一带一路"的提出

"驼铃古道丝绸路，胡马犹闻唐汉风"，诗句道出了丝绸之路在历史上的地位不同凡响，在岁月历史长河中历经沉淀的丝绸之路至今映入眼帘，清脆而悠长的驼铃声，仿佛仍声声入耳。

公元前138年与公元前119年，中国汉代张骞两次肩负和平友好使命，出使西域，他经（匈奴控制的）河西走廊，越葱岭，到了大宛（今乌兹别克境内），开启了中国同中亚国家友好交往的大门。由于汉政府重视与西域各族友好往来，华夏大地与西域诸邦之间不久即呈现一片"驰命走驿，不绝于时月；商胡贩客，日款于塞下"① 的盛景。那时中国的丝绸通过西北各民族之手和各国商贩辗转贩运到中亚和印度等地。因大宛以西到安息国，都不产丝，也不懂得铸铁技术，汉朝派出的使者还到过安息（波斯）、身毒（印度）、奄蔡（在咸海与里海间）、条支（安息属国）、犁轩（附属大秦的埃及亚历山大城），把蚕丝和铸铁技术传了过去。中国使者还受到安息专门组织的二万人的盛大欢迎。安息等国的使者也不断来长安访问和贸易。东汉初年，匈奴强大，一时遮断了"丝绸之路"，东汉大将军班超一行进行一系列探险并于1世纪末抵达里海后，派遣甘英于公元97年出使大秦（东罗马帝国），沿"丝绸之路"达到条支海（波斯湾）边。从此，汉与西域的交通建立起来。驼铃声声阵阵起，丝路漫漫贯中西，一代代商旅和使节驾着马车蜿蜒而去，沿途播下中华文明，让华夏文化在异域生根发芽，奠定了汉唐盛世。

丝绸之路的畅通，东方世界让崛起的罗马人眼界大开。罗马的富裕阶层当时出现了一股沉溺于异域风情和豪华奢侈的享受之风。在一些保守人士看来，有一种物品的出现特别令人担忧，那就是中国的丝绸。② 这

---

① 《后汉书》卷八八《西域传》，中华书局1965年版，第2931页。
② ［英］彼得·弗兰科潘：《丝绸之路：一部全新的世界史》，邵旭东、孙芳译，浙江大学出版社2016年版，第15页。

种丝织品在地中海地区的供应量不断增加，随处可见，于是便在保守派那里引起了恐慌。塞内加（约公元前 4 年至公元 65 年，古罗马时代著名斯多亚学派哲学家。曾任尼禄皇帝的导师及顾问）便是其中之一，他对这种又薄又滑的材料居然广受人们喜爱表示吃惊。他说，丝绸做的衣服根本就不叫衣服，既不能显示罗马女性的曲线，又不能表现她们的高雅。他说，婚姻关系的根基正在动摇，因为男人可以透过裹在女人身上的薄丝看到裸体，任何神秘感和想象都没有了。其他人出于不同的考虑，同样担心丝绸盛行的后果。老普林尼（全名盖乌斯·普林尼·塞孔都斯（Gaius Plinius Secundus），生于公元 23 年（一说 24 年），卒于公元 79 年，世称老普林尼，以与其养子小普林尼相区别，老普林尼是一位博览群书的学者，古代罗马的百科全书式的作家，以其所著《自然史》一书著称）于公元 1 世纪后半叶写道，他反对这种高成本的奢侈品仅仅"能让罗马女性在众人面前显得光鲜"。① 他继续写道：我们每年在东方奢侈品上为我们和我们的女人花费掉大笔资金，一年有多达 1 亿塞斯特斯（sesterce，古罗马货币单位）从罗马帝国流出，进入边疆以外的东方贸易市场。② 这一惊人的数字相当于罗马帝国造币总数的近一半以上。如此大规模的资金外流产生了诸多深远的影响。首先是带动了商道沿线的地方经济。随着经济的繁荣、交通和商业网络的延伸、各方的紧密连接，村庄变成了小镇，小镇变成了大城，越来越多令人惊叹的纪念性建筑拔地而起。譬如坐落在叙利亚沙漠边缘的帕尔米拉（Palmyra），作为贸易中心的它成绩斐然，将东方和西方联系在一起。③ 每年的 9 月，幼发拉底河畔的巴特内（Batnae）就有"成群的富商参加交易会，买卖交易来自中国和印度的物品，以及其他经陆运或海运来到这里的各类物品"④。从此，汉的使者、商人接踵西行，大量丝帛锦绣沿此路不断西运。其实丝绸之路是双向交流的过程，西域各国的"珍奇异物"，如红海珍珠、玉石、天青石，还有洋葱、黄瓜、香菜、石榴、

---

① ［英］彼得·弗兰科潘：《丝绸之路：一部全新的世界史》，邵旭东、孙芳译，浙江大学出版社 2016 年版，第 16 页。

② 同上书，第 1 页。

③ 同上书，第 16 页。

④ 同上书，第 17 页。

开心果和黄杏，也输入中国。出自也门和埃塞俄比亚的乳香，撒马尔罕的桃子也摆放到了中国的市场上。① 中亚畜养的"汗血马"骄傲地驰骋在千里之外的东方。

丝绸之路上的文化、城市、居民生活的进步和发展，不能不说是得益于横贯东西、连接欧亚的这一条商旅通道。各个地域、各个民族的人们在从事贸易沟通、思想沟通，在互相学习、互相借鉴。这条沟通中西的商路到 19 世纪被德国地理学家斐迪南·冯·李希霍芬在其所著的《中国——我的旅行成果》中成为"丝绸之路"。

由长安往西，始于张骞出使西域，发展于魏晋南北朝，至唐代达于鼎盛的古老丝绸之路，让中国成为时代的引领者。古代社会确实是我们今日社会的原始模板：充满生机，竞争进取，成熟高效，经历旺盛。一个布满了城镇的区域带，形成了一条横跨亚洲的锁链。西方开始注视东方，东方开始注视西方。东西方共同增进了印度、波斯湾和红海之间的交流沟通——古丝绸之路充满了生机。② 时空穿梭千年，如今马蹄声和驼铃响已化作一条条铁路贯穿欧亚大陆。

新的历史时期，中国跃身为世界第二大经济体，习近平主席准确把握国际秩序深刻调整、全球经济一体化不断深入的大趋势，作为负责任的大国，从汉唐盛世中找到历史的影子，把历史遗产转换为发展契机，高屋建瓴提出要像 2000 多年前张骞开辟丝绸之路那样同欧亚国家共建"丝绸之路经济带"和"21 世纪海上丝绸之路"的重大倡议，重新唤起世人对于那段很久之前就已经熟悉的繁荣的回忆。习主席的有关促进贸易发展、投资海路通道并与各国建立合作交流关系的想法，得到国际社会高度关注和有关国家积极响应。

作为古代陆上丝绸之路的重要地区——西北地区迎来了 21 世纪的丝路复兴的机遇，当务之急是如何契合时代要求，发挥区域优势，找寻再续丝路发展的途径和办法。

_____

① ［英］彼得·弗兰科潘：《丝绸之路：一部全新的世界史》，邵旭东、孙芳译，浙江大学出版社 2016 年版，第 18 页。

② 同上书，第 23 页。

二 "丝绸之路"上中亚及阿富汗的总体状况与我国西北地区的区位优势

我国自 20 世纪 70 年代后期从沿海开启的对外开放，经过 30 多年的发展，东部的发展成就巨大，西部发展却大大落后。从中国发展的大战略来考虑，习近平主席提出的建设"一带一路"，既是实现发展的地区均衡战略，也是对外关系结构均衡的战略。它一方面为我国西部的发展打开了新的拓展空间，另一方面又为发展与中亚等国家的关系提供新的平台与机遇。苏联解体后，1992 年 1 月，我国迅速与中亚五国建立了外交关系。2013 年秋，访问中亚国家的习近平主席在阿斯塔纳讲话时说道：2000 多年来，生活在这片连接着东西方的土地上的人们，不论其种族、信仰和文化背景，都可以合作共存、共同发展。他接着指出："中国高度重视发展同中亚各国的友好合作关系，将其视为外交优先方向。"现在正是加强经济联系、道路联通、贸易畅通和货币流通的良机，同时也是建设"丝绸之路经济带"的大好时机。[①] 习主席的讲话表明我国一向把加强同周边国家的睦邻友好定为国家对外关系的重点和外交的优先目标。

历史是最好的老师，复兴丝绸之路，应以亚洲国家为重点方向，因为"一带一路"源于亚洲。我们理应依托亚洲和造福亚洲。就西北丝路发展而言，首要的是关注周边中亚和阿富汗这些国家的现状如何？我国和它们的利益共同点与交汇点有哪些？我们如何对接或接纳它们共享发展？

丝绸之路沿线上的中亚五国和阿富汗，它们的共同点都是内陆国家、不发达国家、多数是上海合作组织正式成员，人口中多数信奉伊斯兰教；它们的不同点是经济体迥异：一些经济体坐拥丰富的自然资源、石油、天然气和矿产，另外一些则资源贫乏；一些地区农田广袤，另一些则土地干旱。还有一些地方，深层和流动性的资本市场与紧张的财政约束并

---

① ［英］彼得·弗兰科潘：《丝绸之路：一部全新的世界史》，邵旭东、孙芳译，浙江大学出版社 2016 年版，第 446 页。

存；一边是先进的技术能力，另一边是劳动密集型加工。

在西北部与我国新疆比邻而居的哈萨克斯坦，位于欧亚大陆腹地，其哈萨克族是由居住在伊犁河谷地和中亚草原上的乌孙、塞种、月氏、康居、阿兰等部落经过长期融合与发展形成的，自古以来就通过古老的"丝绸之路"进行贸易往来。该国有丰富的油气资源，地广人稀，是粮食生产与出口大国。哈萨克斯坦人饮食以牛羊肉、奶、面为主，最有名的美食是手抓羊肉。[1] 为实现现代化教育，国家将计划建造 400 所学校，1/5 的教师有机会到世界著名教育机构进行深造。在纳扎尔巴耶夫大学副校长达伊罗娃看来，中国领导人倡导的"一带一路"也是民心相通和人文互鉴之路。在她的奔走推动下，该校成立了中国文化中心，"我最大的希望是能让更多学生有机会到中国学习，促进中哈文化交流和感情联络，也为哈萨克斯坦的发展建设培养更多人才"[2]。

乌兹别克斯坦位于中亚地区的中部，是古丝绸之路上的繁荣地区和交通枢纽，是连接古丝路北线（经东欧平原、沿地中海，抵达罗马）、西线（经伊朗、土耳其，如波斯湾）、南线（入阿富汗、经巴基斯坦，抵达印度）的十字路口。张骞"凿空西域"到达的大宛就是今天的费尔干纳，玄奘西行也经历了塔什干、撒马尔罕等地。历史上统治中亚的大帝国多在今乌兹别克斯坦境内建都，使其成为中亚地区继承历史文化遗产最多、旅游资源最丰富的国家。[3] 该国属双内陆国，气候严重干旱。但它是油气大国，是世界棉花、黄金出产国之一。影响乌经济发展的主要因素是道路交通问题，无高速公路。[4] 建交 25 年来，乌与我国的经济交流已经十分深入，大到基础设施项目，小到街头巷尾的商品，在各级平台上开展了合作，这也是丝绸之路经济带建设在乌不断推进的明证。

吉尔吉斯斯坦，位于中亚东北部，北部与哈萨克斯坦接壤，西部与乌兹别克斯坦相邻，东部与我国相连。90% 的领土在海拔 1500 米以上，

---

[1] 石泽主编：《中国周边国家与合作组织》，人民出版社 2014 年版，第 72 页。

[2] 冯武勇、樊宇等：《"一带一路"，当梦想照进现实》，《人民日报》2016 年 1 月 25 日第 8 版。

[3] 石泽主编：《中国周边国家与合作组织》，人民出版社 2014 年版，第 84—85 页。

[4] 储殷、柴平一：《"一带一路"投资政治风险之乌兹别克斯坦》，《国家安全通讯》2015 年第 3 期。

四季分明，干旱少雨。经济以农牧业为主，工业基础薄弱。出口产品主要为贵金属、化学物品和农产品等，主要进口石油产品、二手汽车、服装、药品等。外国资本主要投资领域为加工业、能源、交通、采矿业等。近几年来，吉方将中方视为经济合作的首要伙伴，对开展各种经济技术合作、帮助吉增强经济实力、电力和成品油供应的自主性、交通基础设施等方面的项目的期望值很高。①

塔吉克斯坦，处在中亚、东亚、南亚和西亚的结合部，东部的帕米尔高原（历史上名为葱岭）与中国新疆毗邻。古丝绸之路途径北部索格特州首府胡占德，留下商人驼队的货栈和客栈等历史文化遗产。② 该国自然风光秀美，四季日照充足，水利资源极其丰富，石油、天然气十分匮乏，但铀矿储量占世界的 14%。该国基本是农业国家，工业基础十分薄弱，其经济发展水平和经济总量与同样经济落后的吉尔吉斯斯坦大体相当，而同中亚其他三国特别是哈萨克斯坦的经济差距愈拉愈大，难以跟上世界经济特别是科技发展步伐，在相当程度上被经济全球化浪潮边缘化。至目前，中国在塔实施了 57 个投资项目，这些项目主要用于建造或重建数百千米的道路、隧道和桥梁。

土库曼斯坦，是中亚第二大内陆国，国土面积的 80% 为卡拉库姆沙漠所占，耕地仅占 4%，气候极其干旱炎热。全国人口已达 700 万，但年青一代基本不懂俄语。苏联时期，土库曼斯坦是全苏联的原料供应地，工业非常落后。土库曼人自信、自豪的底气，来自其得天独厚的天然气资源。因中国巨大和稳定增长的天然气消费潜力而充满生机，所以在开发陆地天然气问题上不怕触怒众多世界大国和国际能源巨头，坚决地向中国"一边倒"。现在通过中国—中亚天然气管道经乌兹别克斯坦、哈萨克斯坦每年向中国出口 300 亿—500 亿立方米天然气，可确保土库曼斯坦稳定的外汇收入。联想集团的电脑、南车集团的内燃机车等高技术产品牢牢占据了土库曼市场。③

阿富汗是亚洲中西部连接中亚、西亚、南亚的内陆国家，北邻土库

---

① 石泽主编：《中国周边国家与合作组织》，人民出版社 2014 年版，第 103 页。
② 同上书，第 106 页。
③ 同上书，第 123 页。

曼斯坦、乌兹别克斯坦、塔吉克斯坦，西接伊朗，南部和东部连巴基斯坦，东北部与我国接壤，在历史上被称为"亚洲的心脏"。这里气候温和，四季分明，是落后的农牧业国家。经过30多年战乱，交通、通信系统、轻重工业、教育和农业基础设施遭到破坏。罂粟种植面积膨胀，毒品经济危害严重。属世界最不发达国家之一。但国内矿产资源丰富，拥有世界第三大铜矿带和全球第五大铁矿脉，境内罕奈欣死火山下发现了储量约100万吨、总价值可能高达830亿美元的稀土矿。迄今为止，就全境而言，阿富汗的地质勘探工作程度还比较低。① 2013年9月，国家主席习近平同来访的卡尔扎伊总统就深化中阿战略伙伴关系达成重要共识，并签署了一系列双边合作协议，中国在力所能及范围内向阿方提供了支持援助。2014年10月与2016年5月，阿富汗总统加尼、首席执行官阿卜杜拉分别访华，都强调中国"一带一路"建设对阿富汗极其重要，欢迎中方加大对阿基础设施的投资，使阿富汗能发挥古丝绸之路时代一样的作用，促进本国经济社会发展。

历史上，中亚及阿富汗地区的丰富物产和独特文化曾源源不断地输入我国中原腹地。随着历史的脚步跨入21世纪，乘着共建丝绸之路经济带的东风，我国同中亚、阿富汗延续千年的友谊将会绽放出更加绚丽的芳华。

我国在推进丝绸之路经济带建设中，既要注重发挥国内各地区比较优势，实行更加积极主动的开放战略，更要注重加强各地区与世界的互动合作，全面提升开放型经济水平。

国家发展改革委、外交部、商务部经国务院授权发布的《推动共建丝绸之路经济带和21世纪海上丝绸之路的愿景与行动》明确了我国西北地区开放态势。"发挥新疆独特的区位优势和向西开放重要窗口作用，深化与中亚、南亚、西亚等国家交流合作，形成丝绸之路经济带上重要的交通枢纽、商贸物流和文化科教中心，打造丝绸之路经济带核心区。发挥陕西、甘肃综合经济文化和宁夏、青海民族人文优势，打造西安内陆型改革开放新高地，加快兰州、西宁开发开放，推进宁夏内陆开放型经济试验区建设，形成面向中亚、南亚、西亚国家的通道、商贸物流枢纽、

---

① 石泽主编：《中国周边国家与合作组织》，人民出版社2014年版，第125页。

重要产业和人文交流基地。"①

"未来已至，只是分布不均"，美国科幻作家威廉·吉布森的这句名言，蕴含着区域与全球发展应携手共进、合作共赢的价值追求和实现路径。

三 营造多赢格局　构建西北区域内外联动多元共生的营商环境

中国西北五省，即陕西、宁夏、青海、甘肃、新疆，与紧邻的中亚及阿富汗，彼此有很多相同相近的地方，比如同属干旱半干旱地带，气候条件、生态环境、动植物适应性非常相似，不仅有地缘文化优势，也具有历史传统优势，是丝绸之路经济带建设的前沿地区。"丝绸之路经济带"建设通过扩大向西开放，以开放促发展，不仅有助于加快西部发展步伐，而且有利助推东中西部梯次联动互进。本来，西北各族在丝绸之路的历史上，一直处于连接中外的重要枢纽位置，从当今发展前景看，中亚可成为"丝绸之路经济带"建设"示范区"，公路、铁路、航空、油气管道已经将中国和中亚紧密地连接在一起。为增进与周边国家互利互惠和国内区域相互合作，西北地区还需要走出去，通过更多途径去了解和认识这些邻国，及早把握机遇，以期达到多元并存、多元共生的理想环境。在"丝绸之路经济带"建设中做到用三条腿走路，"轻"字当先、"重"点落地、经贸畅"通"。

（一）西北在丝绸之路经济带上的作为，要"轻"字当先

古代丝路上中国对外输出的产品都很"轻"，主要是茶叶、丝绸与陶瓷等。借古鉴今，深化与沿线国家各类文化合作与交流项目建设，我们可以在影视、美食、旅游、人才培养与交流等"轻"项目上率先走出去。

在影视方面，借鉴美、日、韩的经验，打造我国文化软实力。地处宁夏银川，被誉为"东方好莱坞"的西部影视城，曾拍摄了《牧马人》

---

① 国家发展改革委、外交部、商务部（经国务院授权发布）：《推动共建丝绸之路经济带和21世纪海上丝绸之路的愿景与行动》，《人民日报》2015年3月29日第4版。

《红高粱》《黄河谣》《黄河绝恋》《老人与狗》《大话西游》等获得国际国内大奖的影视片。可充分发掘与丝路沿线国家的共同文化要素，摄制一些民心相通、引人入胜的影视产品，讲好中国故事，使沿线国家潜移默化接受中国文化、中国崇尚和合的价值观，以实现看不见的说服。

在美食方面，该地区主要为少数民族，除俄罗斯、锡伯、裕固、土等 4 族之外，都严格遵循伊斯兰教的食规。《舌尖上的中国》西北美食之旅展示的香浓润滑的热奶茶，天然醇香的手抓肉，鲜嫩多汁的羊肉串，还有那许许多多纯正的西北草原美食，以其独特的魅力，已深深地留在了世人心中。西北地区可以借鉴法国、英国、泰国的做法，首先在中亚、阿富汗广设有中国特色的高端餐厅，政府支持授予正宗中国餐馆认证，将西北源远流长的地域美食文化推广出去，使丝路沿线国家的民众闻香下马，知味停车。

在旅游方面，处于丝绸之路经济带的西北有着特殊的人文历史地位，景点不计其数，旅游的重要性不言而喻。西安秦始皇兵马俑、敦煌石窟、青海湖、黄河漂流、天山、亚欧大陆地理中心，盛名于世。西北各族要在国家现有的政策下，充分发挥专家学者的智慧，群策群力，充分挖掘丝路文化遗产，调动各类文化企业的积极性，继续办好旅游文化节，搭建与丝路沿线国家的文化交流平台。

在人才培训与交流方面，西北五省区虽说经济较东部落后，但其教育并不落后，有很多深藏不露的名牌大学，比如兰州大学、西安交通大学、新疆大学、宁夏大学、青海大学等，教学实力雄厚。实现与中亚等国互联互通，需要大量专业人才。"十三五"期间，我国将为周边国家提供 2 万个互联互通领域的培训名额，帮助周边国家培养自己的专家队伍，这为西北地区的大学带来了国际培训与合作的机遇。10 多年前，兰州大学与乌兹别克塔什干国立东方学院联合开办了塔什干孔子学院，现在已经为乌兹别克斯坦培养了 3000 多名汉语人才，目前乌政府还希望孔子学院面向乌公务人员培训汉语，而哈萨克斯坦每年有 1/5 的教师有机会到世界著名教育机构进行深造，这也为我们西北的大学"请进来、走出去"开放办学提供了潜在的资源，西北的大学也可以派出更多留学生、专家学者到中亚等周边国家学习交流，为丝绸之路经济带建设提供人才支撑。

要使沿线国家对中国"一带一路"的未来增强信心，增进民心相通，西北地区更应加强"轻"项目的双向传播，即在向外传播文明的产品的同时，也多项国内推介他国的类似项目，如乌兹别克斯坦和塔吉克斯坦的旅游资源、哈萨克斯坦的美食特色。增加国民对这些国家的了解和兴趣，实现"一带一路"所强调的开发、包容和相互促进。

（二）西北在丝绸之路经济带上的作为，要"重"字压轴

《推动共建丝绸之路经济带和 21 世纪海上丝绸之路的愿景与行动》对跨境和跨区域合作有关的交通、能源和通信基础设施作出了规划，尤其是设施联通是"一带一路"建设的优先领域，是"一带一路"的血脉经络。应该说，我国西北地区经济的相对落后，跟硬件不足有很大关系。而丝绸之路经济带涉及大量的基础设施建设项目，如铁路、公路建设，以有效地接通西北地区与中亚、中东及欧洲的陆路运输。西北地区要根据国家建立亚洲互联互通的基本框架与丝路沿线国家发展战略，主动参与竞争，投身中亚、阿富汗等邻国在工业、基础设施建设等领域的合作。

丝绸之路经济带建设已为沿线国家开辟更为广阔的未来。在广袤的中亚大地上，一条原油管道，四条天然气管道，绵延万里，连起我国与中亚国家。一些国家积极制定或调整靠近中国丝路发展的本国战略。"丝绸之路经济带"首倡之地哈萨克斯坦，地处欧亚地区结合部，地理优势明显，但很长时间以来，从东方到西方的交通线主要是过境邻国（北方的交通走廊为横贯西伯利亚的铁路干线，该线路从俄罗斯南部的港口城市纳霍德卡出发，分为两条支线，一条经由圣彼得堡到达波罗的海，另一条经过白俄罗斯直抵欧洲。南方的交通走廊为南方海上线路，从上海出发，沿中国、印度和阿拉伯半岛的海岸线延伸，之后经苏伊士运河进入地中海），但都不经过哈萨克斯坦。哈萨克斯坦于 2014 年制定了《工业创新发展国家纲要 2015—2019》（第二个五年计划），哈萨克斯坦国家发展战略是哈将努力成为连接东西的交通枢纽——运输中转走廊，实施公路、铁路等大型基础设施项目，促进哈经济加强融入全球经济体系，拉动国家经济增长。目前，中欧班列 80% 过境哈萨克斯坦。我国这些年来给予乌兹别克斯坦许多帮助，建设公路和隧道等基础设施，改造老旧

的工厂并促进当地就业，乌民众从中收益巨大。① 前两年，阿富汗也出台了《十年转型发展报告（2015—2024）》，确定安全、基础设施建设、发展私营经济、农业和农村发展、实行良政以及人力资源建设为六大优先发展领域。阿富汗也正在推动建设土库曼斯坦—阿富汗—塔吉克斯坦的"三国铁路"和中国—吉尔吉斯斯坦—塔吉克斯坦—阿富汗—伊朗的"五国铁路"建设。还有"中巴经济走廊"建设，使"一走廊，多通道"理念正逐步成为现实。从新疆喀什修建的一条经阿富汗到巴基斯坦的交通路线、油气管线，这不仅有利于提升喀什的枢纽地位，而且将辐射区域合作，促进走廊沿线周边各国区域经贸与商业发展实现良性互动。据新疆交通厅综合规划处负责人介绍：截至 2016 年年底，全区与周边 8 个接壤国家中的 5 个开通国际道路运输线路 111 条，线路数量、里程长度居全国首位；签订中巴哈吉、中吉乌、中俄过境哈萨克斯坦等 3 个多边国际道路运输协议、协定；现有国际道路运输企业 86 家，车辆 5689 辆。新疆开通的国际道路客货运输线路占我国已开通国际道路运输线路的近一半，已成为全国对外开通国际道路客货运输线路最多、辐射国家最多、营运里程最长、客运班次最多的省区。② 这些发展战略与正在实施的规划为西北地区和沿线国家在基础设施、制造业、能源资源等多个领域开展广泛合作提供有广阔的空间。西北地方主管部门，完全有条件采取多种方式为当地有综合实力和水平的企业建立外联渠道提供方便和机会。同时注重统筹国内国外两个大局、利用好两个市场、两种资源，优化地方产业布局和要素资源分配，坚持企业为主体，市场为导向，加快企业走出去的步伐，包括到国外建立工业园区、科技开发基地、能源资源利用基地、农业产业基地、商贸物流节点，促使一批重型项目落地，深度融入周边国家产业链、价值链、物流链。

西北五省区、各大企业在追踪丝路沿线国际市场的发展目标的同时，要深耕国内市场，遵照国家发展规划，建设区域内的、与其他省区的互联互通大格局。比如总部设在西安的中铁一局是全国目前唯一一个同时具有铁路、公路工程施工总承包双特级资质的建筑施工企业。它一边拓

---

① 曲颂等：《深化互信，共建丝绸之路经济带》，《人民日报》2016 年 6 月 21 日第 3 版。
② 李茂颖等：《延展吧，丝路通途》，《人民日报》2017 年 5 月 8 日第 9 版。

展海外市场特色，一边加强国内区域联动，竞标修建了格尔木至库尔勒铁路新疆段站前工程（正线长度约 708.182 千米）、国道 335 线伊吾至口门子段公路工程（位于新疆维吾尔自治区哈密市境内，路线全长 93.181 千米）。又比如一些重要城市将成为交通枢纽。青海西部的格尔木作为稳疆固藏和连通西藏、新疆、甘肃等省区的重要节点城市，国务院在 2017 年 3 月印发的《"十三五"现代综合交通运输体系发展规划》中将其列入全国性综合交通枢纽。甘肃省会兰州，它既是欧亚大陆桥的必经之地，又是"丝绸之路经济带"的中联点。作为国内国际班列必经地的兰州，国家将其建成中欧货运班列编组枢纽和物流集散中心，使兰州成为跨境贸易的重要通道。经过兰州的开通国际货运列车，一方面通过国际物流的带动，不仅使兰州成为中欧班列的编组和集散地，同样，从海外回来的所有货物也经过兰州再分散到全国各地，这种枢纽平台和通道建设，不仅大大有利于增强兰州的经济活力和动力，也有利促进兰州与国内西部城市经济建立经济合作。2016 年 5 月，兰州与日喀则就共同签订了《兰州市—日喀则市加强经济合作框架协议》。还有西安的航空产业也在延伸，2016 年 12 月 21 日，西安通用航空产业集团董事长陈著元带领考察组，到平凉市考察通用机场建设有关事宜。2017 年 2 月 20 日，西安通用航空集团常务副总裁马登科到四川蓬安洽谈投资 5 个亿建设通用机场，拟将打造航空小镇，带动人员交流、新镇建设、经济发展。

（三）西北在丝绸之路经济带上的作为，要经贸畅"通"

从历史上看，我国南边丝绸之路侧重于将国内产品、产业输送到沿线国家去，而北边的丝绸之路则侧重于将大宗商品和资源运往国内。也就是说，"一带一路"正好让生产和消费两大场所衔接了起来。"面对世界经济复苏乏力和国际大宗商品价格持续低位徘徊的不利局面，近年中国同中亚国家贸易总额仍保持在每年 300 亿美元较高水平，实属不易"[1]。2017 年 5 月 5 日，第 121 届广交会落下帷幕，据介绍，"相比去年，今年来自哈萨克斯坦等中亚国家的交易额增长超过了 100%"[2]。今日西北贸

① 钟声：《中国—中亚，"一带一路"共创辉煌》，《人民日报》2017 年 1 月 4 日第 3 版。
② 李刚：《广交会 订单回暖》，《人民日报》2017 年 5 月 8 日第 12 版。

易格局已不仅仅是将大宗商品和资源运往国内了，尤其是今年 4 月 21 日西安驶往匈牙利的中欧班列的开通，满载着小家电、服装、玩具等中国制造顺利送到域外消费者的手中。继去年丝博会暨第 20 届西洽会取得丰硕成果后，陕西省"一带一路"建设 2016 年行动计划发布，陕西将从构建交通商贸物流、构建国际产能合作中心、构建科技教育中心、构建旅游金融等中心以及强化生态安全新屏障、建立开放型经济新格局等方面推进"一带一路"建设。① 新疆通过与周边国家开展合作，大力推进国际道路运输的互联互通，成效显著。新疆境内货车上满载的蔬菜，一天之后就能出现在哈萨克斯坦阿拉木图市民的餐桌上；常年跑运输的哈萨克斯坦居民达乌勒常常跟朋友驾车从阿拉木图到新疆购物和旅游。距离哈萨克斯坦阿拉木图市只有 370 多千米的霍尔果斯口岸，是我国西部距中亚中心城市运距最短的国家一类口岸，承接国际国内两大市场的节点功能也更加明显。② 正如习近平主席所言，"欢迎大家搭乘中国发展的列车"。中欧班列发展进入加挡提速新阶段，正牵引丝绸之路经济带，驶入经济繁荣、贸易互补、民心相通的快车道。西北地区要实现与周边更加高效的经济互通、贸易畅通，做到在现有经贸往来的基础上，深化多领域广泛合作，实施多种形式的自由贸易政策，加大对相关企业的金融支持。实施优进优出战略，促进外贸结构调整、转型升级；坚持内外联动，用好出口信保等金融工具，培育发展外贸新业态，从现有的"被动接单"模式转向自主掌握国际销售渠道，以至掌控对丝路大宗商品定价的话语权；创建境外市场公共销售平台，开通"商品通"，包括西北的商品交易所，发展便利跨境电子商务；完善电子口岸网络平台，逐步形成自由贸易区网络等，为提振区域经济和提升西北当地居民收入水平注入动力。

今年在北京举办的"一带一路"国际合作高峰论坛会后，西北地区有关部门、地方政府、金融机构、企业、高等学校可以主动作为，以丝路精神为指引，对照"一带一路"际合作高峰论坛成果清单，秉持亲诚惠容、坚持共商共建共享原则，制定更加明晰的阶段性对接国家丝路建设方针的政策、项目与行动方略，将远邦近邻联系在一起，携手创新驱

---

① 《开放高地　谱丝路华章》，《人民日报》2016 年 7 月 5 日第 9 版。
② 李茂颖等：《延展吧，丝路通途》，《人民日报》2017 年 5 月 8 日第 9 版。

动发展和绿色发展，推动建立区域产业体系，力争向周边国家输出更多的西北产品和资本，建设更多民生项目，加强新型城镇化建设，使村庄变成小镇，小镇变成大城，一个更加开放、包容、合作的西北各族必将以全新的姿态走向世界、拥抱未来。

"一带一路"视域下的西宁城市外交

——比较优势与路径选择[*]

范　磊　杨鲁慧^{**}

摘要：在全球化、信息化和城市化进程的推动下，城市已经成为国家对外战略的重要支撑点。城市外交已经成为提升城市品牌形象和国际影响力以及国家文化软实力的重要载体。西宁市近年来积极推动"世界凉爽城市"品牌建设并依托"一带一路"倡议积极拓展国际合作机制建设，不论是在制度设计、理论创新、规则制定、实践推动等多个方面都取得了积极的成果。可以说，西宁城市外交的发展得益于政府的大力支持，民间的积极参与，以及和国家整体发展战略的积极对接。当然，西宁的城市外交也面临一定的发展瓶颈，这也是今后的具体工作中需要积极避免和克服的。

关键词：一带一路；西宁；城市外交；世界凉爽城市

＊基金项目：2016年度教育部人文社会科学研究青年基金项目"新加坡族群多层治理结构研究"（16YJCGJW003）的阶段性成果；2016年度教育部重点基地山东大学当代社会主义研究所资助项目"中国周边地缘政治格局与'一带一路'国别政策研究"的阶段性成果；2016年度山东省高校人文社会科学研究项目"国际比较视角下各民族交往交流交融的'底层设计'研究"（J16YA11）的阶段性成果。

＊＊范磊，男，1979年11月生，山东费县人，国际政治博士，山东政法学院新加坡研究所高级研究员、山东大学当代社会主义研究所研究员、山东省社会稳定研究中心研究员、察哈尔学会研究员、西宁城市外交研究院高级顾问，研究方向：公共外交，比较政治。

2014 年 5 月 15 日，习近平主席在中国国际友好大会暨中国人民对外友好协会成立 60 周年纪念大会上的讲话中明确提出要"更好推进民间外交、城市外交、公共外交，不断为中国民间对外友好工作作出新的更大的贡献"①。这是最高领导人首次在讲话中提出"城市外交"概念，对于中国城市外交的研究和开展有着非常重要的指导意义。此次讲话为新时期的中国城市外交发展指明了明确的方向，对于今后大力推动蓬勃发展的国际友城工作，促进国内城市的国际化建设，实现中外城市的友好交流、优势互补和合作共赢已经产生了巨大的推动。

目前，全国不少地方的城市外交理论和实践工作开展的有声有色，但是整体发展并不均衡，北上广深等一线城市的国际化程度较高，在城市外交方面有着明显的优势已经走在全国的前列；而其他二三线城市整体相对而言在这一领域要偏弱一些，不过有一些城市因为有着历史文化、地缘位置等优势，也走出了独具特色的城市外交之路，比如位于改革开放前沿的温州，有着悠久历史文化积淀的扬州，以及随着"一带一路"倡议的推进而日益成长为城市外交新星的内陆省会城市西宁。可以说，近几年作为高原明珠的"世界凉爽城市"西宁已经走在了全国城市外交理论研究与实务工作的前列。2016 年 11 月 11 日，在重庆召开的"2016 中国国际友好城市大会"上，西宁市继 2012 年、2014 年荣获"国际友好城市交流合作奖"之后再次荣获此项殊荣，该奖是我国国际友城交流的行业最高奖项，三连冠的荣誉充分体现了国家对西宁市城市外交工作和城市国际化进程的肯定。②

城市外交的理论发展与基本内涵

外交活动的主体在以往的历史发展中大都是由国家承担并由职业外交官来执行。但是随着国际关系民主化和外交公开化的发展，外交的行

---

① 习近平："在中国国际友好大会暨中国人民对外友好协会成立 60 周年纪念活动上的讲话"，《新华每日电讯》2014 年 5 月 16 日。

② 参见"西宁市获得'国际友好城市交流合作奖'"，西宁市人民政府网站，登录时间 2017 年 7 月 13 日，http：//www.xining.gov.cn/html/4967/364318.html。

为主体也日益多元。在当前全球化的大背景下，城市在人类经济与社会发展过程中正扮演着越来越重要的突出的角色，几乎所有国家的政治、经济、文化活动以及伴随而生的资源与思想的交流、交融都是以城市作为基本的节点。在全球化、信息化和城市化进程的推动下，城市已经成为"跨国界、跨时空和跨文明的交流互鉴活动之场所……越来越成为国家文化战略的重要支撑点甚至是基本载体。国家软实力竞争，往往以城市为载体"①。甚至城市也获得了一定的国际关系行为主体资格。全球化时代的城市，开放性是其最基本的属性，这就不可避免地会出现对对外交往产生明确的诉求，可以说这是全球化时代多元的国际行为体参与和推动全球网络化治理的真实表达。

而作为城市对外交往的重要表现形式，"城市外交就是城市为了实现代表自身或自身利益的目标而在国际政治舞台中与其他行为体进行互动的制度与进程"②。目前，城市外交正在成为民间对外友好工作的新型形式，也充分体现了这种多元化的行为体多维互动的发展趋势。随着改革开放的迅速发展，我国的城市国际化进程已经进入了发展的快车道，不论是在形式还是内容上都有了更加多元、多面和多维的特征，作为城市国际化基本表达方式的城市外交通过功能性嵌入"主权国家外交、国际组织和国际制度外交以及社会网络外交体系，逐步构建起一个嵌入式外交体系，以满足全球化和城市化对城市功能的要求"③。作为我国总体外交体系的有机组成部分，我国的城市外交是在中国人民外交友好协会推动的友好城市建设中发展起来的，早在1985年的一份文件中就明确指出："友好城市是我国人民外交的重要组成部分是我国各地贯彻对外开放政策、开展对外交流与合作的一条重要渠道。"④ 自1973年开展友好城市活

---

① 韩方明主编：《城市外交：中国实践与外国经验》，新华出版社2014年版，"序言"第1页。

② Rogier van der Pluijm & Jan Melissen, "City Diplomacy: The Expanding Role of Cities in International Politics", The Hague, Netherlands Institute of International Relations Clingendael, *Clingendael Diplomacy Papers*, No. 10, 2007, p. 11.

③ 赵可金：《嵌入式外交：对中国城市外交的一种理论解释》，《世界经济与政治》2014年第11期。

④ 刘庚寅著：《为了友谊与和平——民间外交亲历记》，世界知识出版社2006年版，第21页。

动以来，截至 2017 年 6 月，我国已同世界上 135 个国家和地区建立了 2451 对友好城市关系，"城市之间国际合作的领域不断拓展，平台不断扩大，从单纯的友好交往逐渐发展为政治、经济、文化、科教等全方位的务实合作"①。

城市国际化与城市外交活动的发展离不开相关国际组织的推动。成立于 2004 年 5 月的世界城市和地方政府联合组织（简称"城地组织"，UCLG）是目前最大的世界城市和地方政府国际组织，组织总部和秘书处设在西班牙的巴塞罗那。该组织成立的宗旨就是希望通过构建全球地方政府之间的沟通网络，提升彼此在价值观、发展方向以及共享利益方面的理解与合作，在国际社会的广域空间帮助城市和地方政府应对各种挑战。该组织下设的 12 个专业委员会中就有专门的"发展合作与城市外交委员会"②。在该组织以及其他类似的城市国际化组织的推动下，城市外交在全球发展迅速。目前，中国人民对外友好协会负责协调我国各城市与该组织的合作交流活动，大陆已经有包括北京、上海、广州等在内的 18 个会员城市③，在某种程度上有力地推动了中国城市外交实践的发展。

具体来看，我国的城市外交实践是走在理论研究之前的，可以说正是因为以友好城市为主要内容的城市国际化进程构成了我国城市外交实践的主要内容，并在持续推动城市政治、经济、社会和文化发展的基础上，逐渐生发出中国特色的城市外交理论。如今，随着我国全面深化改革进程的有力推进，全国各地各级城市的国际化进程不断加速，并在国家的整体对外战略和总体外交中扮演着越来越积极的角色。加强城市外交理论研究与实践推动，成为新形势下城市发展实现国际性跨越、提升国际竞争力的重要内容和迫切议题。

2013 年习近平主席先后提出构建"丝绸之路经济带"和打造"21 世纪海上丝绸之路"的"一带一路"倡议以来，已经得到了该倡议沿线 60

---

① 《丝路沿线城市：缔结友城关系推务实合作》，中国新闻网，登录时间 2017 年 7 月 15 日，http：//www.chinanews.com/cj/2017/07 - 15/8278400. shtml.

② "Committees & Working Groups", UCLG, accessed on June 6, 2016, https：//www.uclg. org/en/organisation/structure/committees-working-groups.

③ "UCLG World Council Members 2013 - 2016", UCLG, accessed on June 6, 2016, https：//www. uclg. org/sites/default/files/wc_ members. pdf.

多个国家的积极回应和广泛支持。该倡议是顺应世界发展潮流的一项共同现代化议程，既充分反映了当前人类社会发展的基本诉求，也给沿线国家和地区包括城市发展创造了难得的发展机遇。随着"一带一路"倡议路线图的逐渐明朗清晰，相应的节点国家和城市也得以凸显，"最积极最活跃的行为体其实并不是各国中央政府，而是各级地方政府，不仅中国地方政府和城市表现十分积极，沿线其他国家的地方政府和沿线城市也表现出极大的热情"①，相应地友好城市构建与社会人文交流合作也越来越成为各方关注的焦点。作为重要的节点城市，西宁也迎来了"一带一路"倡议这一宏大历史语境中的重大发展机遇期，城市外交将为西宁的国际化进程插上一双有力的翅膀。

"世界凉爽城市"西宁的城市定位

西宁市位于青藏高原东北部，自古以来就是有名的消夏避暑胜地，素有"中国夏都"的美誉，且历史悠久，地处汉藏文化结合部，是典型的多民族、多宗教交融和谐发展的城市。自 2001 年以来，西宁市政府积极打造"世界凉爽城市"品牌，在城市品牌中突出"清凉、清净、清心"的内涵，并"围绕建设高原旅游名省和建成高原特色旅游目的地和集散地的目标，西宁积极发展融历史、文化、民族、生态、地域为一体的高端旅游产品，精心培育打造'中国夏都'旅游城市品牌"。②

西宁的凉爽自在天成。所以，尤其是在近年来内地各省份空气质量不断下降的情况下，西宁旅游的知名度和认可度不断提升，西宁的城市形象和影响力在国内持续扩大。而相应的，西宁市在"立足周边、面向发达国家、联系世界各地"的思路和"态度积极、步履稳妥、友好当先、注重实效"的方针指导下，进一步明确了对外开放和开展国际民间友好交流的目标和任务，广泛开展了国际友城交流和务实合作，加强了国际

---

① 赵可金：《城市外交为"一带一路"定格》，中国网，登录时间 2016 年 6 月 3 日，http：//opinion. china. com. cn/opinion_ 8_ 132408. html。

② 《"酷"西宁，世界凉爽城市新成员》，新华网，登录时间 2016 年 6 月 3 日，http：//news. xinhuanet. com/yzyd/local/20140703/c_ 1111433942. htm。

交流工作,通过引进来走出去的形式,积极缔结友城、召开青洽会、组织研讨会和专题论坛、邀请专家来访等等多种形式,拓展与海外城市和学者的对接,提升西宁在世界的影响力。2014年11月29日,西宁就凭借"世界凉爽城市——西宁"品牌荣获了由中国人民对外友好协会、中国国际友好城市联合会颁发的"国际友好城市交流合作奖",充分体现了这一城市品牌传播的重要意义。目前,西宁基本形成了以"世界凉爽城市"品牌为依托,以相应的国际会展和学术研讨活动为平台,以"一带一路"倡议节点城市为抓手,以拓展国际友城和提升城市外交为目标的城市国际化新型发展思路。

西宁城市外交的比较优势

西宁市近年来在城市品牌建设和对外交流中取得了令人瞩目的成绩,国内外影响力和城市发展竞争力不断提升。可以说,"世界凉爽城市"的品牌定位对于提升西宁的城市软实力以及推动城市外交发展已经产生了有力的推动。而西宁所拥有的悠久的历史文化、和谐的民族宗教关系、作为"一带一路"倡议重要的节点城市的地缘优势以及来自官方和民间共同的支持与努力是构成西宁比较优势的主要方面。从1997年至今,西宁已经与韩国的大田广域市中区、俄罗斯的伊热夫斯克市、美国的犹他郡、意大利的萨沃纳市等33个城市缔结了友好关系,友城间的务实交流合作让西宁的国际"朋友圈"日渐扩大,城市外交发展进入了快车道。尤其是在"一带一路"倡议提出后,西宁的发展已经揭开了一个新的篇章。

在西宁城市外交的比较优势领域,主要体现在以下几方面:第一,城市品牌定位准确,打造了有力的城市外交传播载体。在2014年召开的世界凉爽城市专家研讨会上,赵启正先生明确指出,西宁所倡导的"世界凉爽城市"品牌可以直接翻译为"Cool City",而后西宁官方也统一用这一英文名称取代了此前使用的"Summer resort",使城市品牌定位更为规范和易于传播。赵启正在演讲中对西宁的城市定位进行了阐释,他认为可以从三方面来理解"Cool"这个词与西宁的对接:凉爽西宁、冷静西宁、出色西宁。概括下来,就是"酷西宁"。他鼓励西宁要从三个层面推动世界凉爽城市建设：一是做好城市规划和生态保护，将西宁建设成全球性的避暑胜地；二是要将"凉爽城市"作为一种城市发展理念植入西宁的城市发展中，推动西宁的理性发展与转型；三是打造西宁城市精神，真正将西宁建设成为出彩、出色的"酷（cool）"城市。① 可以说这一解读厘清了西宁长久以来不够清晰的城市品牌理念，为此后的西宁城市形象传播与发展奠定了坚实的基础。同时，他还从当年上海浦东发展的情况谈起，认为必须要做事前功夫，要抓住一切机会推广西宁，提升西宁城市形象，做好城市营销。这就对西宁的城市外交提出了殷切的要求。

第二，西宁历史悠久，民族宗教关系和谐，有着丰富的人文资源。西宁古城已经有 2100 多年的悠久历史，在历史上曾是丝绸之路、唐蕃古道、茶马古道的重要节点，战略地位重要。而这一有利的地理位置也让其成为新时期青藏铁路、青藏公路、兰新高铁的重要枢纽。在民族宗教关系方面，西宁历史上的民族包括羌、匈奴、鲜卑、吐谷浑、吐蕃等草原部族，现在主要有汉、藏、回、土、撒拉、蒙古族等多民族交错杂居。众多民族共同开发建设了自己的家园，共同延续了西宁悠久的历史文化。与多民族相适应，西宁有道教、佛教、伊斯兰教、基督教等多种宗教文化，而"一带一路"沿线地区也正是人类多样文明和多元宗教的集中地带。"多民族聚居、多宗教并存的特点决定了西宁地区历史文化具有较强的多元性和融会性。"② 文化与文明是一个国家提升其国际形象和国家品牌影响力的重要依托，对于一个城市而言亦复如此。而且以城市为主体的城市外交可以避免国家层面外交所可能面对的利益纠葛与意识形态冲突，真正能通过文化的交流与交融实现"民相亲"的合作发展目标。西宁这种"多民族聚居、多宗教共存、多种文化汇聚，形成了兼收并蓄、开放包容的城市特性和璀璨绚丽的风土人情，为西宁与'一带一路'国家友好合作打下了坚实的文化基础和人文基础"③，对于拓展在"一带一

① 《学会主办的世界凉爽城市专家研讨会成功举行》，察哈尔学会，登录时间 2016 年 6 月 1 日，http：//www. charhar. org. cn/newsinfo. aspx？ newsid＝7574。

② "西宁市情简介"，西宁市人民政府，登录时间 2016 年 6 月 6 日，http：//www. xin-ing. gov. cn/html/119/354080. html。

③ 《积极融入国家战略的"朋友圈"》，《青海日报》2017 年 7 月 15 日。

路"沿线国家的城市外交有着重要的意义。

第三，"一带一路"倡议重要的节点城市的地缘优势赋予了西宁前所未有的发展机遇的同时，也为西宁城市外交的开展搭设了一个更加宽广的外交舞台。近年来尤其是在"一带一路"倡议提出以后，西宁紧跟国家的"西向"战略，积极融入"一带一路"建设，在"世界凉爽城市"这一优质城市品牌的引领下，在国际友城和城市外交发展方面实现了较大的飞跃。2015年，西宁发起成立了"西宁与丝绸之路沿线城市合作促进会"，得到了"一带一路"沿线国家的积极支持与参与。目前，已经有9个"一带一路"沿线国家的13个沿线城市参与其中，这是西宁依托"一带一路"节点优势而积极打造的合作共赢国际合作机制，标志着西宁市与丝绸之路沿线城市合作机制初步建立。① 而借助引进来走出去，西宁市目前也与沿线的吉尔吉斯斯坦、斯里兰卡、尼泊尔等国展开了积极的合作，实现了城市层面的互访，目前在西宁新近建设的"一带一路风情街"上②，已经可以看到多个"一带一路"沿线国家企业的身影。西宁的国际"朋友圈"在扩大，"一带一路"对于西宁城市外交发展的有利影响已经日益凸显。

第四，民间与官方的共同努力是西宁城市外交发展的基础性动力。在2014年6月的"世界凉爽城市专家研讨会"期间，西宁市政府还与知名的非官方外交与国际关系智库察哈尔学会签署了合作协议，共同建立"西宁—察哈尔城市外交案例研究基地"，打造城市外交研究新型智库，从理论与实践相结合的框架下努力推进西宁市城市外交的发展。双方希望通过比较研究，结合西宁市自身的实际情况，积极借鉴国内外其他城市外交发展相对较为成熟的城市的先进经验和发展模式，从而为推进城市外交活动实践的有效开展，提升西宁的城市形象，塑造城市品牌及完善国际化战略服务。2015年6月17日，国内首家城市外交研究院在西宁揭牌成立。作为研究地方公共外交与城市外交的非官方特色新型智库，西宁城市外交研究院旨在为促进西宁城市对外交流、提升城市国际城市形象和品牌提供积极的智力支

---

① 《开放！国际朋友圈扩大至25城》，《西宁晚报》2016年2月25日。
② 《西宁：飘起新丝路上对外开放金丝带》，《青海日报》2016年1月20日。

持，同时主要以西宁为案例，以西宁的城市外交实践为基础参与构建中国特色的城市外交理论。

西宁城市对外交往的相对不足

但是，同时由于此前国家政策较多侧重东部沿海发展，加上西宁地处高原，交通等方面不够便利等多重主客观方面的综合原因，以致西宁在拓展对外交往和提升城市软实力方面也存在一些不足。首先，在交通方面，西宁市与东部省区相比差距较大，与西部临近省会城市相比也有一定的差距。根据西宁曹家堡机场官网的消息，2009 年至2013 年，西宁机场每年保持 20% 以上的旅客增长率，2013 年旅客吞吐量突破 300 万人次。目前机场开通航线 51 条，通航城市 38 座，除兰州、哈尔滨之外实现全国"省会通"。① 但是，根据网上查到的资料显示，西宁至今还未开通国际航线，这对于城市的国际化而言无疑是一大短板。

2014 年 12 月 26 日，兰新高铁全线贯通，西宁步入高铁时代。2017年 7 月 9 日，青藏铁路公司首趟西宁至西安北动车组列车正式开行，标志着青海全面融入全国高速铁路网，将极大促进和方便青海与内陆省份的互联互通。② 7 月 11 日，太原至西宁动车组的开通更是丰富了西宁东向高铁线路。但是相比其他省份而言，西宁的高铁通达线路还有很大的提升空间，那些喜欢乘坐高铁的国内外游客对于西宁高铁的发展充满更大的期待。

其次，西宁的国际朋友圈还有待提升。虽然根据西宁官方发布的信息显示，西宁目前已经拥有 25 对国际友好城市的合作对象，但是这里包含了三个层次的友好关系，即正式缔结国际友好城市协议的城市、已签订意向性协议的友好城市、民间友好关系三种（参见表 1、表 2）。根据

---

① "青海机场有限公司简介"，青海机场有限公司，登录时间 2016 年 6 月 10 日，http：//www. qhaport. com/about－4. html。

② 《青海全面融入全国高速铁路网，西宁至西安、太原方向动车组列车开行》，《青海日报》2017 年 7 月 10 日。

中国国际友好城市联合会的数据，截至 2015 年 12 月，青海省已经建立国际友城关系 15 对（正式缔结），其中西宁市 5 对（参见表 1）。相比东部的江苏（291 对）、山东（177 对）、广东（165 对）、浙江（101 对）等东部发达省份还存在较大的差距，即使是与西部临近的甘肃（50 对，其中兰州 11 对）、宁夏（48 对，其中银川 10 对）、新疆（36 对，其中乌鲁木齐 10 对）相比也还有较大的提升空间。

近年来，西宁市与国际友城间在文化、旅游、教育等方面展开了深入的交流与合作，诸如"中韩文化周""中韩歌会"，赴韩国、新加坡等国的文艺演出和旅游宣传促销活动，以及邀请俄罗斯、印度等国的表演团体前来参加"青洽会"等活动的演出，与日本栃木县高根泽町，美国犹他州犹他郡开展中学生交流活动等，都是借助城市外交的理念来提升西宁国际影响力和品牌建设的重要形式。如果西宁的国际朋友圈再大一点，可能结果会更好。

表 1   青海省正式缔结国际友好州（省）市一览

	外方州（省）市	国别	结好时间	编号
		青海省		
1	基特加省	布隆迪	1991 – 03 – 22	0367 – 910322 – 青 – 001
2	内华达州	美国	2002 – 06 – 27	1092 – 020610 – 青 – 005
3	阿维拉省	西班牙	2005 – 06 – 23	1259 – 040719 – 青 – 006
4	犹他州	美国	2011 – 07 – 13	1794 – 101009 – 青 – 008
5	瓦兹河谷省	法国	2013 – 06 – 09	2010 – 130527 – 青 – 010
6	塔巴斯科州	墨西哥	2013 – 11 – 26	2156 – 130603 – 青 – 014
7	诺格拉德州	匈牙利	2014 – 10 – 20	2153 – 140904 – 青 – 013
8	卡塔戈市	哥斯达黎加	2015 – 12 – 10	2319 – 130626 – 青 – 015
		西宁市		
1	大田广域市中区	韩国	1997 – 10 – 31	0798 – 971031 – 青 – 003
2	伊热夫斯克市	俄罗斯	2002 – 06 – 13	1090 – 011016 – 青 – 004
3	全州市	韩国	2012 – 06 – 11	1997 – 110621 – 青 – 009
4	帕坦市	尼泊尔	2013 – 06 – 19	2017 – 130114 – 青 – 011
5	普雷斯顿市	英国	2013 – 12 – 17	2094 – 120514 – 青 – 012

续表

	外方州（省）市	国别	结好时间	编号
	格尔木市			
1	卡尔雅特市	以色列	1997 - 06 - 25	0771 - 970625 - 青 - 002
2	多布里奇市	保加利亚	2005 - 09 - 29	1284 - 050621 - 青 - 007

来源：中国国际友好城市联合会，登录时间 2016 年 6 月 20 日，http：//www.cifca.org.cn/
Web/CityAffiliation.aspx？id＝92&name＝青海。

表 2　　　　　　　**西宁市国际友好城市与友好关系一览**

序号	国家	友好城市	缔结时间
	友好城市		
1	韩国	大田广域市中区	1996 年 5 月 6 日
2	俄罗斯	伊热夫斯克市	2001 年 6 月 14 日
3	韩国	高阳市	2010 年 3 月 25 日
4	韩国	全州市	2010 年 3 月 26 日
5	韩国	庆州市	2010 年 3 月 29 日
6	斯里兰卡	卡卢特勒市	2010 年 6 月 11 日
7	英国	普雷斯顿市	2011 年 5 月 9 日
8	美国	犹他郡	2011 年 7 月 13 日
9	尼泊尔	帕坦市	2012 年 8 月 30 日
10	丹麦	索尔勒自治市	2013 年 5 月 5 日
11	土耳其	埃迪尔内市	2014 年 6 月 11 日
12	土耳其	安塔利亚市	2014 年 12 月 5 日
13	吉尔吉斯斯坦	奥什市	2014 年 12 月 9 日
14	尼泊尔	博卡拉市	2015 年 7 月 25 日
15	尼泊尔	卡尔亚比纳亚克市	2015 年 7 月 25 日
16	意大利	萨沃纳市	2015 年 7 月 26 日
17	希腊	拉菲娜—皮开米市	2015 年 9 月 28 日
18	南非	新堡市	2015 年 10 月 2 日
19	巴西	伊瓜苏市	2015 年 11 月 27 日
20	尼泊尔	克提布市	2016 年 4 月 29 日
21	尼泊尔	巴拉特普尔市	2016 年 4 月 29 日
22	匈牙利	欧克尼市	2016 年 6 月 27 日

续表

序号	国家	友好城市	缔结时间
23	南非	马特洛萨纳市	2017 年 7 月 14 日
24	马来西亚	瓜拉丁加奴市	2017 年 7 月 14 日
25	俄罗斯	萨基市	2017 年 7 月 14 日
26	俄罗斯	科孜勒市	2017 年 7 月 14 日
友好关系			
27	日本	三重县津市/日中友好协会津市分会	1996 年 6 月
28	日本	群马县/群马县文化财研究会	2009 年 7 月 7 日
29	韩国	济州市/韩中文化协会济州支会	2010 年 3 月 27 日
30	日本	北海道/北海道旅游业协会	2012 年 6 月 11 日
31	新加坡	新中友好协会	2013 年 4 月 16 日
32	斯里兰卡	斯里兰卡中国协会	2015 年 6 月 17 日
33	斯里兰卡	斯中社会文化合作协会	2017 年 7 月 14 日

来源："与西宁市缔结的国际友好城市和友好关系一览表"，西宁市外事侨务办公室，http://www.xnswqb.gov.cn/Home/displyWz?aId=431，登录时间：2017 年 7 月 13 日；《丝绸之路沿线国际友城峰会在西宁召开》，《西宁晚报》2017 年 7 月 15 日。

再次，西宁城市发展思路还需要更加拓展。一年有四季，唯夏季需要凉爽。西宁的"世界凉爽城市"品牌定位带来了强大的城市品牌效应的同时，也让城市发展面临一定的困惑，即"春、秋、冬"三季主打什么？在西宁的很多宣传材料中，都曾提到要将西宁市打造成夏季会展中心和高原运动中心等等，如果西宁仅仅以"凉爽"的夏季作为城市发展的重心还是远远不够的。同时，也正如当前政府和社会舆论所共同关注到的，即西宁的凉爽城市建设要将其做成一种文化，而不仅仅是一个避暑经济的发展。这就对西宁市的发展战略提出了更加深层次的要求，即做好文化牌，将"凉爽"从一个产业升级到一种"文化"。西宁要在城市文化内涵构建和生态文明建设上下功夫，不断提升影响力和号召力。这就要求，西宁"必须以文化为底蕴，以生态文明建设为抓手，围绕世界凉爽城市品牌形象定位创新方式方法……在智慧旅游、文化内涵、生态建设方面确立优势，这样，我们才能不负这天赐的凉机"①。

西宁城市对外交往的路径选择

随着"丝绸之路沿线国际友城峰会""夏都国际论坛""青海牦牛产业发展高峰论坛""西宁城市发展投资洽谈会""青海绿色发展投资贸易洽谈会"等高端对外交往平台的成功搭建，西宁城市国际化进程在不断加快，而相应地塑造出来的"世界凉爽城市 – Cool City 西宁"的城市品牌已经产生了积极的国际影响力，城市软实力在持续提升。"'西宁蓝''西宁凉''西宁绿'为关键词的朋友圈不仅在省内微友间流传，而且还传向了更远的地方。西宁，这个名字已逐渐成为国际友人热议的话题。"②

首先，更深地融入"一带一路"国家发展战略，充分发挥西宁的桥头堡作用。在"一带一路"倡议的推动下，西宁的城市外交面临着重大的发展机遇和战略选择。如前所述，西宁不论是在城市定位以及发展战略对接，还是在历史文化传统以及民族宗教关系方面都有着得天独厚的优势，加上它所处的"一带一路"沿线城市桥头堡的重要地理位置，为其赢得了诸多的发展机会。只有深度融入"一带一路"倡议，抓住国家向西开放发展的重大机遇，变内陆为开放前沿。充分发挥西宁在新能源、新材料、特色农牧产品、生物医药等产业领域的特色和优势，积极提升西宁的内陆口岸职能，将西宁打造成国家西向开放发展的重要转口基地和贸易窗口。可喜的是，近年来西宁市顺势而为，依托"一带一路"而成立的"西宁与丝绸之路沿线城市合作促进会"以及"丝绸之路沿线国际友城峰会"等平台就充分体现了西宁的战略视野，而其城市外交所推动的软实力的提升也必然反哺经贸领域硬实力的增长，实现在"一带一路"倡议推动下软硬并举的良性发展局面。

其次，以国际友城合作交流为依托，打造西宁城市外交的新高地。近年来，西宁市高度重视外事侨务工作。相继出台了《西宁市进一步加

---

① 惠朋：《牢牢抓住天赐"凉机"》，《青海日报》2014 年 7 月 3 日。
② 《西宁朋友圈渐大，丝绸之路沿线国际友城峰会 14 日举办》，《西宁晚报》2017 年 7 月 13 日。

强国际友好城市工作的意见》《西宁国民经济和社会发展第十三个五年规划纲要》《西宁市"一带一路"建设行动方案》等。① 目前，西宁市的国际友城和友好关系城市总数已经达到了 33 对，2017 年"丝绸之路沿线国际友城峰会"于 7 月 14 日在西宁召开，来自 8 个国家 14 个国际友好城市和友好团体的 51 名市长、企业家、专家及国内部分城市的代表近 200 人参加峰会，西宁的朋友圈越来越大了。② 而西宁在 2014 年就已经确立了要建立"世界凉爽城市"为载体的城市国际合作机制，全力打造"世界凉爽城市 – Cool City 西宁"的城市品牌，积极寻求与丝路沿线城市的合作交流，谋求建立更深入的丝路城市国际合作机制，甚至谋划成立"世界凉爽城市合作组织"③，与丝绸之路城市联盟实现资源共享，以此提升西宁城市的软实力，拓展国际影响和提升国际形象。同时，积极谋求与世界城市和地方政府联合组织（UCLG）、亚太城市市长峰会、东亚城市峰会等国际城市合作组织的合作与对接，加快西宁市与世界各国城市间的互联互通与合作共赢。在 2017 年友城峰会期间，西宁市与沿线国际友城共签订 9 项人文交流合作协议，至此，西宁市的友城和友好关系已增加至 33 个④，既完成了友城缔结任务也充分体现了西宁市在对外交往和国际化进程中的蓬勃活力。

再次，要进一步夯实和完善西宁的城市外交的组织和研究体系，为城市外交提供有力的制度保障和智力支撑。西宁市的城市国际化进程中的多项对外交往活动一方面得到了来自国家和青海省的大力支持，如今"丝绸之路沿线国际友城峰会"由中国人民对外友好协会、中国国际友好城市联合会、青海省外事办公室共同主办则凸显了国家层面对于西宁市城市外交工作的支持和肯定，这是西宁城市外交发展的外在动力。另一方面，相对很多东部城市而言，西宁市的城市外交工作已经走在了全国

---

① 《西宁市获得"国际友好城市交流合作奖"》，西宁市外事侨务办公室网站，2017 年 7 月 13 日登陆，http：//www. xnswqb. gov. cn/Home/Displywz？aId = 399。

② 《西宁朋友圈渐大，丝绸之路沿线国际友城峰会将于 14 日举办》，《西宁晚报》2017 年 7 月 13 日。

③ 崔青山：《西宁市与丝绸之路沿线国际城市交流合作机制建设实践与思考》，《青海社会科学》2016 年第 5 期。

④ 《青海西宁：携手丝路沿线国际友城共建"一带一路"》，新华网青海频道，登录时间 2017 年 7 月 16 日，http：//www. qh. xinhuanet. com/2017 –07/15/c_ 1121324059. htm。

的前列，这与西宁市政府、外侨办等内在动力的积极推动密不可分。在西宁市政府的支持和外侨办的大力推动下，部分学者型官员在其中扮演了积极的推手角色。2015 年成立的西宁与丝绸之路沿线城市合作促进会则为西宁在"一带一路"架构下的城市外交提供了一个明确的组织支持，而同期成立的西宁城市外交研究院聚拢了国内城市外交研究领域的大多数有影响力的学者作为顾问团队，为西宁城市外交建言献策、把脉引导，提供了积极的智力支撑，在西宁城市外交理论与实践的发展中充分发挥了智库的外脑作用。此外，西宁市民间组织国际交流促进会、西宁公共外交协会、西宁国际商会、西宁市国际贸易促进会、西宁市国际交流学会、西宁市海外联谊会、西宁市对外文化交流协会等涉外团体作为西宁市城市外交的重要推动力量，也要实现资源共享与整合，推动城市对外交往合力的提升和发展。

最后，要加强城市外交的人才队伍建设。目前西宁市已经建立起了一支懂政策、会外语、有视野的专业涉外人才队伍，在西宁的城市外交发展中发挥了积极的作用。懂政策，首先就是要深切把握国家的对外政策和发展战略，同时又能深入了解和掌握西宁市的市情和对外交往工作，而做好这项工作的最根本前提就是要确保国家利益放在第一位，在塑造国家和地方良好国际形象的同时，又做到切实维护国家的根本利益。会外语的人才在如今这个时代已经越来越普及，西宁市的团队中不仅有通用语种常见的专业外语人才，还有一些非通用小语种的外语人才，对于拓展西宁与中亚、西亚、南亚等地区的交流有着重要的意义。曼德拉曾说，"若你用一个人听得懂的语言和他交谈，你的话能进入他的大脑；若你用他自己的语言和他交谈，你的话能进入他的心灵"①。足见外语在公共外交与国际传播中的重要性，用世界听得懂的语言来讲好中国故事和西宁故事，会外语的人才是一个重要的组织基础。有视野，就是要有开阔的国际视野和研究思路，既要熟悉基本的业务又要有严谨的分析问题和解决问题的能力。目前，这三方面的人才队伍建设在西宁市已经初见成效，在城市对外交往和城市国际化进程中正在发挥积极的作用。

---

① 孙吉胜：《国家外语能力建设与"一带一路"的民心相通》，《公共外交季刊》2016 年第 3 期。

结 论

综合来看，当代世界中"不断开展的城市生态、人文建设正在创造出一个互联的全球性城市体系，从根本上改变着地方和全球事务体系。西部欠发达城市如何利用城市地缘、资源特色优势推动国际合作机制建设，西宁市开展'世界凉爽城市'品牌建设和世界凉爽城市国际合作机制的探索和实践是一项具有前瞻性的战略举措"[①]。西宁城市外交的发展得益于政府的大力支持，民间的积极参与，以及和国家整体发展战略的积极对接。目前，西宁的城市外交工作正面临着"一带一路"倡议发展的大好机遇，在这一大的背景下，西宁依托自身优势和"一带一路"倡议实现有效的对接，不论是在制度设计、理论创新、规则制定、实践推动等多个方面都取得了积极的成果。

但是，因为固有的暂时难以克服的主客观困难，所以不可避免地会存在一些不足和短板，但是这终归是暂时的。在今后的城市对外交往发展中，随着西宁国际朋友圈的不断扩大，西宁必将会拥有更加丰富的国际友城资源，成为城市对外交往重要的发展动力。而作为智力资源较为集中的高校以及科研院所，在今后的工作中也要真正承担起咨政建言、理论创新、舆论引导、社会服务、公共外交等职能，为城市对外交往发展提供智力支持，其中还包括扩大对外国留学生的招生力度和规模以及增进青少年的国际互动交流等。可以说，西宁城市对外交往的发展已经走出了一条符合西部特色又能契合国家发展战略和总体对外交往要求的发展道路，在接下来的地方经济发展以及城市形象提升、国际影响力拓展等多个方面必将产生更为积极的推动。

---

① 崔青山：《"凉爽城市"公共外交实践》，《青海日报》2014 年 9 月 22 日。

从海上和陆上丝绸之路
两栖建设中寻求中国的发展

陈奉林*

摘要： 从海上和陆上加快推进丝绸之路建设，是促进中国发展
与实现和平崛起的有效途径。无论从中国企业走出去，还是从保障
中国石油及其他战略物资供应，以及推进欧亚大陆南部形成新的文
明中心来看，形成海陆丝绸之路的南北优势，互为犄角，相互依重，
具有十分重要的现实意义。现在的问题，是对这个具有重要意义的
战略进行具体谋划、布局与实施，形成以国家为主导的系统工程。
长期被认为"停滞"与专制的欧亚大陆南部地区将发生历史性巨变，
使世界进入由各国共同创造文明的崭新时代。

关键词： 海陆丝绸之路；两栖建设；发展

进入 21 世纪以来，世界各国在陆地、海洋和太空领域进行的竞争进
一步加剧，世界形势处于不断的变化当中，不确定因素逐渐增多，各种
力量也在不断地分化、调整和组合。无论从中国企业走出去的角度，还
是从保障海上石油安全的角度来看，我们都应该争取时间建设海陆丝绸
之路，找到中国可持续发展的力量支撑点。鉴于这样的形势，我国应该
尽早从海上和陆上两个方面确立自己的发展战略，形成以国家为主导，
产、学、研、商共同参与的国家工程，形成海上和陆上丝绸之路两大建

* 陈奉林，男，北京师范大学历史学院教授。

设的联动态势，把海外交通与能源安全、资本与市场、国内资源与国外资源有效地结合起来，谋求未来发展的主动权。建设 21 世纪海陆丝绸之路的重大决策，所包含的丰富内容是对千百年来所走过的曲折道路正反两方面经验的总结，蕴含着中华民族复兴的艰巨任务与伟大历史责任。

一　丝绸之路在东方历史上的独特贡献

丝绸之路作为连接中国与世界的海陆两栖交通线，在中国历史乃至东方历史上都具有极其重要的意义。它向外传播的不仅仅是中国的丝绸与瓷器等物质文明成果，也向外传播精神文明与制度文明的成果，同样把域外文明的成果带到中国与东方。随着时间的推移，丝绸之路的内涵更加丰富多彩，远远超过了经济贸易层面而形成巨大的交通网络，把中国与世界、东方与西方紧密地联结起来，推动了人类社会的整体进步。英国学者赫德逊在《欧洲与中国》一书中写道："古典时代的丝绸贸易，无论是从埃及经海路或是经塔里木盆地翻越帕米尔高原的陆路，都给欧洲带来了关于中国的新知识。"[①] 的确，西方通过丝绸之路这条交通大动脉来认识东方，与东方进行有无相通的交流，满足日益成长的物质文化需求；然而交流从来又都是双向的，绝不是单方面的给予。正因为如此，横亘东方历史若干世纪的丝绸之路才有强大而持久的生命力，至今仍创造着新的东方历史，继续发挥着联结古今、塑造未来的特殊作用。

在人类诞生后的很长一段时间里，人类基本上是以区域为单位进行生存活动的，由于生存的需要，也在不断地克服来自自然的、社会的和技术上的诸多限制谋求与外部世界发生联系，以获得更多的物质与精神生活资料。这样才会产生对外交流交往的愿望与动机。在北方，从中国通向西方的横跨欧亚大陆的陆上丝绸之路，是中国与西亚、欧洲联系的桥梁，对中国及周边各国意义重大。沿着这条交通路线，向西突破性地发展给中国带来的是域外的全新文明，看到了一个新的世界，使中国知道了世界上还有许多的国家，它们的历史与中国一样的悠久漫长，不再是只有一个中央王国——中国的世界。"商品的交换、人员的流动，以及

---

① ［英］赫德逊：《欧洲与中国》，李申、王遵仲、张毅译，中华书局 2004 年版，第24 页。

与之相随的异质精神文化的彼此激荡,是破除封闭状态、使人们摆脱地理环境限制带来的局限性的强大动力。"① 丝绸之路开辟与发展的过程,就是中国走向并融入世界的过程,无论从何种意义上说,其影响都是异常巨大的,对中国历史进步的作用怎么估计都不会过高。

人类社会是一个异常复杂的开放系统,发展的动力来自社会的、技术的与人类活动本身的许多方面,对外交流无疑是社会发展的基本动力之一。这与马克思主义经典作家的基本观点是一致的。人类社会发展的历史在很大程度上可以说是人类文明相互交流交汇的历史,在相互交流中不断向前迈进,无论东方还是西方都是如此。根据我国古史《汉书·地理志》记载,早在汉代中国商船就已经到达越南、泰国、马来西亚、缅甸、印度诸国从事商贸活动了。6—8 世纪,印度支那半岛和东南亚岛屿地区成为沉香和檀香的最大集散地,这些商品不仅在东亚销售,还被远销到印度、西亚和地中海沿岸各国。②

根据西方学者的研究,9 世纪中国人已经有了比阿拉伯人或泰米尔人所建造的船只更为灵巧的远程帆船,13 世纪人们已经感觉到了中国人在孟加拉湾的海上优势③,这一优势直到明代郑和七下西洋达到高潮。可以说,没有交流就没有发展,就没有人类物质文化生活的进步。我们之所以这样说,是基于对物种文化交流对于促进东西方社会进步的根本性认识。中国是东方农业文明大国,除了粟(小米)、黍、小麦、高粱、大豆、水稻是中国培育外,其他农作物玉米、烟草、甘薯、棉花、核桃、石榴、葡萄和苜蓿等都是从国外输入的,生活中的奢侈品如香料、象牙、宝石、珍珠等大部分也都是从国外输入,它们潜移默化地融入了我们日常生活的许多方面,极大地丰富了我们的物质文化生活,无论古今没有交流是不可想象的。

丝绸之路对于东西方文明交流交汇的历史贡献,国内外史籍都有相应的记载,从来没有离开过研究者的视野。英国历史学家赫德逊这样写

---

① 冯天瑜、何晓明、周积明著:《中华文化史》,上海人民出版社 1991 年版,第 93 页。

② [日]家岛彦一:《从海域看历史——连接印度洋与地中海的交流史》,名古屋大学出版会 2006 年版,第 509 页。

③ [美]A. J. 科特雷尔、R. M. 伯勒尔:《印度洋:在政治、经济、军事上的重要性》,上海人民出版社 1976 年版,第 19 页。

道:"这种丝绸贸易是古代遥远而规模最大的商业。由于……上流社会存在着对它的需求,这种贸易从这种精美物品所引出的线索,就成为从太平洋横跨整个旧世界的经济统一体的一条纽带。"① 从更为广阔的视角来看,丝绸之路是一个巨大的开放网络,发挥出多方面的功能与作用,把沿线各国、各地区紧密地联系起来了,大大拓展了交往的空间。

据 16 世纪葡萄牙第一位来到中国、印度、东南亚等国游历的多默·皮列士在《东方志》中记载,他看到从中国输出的主要商品是大量的生丝和有色散丝,各色缎子、带格的卷缎、线缎和一种叫"纱"的细绸料,还有樟脑、明矾、硝石、硫黄、铜、铁和大黄。② 中国输入和输出的商品种类极其繁多,物畅其流,应有尽有,据说"你可以花钱买到你想要的任何这类商品"③。阿拉伯史料中也记载,波斯湾东岸的尸罗夫在 8—10 世纪的 200 年间是印度洋海域最大的繁荣的国际贸易港,南面与阿拉伯、红海、非洲东岸,东面与印度、东南亚、中国、伊拉克、伊朗市场网络相联结。④ 我们强调丝绸之路对丰富世界各国社会物质文化生活的巨大作用,同时也不否认其他国家商人的作用,"阿曼人、中国人,也许还有一些我们无法考证的民族,都积极地参与了南海沿岸各国间重大的交易活动"⑤。这种评价准确、客观,符合东方社会的历史实际情况。

与陆路丝绸之路遥相对应,几乎在同一时期海上丝路也开辟了。一般认为,这条航路以广州为起点,向南经马来半岛、锡兰(斯里兰卡)、印度东西海岸,最终到达波斯湾、红海和非洲东部各港口。它是一条连接东西、跨越古今的海上交通大动脉,其作用与功能远远超过陆上丝绸之路。宋代周去非所著《岭外代答》对当时各国情况的记载,基本上反映了中国从海上对外交往的情况。该书记述的国家北起安南,东起女人

① [英]赫德逊:《欧洲与中国》,李申、王遵仲、张毅译,中华书局 2004 年版,第39 页。
② [葡]多默·皮列士:《东方志——从红海到中国》,何高济译,江苏教育出版社 2005 年版,第100 页。
③ 同上。
④ [日]家岛彦一:《从海域看历史——连接印度洋与地中海的交流史》,名古屋大学出版会 2006 年版,第215 页。
⑤ 穆根来、汶江、黄倬汉译:《中国印度见闻录》,"法译本序言",中华书局 2001 年版,第25 页。

国（今印尼），南至阇婆（今爪哇），西到印度洋、红海和地中海，至今成为研究中西交通的珍贵史料。该书"外国门"在记述故临国（今印度西南部）时，称："故临国与大食相迩，广舶四十日到蓝里住冬，次年再发舶，约一月始达。……中国舶商欲往大食，必自故临易小船而往，虽以一月南风至之，然往返经二年矣。"①

在造船技术进步与国家力量支持的条件下，中国商船大踏步地走出国门参与世界经济文化交流，推动着不同发展层次的文明共进与提高。在海上贸易当中，不仅有中国、东南亚的商品大宗地销往南亚、西亚与欧洲，其他国家的商品也通过海上航路输往中国和东南亚市场，真正实现了经贸与文化上的交流互动。"航海外夷"条反映出外国商船来华贸易的情况，记载称："大食国之来也，以小舟运而南行，至故临国易大舟而东行，至三佛齐国乃复如三佛齐之入中国。……诸蕃国之入中国，一岁可以往返，唯大食必二年而后可。大抵蕃舶风便而行，一日千里。"② 这些都是当时东西方商船往来的具体反映，映现出技术进步的条件下海上交通的繁忙景象。

无论海上还是陆上丝绸之路突出的都是中外与东西方的交流互动，正是这种来自经济的、文化的及技术上的交流，才使文明成果在短期内为各国所共享，缩短了地区间的发展差距。直到 18 世纪欧洲工业革命以前，东方国家长期保持着对西方贸易的出超地位，西方对东方可供出口的商品并不多。在近代蒸汽动力船出现后，中国与欧洲、美洲的交流扩大，东方市场上的商品直接输入到欧美市场。

有材料表明，1798 年一艘回到波士顿的美国商船载回了 700 箱茶叶，814 袋砂糖，70 捆南京木棉，400 套瓷器。③ 贡德·弗兰克已经指出，中国的生产和出口在世界经济中具有领先地位，"中国在瓷器生产方面是无与伦比的，在丝绸生产方面也几乎没有对手"④。海上和陆上交通所发挥

---

① 周去非著，杨武泉校注：《岭外代答校注》，中华书局 2006 年版，第 91 页。

② 同上书，第 127 页。

③ ［日］木村和男：《毛皮交易创造的世界——从哈德逊湾到欧亚大陆》，岩波书店 2004 年版，第 123 页。

④ ［英］贡德·弗兰克：《白银资本：重视经济全球化中的东方》，刘北成译，中央编译出版社 2001 年版，第 162 页。

出的政治、经济、文化与外交等多方面功能，为人类生产和社会生活提供了极大的便利，也为人类提供了一种全新的交往方式和外交理念，在利己利人与互利中实现了经济行为的多元受益，摆脱了此消彼长的利益争夺模式，开辟了新的交往途径，"文明交往是人类历史发展的动力，是人类历史变革和社会进步的标尺，是人类文明发展的里程碑"①。

从文明交流的角度观察东西方社会的发展进程与历史阶段，可以拓展历史研究的视野。长期以来由于种种原因，学术界对海陆东西交通史的研究是不够的，特别是从文明交流对于东西方社会产生的深远影响的研究更是关注不够。在很大程度上可以说，海陆交通把各国联系在一起，各国交往的经济联系的力量远远大于政治与文化联系的力量，正是这种持久的根本的动力在推动着社会不断向前迈进。我们不能忽视这样的事实，即中国历史上人口的快速增长和城市的增加都与东西方相互联系加深加快有关，贡德·弗兰克指出："这种增长首先得益于引进早熟水稻并因此而有一年两季的收成，其次得益于引进美洲的玉米和红薯，从而使可耕地面积与粮食收成都有增长。"② 这种评价并非夸大其词，而是对西方文明引进东方市场实际情况的健全把握。以区域物质文化交往的视野看待社会进步无论在东方还是在西方都有许多具体而鲜活的例子。通过海陆进行物质文化交流东西方史籍多有记载，有助于深化对人类社会文明发展进程的认识。

二 探索推进中国可持续发展的
丝绸之路战略

"21 世纪海上丝绸之路"和"丝绸之路经济带"（即"一路一带"）战略是在当前国际竞争形势加剧以及中国国力提高的条件下，对海陆交通重要性的新认识，也是寻求更大的可持续发展空间的努力，其意义已经远远超过经济层面而具体关系到中国未来几十年的发展，单纯的经济

---

① 彭树智：《文明交往论》，"总论"，陕西人民出版社 2002 年版，第 7 页。
② ［美］贡德·弗兰克：《白银资本：重视经济全球化中的东方》，刘北成译，中央编译出版社 2001 年版，第 160 页。

学观点或政治学观点已经无法解释它的时代意义了。可以说，未来的丝绸之路建设是一项巨大的系统工程，在时间上穿越了古今，在地理空间上连结了东西，内容涉及政治、经济、外交、文化、资源、交通、科技与安全等许多方面。最早提出"丝绸之路"概念的不是历史学家，而是德国的地质学家李希霍芬，后来的一些探险家、旅行家、考古学家和历史学家也加入对丝绸之路的考察研究，逐渐使丝绸之路形成一个内涵广泛、影响深远的特定历史概念。

丝绸之路最早可以追溯到公元前 2 世纪，但是把它作为一个特定的历史概念来使用却是在 19 世纪 70 年代。2000 多年来，中外交流以及东西方交流都是通过这个交通大动脉来完成的。在古希腊和罗马，描写丝绸织品精美的文献是很多的，丝绸的价格等同于相同重量的黄金。① 已有学者指出，丝绸之路在本质上是东西方文化交流问题。② 我们赞同这个观点。今天我们援用这个形象而生动的概念，辅之以和平与发展的时代内容，借以完成中国和平发展的使命其意义是十分重大和现实的。

法国年鉴派历史学家费尔南·布罗代尔在他那著名的历史巨著《菲利普二世时代的地中海和地中海世界》里，专门讨论了 16 世纪西班牙国王菲利普在位时期的地中海世界的历史问题。他把地中海作为一个整体进行研究，看到海洋的作用，各国为了各种目的通过海洋进行交流，彼此交流互动与共生。这部著作给我们的一个最大启发是，海洋在现代文明条件下已经不再是天然的屏障，而是成为无远不至的天然通途，特别是在现代技术条件下走向海洋已经成为一个大国崛起的必由之路。在西太平洋地区不仅汇集了香港、深圳、上海、北京、东京等现代文明的中心城市，对本地区乃至世界产生巨大的辐射作用，更为重要的是这个地区在克服了一些传统的惰性之后实现了传统文明与现代文明的有机结合，以相对集中的国家权力作为推动社会进步与经济发展的强大杠杆，实现了经济高速增长，成为继欧洲、北美之后又一个现代文明中心，还有深藏在经济高速增长背后的伟大历史传统。

这些都是西太平洋地区的优势所在，世界其他地区是无法相比的。

---

① ［日］铃木治：《欧亚东西交涉史论考》，国书刊行会 1974 年版，第 262 页。
② 同上书，第 292 页。

以此观之，东方各国完全有条件将海洋开辟成新的文明区域，形成新的经济生长点和现代文明的策源地。最近二三十年，国内外学者与公私机构对东盟自由贸易区进行了认真的探讨，中国外交也将东盟地区作为重点，反映了我国对日益成长的东盟的重视。中国是东盟的近邻，在推动东盟自贸区建设上是可以大有作为的。就目前形势看，这不仅是有利契机，更是中国作为大国的历史责任。

与陆上丝绸之路相呼应，国内外学者相继开展了海上丝绸之路研究，取得了重大的研究成果，至今成为经久不衰的研究热点。国家在提出建设"21世纪海上丝绸之路"和"丝绸之路经济带"战略后，又使产、官、学、研、商各界对丝绸之路的研究热情再度高涨起来，初步形成对丝绸之路内涵的清晰认识。其内涵归纳起来大体可以概括为以下几个方面：（1）丝绸之路是一个巨大的开放网络，所具有的辐射功能把沿线各国紧密地联系起来；（2）最初以输出丝绸为开端，在发展中逐渐突破经济的范畴，向政治、文化、宗教、科技、移民、交通、环保、安全等领域拓展延伸，成为名副其实的交通大动脉；（3）具有浓厚的东方文化色彩，突出了东方和平文化的特征；（4）丝路的本质是开放、交流和发展，互联互通，在互利合作中实现资源共享，促进共同进步与繁荣。只有丝路的含义明确了，才会在行动上把握正确的方向。今天的丝路不同于古代，所承载的任务比以往任何时候都更加繁重，面临的形势也比以往任何时候都更加复杂多变。

根据历史上的经验与时代发展需要，我国已经初步探索出一条既符合目前中国社会的重大需求，又适应国际形势发展的战略，这就是建设"21世纪海上丝绸之路"和"丝绸之路经济带"。从海上丝路而言，应该继续把战略重点放在东亚（包括东南亚）地区，积极推进东盟自由贸易区建设，发挥中国的参与和推动作用。因为东亚是一个巨大的市场，天赋自然资源丰富，交通便利，历史积淀深厚，经济文化发达，历史上与我国关系密切，拥有超过20亿的人口，经济总量在世界的地位不断攀升，成为当今世界文明的重要区域。

亚太地区经过半个多世纪的发展，已经取得超过世界平均的经济增长率，成为世界经济的成长中心。① 这些条件已经成为深刻影响世界历史进程的重大因素。"亚洲其他国家欢迎中国加入包括建立自由贸易区在内的区域合作，……它们不愿意被迫在北京和华盛顿的对立中选边，参与所谓的'遏制'中国的行动，而更愿意通过亚洲融合在一起的倡议以及各种商业外交努力，和中国一起进入相互依赖的体系之中。"② 虽然这个区域存在许多问题，如领海争端、非传统安全以及历史遗留问题等等，但都不可能从根本上扭转各国合作的大方向，合作与发展的空间很大。中国国力提高后，对地区参与扩大，有利于中国发挥建设性和主导性作用，从根本上解决南海问题。

研究丝路战略必须放宽历史的视角，将西太平洋地区和印度洋地区联系起来加以综合考察。在历史上，西太平洋地区存在亚洲古代贸易网，与印度洋贸易网衔接贯通，与地中海贸易网遥相呼应，对东西方社会进步的影响是巨大的，各国至今享受着它的恩惠。在近代交通出现以前，东西方各国交往大多通过海路进行，近代交通出现以后这种交通更加快捷和便利了，中国同东南亚地区和印度洋地区的贸易更加受到重视。美国地缘政治学家斯皮克曼已经指出，在中国和印度之间"将来或许会看到这两个地区的势力代表两个不同的单元，而这两个单元的势力，只能越过印度支那半岛的南部从陆地和空中连接起来，以及绕过新加坡从海上连接起来。如果这是确实的话，则亚洲地中海对独立的亚洲在政治战略上将继续具有重大的意义"③。

他的话说得不错，如今西太平洋区域与印度洋区域合作已经展开，合作领域也不断地拓展，物流、人流与信息流加深了相互依存。丝绸之路被赋予崭新的时代内涵被提出来后，建设的范围、意义、影响以及各种制约条件等等已经受到各国的热情关注，说明各国对这个问题是重视的，现在的问题是应该实事求是地加以研究和检讨。在地理空间上，它涵盖了陆上和海上两大方面。但是迄今为止，国内对它的研究基本上还是就事论事者多，而具体上升到国家大战略宏观层面的研究者少。现在

---

① ［日］青木健：《亚洲太平洋经济圈的生成》，中央经济社1994年版，第164页。
② 李文等：《亚洲：发展、稳定与和平》，中国社会科学出版社2014年版，第42页。
③ ［美］斯皮克曼：《和平地理学》，刘愈之译，商务印书馆1965年版，第75—76页。

的当务之急是以战略的宏观视野去构建、筹划与布局，努力完成这个艰巨而紧迫的时代课题。

陆上丝绸之路和海上丝绸之路是实现中国腾飞的双翼，相互倚重，缺一不可。陆路把中国与西亚、非洲和欧洲联结起来，尤其与欧盟市场的关系更为重要，在历史上是中国早期对外联系的窗口，东西方多种文明在这里交流交汇。西亚、中东地区由于地理位置优越特殊，与亚欧非互动性强，不论过去还是现在都是引人注目的区域。从范围上说，它不仅包括从中国经中亚、西亚到伊斯坦布尔和罗马的贸易路线，还包括通过欧亚大陆北方草原地区（欧亚通道）的草原道路和南方的"海洋道路"。①

在近代资本主义兴起以前，东方各国保持了对欧洲市场的强大输出优势，这种情况一直持续下 19 世纪才发生彻底改变。冷战时期，整个中东西亚地区是美国和苏联两大国激烈争夺的地区。由于地缘上的优势，苏联加强了对这一地区的影响，以经济合作与援助形式对埃及、伊拉克、叙利亚、也门民主人民共和国和阿拉伯也门共和国提供了大量援助，进而南下印度洋。苏联外交部长莫洛托夫曾经说过："在巴统和巴库以南朝着波斯湾方向的整个地区（是）……苏联想望的中心。"②

确实，为了与美国争夺地缘战略优势的需要，苏联在这里下了很大功夫。美国前总统尼克松也同样看到中东地区的重要性，写道："谁在波斯湾和中东控制着什么的问题，比以往任何时候更加是谁在世界上控制着什么这一问题的关键。"③ 冷战结束后，俄罗斯继承了苏联时期在西亚中东的影响，但由于力量所限，对中东西亚的影响远不如苏联。长期以来，这里多种文化汇合，多种力量交织，多种民族杂处，是一个异常复杂的地区。我们在这里引进丝绸之路这一新概念，以文明、文化的力量凝聚和塑造新时期国家关系，探索合作、和谐与合乎国际法原则的交往方式，可以在西方现实主义外交模式之外找到一个新的合作途径。

要在海陆两翼筹划并推进丝路建设，必须有战略高度和广阔的视

---

① 王钺、李兰军、张稳刚：《亚欧大陆交流史》，兰州大学出版社 2000 年版，第 7 页。

② ［美］理查德·尼克松著：《真正的战争》，常铮译，新华出版社 1980 年版，第 88 页。

③ 同上书，第 92 页。

野，具有凌越前人的胆识与气魄。从历史上看，从东亚海域到印度洋、波斯湾与红海，陆上从中国内地到中亚、西亚以至地中海沿岸各国，都是中国人、阿拉伯人等东方各国商人活动的范围，在国家力量和造船技术进步的推动下，不断以各种方式突破来自社会的、自然的诸多限制，构建东方式的交往方式和交往原则，使东西方文明不断地相互接触吸收，融入社会生活的许多方面。近代哲学大师黑格尔说过："人类在大海的无限里感到他自己底无限的时候，他们就被激起了勇气，要去超越那有限的一切。大海邀请人类从事征服，从事掠夺，但是同时也激起人类追求利润，从事商业……挟着人类超越了那些思想和行动的有限的圈子。"①

整个亚洲西部历来为各国政治家、军事家、哲学家和思想家所重视。中国汉唐时期对西域的惨淡经营，近代西方思想家的经典论述，当前欧洲、美国、日本及澳洲对当地矿山与石油资源的开发，都说明西亚中东地区的重要。按照英国著名地理学家与地缘政治家麦金德的说法，欧亚大陆是世界的心脏地带，"亚洲人的大锤不断地向外击打着大海的边缘地区。……围绕着欧亚的南部和西部边缘，是一个巨大的新月形地区，这儿的天然条件更宜于人类的发展，这是海上人的领域，包括彼此分离的四大人口定居地带——中国、印度和中东"②。让新的丝绸之路把中国与印度洋、西亚、欧洲和非洲连接起来，这块广阔的陆地在很大程度上影响着中国的发展进程，决定着世界的基本走向。

三 建设 21 世纪海陆丝绸之路的重大现实意义

"一路一带"作为一个全新的发展战略提出来，内涵与外延被赋予了不同于以往的崭新内容。它所涉及的绝不仅仅是经济与贸易的纯经济层

---

① ［德］黑格尔：《历史哲学》，王造时译，生活·读书·新知三联书店 1956 年版，第 134 页。

② ［英］杰弗里·帕克：《二十世纪的西方地理政治思想》，李亦鸣、徐小杰等译，解放军出版社 1992 年版，第 17 页。

面，更为重要的是涉及政治、外交、科技、交通、环保、安全、劳务输出以及文化发展等诸多方面，是一个全面演进和整体提高的过程，单一的或纯粹的经济观点是不能够解释其重大现实意义的。在近代以前，"印度洋和南中国海及西太平洋是一个自由往来的海洋：阿拉伯人和印度人把宗教（印度教、佛教、伊斯兰教……）带到南亚和东南亚；这可见之于'海上丝绸—丝瓷之路'的忙碌景象"①。从目前大多数研究成果与发表的评论来看，人们对丝绸之路建设重大意义的认识远未到位，基本上还是处于"用"的层面上，没有形成比较深入和成熟的看法。各部门、各单位对"一路一带"的研究基本上还是各取所需，从单一的经济学或政治学的角度出发的。

现在的任务是打破各学科的界限，统合我国的各种资源，开展对"一路一带"的综合研究，上升到国家的总体战略。在现代生产力扩张和国际关系急剧变化的形势下，我国制定的对外政策、理念与具体措施必须跟上时代步伐，甚至需要一定的超前性。最近二三十年中国企业空前地走出国门，但基本上还是以经济活动为主要目的，真正展现中国崛起和展现中国文化、制度与政策力量的企业并不多。既然我国已经明确地提出建设 21 世纪海上和陆上丝绸之路经济带，就应该首先对它有清晰的认识，明确内涵、范围、发展出路、作用与意义等问题。只能这些问题弄清楚了，才能形成力量与合力，推动中国政治、经济、文化、科技与海外交通发展。

国家根据现实需求提出新的发展战略，把我们长期关注的重点从单纯的经济与贸易扩大到几乎关系中国未来发展的所有重大方面，以综合的力量化解和反制某些国家对我国的制衡与封锁，寻找广阔的发展空间，无疑是具有重大现实意义的。长期以来我国对世界的参与主要在表现在经济领域，现在的任务是进一步维护和争取海外合理利益，参与对世界的治理与建设，尤其对具有重要能源意义的中东与非洲合作更为迫切。无论从海上向南发展，还是从陆上向西发展，都是中国与邻近国家在利

---

① 《海洋秩序必须是天下人的共同事业——从阿弗列特·马汉的"美国海权"论著分析郑和七下西洋的历史意义及第三千年南中国海的海洋秩序》，黄枝连《东亚发展的典范转移》，澳门大学出版社 2011 年版，第 85 页。

益上的互联与共生，绝不是单方面攫取利益的利己行为。推动21世纪丝绸之路建设，在很大程度上反映中国国家综合实力。我们联通西太平洋与印度洋，加快东盟自由贸易区建设，是当前中国与东盟、印度关系中的大事。在目前形势下，印度洋海上运输的重要性已经超过世界任何其他地区。

从全球化的角度看，它是中国对外寻求发展的一种外交努力，把中印、中国与东盟的竞争看成有害的观点是错误的，不仅会招致政治、经济上的重大损失，而且会使双方丧失重大历史机遇。依靠中国与相关国家既有的双边与多边合作框架机制，可以先易后难地开展经济、能源、环境、交通与安全合作，利用和平国际环境加速发展，在发展中进一步维护和平环境，仍是中国外交关注的课题。有学者认为，"东方现代外交史"和"东方未来外交史"都是从南中国海开始的。① 在当前国际以经济和科技为中心的普遍的竞争中，推进21世纪丝绸之路建设是刻不容缓的紧迫任务，来不得半点迟疑和拖延。

在当前和今后时期，从海上向南和向西发展，从陆上向西发展都是关乎中国崛起方向的战略性大问题，关乎东西方关系的平衡与失衡。这一点异常清楚。重大战略实施没有理论指导是不行的。我们不只一次地强调指出，海陆丝绸之路战略实施不仅在地理与交通上实现沿路各国的互联与交往，尤其在地缘经济已经取代地缘政治而成为国际关系中主导因素的条件下，建立海陆丝绸之路的意义更加突出。长期以来，美国对中东地区的政策始终是明确的，即防止在欧亚大陆出现欧盟、俄罗斯和中国联合的局面，否则将被认为是对美国构成严重的威胁。只要读一读兹比格纽·布热津斯基的《大棋局——美国的首要地位及其地缘战略》即可一目了然，他明确写道："短期内，在欧亚大陆的地图上加强和永久保持地缘政治普遍的多元化符合美国的利益。这促使人们重视纵横捭阖，以防止出现一个最终可能向美国的首要地位提出挑战的敌对联盟，……当务之急是确保没有任何国家或国家的联合具有把美国赶出欧亚大陆，

---

① 参见黄枝连《十六世纪以来中国的三个"一国两制"的理论与实践——论"东方现代外交史"和"东方未来外交史"都是从南中国海开始的》，魏楚雄、陈奉林主编《东西方文化与外交方略比较·理论篇》，澳门大学出版社2013年版。

或大大地削弱美国关键性仲裁作用的能力。"①

他把欧亚大陆看作是地缘政治的中枢，为大国提供政治活动的舞台。由于历史的和现实的多种原因，在欧亚大陆南部始终没有形成一个现代文明的核心区域，布热津斯基强调："对于美国来说，幸运的是欧亚大陆太大，无法在政治上成为一个整体。"② 他的话值得我们注意。中国属于欧亚大陆的一部分，在推动欧亚大陆南部成为新的世界文明中心的问题上，是有许多事情要做的。让广阔的东盟市场与印度洋市场衔接，中国陆路与整个中东、西亚、欧洲衔接，会大大改变当前国际地缘政治与地缘经济格局，形成新的区域与力量中心，减少某些国家推行的政策对我国的压力。

从更为广阔的国际视野来看，海陆丝绸之路将成为现代国际政治、经济、文化、科技与外交交往的巨大推动力，推动区域交流向更高的层次迈进，可能会形成新的亚洲太平洋—印度洋—欧亚非世界体系。在谈到陆上丝绸之路时，人们通常认为其源头是长安（今西安），向西延伸到西亚及地中海区域。从东方人活动的区域来看，欧亚大陆北方草原地区也是东西方文明交流的场地，同样给交流双方政治、经济和社会发展带来深刻影响，显然今天远东地区也应成为"新丝绸之路"的重要内容。无论海上还是陆上丝绸之路，在主要的干线外还有许多支线，连接着城镇与村庄，形成网状化的交通贸易网络。最近 20 年以来，美、俄、中、印等国加强了在中东地区的地缘争夺，附近的国家伊朗、巴基斯坦和土耳其也被不同程度地卷入各种力量的角逐与争斗之中。

对美国来说，地缘争夺的核心已经转移到了欧亚大陆的中部和南部地区，包括阿拉伯—波斯湾、里海盆地及中亚各国，并与哈萨克斯坦、乌兹别克斯坦、格鲁吉亚和阿塞拜疆建立了军事联系。③ 美国与中亚国家建立军事联系构成对中国的战略挤压。俄罗斯出于地缘政治的考虑，对中国在政治上推进协作关系，同时也在战略和战术上对中国实行抑制战

---

① ［美］兹比格纽·布热津斯基著：《大棋局——美国的首要地位及其地缘战略》，中国国际问题研究所译，上海人民出版社 1988 年版，第 259—260 页。

② 同上书，第 43 页。

③ ［法］菲利普·赛比耶—洛佩兹：《石油地缘政治》，潘革平译，社会科学文献出版社 2008 年版，第 155 页。

略，并不认为日本和韩国对它构成威胁。① 中国适时提出的丝绸之路战略虽然在沿路各国有不同的反应，学术界、政界和商界也有不同的声音，但他们已经认识到会给他们带来发展机遇，分享中国改革开放的红利。它事关发展，提供机会，发展问题是所有国家面临的共同问题，最终会得到各国的认可。

从阿拉伯半岛向东经波斯湾、伊朗高原、南亚次大陆直到东南亚缅甸和中南半岛的广阔区域构成一条巨大的弧形地带，是具有极大发展潜力的地区，在很大程度上影响并决定着世界的走向，从长远观点来看，有条件成为新的力量的枢纽，传统的欧亚地缘重心正向欧亚大陆南侧倾斜。这是当前世界政治经济力量发展的新趋势，反映了人类社会历史发展的运行规律。人类文明中心的发展是有一定规律的，不可能永远停留在一个地区。在农业文明时代，一个国家或一个地区的崛起需要几十年甚至上百年时间，但是进入工业文明之后一个国家或一个地区的崛起需要几十年时间，崛起的时间大大缩短，不像农业文明时代那样漫长。在空间上它把欧亚大陆和非洲联系在一起了，连接的不仅有东盟市场、日益成长的中国市场，还有印度洋市场和欧洲市场，真正实现了跨区域和跨文明的联系与自强，推动了不同文明与发展层次的升级与共进。中国、东盟、印度在整体崛起，发展速度远远高于世界其他地区，显示出本地区经济合作与交往能力的增强，在克服历史上的一些惰性与障碍之后合作的巨大优势已经充分显现出来。这一切都必将使现代丝绸之路的作用增大，产生新的影响力。

四 几点结论

由中国倡导和推动的"一路一带"战略，是对当前世界经济力量不断变化导致国际格局变动的主动反应，是中国外交战略的重大安排和自我发展的重大步骤。从战略重要性以及发展潜力来说，与海上丝绸之路相关联的东盟对中国的重要已经充分发挥，与陆路丝绸之路相关联的中

---

① ［俄］德米托利托雷宁：《俄罗斯新战略——解读欧亚大变动》，河东哲夫、汤浅刚、小泉悠译，作品社 2012 年版，第 144 页。

东、西亚地区的重要性正在显露。必须指出，推动"一路一带"的战略建设会有许多复杂的变数，也会因为地缘经济与安全上的竞争带来来自某些大国的阻力，因此我们必须充分估计推进"一路一带"战略的紧迫性、复杂性与艰巨性。在最近二十几年时间里，世界几乎是在伴随着重大事件的冲击中向前发展的，也存在许多的不确定性，大国之间的较量与角逐仍是有增无减，美国、日本、欧盟与澳大利亚纷纷加强与东南亚、南亚与中东国家关系，印度出于多种考虑也在谋求与东盟国家的关系，无疑会给推进丝路建设带来诸多困难。面对新一轮的政治、经济、科技、能源与安全上的竞争，加强中国海陆丝绸之路建设是何等的迫切和重要。

从相关的几个大国来看，美国、俄罗斯、印度以及相关国家的态度如何，对中国影响很大。从现在的情况看，美国力图在中东西亚地区扩大影响，继续加强它的军事存在；俄罗斯也在努力发挥它的影响作用，有85％的人确信俄罗斯是一个大国，期待自己的国家终将成为世界的一个主导国家。① 印度关注的重点在南亚，有人认为"印度是南亚的枢纽"，"在维护亚洲权力的有效均衡上，具有巨大的地缘政治意义"②。确实，中国要时刻研究和关注印度。对于刚刚着手建设的一项伟大工程来说，这是一个全新的探索过程，机会与挑战并存，风险与收益同在。中国的"一路一带"发展战略是一个整体推进政治、经济、科技、文化、能源与交通整体发展的过程，一旦启动也将是一个永不停顿的过程。中国的外交方向已经明确了，但如何发展，如何去科学合理地规划和布局，是一个值得深入探讨的问题。

---

① ［俄］德米托利托雷宁：《俄罗斯新战略——解读欧亚大变动》，河东哲夫、汤浅刚、小泉悠译，作品社2012年版，第150页。

② ［英］杰弗里·帕克：《地缘政治学：过去、现在和未来》，刘从德译，新华出版社2003年版，第169页。

"中外关系史视野下的丝绸之路
与西北民族"学术研讨会综述

张 磊*

由中国对外关系史学会和青海省丝绸之路经济带研究院联合主办、青海师范大学人文学院承办的"中外关系史视野下的丝绸之路与西北民族"学术研讨会于 2017 年 6 月 17 日至 19 日在青海省西宁市成功召开。来自国内外高校、科研院所的 80 余名专家学者到会，围绕西北地区丝绸之路的开辟与发展、丝路沿线地区历史、西北民族历史与文化、"一带一路"建设中的理论与策略等问题进行了广泛深入的学术研讨。

一 西北地区丝绸之路的开辟与发展

王连旗《先秦至南北朝时期我国西北地区丝绸之路开辟与发展》梳理了从先秦至南北朝时期陆上丝绸之路的开辟与发展历程。慕容浩《两汉草原丝绸之路的兴起与变迁》关注了两汉时期草原丝绸之路的形成与变迁、中原丝绸输入草原的途径等问题，并讨论了草原丝绸之路的世界影响与传承价值。万明《整体视野下的丝绸之路——源于青海的澜沧江即'黑水'考》秉承整体丝绸之路的概念，以澜沧江流域为聚焦对象，重新审视了长期被学界忽视的澜沧江即"黑水"观点，追寻了明代丝绸

* 张磊（1990—），男，甘肃兰州人，青海师范大学人文学院中国史（西北区域史）博士研究生。

之路的发展脉络。李健胜《丝绸之路青海道的命名及研究成果综述》将青海道的干线分别命名为羌中道、河南道、湟中道，并对丝绸之路青海道的研究成果进行了梳理。任继昉《典故中的西汉丝绸之路》统计了西汉丝绸之路典故的数量，发现西汉丝绸之路典故词语共111条，以汉武帝时期典故最多，集中在外交使臣的外交活动、中原与西域和匈奴三方的关系等方面。此外，西汉丝绸之路典故共有1014个变体形式。由此可见，西汉丝绸之路典故在中国文化中具有极大的影响。朱艳桐《北凉经略河湟及其交通》以北凉对河湟地区的经略为切入点，考证了北凉时期河西与青海的交通状况，指出五凉时期由茗藋、白岸、白草岭翻越冷龙岭至河西是比大斗拔谷更常用的交通路线。李志鹏《多维视域下的"唐蕃古道"甘肃段线路再探——以汉藏文献资料、文物遗迹、民间故事传说等为线索》以文献资料、文物古迹、民俗故事传说等视角为切入点，从政治交往、经济交流、文化交融的层面多方位审视"唐蕃古道"，探讨了"唐蕃古道"甘肃段线路及其历史影响。乌云高娃《元代驿站、客馆的建设及丝绸之路畅通》指出成吉思汗至忽必烈时期，蒙元政府大力发展、建设中央到地方各级驿站、客馆，使草原丝绸之路、海上丝绸之路得以空前的繁荣发展。

二　丝路沿线地区历史

胡桂芬《丝绸之路沿线史前彩陶异形器物研究》将丝路沿线史前彩陶异形器依据其形体特征分为异形实用器物、人物及身体部位造型、动物造型、植物造型等类型，并分别讨论了其造型、纹饰及用途。信晓瑜《新疆出土史前毛织物纹样二题》对新疆出土史前毛织物表面出现的花角鹿纹和方角回旋纹两种典型装饰纹样进行了分析，认为花角卧鹿纹与北部的南西伯利亚地区以及新疆西部中西亚地区存在较强的文化亲缘关系，而方角回旋纹则与新疆东部黄河流域的古代文明亲缘性更强。曾俊敏《丝路古国"揭盘陀"名义新考》以吉田丰的对音考释成果为起点，结合东伊朗语亲属语言、传世文献及考古发现等相关证据，提出"揭盘陀"语源当为东伊朗语"太阳神的臣仆"之意。曲玉维《徐福东渡若干基本问题梳理》对徐福东渡的原因、东渡的起航地、东渡的去向等问题进行了梳理。魏军刚《后凉、南凉易代之际：西平大族与河湟地域政治》选取了后凉、南凉易代时段（397—398），从西平大族角度探讨河湟地方势力与后凉、南凉王国间互动关系，力图论证西平大族在南凉夺取河湟控制权及促进国家性格转变过程发挥的重要历史作用。王明前《试论十六国北朝时期河西地区的社会经济发展》考察了十六国时期五凉政权在河西推行的汉化政策，以及北朝时期北魏对河西的经济开发。赵杰《隋大业四年榆谷长城考》通过梳理有关榆谷长城不同观点的史料来源，指出隋大业四年修建的榆谷长城位于今青海省东部的黄河南岸。高建新《唐代丝路繁盛的文学写照——以杜甫〈喜闻盗贼蕃寇总退口号五首〉（其三）为考察中心》从"以诗证史""诗史互证"的角度，考释了杜甫《喜闻盗贼蕃寇总退口号五首》（其三）的内容，展示了唐王朝的强盛及唐中后期所遭遇的曲折和困境。修斌、黄苏的《日本人在西北地区丝绸之路上的活动》对近代日本人在西北地区的探险、考察、间谍等活动，以及改革开放后中日双方针对西北丝绸之路的经济、文化交流作出了详细的介绍与分析。王璞的《大河文明——疏勒河及内陆河历史文化特征考察》对疏勒河文明的体系架构进行了考察，指出内陆河流域文明具有多元文明、大熔炉、文明交替进行、碎块化、衰落、文明演进的断层明显等特征。文定讴《地名中的文化记忆》以新疆兵团第六师五家渠市的四个地名为脉络，形象地解读了汉、唐、清三代丝绸之路新北道屯田的兴衰成败。古小松《早期海上丝绸之路与中印文化在中南半岛的交汇》考察了中印文化向中南半岛的传播过程，指出中印文化交流促进了中南半岛地区社会的发展，也使中印文化在该地区形成交融，尤其是古代交趾地区成为佛教文化的南北交流中心。

三　西北民族历史与文化

袁刚、张久和《柔然与西域相关的几个问题》围绕柔然在西域的活动，对柔然迫使西域数国以羁縻形式附属的时间、柔然与悦般交恶的时间、阚爽政权及阚氏高昌王国的性质与柔然控制高昌的时间、吐鲁番出土文书中的"提勤"、史载高车建国时间的不同及其原因、嚈哒附属柔然所处的时间、地域问题及其与柔然和亲关系的性质等问题作了详细考证。

杨富学、李阳《高昌回鹘植棉业及其在世界棉植史上的地位》以吐鲁番出土回鹘文社会经济文书为依据，梳理了回鹘西迁前后西域植棉业的基本情况，论述了高昌回鹘植棉业在世界棉植史上的地位。黄英湖《古代中国西北民族向中、西亚的迁移》梳理了从两汉到唐朝的数百年间，中国西北的大月氏、乌孙、匈奴、哝哒和突厥等民族向西迁徙的过程。指出这些民族西迁后继续与中国保持着政治、经济和思想感情等方面的联系，并大多融合于当地民族之中。陆芸《伊斯兰教在中国与中西文化的互动》从伊斯兰教在中国的发展历程入手，指出不同宗教、文化之间既存在着差异，也存在着一定的共同性。李秀莲、安洁《土族"於菟"舞的原型与火袄教信仰》从土族的族源及其宗教信仰的角度探索了"於菟"舞与土族文化的内在联系，认为"於菟"舞即礼拜"圣火"的一种形式，具有明显的火袄教色彩。张勇《青海佛教寺院志源流考》以文献记载和现存实物为依据，全面勾稽了青海地区曾经有过以及保存迄今的佛教寺院志，揭示出青海地区寺院志的源头及发展脉络。张清文《道教西传源流及背景新探》经过对大量文献及考古发现的归纳总结后，将道教由东至西传播的过程分为道教思想文化的西传和道教组织的正式确立两个阶段。唐均《"伏俟"语源辨正——兼论鲜卑人在内陆欧亚的历史地位》以吐谷浑王城"伏俟"的词源为切入点，对汉籍中仅存的部分鲜卑语词进行了构拟还原，从侧面证明了鲜卑人在中上古时代内陆欧亚地区的活动影响远甚于汉籍记载的广度和深度。韩树伟《契约文书与中世纪吐蕃习惯法：研究回顾与展望》对近年来学界有关吐蕃出土资料及传世文献中法律社会契约类文书的研究进行了系统的梳理。邢云《安史之乱后唐、吐蕃、回鹘关系的再认识》以唐与回鹘之间的关系为中心，同时参考吐蕃对于二者的影响，以此管窥三国之间势力角逐的实质。刘维栋《"丝绸之路"与中国多民族国家的形成——以沙陀在唐朝军事战争中的作用为中心》以沙陀在唐朝军事作战中的作用为切入点，论述了唐朝与沙陀的关系。刘丹忱《近代中华多元一体民族认同思想研究》梳理了在近代民族危机的刺激下"中华民族"概念产生与发展的过程。刘全波、侯兴隆《晚清民国〈西北行记〉所见西北地区基督教传播研究》从诸《西北行记》出发，通过西行者所记载的晚清民国时期基督教传播、发展情况，分析了近代甘肃、新疆、青海三省的基督教的传播、发展情况。张开《"民族矛盾"表象下的民国青海社会生态管窥》解读了民国时期青海地方社会一系列"民族矛盾"的缘起及解决过程，指出"民族矛盾"的表象下隐含的是生存压力和权利争夺。

四　"一带一路"建设中的理论与策略

石源华《一带一路定位不宜随意泛化》从政治学的视角对一带一路的定位问题进行了深入分析。陈奉林《从海上和陆上丝绸之路两栖建设中寻求中国的发展》认为海陆丝绸之路建设应进行具体谋划、布局与实施，形成以国家为主导，产、学、研、商共同参与的系统工程。范磊、杨鲁慧《宗教公共外交视角下的"一带一路"与南亚》认为宗教公共外交有助于提升中国与南亚的命运共同体意识，有助于推动中国与南亚文明的转型与复兴，并具体提出了在中国与南亚间推动宗教公共外交的措施。谷义《"一带一路"对满族文化的链接与发展》从空间视角探索了满族文化发展的历史空间，"一带一路"链接的满族文化聚落空间，以及国家战略视角下的满族文化传承空间。陈璐、黄玥诚、陈安《"一带一路"背景下民族宗教冲突风险分析及防范策略》对"一带一路"战略所面临的民族宗教冲突风险进行了分析，探讨了民族宗教风险的防范策略体系。黄明慧《跨界之难：俄罗斯的"边界"观》观察了俄国十九世纪以来的国家政策、历史转变与人文活动，探究因战争、流放、拓边等国境之内的'出界'形式，检视了"境与界"的意义。以期在"一带一路"遭遇跨界问题时，参照俄国的经验并发展自己的道路。兰永海、张德《西北地区丝绸之路的开辟与当今发展》回顾了陆上丝绸之路的发展历程，分析了中亚五国、阿富汗的总体状况与我国西北地区的区位优势，提出西北地区在"丝绸之路经济带"建设中要做到"轻"字当先、"重"点落地、经贸畅"通"。王征《论新疆构建"一带一路"核心区的战略路径》分析了新疆构建"一带一路"核心区的有利条件及前景，从制定倾斜的核心区发展政策、高效率推进新型工业化、积极推动"一带一路"核心区产业协同合作转型机制的构建等方面指出了新疆构建"一带一路"核心区的战略路径。田建平《"新丝绸之路经济带"历史文化资源创新传播策略—以"中国·呼和浩特昭君文化节"为例》认为政府领导，学术支持，文明发展，促进民生福祉，将成为"新丝绸之路经济带"历史文化资源创新扩散传播的基本模式。刘腾飞《新丝路框架下中亚投资环境与风险研究》评价与分析了中亚投资环境与市场潜在的风险，指出中亚各国经济结构不优，经济总量不佳，市场竞争不充分等问题，必须要引起我国企业的高度重视。胡同庆《关于开发甘青文化旅游资源的几点建议——从青海西宁北山寺石窟谈起》在介绍西宁北山寺石窟及其价值的基础上，建议开发甘青地区石窟艺术资源及彩陶艺术、花儿会、和亲文化和唐蕃古道、吐谷浑文化、藏传佛教文化和岩画艺术等甘青地区的文化资源。

在"一带一路"的建设的大背景下，西北地区凭借独特的区位优势和悠久的丝路历史与文化，在中外关系史的研究中具有举足轻重的地位。本次学术研讨会将国家"一带一路"建设的现实问题和丝绸之路及西北民族历史的研究结合起来，展开学术讨论，深化了对相关问题的认识，对进一步推动中外关系史、西北区域史、民族史的研究，促进西北地区更好地对接和融入"一带一路"建设有着积极的意义。